KB215139

공간, 장소, 경계

공간, 장소, 경계
공간의 사회학 이론 정립을 위하여

초판 1쇄 발행일 2010년 6월 30일   **초판 2쇄 발행일** 2018년 10월 31일

지은이 마르쿠스 슈뢰르 | **옮긴이** 정인모 · 배정희
펴낸이 박재환 | **편집** 유은재 김예지 | **관리** 조영란
펴낸곳 에코리브르 | **주소** 서울시 마포구 동교로 15길 34 3층(04003) | **전화** 702-2530 | **팩스** 702-2532
이메일 ecolivres@hanmail.net | **블로그** http://blog.naver.com/ecolivres
출판등록 2001년 5월 7일 제10-2147호
종이 세종페이퍼 | **인쇄 · 제본** 상지사 P&B

ISBN 978-89-6263-034-3 94300
ISBN 978-89-6263-033-6 (세트)

책값은 뒤표지에 있습니다.   **잘못된 책은 바꿔드립니다.**

부산대학교 한국민족문화연구소
로컬리티 번역총서 L1

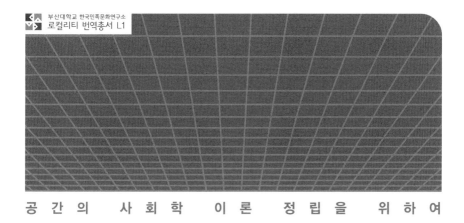

공 간 의   사 회 학   이 론   정 립 을   위 하 여

마르쿠스 슈뢰르 지음 | 정인모 · 배정희 옮김

공간, 장소, 경계

Räume, Orte, Grenzen: Auf dem Weg zu einer Soziologie des Raums

에코리브르

이 번역 총서는 2007년 정부(교육과학기술부)의 재원으로 한국연구재단의 지원을 받아 수행한 연구이다(KRF-2007-361-AL001).

유타 안나에게

차례

머리말

공간을 마음대로 처리할 수 있는 가능성이 우리를 매혹시켰다.
— 지크프리트 크라카우어

공간, 장소, 경계라는 이 책의 제목은 앞으로 다루려는 주제를 표현하고 있다. '**공간의 사회학 이론을 향하여**'(Auf dem Weg zu einer Soziologie des Raums, 우리말로 옮기면서 '공간의 사회학 이론 정립을 위하여'로 바꾸었다—편집자)라는 부제는 앞으로 성찰이 어디까지나 모색운동의 일부일 뿐이라는 말로, 이는 사회학은 여전히 공간과 관계 맺기가 힘들기 때문이다. 사회학은 시간의 주제와도 엇비슷한 어려운 관계를 가진 것으로 보인다. 시간이나 공간이라는 관점은 둘 다 1970년대의 사회학 이론 정립에서는 등한시되었다. 그 이후 시간 주제(Waldmann 1971, Lüscher 1974)에 대해서는 수많은 연구들이 나왔지만, 사회학이 공간 주제(Konau 1973)에서 다루지 않은 연구의 틈을 메우기 시작한 것은 불과 몇 년 전부터였다. 1990년대 초 다시 한번 사회과학의 '공간 몽매'(Läpple 1991:163; Dangschat 1994:336), '공간 망각'(Schäfers/Bauer 1994)에 대한 지적이 나오자 공간 주제에 대한 관심이 활발해졌다. 이는 최근에 나온 단행본(Sturm 2000, Ahrens 2001, Löw 2001)과 모음집(Ecarius/Löw 1997, Fecht/Kamper 2000, Feiner/Kick/Krauß 2001, Henckel/Eberling 2002, Maresch/Werber 2002, Krämer-Badoni/Kuhm 2003, Funken/Löw 2003 참조)의

수만 봐도 알 수 있다. 이 책들은 모두 다양한 공간 표상을 소개하고 상이한 공간 개념을 개진시키면서 사회과학에서 공간 개념이 차지하는 핵심적 위치에 대해 논의하고 있다.

그런데 우리가 어떤 공간 개념과 관계하든지 간에 언제나 유효한 한 가지 사실이 있다. 공간이 실제로 무엇인가 혹은 무엇이 아닌가 하는 물음, 고전물리학과 철학이 몇천 년 전부터 물어온 이 존재론적 질문 앞에서 우리는 여전히 어려움에 빠지고 만다는 사실이다. 이 경우도 역시 '무엇이냐'는 물음에서 차라리 '어떻게'라는 물음으로 넘어가는 수밖에 별수 없다.

이런 상황이라 앞으로 문제가 되는 것은 무엇이 궁극적으로 공간이냐는 물음에 대한 답변이 아니라, 지금까지 공간이 어떻게 생각되어왔고, 그럼으로써 사회학 이론 정립에 어떤 영향과 결과를 끼쳤고 또 끼치고 있는가 하는 것이다. 문제는 보편적 의미의 공간이 아니라—지식사회학적 접근이라는 의미에서—공간을 생각하는 여러 상이한 가능성, 즉 공간 구상들과 공간 표상들이다.

그런데 공간에 대해 곰곰이 생각하기 시작하면, 곧 다음과 같은 역설에 직면하게 된다. 한편으로는 우리를 지속적으로 에워싸고 있는 것처럼 보이고, 우리가 그 '속'에 지속적으로 머물러 있는 매우 구체적인 것이 공간이라는 것이다. 우리는 공간을 경험하고 여러 공간을 통행하고 그 공간으로 들어가며 또 다시 떠날 수도 있다. 다른 한편으로 공간은 매우 추상적인데, 우리는 '생활공간(Lebensraum)'이라는 말에서 뭔가 구체적인 것을 표상할 수 있지만, '세계 공간'은 그 무한한 넓이와 계속 확장되는 범위 면에서 우리의 경험을 벗어나기 때문에 우리로서는 제대로 파악할 수가 없는 듯하다. 이미 파스칼은 공간의 이러한 측정 불가능성을 두고 "이 무한한 공간의 영원한 침묵이 나를 경악시킨다"(Pascal 1997:141)고 쓰고 있다.

체험 가능한 공간과 단지 표상만 가능한 공간의 구분은 공간에 대한 사회학적 표상에도 커다란 영향을 끼쳤다. 사회학이 진작부터 고민해왔던 근대의 발전이란 우리를 직접적으로 둘러싼 공간으로부터 무경계의 먼 공간으로 끌고 간 발전을 말하는 것이기도 하다. 옛 부족사회에서는 근공간(近空間, Nahraum)과 강한 결합을 볼 수 있는 반면, 근대는 대안 없이 주어진 공간 너머로 우리를 이끌어가서 새로운 지평을 열어준다. 근대는 근공간에서 해방되는 것이자 먼 곳을 정복하는 것이라고 기술할 수 있다. 근대는 또한 멂이 점점 더 가까움으로 바뀌고 '고유의', '원래의' 가까움(近)이 '위협받는' 것처럼 보이게 한다. 공동사회(Gemeinschaft), 로컬, 전통 상실에 대한 한탄이 여기서 출발한다. 멂의 정복은 삶에 대한 다른 표상, 다른 도덕과 관습 등과 충돌을 불가피하게 만들고 이는 낯선 것에 대항하여 고유의 것을 방어해야 한다는 생각을 불러일으킨다. 이러한 형세는 사회학의 고전이론 속에 그 뚜렷한 족적을 남기고 있다. 사회학 고전이론의 대다수는 먼 곳에 대해 가까이 있는 것에 특권을 부여하는 특징이 있다. 근대의 발전은 낯선 세계로의 출발, 전통적인 사회관계로부터 개인의 해방과 동일시된다. 비록 이 과정이 대부분의 근대화이론에서 대체로 환영받고는 있지만, 사회적인 것, 사회성이란 언제나 근관계(近關係, Nahverhaeltnisse)에 관련되어 있고, 먼 곳으로부터의 영향은 위협으로 인지된다. 나의 논지는 사회학사 속 깊이 박혀 있는 이러한 확신이 사회학에서 공간을 체계적으로 다루지 못하게 방해했다는 것이다. 공간은 결국 장소와 동일시되고, 장소적인 소여로부터 사회적인 것이 갈수록 분리되는 현상은 추락의 역사로 이야기되었다. 그와 동시에 관망 가능한 여건들과 사회적 관계 그리고 지역적 기반을 둔 공동체의 필연성과 대면 접촉이 포기 불가능한 가치로서 재차 제기된다.

따라서 본 연구의 중심에는 그러한 공간 이해가 어떤 결과를 가지며, 가까움과 장소의 특권을 포기하면 어떤 변화를 낳을 것인가 하는 질문에 서 있다. 이 물음에 답변하기 위해 나는 다음과 같이 작업을 해나가려고 한다.

첫 번째, 사회과학적 맥락에서 공간을 주제화하지 못하게 한 여러 이 유에 우선 집중하려 한다. 이어서, 사회학적 맥락에서 공간의 이해에 지 대한 영향력을 행사한 철학적-물리학적 공간 구상을 논의할 것이다. 자 연과학과 철학의 역사 속에서는 그 시대의 사회과학이 펼치게 될 공간의 논의가 이미 밑그림으로 그려져 있다. 사회학에서도 역시 절대적-본질 적 공간론과 상대주의적 상대적 공간론의 논쟁이 중요하다. 그 외에도 사회과학에서는 특히 물리적 공간과 사회적 공간의 관계가 큰 역할을 한 다. 에밀 뒤르켕(Émile Durkheim), 게오르크 짐멜(Georg Simmel), 피에르 부 르디외(Pierre Bourdieu), 앤서니 기든스(Anthony Giddens), 그리고 니클라스 루만(Niklas Luhmann)이 다양한 공간 개념을 다루고 있을 뿐 아니라, 이런 저런 물리학적-철학적 공간 개념을 여전히 침묵하면서 넘겨받고 있다 는 사실을 발견할 수 있는데, 이러한 것들을 이제 하나하나 밝혀나가려 고 한다. 이 작업에서 사회학적 맥락에서는 유일하게 올바른 공간 개념 에 대한 철학과 물리학의 끝없는 논쟁은 중요하지 않다고 본다. 오히려 사회학이 공간 주제를 다룰 경우, 공간이 실제로 어떻게 구성되며, 공간 이라는 문제가 언제 어려워지며, 사회학 이론에서 공간에 대한 고려가 어떤 결과를 보여주는가 하는 데에 관심을 가져야 한다. 타당한 공간 이 해를 둘러싼 이론적 논쟁을 바탕으로 그 다음에 이어질 장에서는, 사회

학이 더 이상 궁극적으로 지상-공간적, 물리학적-물질적인 진부한 공간
개념을 다루지 않고, 공간생성이 사회적 실행에 기인한다는 구성주의적
공간 개념을 다룰 때 나오는 여러 장면들을 보여주려고 한다. 이때 관찰
할 것은 갈수록 줄어드는 공간의 의미가 아니라, 점점 늘어나는 공간건
설이다. 이러한 관점을 좇기 위해서 정치적 공간, 도시적 공간, 가상적
공간 그리고 신체 공간에 대한 실사례 분석에 근거해서 정치, 도시, 가
상, 몸의 주제 분야에서는 어떠한 공간관들이 나타나고 있는지 물을 것
이다. 이때 상대적 공간이라는 생각이 세계화과정, 매개된 커뮤니케이
션과 신체구상에 대한 설명에서 갈수록 더 큰 의미를 가진다는 사실에서
출발하겠다. 다른 한편으로는 용기-공간 개념(공간을 사물을 담는 하나의 통,
용기처럼 표상하는 공간 개념이다. 1부 2장 '철학과 물리학에서 공간 개념'에서 상세
히 다룬다—옮긴이)이 명확한 구분선을 제공하고 질서를 가질 수 있게 해줄
수도 있기 때문에 예나 지금이나 여전히 용기-공간 개념이 매력 있다는
증거를 제시할 것이다.

　시대 진단적으로 본다면, 우리는 현재—이 문제에 대해서도 상세하게
다룰 것이다—공간에 대한 어떤 하나의 오래된 생각이 갈수록 점점 가치
가 떨어지는 듯한 체험을 하고 있다. 그것에 대해 프랑스 작가 조르주 페
렉(George Perec)은 다음과 같이 쓰고 있다. "공간은 시간보다는 더 길들여
지거나 혹은 덜 위험해 보인다. 우리는 어디서나 시계를 가진 사람들과
마주치지만, 콤파스를 들고 있는 사람은 아주 드물다. 우리는 언제나 시
간을 알아야만 한다. (……) 하지만 어디에 있는지 묻지는 않는다. 우리
는 그것을 알고 있다고 생각한다. 집에 있다, 사무실에 있다, 시내에 있
다, 길거리에 있다. 이렇게 말이다"(Perec 1990:103). 공간, 지역적 장소화,
장소결부성에 대한 이 자명성은 그러나 컴퓨터, 핸디와 GPS시스템의 시

대에는 더 이상 들어맞지 않는다. 공간 관계가 가졌던 왕년의 자명성은 공간을 우연성 극복의 도구로 만들었다. 공간에 대한 현재의 불안감은 바로 공간적 연관관계들 자체가 유동적이고 불확실하며 허약해서 현재의 사회를 사로잡고 있는 속도의 도취에 대한 해독제로서 더 이상 아무 소용이 없게 되었다는 사실에서 기인한다.

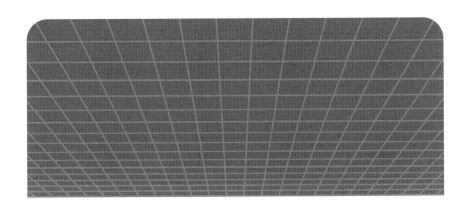

1부 공간 이론

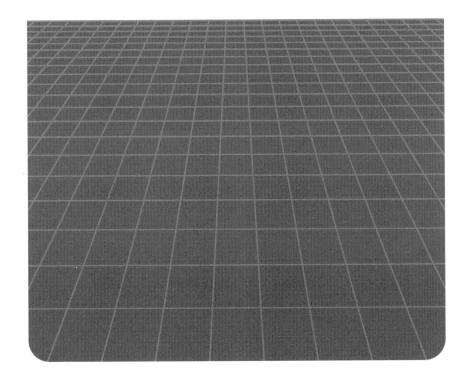

사회학의
공간 망각에 대하여

1

공간은 사회학 이론 정립에서 전통적으로 아무 본질적인 역할을 하지 않는다. 사회학 이론학파들을 하나씩 살펴보면, 공간은 기껏해야 변두리에서 나온다는 사실이 금세 분명해진다. 비판 이론이건, 지식사회학이건, 방법론적 개인주의 혹은 합리적 선택 이론이건, 체계 이론이건, 이점에서는 어디서나 동일한 양상이다. 시간이 대체로 하나의 역할을 하는 것과는 대조적으로 공간에 대한 언급은—그나마 그런 것이 있을 때라도—오랫동안 찾아야 할 때가 많다. 대부분의 경우 공간 문제에 대해 은근히 소홀히 다루는 데 비해, 피터 L. 버거(Peter L. Berger)와 토머스 루크먼(Thomas Luckmann 1980:29)의 경우는 시간을 다루기 위해 아예 노골적으로 공간을 주제화시키지 않겠다고 한다. "일상세계는 공간적·시간적으로 구조화되어 있다. 일상세계의 공간적 구조는 우리의 고찰에서는 부수적이다. 내 관장대(管掌帶)가 타인의 관장대와 겹친다는 사실 때문에 공간 구조 역시 하나의 사회적 차원을 가진다고 말하는 것으로 충분하다. 우리에게 더 중요한 것은 일상세계의 시간구조다." 공간적 구조가 사회적 차원을 가지고 있다는 것이 여기서는 용인되고 있지만, 반복되는 활동의 순서에 의해 구조화되는 우리 일상의 결정적인 심급으로서 간주되고 있는 것은 시간구조다.[1] 시간과 공간 관계에 대한 이와 비슷한 순위매김은 탤컷 파슨스(Talcott Parsons 1967:45)에서도 볼 수 있다. "행위의 현상은 본래 시간적이며 (……) 그것은 동일한 의미로 공간적이지 않다."

사회학에서 공간이 이렇게 기껏해야 부차적인 의미만을 가지는 이유는 무엇일까? **결정적인 이유 하나**는 공간이 국가사회주의에서 차지했던 역할에서 찾을 수 있다. 공간은 유독 독일에서 무거운 역사의 짐을 안고 있다. '공간 없는 민족',[2] '생활공간', '피와 땅'에 대한 말과 그리고 이 시기 동안에 꽃핀 '지리정책'이라는 구상은 수많은 세월이 지나도 공간을 부담없이 주제화하는 것을 불가능하게 만들어버렸다.

공간이라는 범주에 대한 불편함이 얼마나 깊었는지는 이 공간범주를 소홀히 취급하는 데서만이 아니라, 이렇게 공간을 다루지 않는 것이 규범적인 정당성까지 가진다는 데서도 알 수 있다. 1990년대까지도 알로이스 한(Alois Hahn)은 사회학 이론에서 공간을 고려하지 않는 것을 두고 사회학이 '(독일민족의 민주주의에 대한) 재교육' 시험에 합격한 징후라고 단호하게 평가하고 있다. 사회학이 그 저주스러운 '공간 없는 민족'의 경험이 있은 뒤에 기본 개념으로서 공간 개념마저 가지고 오지 않는 "민족 없는 사회학"으로 탄생했기 때문이라는 것이다. 국가사회주의의 공간 주제화로 인해 공간적인 것은 곧 금기 주제가 되었고, 이는 1945년 이후 본질적으로 공간 논의를 방해했다(Prigge 2000:23 참조).[3] 바로 독일어권의 사회학이 1945년 이후 공간을 체계적으로 망각해버린 것이다. 그 빈 자리에 시간에 대한 집중 현상이 들어왔고, 이 시간 집중화에는 거의 모든 이론 전통이 동참했고 또 지지했다.

그러나 독일의 전통 내에서 공간주제가 가진 부담감이 아무리 설득력 있는 이유라 해도 공간 개념의 국가사회주의식 오용만 가지고서는 무엇 때문에 공간이 그토록 오랫동안 사회학에서 기피되었는가는 설명되지 않는다. 공간범주의 홀대는 그보다 훨씬 더 위로 거슬러 올라가는 역사다. 사회학사의 현대 고전가들이 처음으로 공간에 대한 연구 부족을 지적한 것은 아니었다. 이미 카를 마르크스(Karl Marx), 막스 베버(Max Weber)와 에밀 뒤르켕은 시간과 역사에게 공간과 지리학보다 우선권을 주었고, "그리고 이들이 조금이나마 공간과 지리학을 다룰 때, 이들을 안정된 맥락으로서 혹은 역사적 행위를 위한 측면으로서 간주하여 아무 문제성 없는 것으로 보는 경향이 있었던 것이다. (……) 공간-관계와 지리적 배치가 생산되는 방식은 애시당초 대부분 주목받지 않고 무시된 채 이루어진다"(Harvey 1985:141 이하).

이 간과할 수 없는 공간이라는 주제의 부재현상은 그러니까 더 뿌리 깊은 이유가 있는 듯싶다. 공간을 주제화하는 일이 부족했던 원인은— 이미 언급했듯이 국가사회주의에서의 공간 개념의 부담스러운 전력(前歷) 외에도—다음과 같은 몇 가지 점으로부터 기인한다. 1. 학문으로서 사회학의 탄생시기, 2. 정신사적으로 오랜 전통이 되어온 공간 개념의 내포적 의미, 3. 타학문과의 관계, 4. 근공간과 공간 개념의 동일시.[4]

(1) 사회학은 민족국가의 확립시기에 탄생했다. 그때부터 민족국가는 마치 당연히 이미 전제된 영토인데, 사회는 이 영토 위에서 전개되는 것이다. 앞으로 이 책에서 사회학이 사회에 대해 이야기할 때는 언제나 민족국가적으로 파악된 사회를 염두에 두고 있는 것으로, 이는 미국 사회,

독일 사회, 혹은 프랑스 사회라는 말을 할 때 아주 분명하게 드러난다 (Berking 2002 참조). 매크로이론적인 성향을 가진 탤컷 파슨스의 사회이론은 그 어떤 사회이론보다 사회와 민족국가를 동일시하고 있다. 사회는 사회적인 것이 일어나고 있는 하나의 용기(容器), 컨테이너와 같은 것이다. 유명한 러시아 인형 마트로슈카에서 가장 큰 인형 속에 점점 작은 인형들이 들어 있듯이, 각각의 작은 속에는 그 다음으로 작은 컨테이너가 숨겨져 있고 이것이 사회적인 것의 외부껍질로서 기능하고 있다. 세계, 대륙, 국가, 지역, 지방, 도시, 구역, 집, 방. 이들은 그 속에서 사회적인 것이 일어나는, 갈수록 점점 작아지는 틀이다. 뚜렷한 경계분할, 그리고 존재하는 컨테이너의 다수성에 대한 지식은 비교 방법론의 실마리를 제공해주었는데 이러한 비교방법론의 결과는 사회학에서 재차 관찰될 수 있다. 즉 국가와 도시비교는 빈곤, 폭력적 갈등, 범죄율, 결혼과 이혼 같은 주제를 다루기 위해 널리 퍼져 있는 방법론이다.

사회학에서 공간주제를 소홀히 다루어 온 것은 사회학이 계몽주의와 근대성의 산물로서 관념론적 철학에서 그 본질적인 자극을 받고 있다는 사실과 상관이 있다. 관념론 철학에서는 사회적 현상의 시간성에 대한 강조와 공간적 측면에 대한 소홀함을 엿볼 수 있다.[5] 의식철학이 워낙 위상을 차지했던 탓에 공간범주는 소홀히 다루어졌다. 왜냐하면 "우리가 **공간**이라는 차원을 **몸**과 연상시키듯이 **시간**은 **의식**에 귀속시키기 때문이다"(Gumbrecht 1991:56).[6]

그리하여 언제나 사회학은 단순한 사회에서 복잡한 사회로의 이행을 다루었지만, 이 이행을 일차적으로 시간적인 변화로 이해했다. 단순한 사회는 사회진화에서 지나간 시대를 나타낸다. 아직까지 존재하는 단순한 사회형태는 지나간 시대의 퇴물로서 간주하면 되고, 이 지나간 시대에 대한 연구는 보란 듯이 민속학자들에게 넘겨주면 되었다. 대부분 사회학의 이런 설명에는 어떤 **공간적인 변화**가 이러한 변화의 원인과 결과였는지에 대해서는 빠져 있다. 단순한 사회에서 현대사회로 이행하면서 나타나는 공간적 변화에 대한 분석은 막스 베버나 게오르크 짐멜, 에밀 뒤르켐 그리고 페르디난트 퇴니스(Ferdinand Tönnies)에게서나 탤컷 파슨스, 노르베르트 엘리아스(Norbert Elias), 위르겐 하버마스(Jürgen Habermas) 혹은 니클라스 루만—이들 중 그 누구에게서도 전면에 나오지 않는다. 기껏해야 사회적인 것은 외형상 작은 것에서 해방되어 외형상 더 큰 것 속으로 옮아갔을 뿐이라는 이야기만 나온다.

(2) 사회변동에 대한 표상은 서구의 사상사 속에 깊이 뿌리박힌 시간과 공간의 이해가 각인되어 있다. 시간이 이동성, 역동성, 진보성, 변화, 변동과 역사를 나타내는 데 비해, 공간은 비이동성, 정체, 반동성, 정지와 고정, 그리고 견고함을 의미한다. 서구 형이상학 전통에서 시간은 대체로 긍정적이고, 공간은 부정적인 내포 의미를 가진다. "시간은 혁신, 진보, 문명, 과학, 정치와 이성, 비중 있는 엄숙한 사물들, 그리고 대문자와 손잡는다. 다른 한편 공간은 이러한 구상들의 다른 한쪽 끝과 손잡는다. 그것은 정체, ('단순') 재생산, 노스탤지어, 감정, 미학, 신체"(Massey 1992:73)[7]다. 이렇게 해서 공간은 변동과 변화의 성향을 가진 사회학 이론과 모순되는 것처럼 보이고, 앞으로 달려나가는 시대에 대한 브레이크로 보여지는 듯하다. "공간은 그저 멍하니 빈둥거리는데, 시간은 앞으로 걸어나간다"(Massey 1993:118). 그러니까 공간은 발전, 진보, 근대화의 걸림돌을 표현하는 것처럼 보이는데, 그것은 공간 속에 극복되어야 하는 낡은 질서가 드러나고 있기 때문이다. 따라서 대부분의 근대화이론은 공간에게 단지 "시중드는 엑스트라의 역할"만을 부여한다. "공간은 그 앞

에서 사회적 사건이 전개되는 소음 없는 배경이다"(Heidenreich 1993:224). 그러나 근대의 발전은 공간을 극복하고 정복하며, 그리고 차지하는 것을 목표로 한다.[8] 근세와 근대의 역동성은 새로운 공간의 개척으로 이루어 진다. 새로운 공간을 발견하기 위해 주어진 공간을 탈피하는 것, 이것이 근세와 근대의 프로그램이다. 이러한 활동이 대륙 발견의 시대를 이끌 어간다.[9] '신세계'의 발견과 우주항공학의 세계 공간 탐사는 모두 그 실 례라 하겠다. 이 두 사건과 함께 지금까지의 공간질서와 사회질서에 묵 직한 충격이 퍼졌다. "무한 공간 속으로 밀고 나가기"(Bollnow 1989:82)는 유럽인에게 지금까지 알려진 세계의 경계를 깨뜨리게 만들었다. 지금까 지 미지였던 세계의 발견은 하나의 관망 가능한 세계 속에 살고 있다는 안정감을 파괴하는 동시에 유혹한다. 아리스토텔레스-프톨레마이오스 체계가 항상 정해두었던, 하나의 '중심' 속에 있다는 의식은 코페르니쿠 스의 전환과 콜럼버스의 발견으로 깨져버렸다.

공간을 정복하는 것이 최고의 목표였다—유지할 수 있는 한 최대한 많이 움켜쥐고, 붙들고, 사방팔방에 소유자의 가시적 표식과 함께 접근금지 푯 말로 표시해두는 것이다. 어디나 편재하는, 파괴할 수 없이 가차없이 자라 나는 근대적 중독 가운데 경계유지가 특히 높은 가치를 가지고 있었다면, 토지소유는 가장 강한 근대적 열정의 하나이고, 점거는 가장 강박적인 근 대적 추동력의 하나였다(Bauman 2000b:25).

그러니까 근본적으로 경계확장과 경계초월, 경계유지가 모두 목표이 다. 누구도 차지하지 않은 '빈' 공간은 언제나 새로운 전진을 불러일으 키는 자극으로 느껴졌다. 어떤 사람도 본 적이 없었던 세계 속으로 들어가려는 충동, 그럼으로써 지금까지 볼 수 없었던 것을 보이게 하려는 충동, 지금까지 알려지지 않았던 것을 알려지게 하고, 멀리 떨어져 있었던 것을 가까이 오게 만들려는 충동은 오늘날까지도 가라앉지 않는 근대의 지속적인 자극인 듯하다. 외적인 공간이 더 이상 정복될 수 없으면,[10] 한 편에서는 현미경과 나노기술이 지금까지 시선에서 벗어나 있던 마이크로영역을 계속 탐구하도록 허락해주고, 다른 한편에서는 한때 '실제' 공간의 정복을 지원한 것과 비슷한 의미론으로 가상공간의 개척을 뒷받침해주고 있다.

(3) 공간을 희생하고 시간을 고집하는 것이 어떤 학문들과는 교환과 논의를 추구하게 했었지만 또 어떤 학문과는 그러지 못하도록 한 결과를 필연적으로 가져다주었다. 사회학이 역사학과는 최소한 개별적으로라도 접촉했던 것과는 달리 지리학은 근본적으로 만족스럽지 않은 것으로 무시되었다. 사회학 연구를 구상할 때 역사적인 관점도 함께 연결시키라는 요청은 사회적인 것이 가지는 공간적 조건을 소홀히 하지 말라는 요청과는 완전히 그 위상이 다르다.

사회적인 것과 연관된 사회학, 그리고 공간적인 것과 연관된 인문지리학, 이렇게 학제를 분리하는 것은 사회학이 공간을 더 상세하게 다루지 않아도 된다고 생각하도록 만들었다. 공간은 지리학의 당연하고도 본연적인 영역으로 간주되었다. 사회학자가 공간을 다루면 낯선 물에서 고기를 잡고 있다는 의심을 하게 되고, 종국에는 지리학이 '공간학 그 자체'로 간주된다(Spiegel 2000:44). 이때 공간은 전폭적으로 지리학적 공간, 즉 땅과 지표와 동일시되고, 그래서 결국 우리는 다음과 같은 패러독스를 보게 된다. 즉 지리학이라는 공간학문 자체가 자신의 핵심 범주인 공간이 과연 무엇인가를 해명하려는 노력은 오랫동안 하지 않았다는 것이다(Blotevogel 1999:44 참조).

　지리학이 명백히 공간과 관련된다는 사실이 지리학에서는 사회과학이 전혀 문제될 것이 없다는 증거로 이해되었다는 것은 언급할 필요가 있다. "현대 지리학이 다루는 것은 인간의 행동방식, 삶에 대한 요구와 기대가 낳는 공간적 결과다. 현대 지리학은 그럼으로써 통상적으로 공간으로부터 추상화된 '순수' 사회과학이 아니며, 또한 공간을 오로지 그 물리적 측면에서 고찰하는 (순수한) 지리과학도 아니다"(Hartke 1970:403). 하르트케에 따르면 순수한 사회과학의 특징은 공간으로부터 추상화되는 것이다. 공간범주를 고려하지 않는 것이 사회과학적 단초와 관련된다고 그야말로 보장해주는 격이다. 지리학과 사회학 사이의 분업, 그리고 그와 결부되어 지리학에 공간 주제를 위임하는 것이 사회학에서 이 주제에 대해 소홀히 취급하는 결과를 초래했다. 한편으로는 역사학이 시간적 과정에 대한 연구를 위한 학문으로서 분화되고, 다른 한편 공간학으로 지리학이 분화되면서, 사회학은 공간과 시간을 더 상세히 다루지 않아도 되는, 사회적인 것에 대한 학문으로서 상상할 수 있게 되는 것이다. 사회학은 이미 다른 학문에 의해 연구된 시간과 공간의 영역을 통해서는 스스로를 구성할 수도 없고, 스스로를 특성화시킬 수도 없었던 것이다.

　최근에야 비로소 이 양상이 서서히 변하기 시작한 것 같다. 사회학과 지리학은 서로를 향해서 움직이는 것처럼 보인다. 공간 개념을 획득하기 위한 집중적인 노력이 두 학문에게서 모두 보인다. 사회학사를 사회학의 다른 학문에 대해 변화하는 관계로서 기술해본다면, 사회학은 초기의 국민경제학에 대한 접근에서 철학에의 접근, 역사학에의 접근,[11] 민속학, 언어학에의 접근을 거쳐 이제는 지리학에의 접근을 보인다고 할 수 있다. 헬무트 베르킹(Helmuth Berking 1998:382)은 이를 계기로 사회과학에서 '언어학적 전환'과 '문화적 전환'을 대체하게 될 '지리학적 전환'을 자신의 이론적 출발점으로 삼고 있다.[12]

앤서니 기든스(Giddens 1992:427)에게는 사회학과 지리학이 너무나 가까워 "인문지리와 사회학 사이에는 어떠한 논리적 방법론적 차이"가 없다는 원대한 결론에 이르렀다.[13] "사회학적 사유의 역사 속에는 지리학이 중요한 접촉 파트너이며 경쟁자로 등장하는 의미심장한 에피소드는 없었던 것으로 보인다"(Stichweh 2003:94)라는 관찰은 수정되어야 할 것이다. 우리가 최소한 지금처럼 저 간과할 수 없는 사회학과 지리학의 접근을 다루고 있는 한에서는 말이다. 다만 독일어권 맥락에서는 이 두 학문이 서로 상관없는 공존을 보이는 데 비해 둘 사이의 그러한 접근은 특히 앵글로색슨 국가에서 이루어지고 있다.

이러한 경향은 아마도 사회학에서의 공간의 재발견이 지리학에서의 공간의 상대화와 함께 일어나고 있는 것과 상관이 있을 것이다(Scheiner 2002:23). 그런 한에서 현재 지리학과 사회학의 흥미진진한 평행운동을 관찰할 수 있다. 일부의 지리학자들이 자신들의 공간 고착성을 마침내 벗어던지고 그리하여 지리학 분야에서 "공간퇴마사"(Hard 2002:268)라는 낙인이 찍히게 되었다고, 갈수록 많은 수의 사회학자들이 공간에 대해 더 큰 의미를 다시 인정하고자 한다. 그런데 사회과학에서 일어나는 "공간의 귀환"(Waldenfels 2001:179)은 공간에 대한 이미 지나간 구상으로 되돌아갈 위험이 없지 않다. 지리학에 대해 좀더 열심히 고민하는 것이 지리학에서는 오래 전부터 '이미 처리되어 서류철에 보관된 것'으로 간주되는 공간 구상을 사회학이 재판하는 오류로부터 사회학을 지켜줄 수 있을 것이다.

(4) 내가 보기에 사회학이 공간범주를 좀더 상세하게 다루지 않았던 또 다른 중요한 이유는 사회학이 사회적인 것을 근공간 관계에 겨냥한 것으로 특징지은 데 있다. 본 연구서는 사회학 고전이론가로부터 오늘날까지 사회학 이론 형성은 사회적인 것을 지역고정성으로 전제하고 있다는 명제를 제시한다. 사회적인 것을 구체적인 장소에 결부시키고, 사회적인 것을 근공간 관계 속에 들어 있는 것으로 추측하고 있다는 것이다. 물론 고전이론가들은 사회적 관계가 갈수록 매개성을 가진다는 것을 주제삼고 있긴 하지만, 그들에게 근거리관계와 원거리관계는 각각 플러스 표시, 마이너스 표시를 분명히 달고 있다. 사회통합과 체제통합, 임석과 부재, 생활세계와 체제, 이와 마찬가지로 고유한 것과 낯선 것, 익숙한 것과 익숙하지 않은 것, 이러한 양분이 플러스, 마이너스로 표시되는 것과 같은 논리다. 사회학 이론 정립 깊숙이 박혀 있는 이러한 이분법은 공동사회와 이익사회라는 고전적인 대립항(Tönnies 1991)으로 거슬러 올라간다. 이 대립항은 갈수록 더 이익사회가 공동사회를 대체하는 점진적인 발전 경향에 대한 예고를 포함하고 있다. 공동사회가 감성적 가까움에 근거한 사회적인 것의 근원적 형태로서 간주되는 반면, 이익사회는 목적합리성, 익명성, 무차별, 거리두기와 소외가 난무하는 타락의 형태로 단계지어진다. 공동사회는 온기를 발산하고, 이익사회는 한기를 발산한다. 이러한 대립항은 퇴니스를 넘어서 매 새로운 변주로서 사회학의 이론 정립 속으로 포함되어 들어갔다. 공간에 함께 있지 않는 사람들끼리의 의사소통, 체제통합, 그리고 체제는 흔히 사회적인 것의 위협으로 보인다면, 공간에 함께 하는 사람들끼리의 의사소통, 사회통합, 그리고 생활세계는 원래 사회적인 것의 장소로 결론지어진다.

지구화시대에서는 공동사회와 이익사회의 대립항은 지역성과 지구성의 차이로서 다시 돌아오고 있다. 여기서도 역시 지구성은 보호받을 가치가 있는 지역성에 대한 위협이다. 관망 가능한 관계들, 가까운 환경 속으로의 사회적인 통합, 상호인지, 직접성과 가까움, 이런 것들의 상실에 대한 한탄이 사방팔방에서 들린다. 이러한 사고의 극단적인 변주는 아노미상태로 인해 손상된, 관망 불가능하고 위협적인 이익사회를 관망 가능하고 작은 공동사회로 되돌릴 것을 주장하는 공동체주의(Kommunitarismus)다(Etzioni 1998 참조). 이 정도로 분명한 입지표방은 아니더라도 마치 마르틴 하이데거(Martin Heidegger)의 "현존 속에는 가까움을 향한 근본적인 경향이 들어 있다"(Heidegger 1986:105)[14]는 말을 입증하듯 가까움에 우위를 두는 태도를 간과할 수가 없다. 공간의 사회학을 시도하는 이 책의 맥락에 중요한 것은 이러한 구분들 역시 공간적인 근거를 두고 있다는 사실이다. 공동사회와 생활세계, 그리고 공간에 대한 가치평가는 공간에 대한 장소의 특권화, 즉 근공간으로서 장소를 우위에 두는 것과 함께 간다. 원래의 사회성은 근공간, 현장에서 찾을 수 있다.[15] 근대와 함께 실현된 전통적, 근공간적 구속으로부터의 개인의 해체(Schroer 2001)는 동시에 공간으로부터의 점진적 해방으로서 해석된다. 지구화의 서사는 그럼으로써 근대화 서사의 연속으로 나타난다. 지구화 서사는 해체과정의 새로운 라운드를 불러일으키고 있는데, 이 새로운 단계는 더 이상 지역적 동맹과 지역적 관계만 돌파하는 것이 아니라, 국가적 구속을 벗어나고 전 지구적 관계들의 가능성을 열어주고 있다.

　지역적으로 장소화된 사회관계에 대한 존중은 현상학적이며 상호작용과 가깝게 설계된 사회이론의 맥락에서 특히 강하게 각인되어 있다. 공동사회와 생활세계라는 개념은 무엇보다도 근접영역에 맞추어진 사회성 이념을 전달해준다. 이 때문에 3장에서 다루는 사회학 이론의 경우, 내가 선별한 것은, 마이크로현상이나 매크로현상을 다 분석할 있다고 주장하고 있기 때문에, 그래서 근공간에 대한 특별한 취향이 느껴지지 않는 이론들이다. 나는 이런 이론들에게 이들이 사회성의 지역고정성이라는 표상을 어느 정도로 극복할 수 있는지를 묻고, 그리고 공간을 처음부터 영토, 물리적 공간, 근공간과 동일시하지 않는 하나의 사회학적으로 부하능력이 있는 공간 개념은 왜 필요한가 하는 질문을 제기하려고 한다.

그러나 공간의 주제화를 위한 여러 사회학적 제안들에 몰두하기 전에 나는 우선 다음 장에서 철학적 물리학적 맥락에서 생겨난 공간 구상들, 그러니까 분명 오늘날 사회과학에서 논의되는 공간 개념의 기초를 놓는 공간 구상들에 대해 논의해야겠다.

철학과 물리학의
공간 개념

2

공간이란 무엇인가? 이런 방대한 질문을 던질 때, 우리는 그 대답으로 공간이 진짜 무엇인가라는 명확한 정의를 내리게 될 것을 염두에 두지는 않을 것이다. 차라리 이러한 존재론적 질문은 지식사회학적 질문, 즉 여태까지 공간이 어떤 식으로 생각되어져 왔는가라는 질문으로 바꿀 수 있을 것이다. 다시 말해 공간에 대한 어떤 표상들이 있는지, 또 여태까지 있었는지. 이러한 표상들은 언제 나타났고, 어떻게, 또 무엇 때문에 그러한 표상들이 변화했는지를 물을 것이다. 이러한 답변의 형태를 감안하면서 우리가 옮기는 첫 발걸음은 공간이라는 말이 가진 어원적 의미로의 소급인데, 그 뒤에 나온 철학이나 물리학의 공간 개념 속에서 다시금 울려퍼지는 어원적 의미를 말한다. 공간이라는 명사의 어원적 의미는 시사하는 바가 많다. 공간(raum)이라는 말은 "자리를 만들어낸다, 비워 자유로운 공간을 만들다, 떠나다, 치우다"(Pries 1997:19 참조) 등의 여러 가지를 의미하는 동사 '로이멘(räumen)'에서 왔다. 원래의 의미로 《그림 사전 (Grimmsche Wörterbuch)》에서는 räumen을 "하나의 공간, 다시 말해 경작이나 이주할 목적으로 숲속에 빈 터를 만들다"(Bollnow 1989:33에서 인용)로 기록하고 있다. 공간은 "게르만족 이주자들의 아주 오래된 표현으로, 일단은 거주장소를 얻기 위한 황무지 개간과 계발 행위 (……), 그 다음은 그렇게 획득한 거주장소 자체"를 나타냈다. 독일어 raum이 가지는 이러한 의미는 우리가 아무리 강조해도 충분치 못하다. 왜냐하면 독일어 raum은 이처럼 단순히 땅과 평원을 의미하는 것이 아니기 때문이다. 지리적 공간이라고 해도 공간은 이미 존재하는 것이 아니라 인간의 활동을 통해서만 비로소 생겨나는 것이다. 그러니까 원래 존재하고 있는 공간, 즉 언제나 주어져 있는 자연적 공간과는 절대 연관되지 않는다. 그러기에 이미 그 원래의 뜻 속에 구성적인 공간 개념이 깔려 있다고 하겠다. 이 구성적 공간 개념은 공간 개념이 계속 발전해온 과정에서 중요한 역할을 담당하게 될 것이고, 그리고 또 본서의 진행 속에서도 역시 중요한 역할을 담당하게 될 것이다. 공간에 대한 사회학적 이해에서 중요한 것은, 이미 존재하는 그런 공간들이 문제되지 않는다는 사실이다. 물론 이런 공간들이 사회적인 것, 그리고 개인과 사회에 끼치는 영향을 연구할 수는 있겠지만 말이다. 오히려 중요하다 할 것은 공간이 사회적 과정에 대한 하나의 의미를 얻기 위해서는 일단 공간이 만들어져야 한다는 사실이다. 공간에 대한 이런 표상은 몇몇 고전 철학적 이론에서 중요한 역할을 담당하고 있다.

공간 이론의 역사를 훑어보면 공간이 무엇이며 사람들은 그것을 어떻게 생각할 수 있는가에 대한 끝없고 도저히 조망할 수 없는 수많은 설명과 마주치게 된다. 우선 보기에는 이렇게 무성하기 짝이 없는 이론적 다양성에 하나의 질서를 부여한다는 것이 불가능해 보인다. 하지만 다시 한번 보면, 재차 다시 돌고 도는 논쟁을 알아차릴 수 있는데, 바로 이 논쟁을 쫓아가다보면 공간에 대한 제각각의 업적들을 정리할 수 있다. 한편에는 상대주의적 공간 개념이 있고 다른 한편에는 절대주의적 공간 개념이 있어 그들 간의 대립이 바로 그 논쟁이다. 내가 아래에 소개하고자 하는 대부분의 획기적인 공간 이해의 단초들은 이런 틀로 정리될 수 있다. 아인슈타인은 다음과 같이 쓰고 있다(Einstein 1960:XIII).

우리는 공간에 대한 이러한 두 개의 견해를 서로 대립시킬 수 있다.
a) 물체세계의 저장성(Lagerungsqualität)
b) 모든 물리적 대상의 '용기(容器)'로서의 공간
a)의 경우, 물체가 없는 공간은 생각할 수 없다. b)의 경우 어떤 물리적 공간도 공간 안에서만 생각될 수 있다. 즉 그렇다면 공간은 분명 물리적 세계보다 상위의 실제(Realität)로 나타난다.

이런 두 가지 공간 개념 사이의 논쟁이 수세기 전부터 과학사를 관통해 오고 있다(Urry 1985, Pries 1997도 참조).

2.1 고대의 공간 표상: 플라톤과 아리스토텔레스

공간 표상과 공간 수용의 역사에 대한 일반적 기술(記述)을 신뢰한다면, 우리는 일단 아직은 전혀 성찰적이지 못한 방향 설정 노력부터 만나게 되는데, 이 방향설정이 서서히 하나의 추상적인 공간 개념으로 발전하게 되는 것이다. 원시민족의 경우에 공간 표상은 분명히 여러 구체적 방향 설정들의 우연한 집합에 불과한 것이다. 감정이 강조된 소정의 느낌(Empfindung)과 결부되어 있는, 그러한 장소적인 방향들의 어느 정도 정돈된 다양성이다. 각 개인들에 의해 체험되며, 무의식적으로 형태지어지는 이 원시적인 '공간'은 집단, 가족, 종족이 체험했던 하나의 '공간'에 맞춰진다(Jammer 1960:5; Läpple 1991:202 참조).

고대, 그것도 플라톤 바로 직전 연구자 세대에 와서 비로소 물리적 공간이라는 하나의 개념으로 나아가는 시도가 시작된다(Zekl 1989:68). 이러한 긴 여정의 중요한 단계 하나하나를 다 들여다볼 수는 없지만 가장 두드러지게 인식의 진보를 가져온 단계들만이라도 짧게 소개하고자 한다. 우선 시인들이 세상의 광활함을 기술해보려던 노력이 엿보이는 문학적 사료들이 있다. 이와 나란히 그리고 뒤이어 중요한 것은 특히 천체와 그 천체의 관계에 대한 관찰이 중요하다. 각 행성들은 서로 얼마만한 거리에 놓여 있는가? 그 당시에는 이것이 핵심적인 문제였다. 하지만 이런 경우 행성 사이의 거리 인식이 인간의 감관(感官) 인상에서 직접 도출되는 경우가 왕왕 있었다. 그러한 예로 헤라클레이토스(Herakleitos, 540~480 BC. 고대 그리스 철학자. 만물의 근원을 '영원히 사는 불'이라 하고 모든 것을 영원히 생멸, 변화하는 것이라고 설명했음—옮긴이)에게 태양은 "우리에게 보이는 정도"로 그만 한 크기였다. 태양은 "사람 발만 한 넓이"를 가졌고 "매일 새로워진다"는 것이다(Zekl 1989:69). 그 당시에는 "존재자는 끝이 없어서는 안되기 때문에"(같은 곳) 전체로서의 세계는 한계지어져 있다는 견해가 지배적이었다. 멜리소스(Melissos, 410~360 BC. 고대 그리스 철학자, 파르메니데스의 제자—옮긴이)는 세계전체(Weltganzen)라는 빈틈없는 통일체로부터 존재자의 무한성이 나온다고 말한다. "왜냐하면 모든 경계설정은 존재를 다른 존재와 구분지어 둘로 나누기 때문이다"(같은 곳).

공간 개념을 설명하려는 첫 번째 방대한 시도는 플라톤에게서 발견된다. 특히 저서 《티마이오스(Timaios)》(Platon 1991)에서 플라톤은 자신의 공간 이론을 발전시킨다. 이 플라톤 대화록의 근본적 이념은 존재와 생성의 두 범주가 이 세계를 기술하기에 충분하지 않다는 것이다. 모든 생성을 수용할 수 있는 제3의 카테고리가 필요하다는 것이다. 이 모든 것—정신적인 것과 물질적인 것—을 받아들이는 형상물, 그 외에 어떤 규정도 없는 이것을 플라톤은 '공간(Raum)'이라 한다. 그래서 공간 자체는 어떤 한 장소(Topos)에 그 시작과 끝을 가지는 언제나 존재하는 항존자에 속하지도 않으며 또한 생성된 것에 속하지도 않고, 하나의 중간 위치를 차지한다. 실질적이고 참된 지식은 오로지 항존하는 것에 대해서만 있을 수 있기 때문에 공간은 지식에서도 벗어나며, 또 우리 인간에게는 단지 생성된 것만 인지될 수 있기 때문에 공간은 감각지각에서도 벗어난다. 플라톤에 따르자면 이렇게 우리는 공간에 대해 제대로 알 수도 말할 수도 없지만, 그러나 가정해야 한다.

그것은 공간이라는 카테고리다. 생성이라는 것을 가지고 있는 모든 것 위에 짐지워져 있는 몰락(의 운명)을 따르지 않는 공간이라는 카테고리다. 공간이라는 이 카테고리는 그 자체가 감각을 통해서 접근할 수 있는 것도 아니고, 또 정신에 의해서도 겨우 이리저리 유추함으로써만 파악될 수 있지 확실하게 규정되지도 않는다. 우리가 꿈을 꿀 때면 눈으로 보는 공간은 그것이 하나의 장소이며 공간을 차지하는 그런 것임이 너무나 당연하지만, 땅 위에 있지도 않고 또 우주 속에 달리 존재하고 있지도 않는 것으로 도대체 전혀 존재하지 않는다(Plato 1991:303, Tim 52b; Castoriadis 1990:321 참조).

그러니까 플라톤은 공간을 존재와 생성 사이의 배타적인 제3자로서 발견한다.

아리스토텔레스는 플라톤이 자기 앞의 다른 사람들이 그렇게 했던 것처럼 공간의 실존을 확정지으려 했을 뿐 아니라, 이를 설명하려 노력했다는 점도 인정한다. 하지만 그가 보기에 플라톤이 제기한 설명들은 너무 일반적인 것으로 그쳤다. 그래서 아리스토텔레스는 《범주론(Categoriae)》과 《자연학(Physica)》에서 스스로 하나의 공간 이론을 만들고자 시도했다. 《범주론》에서 공간은 몸으로 점유하는 모든 장소의 총합으로 여겨진다. 장소 자체는 공간의 부분으로, 공간의 경계는 공간을 받아들이는 몸체의 경계와 일치한다. 《자연학》에서 아리스토텔레스는 플라톤과는 달리 스스로를 체험의 철학자로 입증하면서 다음과 같은 두 개의 기본 전제로부터 출발한다. 1. 인간의 보편적인 세계관이나 경험에 따르자면 사물들은 어디엔가 한 곳에서 결합된다. 2. 운동의 가장 보편적인 형식은 어느 한 장소로의 움직임, 즉 장소 이동이다.

운동은 공간과 시간 없이는 확정지을 수 없다. 장소(topos), 빈 곳(kenon), 시간(chronos) 없이는 어떤 운동도 없을 것이다. 아리스토텔레스는 운동을 전제하고, 그리고 두 번째 단계에서 운동의 원인을 묻고 있다. 아리스토텔레스가 공간을 다루는 계기가 된 것은 운동이라는 주제이다. 아리스토텔레스에게 공간 문제가 생기는 것은, 공간이 운동과 만나기 때문이다(Schubert 1987:28 참조). 변화(움직임)의 경험을 생각하면 불변하는 것에 대한 추구가 생겨난다. 이 경우 운동은 한 장소에서 발생하는 몸의 운동으로 항상 생각된다. 어쨌든 대답하기 더 어려운 질문은 장소(Ort)는 무엇이냐는 것이다. 장소에 대해 이야기할 뿐 공간에 대해서는 말하지 않는 《자연학》에서 아리스토텔레스는 이에 대답하고자 한다. 그는 네 가지 기본적인 입장에서 출발한다.

우리는 다음과 같은 것이 옳다고 친다. (1) 장소란, 어떤 것의 장소란 그 어떤
것을 직접적으로 포괄하는 것이며, (2) 장소는 (포괄된) 대상물 (자체)의 어
떤 조각이 아니며, (3) 직접적 (장소)는 (그 장소에 에둘러진 사물보다) 더 작
지도 크지도 않으며, 더 나아가 (4) 장소는 각 (사물)을 뒤에 남기며 그 사물
로부터 분리될 수 있다. 그 외에도 (5) 모든 장소는 (자기의 한 종류로서) '위
나 아래'를 가지고 있고, (6) 모든 물체는 천성적으로 위로 혹은 아래로 운동
하여 자기가 원래 생겨난 장소로 움직이고 거기에 머문다(Aristoteles 1995:81,
211a).

만약 방해받지 않는다면 모든 대상물이 다 자기 장소를 향해 움직인
다는 그러한 가정에 의해 공간은 "질적 다양성의 담지자"가 된다(Jammer
1960:17). 장소는 바뀌는 내용물과는 다른 어떤 것이다. 장소는 "어떤 것
을 포괄하는 **물체의 경계**"다(Aristoteles 1995:84, 212a). 물고기는 **물 속**에 있고,
새는 **공중**에 있는 등등. 공간들은 서로 섞여 넘어가고, 더 작은 공간은 더
큰 공간 속에 들어 있어서 점점 "더 포괄적인 공간 등급이 나오게 되고"
이러한 공간등급은 "모든 것을 포괄하는 공간에 대한 의문"을 제기한다
(Bollnow 1989:30). 아리스토텔레스의 세계는 질서나 대칭의 세계라 할 수
있는 바, 아리스토텔레스에 따르면 물질세계의 여러 부분들은 이들을 외
적으로 결속하고 있는 것을 통해서 서로 연결되는데, 이것은 부분들이
하나의 모형처럼 한 상자 속에서 뭉쳐 있도록 강제하는 하나의 상부영역
이다(Jammer 1960:24 참조).

아리스토텔레스는 네 개의 가능성을—형상으로서의 장소, 물질로서

의 장소, 확장 혹은 거리로서의 장소, 경계 혹은 외부적인 것으로서의 장소―하나씩 차례로 검토하고 나서 맨 마지막에 그 중의 마지막 가능성을 선택했다. 속이 찬 용기로서의 장소라는 이 표상은 한동안 영향을 주게 되고, 이후의 중요한 후속 개념에 영향을 끼치게 된다. 하지만 아리스토텔레스의 이론은 당대에 벌써 반박을 받기도 했다. 여기에는 이미 이 시기에 수용기〔즉 (빈) 그릇〕 세계관(Behälterauffassung)에 반발하여 제기되었던 **상대적 공간관**(relative Raumauffassung)이 큰 역할을 한다. 그래서 아리스토텔레스의 제자 테오프라스트(Theophrast, 327?~288? BC. 그리스의 철학자―옮긴이)는 다음과 같은 결론에 다다른다. "공간은 스스로 어떤 현실성을 갖지 않으며, 단지 물체들의 상대적 위치를 서로 확정하는 물체의 질서 관계일 뿐이다"(Jammer 1960:22). 그에게 공간은 "서로 연결된 관계들의 체계"인 것이다.

계속 이어지는 몇 세기 동안에도 어떤 때는 절대적인 수용기-공간의 방향으로, 또 어떤 때는 상대적 공간의 방향으로 기울어지기를 반복해 나갔다. 양 입장을 대변하여 새로운 대표자들이 나타났다. 이 경우 우리가 항상 염두에 두고 같이 생각해야 하는 것은, 이것이 단지 정신사에만 영향을 미칠 철학적 개념을 다루는 일이 아니라는 사실이다. 공간 모델과 함께 사회를 위한 질서 모델이 연결되는 것이다. 공간은 매체인데, 이 매체의 도움으로 질서가 생겨날 수 있는 것이다.

2.2 르네상스 철학과 무한한 공간

아리스토텔레스의 세계상이 지속적으로 흔들리게 된 것은 르네상스 철학 때문이었다. 물론 이미 중세 초기에도 아리스토텔레스 식의 공간 개념과는 더 이상 어울릴 수 없는 공간에 대한 놀라운 관찰이 있긴 했다. 이를테면 요하네스 스코투스 에리우게나(Johannes Scotus Eriugena, 810~877, 중세 철학자—옮긴이)는 여러 공간 이론에 대적하여 모든 공간 관계는 관찰자에 따라 상대적으로 보아야 한다고 강조하면서, 아인슈타인의 상대성 이론에 와서야 겨우 완전히 펼쳐지는 방향을 가리켰다. 오컴의 윌리엄 (William of Ockham, 1285?~1349. 영국의 스콜라 철학자—옮긴이)과 프란시스코 수아레스(Francisco Suárez)(Breidert 1989:84 참조) 역시 아리스토텔레스의 수용기-공간 표상을 거리 관계들에 대한 고려를 통해 의문시하고 있다.

하지만 공간 개념은 르네상스 철학이 사물과의 관계로부터 공간 개념을 독립시키면서 실재-우연성 이론과 비로소 완전히 결별했다. 사물의 본질과 실재에 대해 질문하는 대신 상호관계(Interrelation)가 더 문제가 되었다. 관계 범주가 너무 미약하게 발전되어 있는 아리스토텔레스 식 '사물존재론'과 달리 이제 관계성의 범주가 의미를 갖게 된다. 사물존재론은 더 이상 '사물의 본질'이나 실체에 대한 의문보다 그것의 상호관계를 묻는 '기능존재론'으로 대체된다(Otto 1984:50 이하). 베르나르디노 텔레시오(Bernardino Telesio, 1508~1588, 이탈리아 철학자—옮긴이)나 조르다노 브루노 (Giordano Bruno, 1548~1600, 이탈리아 철학자. 이단으로 몰려 화형에 처해짐. 경험에 기초한 자연철학을 대표하고 아리스토텔레스주의와 싸웠음—옮긴이)는 모든 물체가 공간으로부터 멀리 떨어지게 되어도 공간은 여전히 머물러 있으며, 따라서 공간은 독립적으로 존재한다는 것, 공간은 실재도 우연도 아니고 능동적이지도 수동적이지도 않으며, 도처에 퍼지고 파고들며 모든 것을 포괄하고, 이로써 어떤 빈 곳도 허용하지 않는다는 데서 출발한다(Schubert 1987:34 이하 참조). 오히려 공간은 무엇보다도 모든 사물을 차별 없이 받아들일 수 있는 능력으로 특징지어진다. 이러한 표상은 플라톤에 의해 이미 우리에게 친숙한 것이고 짐멜에서도 다시 만날 수 있다(본서 1부 3.2 참조). 니콜라우스 쿠사누스(Nicolaus Cusanus, 1401~1464, 독일의 철학자이자 신학자. 신비주의, 스콜라 철학 등의 영향을 받았고 중세와 근대 경계에 위치함—옮긴이)에게서도 역시 관계 얽개로서의 세계가 눈길을 끈다. 쿠사누스에게는 관계라는 범주가 다시 무게를 가진다. 무한성에 대한 생각 앞에서 고대(古代)가 두려워했던 것과는 반대로, 공간은 이제 다시 무한한 것으로 생각된다. 무한성을 불안을 주는 것으로 환기시키며 해석하는 것 대신, 이제 무한성은 임의성과 변화가 가능할 수 있는 조건으로 간주된다. 세계의 무한성은 세계의 비고착화에 상응한다. "세계의 변화무상, 임의적 특징은 어떠한 절대적인 고정화도 허용하지 않는 바로 그 이유 때문에 세계는 무한하고, 끝없이 학문적으로 측량 가능하다. 그럼으로 세계의 존재는 관계무한성이라는 양태 속 존재다(Otto 1984:63).

르네상스 철학의 추(錘)가 상대적 공간으로 강하게 옮겨갔다면 계몽주의 시대에 오면 아이작 뉴턴(Isaac Newton, 1643~1727)과 함께 절대공간의 방향으로 추는 격렬하게 옮아가게 된다.

2.3 뉴턴과 절대공간

17세기 자연과학적 논쟁에서 뉴턴의 '절대공간'과 절대적, 수학적 시간의 표상은 상대적 질서공간 구상을 대표하던 상대주의자 고트프리트 빌헬름 라이프니츠(Gottfried Wilhelm Leibniz, 1618~1648)와 크리스티안 하위헌스(Christian Huygens, 1629~1695)에 맞서 자기를 관철시키게 되었다. 여태까지의 공간 이론과는 달리 뉴턴은 닫힌 체계로서의 우주가 아닌 무한하고 열린 공간에서 출발한다. 이것은 수많은 태양계를 가정한다는 말이며, 더 이상 공간 밖에서가 아니라 공간 안에 확실한 자리를 차지하는 신성(神性) 표상을 가정한다는 말이다.[1]

절대공간 개념이 말하는 것은, 공간은 외적 사물과는 관계없이 항상 동일하며 부동하고, 그럼으로써 변하지 않은 채 머물러 있다는 것이다. 뉴턴에게는 "공간의 고유 존재성과, 공간 속에 포함된 물체로부터의 독립성"을 입증하는 것이 중요하다(Jammer 1960:118). 그가 이해하기로는 모든 물질적 물체가 공간으로부터 멀어질 때도 공간은 여전히 존속한다. 하지만 뉴턴은 자신이 그 존재를 증명하려 했던 공간 체계 안에 절대공간만 있지 않다는 것을 알고 있었다. 절대공간이—절대시간과 마찬가지로—우리의 인식과 관찰을 벗어나는 바로 그 이유 때문에(Jammer 1960:112 참조) 우리는 상대적이고 움직이는 공간을 관찰할 수밖에 없는데, 이러한 상대적 공간에 대한 관찰은 우리에게 보이지는 않는 공간이지만 유일하게 진실한 절대적 공간을 볼 수 있도록 해준다는 것이다. 《프린키피아(Principia Mathematica)》 바로 시작 부분에 뉴턴은 상대적 공간과 절대적 공간의 구분을 시도하는데, 이것은 '진실된' 공간과 '가상적' 공간, '수학적' 공간과 '관습적' 공간의 차이로도 나타난다. 대립쌍은 다음과 같이 특징지어진다. "절대공간은 원래 그 천성상 외부 대상물과 관계없이 항상 동일하며 부동의 상태로 머물러 있다. 절대공간은 우리 감각에 의해서 다른 몸에 대한 공간의 자리로 표시되며 통상 움직이지 않는 공간으로 받아들여지는 바, 이러한 절대공간의 한 척도 혹은 움직이는 한 부분이 상대적 공간이다"(Newton 1963:25 이하). 절대공간은 동질적이며 상대적 공간은 절대공간의 한 부분을 형성하기 때문에 모든 상대적 공간은 절대공간의 수학적으로 정확한 척도를 제공한다(Freudenthal 1982:32 참조).

절대공간 이론은 무엇보다 물체의 관성 양태를 설명하는 측면에서 그 의미를 갖는다. 뉴턴에 따르면 직접 경험의 결과라는 운동 제1법칙의 필수적인 전제조건이 절대공간이다. 운동 제1법칙은 다음과 같다. "영향력 있는 힘에 의해 강제로 자기 상태를 변화시키지 않는 한 모든 물체는 안정 상태 혹은 동일형태의 직선운동을 고수한다"(Newton 1963:32. 원서에는 이탤릭체로 되어 있다. 이것은 마르쿠스 슈뢰르의 말이다).[2] 상대적 공간의 도움으로는 정지와 운동이 고정되지 못하는데 그 이유는 상대적 공간 자체가 유동적이기 때문이다. 그렇기 때문에—뉴턴도 그렇게 논증을 이끌어낸다—절대적 공간이 필요하다. "절대적 움직임이란 한 절대적 장소에서 다른 절대적 장소로의 몸의 이동이다. 반면 상대적 움직임이란 상대적 장소에서 다른 상대적 장소로의 이동이다(Newton 1963:26). 그럼으로써 운동 제1법칙의 타당성은 절대공간이 제공하는 절대적 관계체제라는 가정에 전적으로 달려 있다. 그래서 뉴턴의 역학설 전체에서 절대공간은 포기할 수 없을 만큼 중요하다.

절대공간과 운동법칙 내지 역학 사이의 연관성이 뉴턴이 제기한 것처럼 그렇게 필연적인가에 대해서는 이후 자연과학이 계속 발전하면서 논란되었을 뿐 아니라 이미 뉴턴의 생전에도 논란거리였다. 그렇다면 그럼에도 왜 뉴턴이 자신의 그 가설을 고수했는가라는 의문이 생긴다. 이러한 질문에 대해 답할 때면 사람들은 항상 뉴턴 식 사고에는 형이상학적-신학적 가정이 가득 차 있었다는 사실을 지적한다. 사실 뉴턴은《프린키피아》에서 다음과 같이 기술하고 있다.

정신적 존재의 지배는 신을 완성하는 어떤 것이다. 정신적 존재의 지배는 진실한 신 안에서 진실되고, 지고의 신 안에서 가장 높은 지배이며, 허구의 신 안에서 가장 허구적인 지배이다. 여기서 나오는 결론은 진정한 신은 살아 있는 통찰하는 전능한 신이라, 이 우주 높이 우뚝 초월하며 온전히 완벽하다. (……) 신은 영원성도 무한성도 아니지만 영원하고 무한하다. 신은 지속도 또 공간도 아니지만 그는 계속되고 현재적이다. 신은 계속 지속되고 도처에 현재하며 그는 항구 존재하고 편재하며 신은 공간과 지속을 완성한다. (……) 모든 인간은 그가 느끼는 존재인 한, 자신의 전 생애 동안 또 자신의 다양한 모든 감각 기관 안에서 동일한 인간이다. 신도 마찬가지로 어디서나 항상 동일한 신이다. 신은 도처에 현재하고, 단지 가상적일 뿐 아니라 실재적이다. 그도 그럴 것이 존재하지 않고서는 영향을 줄 수 없기 때문이다(Newton 1963:509).

뉴턴은 공간을 신의 감관(感官)으로 규정했다. 절대공간의 주장이 절대적 신의 존재 확인이 된다.[3] 뉴턴 자신의 종교성은 차치하더라도 뉴턴이 절대공간 이념을 고집스럽게 고수한 이유로 이 시기의 사회 및 정치 관계를 무시해서는 절대 안될 것이다. 결국 뉴턴은 절대주의적 통치자가 그들의 권력을 합법화할 때 신을 근거로 내세웠던 탓에 신의 문제는 역시 많은 논란거리가 되는 절대주의시대를 살고 있었다.[4] 그의 저서가 신학적 포석을 두는 것은 그의 학문적 노력의 우연한 부산물로 보이지 않고 의도된 계산으로 보인다. 어쨌든 뉴턴의 성공의 바탕이 되었던 것은 단지 냉정한 학자의 태도뿐 아니라 "공간의 신격화였다. (……) 그것은 학문은 곧 신의 작품에 대한 연구와 같은 의미였던 한 시대의 보편적인 경향에 잘 맞아떨어지는 것이었다"(Jammer 1960:139).

하지만 나에게 더 결정적으로 보이는 것은 얌머의 다음과 같은 지적이다. "절대공간과 절대시간은 언제나 인간의 감정에 강하게 호소한다. 절대공간과 절대시간이 있음으로써 명료함과 정확함, 안정감과 확실성이 보장되는 듯하다"(Jammer 1960:125). 내가 보기에 사회학에서의 수용기 공간 개념이 왜 그토록 장수를 누리는가 이해하기 위해서는 이 가정을 이용해야 할 것 같다. 사회학에서도 역시 수용기-공간 개념의 매력은 바로 명확하고 정확하게 경계 짓고, 확신과 결연함을 가지고 분류지을 수 있다는 데 있다. 무엇이 이질적이고 무엇이 고유한가? 혹은, 누구는 속하며 누구는 속하지 않는가?와 같은 물음은 명확한 구분선을 이용해야—가령 안과 밖 사이의 경계선처럼—겉보기에 임의적이지 않게 답변될 수 있으며 그렇게 해서 사회적 차이생성이 확립된다.

근대 물리학의 시각에서 보자면 뉴턴의 절대공간 개념과 그리고 이에 따른 수용기-공간 개념은 "환상으로 증명된다. 비록 그 공상이 실용적 목적에는 매우 유용하여, 절대공간과 절대시간의 개념들이 항상 우리 일상 경험의 기저로 머물게 되긴 했지만 말이다"(Jammer 1960:192). 얌머가 다소 너무 자명하게 주장하듯이 이 개념들이 계속 그런 기저로 머물러 있어야만 하는 것은 아니지만 절대공간을 **유익한 환상**으로 평가하는 것은 매우 적절하다. 사회학 역시 수용기-공간 표상을 오래 전에 환상이라고 폭로하고 있지만 사회학에서도 역시 이 공간 개념은 유익하고 목숨질긴 환상으로 살아남았다. 오늘날까지 그 개념은 시대에 맞추어 가는 대단한 능력이 있는 것으로 증명되고 있다. 이에 걸맞게 절대공간 개념은 언제나 재차 새롭게 재생산되고 있는데 여기에 대해서는 앞으로 하나하나 명확하게 보게 될 것이다.

2.4 라이프니츠와 상대적 공간

뉴턴 역학이 엄청난 성공을 거두면서 그의 공간 이론에 반대하는 이견에 대해서는 오랫동안 아무도 귀를 기울여주지 않았다. 뉴턴이 세운 역학 시대가 궁극적으로 극복되었다고 할 수 있는 오늘날, 뉴턴의 공간관에 대한 라이프니츠의 비판에 가치를 두는 일이 다시 가능해졌다(Jammer 1960:125 참조). 그도 그럴 것이 라이프니츠의 논거는 고찰의 가치가 충분하고 상대적 공간 개념 및 상대주의적 공간 개념의 엄청난 부흥을 배경으로 오늘의 사회학에서도 새로이 의미를 얻고 있기 때문이다.

라이프니츠는 뉴턴의 절대공간 가정에 엄격하게 반대한다. 그에게는 공간이나 시간이 어떤 실체적 현실을 가지지 못한다. 시공간에는 어떠한 물적(物的) 실존이 해당되지 않는다. 시공간에 물리적 혹은 형이상학적 실재를 부여하는 대신, 시공간을 "인간 정신의 구성적 창조적 힘에 뿌리내려 있는"(Cassirer 1969:158), "현상(인식)의 이념적 질서형식"으로 파악하는 것이 훨씬 유효하다는 것이다. 공간이 "공존의 질서"를 대변한다면, 시간은 "순차적 질서"(같은 곳)를 형성한다. 라이프니츠는 뉴턴 및 그 추종자들의 본질적 공간 개념에 반대하면서 다음과 같이 말한다. "공간 표상의 형성은 다음의 방식에 따라 이루어진다. 사람들은 다양한 사물들이 동시에 존재하는 것을 관찰하고 그들 사물들 속에 공존이라는 하나의 특정 질서를 발견한다. 그 공존의 질서에 따르면 사물들의 관계는 다소 단순하다. 이것이 바로 사물 상호간의 위치 혹은 거리다"(Leibniz 1904:182). 결정적인 것은 모든 사물의 '위치관계'는 '각 다른 사물과의 관계'에서 도출된다는 것이다. 각 물체의 위치는 다른 물체에 대한 그때그때의 관계, 그러니까 언제나 오로지 "무엇과의 관계 속"에서 나오는 것이지 절대적으로 발생하지 않는다.

만약 여러 요소 중 하나가 대다수 다른 개별 부분들과의 관계를 바꾸면, 그
리고 새로 추가된 요소가 그 한 요소가 가졌던 다른 요소들과의 관계를 받
아들이면, 그럴 때 우리는 새 요소가 그 전의 요소의 자리를 대신하게 되었
다고 말하고, 우리는 이러한 변화를 운동이라고 부르며, 이 운동은 변화의
직접 운동이 들어 있던 그 요소에서 기인한 것이라고 본다. (……) 이런 모
든 입지들의 정수가 공간이라 불린다(같은 곳).

라이프니츠에게는 공간의 이념을 규정하기 위해서 위치관계면 충분
하다. 절대공간을 추가로 가정하는 것은 하나도 필요 없다. 라이프니츠
에게 공간과 시간은 순전히 상대적인 어떤 것이다. "엄격히 말해서 사람
들은 '이 물체가 이 장소에 있다'고 말해서는 안 되며, '이 물체는 다른
물체에서 볼 때 이 장소에 있다'고 말해야만 한다"(von Weizsäcker 1990:138).
이러한 공간 표상에서 나온 결과들은 아무리 강조해도 지나치지 않다.
그것들은 이미 각각의 관찰은 어떤 정해진 시점(視點)에 의거해서 이루어
지며 따라서 관찰자가 공간의 다른 지점에 있으면 달라진다고 하는 시각
의 다양성을 전해준다(Löw 2001:28 참조). 라이프니츠의 공간관과 함께 관
찰의 우연성이 공간 이해의 지평 안으로 들어오게 되는 것이다.

2.5 칸트: 직관의 순수형식으로서 공간

철학적 자연과학적 공간 역사 전체 속에서만 절대주의 지지자와 상대주

의 지지자의 세계관을 다루게 되는 것은 아니다. 이 두 입장이 **하나의 저서** 안에 같이 들어 있는 것도 발견하게 된다. 임마누엘 칸트(Immanuel Kant, 1724~1804)가 자신의 첫 번째 저서에서 공간과 운동의 문제를 계속 다루고 있는 것이 그 좋은 예다.[5] 칸트가 일단은 라이프니츠와 뉴턴의 입장을 조율하려고 시도했다면—예컨대 1755년에 나온 그의 《형이상학적 인식의 제1원리들에 관한 새로운 해명(Principiorum primorum cognitionis metaphysicae nova dilucidatio)》과 1756년에 나온 《물리적 단자론(Monadologia physica)》에서 (Jammer 1960:142 참조)—〈운동과 정지의 새로운 학습개념(Neuer Lehrbegriff der Bewegung und Ruhe)〉이라는 논문에서는 라이프니츠와 관련된 공간의 상대적 성격을 강조한다.

어떤 사물의 관점에서 하나의 물체가 정지해 있는가를 첨언하지 않고는 그 물체가 정지해 있다는 말을 나는 할 수 없다. 또, 한 물체가 어떤 대상물들과의 연관성 속에서 자신의 관계를 바꾸는 그런 대상물들을 명명하지 않고서는 그 물체가 움직인다는 말을 할 수도 없다. 또 내가 창조물이라고는 몽땅 다 비어 있는 하나의 수학적 공간을 물체들의 수용기로서 상상해보려 한다면 이것은 아무리 해도 도저히 안 될 것이다. 그도 그럴 것이 이 수학적 공간 부분과 그리고 물체적인 어떤 것에 의해서도 차지되지 않는 여러 자리들을 어떻게 구별할 것인가?(Kant 1905a:13).

그러나 이렇게 말하고 나서 몇 년 안 되어 칸트는 뉴턴의 입장으로 바뀌어 있다. 이제 그는 "절대공간은 모든 물질의 존재와는 독립적으로, 그리고 스스로가 이 모든 물질들의 결합의 첫 번째 원인으로서 독자적 현실성을 가진다"고 확신하는 모습을 보인다. 이러한 변화는 어디에서

오는가? 칸트가 공간문제를 급진적으로 새롭게 가치평가하게 되는 데
는 분명 기하학적 인식의 근저에는 직관이 있다는 통찰이 있다. 여기서
결정적인 것은 몸의 관점이다. 주관적 몸의 입장에서 사람은 위와 아래,
왼쪽과 오른쪽, 뒤와 앞의 공간을 경험한다. 이러한 구분은 개념적으로
파악 가능한 것이 아니라 직접적 직관에 의한 것이다. 그 속에서 칸트는
절대공간의 증거를 보고 있다(Jammer 1960:144, 149).

　하지만 박사학위 논문 〈감성계와 지성계의 형식과 원리(De mundi sensi-
bilis atque intelligibilis forma et principiis)〉에서 칸트는 이미 그 다음 전향을 보
여주고 있다. 이제는 절대공간과 절대시간의 개념이 "순수 관념적 허
구"(Jammer 1960:150)로 다루어진다. 공간은 이제 어떤 독자적 현실이 아
니다. 오히려 공간은 경험의 가능성 조건이 된다. 칸트에게서 공간이
란―시간도 마찬가지지만―어떤 "경험적 개념(Kant 1974:72)"이 아니라,
모든 경험적 인식에 **선험적으로** 깔려 있는 "필수불가결의 표상"(같은 곳)이
다. 원칙적으로 사물들은 **실제** 있는 그대로는 인식되지 않기 때문에 그
것들은 우리에게 **나타나는 것**으로 파악될 수밖에 없다. 사물들이 **실제로**
공간 속에 있는지는 칸트에 따르면 우리는 결코 밝힐 수 없지만 그것들
은 우리에게 **마치 있는 것처럼** 그렇게 나타난다. 공간은 그 속에 모든 현
상들이 다 들이부어져 있는 형식인 셈이다. 이로써 칸트는 의식을 통한
구성작용과 별도로 존재하는 독자적인 현실성을 공간에 인정하지 않는
다. 그에게는 우리가 공간이라 부를 만한 어떤 대상도 외부세계에 없다.
공간은 그 자체가 인지 가능한 대상이 아니라, 사물들을 공간 속에서 병
렬적 형식으로 나타나게 하는 우리 감각의 질서체계에 기인한다. 주체
는 대상물에 어느 정도의 공간성을 강요하지만 대상 자체에 공간성이 따
르는 것은 아니다(Kant 1974:71 이하 참조).

우리는 이것을 당연히 절대공간의 표상에 대한 칸트의 외면으로, 그리고 구성주의적 공간 개념을 위한 준비단계로 해석할 수 있겠지만, 전체적으로 볼 때 칸트는 절대공간이 의미를 가지는 데 조력했다. 절대공간의 그러한 비중은 이미 뉴턴 이후의 역학이 오래 전에 절대공간과 결별했는데도 불구하고 19세기까지도 계속 과학관을 각인했다(Ströker 1977:187 참조). 칸트는 《순수이성비판》의 초월적-관념론적 공간관을 통해서도 우리는 공간이 없다고 생각할 수 없지만, 그 공간 속에 어떤 대상물도 존재하지 않는 것은 생각할 수 있다는 입장을 취한다. 지각의 형식으로서의 공간은 그 공간 속에 포함된 각 대상물과 독립적으로 존재한다. 또 이를 넘어서 여러 다른 공간들이란 존재하지 않는다. 비록 우리가 많은 공간에 대해 말을 한다 해도 우리는 하나의 동일한 공간의 부분들을 말할 뿐이다(Kant 1974:72 이하 참조). 거리를 두려는 모든 노력에도 불구하고 칸트는 결국 뉴턴 식 공간 이론에서 완전히 벗어나 보이지 않는다. 하지만 다른 한편으로 공간을 더 이상 대상물로 다루지 않고 모든 지각 가능한 것이 가진 다양성을 정돈할 수 있게 하는, 감각적 직관의 순수형식으로 다루려 한 것이 칸트의 업적이다. 공간은 이미 존재하는 것이 아니라 인간의 표상을 통해서 비로소 창조된다는 것이다. "따라서 우리는 오로지 한 인간의 입각점에서 공간에 대해, 확장된 존재 등에 대해 말할 수 있는 것이다. 그러니까 우리가 대상물에 심적으로 영향을 받기도 하듯이 우리는 주관적인 조건 아래에서는 오직 외적 직관만을 얻을 수 있을 뿐이다. 하지만 우리가 그러한 주관적인 조건을 벗어난다면 공간 표상은 전혀 아무것도 의미하지 않는다"(Kant 1974:75).

2.6 아인슈타인과 상대적 공간

더 이상 시간과 공간을 서로 독립적인 단위로 분리해 다루지 않고 공간을 시공간-구조로 생각하면서 알베르트 아인슈타인(Albert Einstein, 1879~1955)은 자신의 상대성이론으로 비로소 유클리드식 공간 이해를 극복했다. 아인슈타인은 공간과 그 속에 존재하는 물체가 결코 분리된 단위가 아니라는 방향으로 공간의 수용기-표상을 비판한다. 종전의 표상 대신 그는 공간의 상대성과 시공간의 통일성을 지적한다. 그에게 공간이란, 다른 모든 운동 산정이 가능한 체계들을 관련지을 수 있는 그런 기준계가 더 이상 아니다. 뉴턴과는 대조적으로 아인슈타인에게 공간은 다른 대상물과 관계없이 항상 똑같으며 부동하지 않는다. 공간과 물질적 대상들의 세계는 서로 얽혀 있다. 공간은 더 이상 "모든 물리적 대상을 담는 용기"가 아니라 "물체계의 저장 성질(Lagerungs-Qualität der Körperwelt)"(Einstein 1960:XIII)로, **"물리적 대상들의 관계적 질서"**로 이해할 수 있다는 것이다(Läpple 1991:189). 아인슈타인은 뉴턴의 절대시간과 절대공간 관념을 결연히 비판한다. 공간과 시간은 절대적인 것이 아니라 그때그때 관찰자의 기준계에 따라 상대적으로 확정될 수 있다. 속도 역시 절대적인 것으로 파악될 수 없고 다른 물체들과의 관계 속에서 생각될 수 있다. 노르베르트 엘리아스는 상대성이론이 주장하는 시공간적 연속체의 의미를 다음과 같은 적절하게 논평한다.

'공간' 속에서의 모든 변화는 시간 속에서의 변화이다. 시간 속에서의 모든 변화는 공간 속에서의 변화이다. 시간이 흐르는 동안 '공간' 속에 조용히 머물러 앉아 있을 수 있다고 여기는 오류를 범해서는 안 된다. 이 경우 그런 흐름 속에서 바로 그 사람 자신이 늙어가고 있는 것이다. 그 자신의 심장이 박동하고, 호흡하고, 소화시킨다. 그 사람 자신의 세포가 자라고 죽어 사라진다. 변화는 더딜 수 있지만, 인간은 '시공간' 속에서 지속적으로 스스로 변화한다.―점점 늙어가는 한 사람으로서, 변화하는 사회의 한 부분으로서, 또 쉼 없이 움직이는 지구의 주민으로서(Elias 1987a:74 이하).

2.7 요약과 결과

서로 경쟁하는 두 공간관의 의미가 사회학적 맥락 속에 있는 공간관에도 결정적인 것이 아니라면, 굳이 여러 철학적 자연과학적 입장들을 훑어볼 필요까지는 없을 것이다. 철학적 공간 개념은 공간에 대한 다양한 사회학적 표상 속으로 바로 들어가게 되었다. 이 경우 각 사회이론이 서로 간에 어떻게 입지를 가지든지 플라톤, 아리스토텔레스, 칸트, 뉴턴, 라이프니츠, 아인슈타인이 제공한 단초들을 다루는 작업은 어느 누구도 피해갈 수 없을 것이다. 사회학이론이 이들 공간에 대한 철학적 과학적 입장을 드러내어 다루든지 아니면 함축적으로 다루든지 간에, 어쨌든 이 철학적 과학적 입장은 공간에 대한 사회학적 사유의 출발점을 이룬다. 어떤 철학적 단초와 어떤 사회학적 단초를 하나씩 짝지어 연결하지는 못하지만―앞으로 더 명확히 드러나겠지만―루만은 뉴턴 식의 공간 이해 편에 서 있는 반면, 짐멜은 무엇보다 칸트에 의존하고 있고, 부르디외는 라이프니츠와 명확한 관계를 지니고 있다.

이 경우 절대공간 개념과 상대공간 개념 간의 차이는 사회학에서도 결정적인 역할을 하고 있다. 첫 번째 모델에서 공간은 자기 속에 들어 있

는 물체를 위한 주머니일 뿐이다. 공간은 사물들이 담길 수 있고 그 속에
서 확고한 자리를 가지는 하나의 곽이나 상자, 수용기("container")와 같다
(Einstein 1960:XIII). 이에 반해 두 번째 모델에서 공간은 어떤 단순한 사실
[소여성(所與性)]이 아니라 사회적 조작을 통해 비로소 한 공간이 구성된
다. 우리가 보았듯이 절대공간관과 상대공간관의 추종자들 사이의 오랜
논쟁은 뉴턴과 라이프니츠의 충돌에서 아주 첨예한 대립점을 형성했고,
그 논쟁에서 결국 뉴턴이 명백한 승자가 되었다. 그러나 아인슈타인의
상대성이론으로 인해 수용기의 절대주의적 모델은 의미를 상실하게 된
다. 그렇지만 아인슈타인에 의해 최종적으로 수용기-모델과의 단절이
이루어졌음에도 불구하고, 사회과학에서의 공간관의 변화는 아직까지
이루어지지 않고 있다. 비록 오래 전에 결정적인 노선조정이 사회과학
에서도 이루어지긴 했지만 말이다.

> 공간이 공간과는 완전히 무관한 사회적 관계가 그 속에서 진행되는 **용기**(容
> 器)일 뿐이라면, 공간은 기껏해야 기술적(記述的) 차원에서만 흥미로울 뿐,
> 그러나 그런 사회학에서 중요한 것, 즉 사회적 조직의 인식에는 전혀 도움
> 이 되지 않는다. 공간에서 흥미로운 것은 지리학으로 해결될 것이고, 그러
> 면 우리는 사회학적 관련 테두리 내에서는 이 공간이라는 범주를 등한시할
> 수도 있다(Hamm 1982:24).

또 다른 곳에서는 이런 언급이 있다.

> 그렇다면 지각을 통해 사회적 의미를 갖지 않는 공간은 존재하지 않는다고
> 말할 수 있다. 공간이 우리의 인식 바깥에서는 존재하지 않고, 이러한 지각

은 언제나, 그리고 불가피하게 사회적 관계에 의해 형성되고 중재되어 발생한다는 사실 속에 이미 공간의 사회적 의미가 설명되고 있다. 이로써 공간은 하나의 **사회학적** 범주가 된다(같은 책, 26).

그런데도 수용기적 공간관과의 결별이 완전히 이루어지지 않았다는 것은 어떻게 설명되는가?

이러한 질문에 대답하기 위해서 절대주의적 수용기 공간 개념이 가진 결정적 의미를 상기해볼 필요가 있다. 이 절대적 공간의 의미는 "공간이 비록 모든 물체적 대상에 영향을 미치지만" 이 대상들은 공간에 어떤 반작용도 행사하지 못한다"(Einstein 1960:XIV)는 데 있다. 이 개념에서 물체적 대상들은 수동성의 운명을 부여받는다면, 상대적 공간 개념은 정반대이다. 상대적 공간 개념에서는 자신의 활동을 통해 공간을 구성하려는 인간의 창조적 참여가 강조된다. 이로써 서로 모순되는 두 공간 개념들이 다른 이름으로 사회학 속에 들어가 있다는 사실이 명확해진다. 그도 그럴 것이 이러한 논점은 '그' 개인들에 미치는 '그' 사회의 영향, 혹은 '그' 행동들에 미치는 '그' 구조의 영향에 대한 질문으로 달리 표현되고 있고, 객관주의 대 주관주의, 개인주의 대 전체론의 논쟁으로 형태가 바뀌어 나타나 있기 때문이다. 이러한 전이(轉移)가 가능한 이유는 사회를 수용기-공간으로 파악하기 때문이다. 그것은 우리 인간이 주어진 테두리와 정해진 경계를 넘어서지는 못한 채 그 속에 들어 있으면서, 그 속에서 행동하는 용기가 공간이라고 이해하기 때문이다.

이전의 장(章)에서 펼친 것처럼 사회학 내부에 방치된 범주로서의 공간에 대한 명제를 생각해보면 이를 다음처럼 섬세하게 펼칠 수 있다. 즉, 우리에게 공간 표상이 전혀 없었다기보다 우리가 수용기 개념을 계속 암

묵적으로 은근히 수용해왔다는 것이다. 이때 수용기-공간 표상을 사회
과학에 옮겨온 것은 숙명적인 가정을 낳게 되었으니, 사회적 공간은 정
치적 경제적 공간과 겹치며, 사회적 공간은 국가 각 영토상의 경계에서
끝난다는 것이 그 숙명적인 가정이다.

　이어서 뒤르켕, 짐멜, 부르디외, 기든스, 루만의 사회 이론을 다룰 텐
데, 이들의 이론을 선택한 이유는 물리학과 철학에서 나온 공간 이론적
관념의 함축적 수용이 그들에게서 증명될 뿐 아니라 그들에게서—물론
서로 범위는 다르지만—공간의 문제에 대한 명백한 논쟁이 발견되기 때
문이다. 이 경우 제기되는 질문은 다음과 같은 것들이다. 이들 각 이론가
들은 절대주의적 공간관 혹은 상대주의적 공간관 중 어느 편에 동조하고
있는가? 아니면 이 둘을 혼합시켜 작업하고 있는가? 이러한 공간 개념
들은 그들의 사회이론적 구상에서 어떤 역할을 하는가? 그런 개념들은
어떻게 투입되는가? 그리고 그런 투입의 결과는 무엇인가?

사회학의
공간 개념

3

우리가 이미 살펴보았지만, 자연과학적 철학적 사유는 공간을 수용기(受容器) 아니면 상대적 공간으로 생각한다. 사회학 역시 이 두 개의 가능성 사이에서 왔다갔다 한다. 사회학이 오랫동안 수용기-공간에 정향해왔다면, 현재로서는 점점 더 상대적 질서 공간을 향하는 것처럼 보인다. 사회과학적 설명관계에서 공간문제가 외면화되었던 이유는 수용기 공간 표상과, 이와 결부된 현상으로서, 공간이 그 사회적 내용의 기능—및 발전맥락으로부터 분리되었기 때문이다(Läpple 1991:195 참조). "사회성에 대한 모든 진술과 이해에는 하나의 공간-표상이 내재해 있기"(Pries 1997:18) 때문에, 바로 그 때문에 공간은 대부분 분석되지 않는다. 하지만 공간에 대한 이러한 용암(溶暗, 점점 사라지게 함, 페이드아웃과 같은 뜻—옮긴이)은 우리가 민족국가, 시구(市區), 역 청사, 교실, 혹은 거실 같은 공간들의 구성 조건 자체를 주제화하지 않고 이 공간들을 사회성의 주어진 무대라고 처음부터 전제하는 한에서 작동한다.

나는 다음에서 공간을 생각한다는 사회학적 제안들을 철저히 분석하고자 한다. 전근대 사회에서 근대사회로의 발전은 계속해서 공간이 의미를 상실해 가는 것이라는 사실이 곧 뚜렷해질 것이다. 예외가 부르디외이다. 부르디외의 텍스트에서는 근대 발전에 대한 장기적인 진술을 끄집어낼 수 없기 때문에, 다음에서 분석되는 이론들에서 부르디외는 제외된다. 그런 면에서 그의 이론을 근대화 이론으로 이해해서는 안된다. 부르디외의 이론 구조물 속에서 공간은 하나의 범주적 위상을 차지하는데, 범주적 위상을 가진다는 뜻은 종족 사회를 분석하든지 혹은 진보된 근대적 사회를 분석하든지 간에 공간은 유효하다는 것이다.

3.1 공간의 사회적 구성―에밀 뒤르켕

에밀 뒤르켕(Émile Durkheim)에게서 우리는 두 가지 맥락의 공간을 만난다. 하나는 공간에 대한 인식이론적 접근이고, 다른 하나는 사회이론적 접근이다. 인식이론적 시각에서는 공간이 무엇이며 공간은 어떻게 생각되어져야 하는가가 뒤르켕에게는 중요하다. 사회이론적 시각에서 중요한 것은 단순한 사회에서 좀더 높은 사회로의 이행이 중요한데 이 이행은 사회적 조직을 변화시킬뿐 아니라 사회의 공간적인 조직의 변화도 초래한다. 뒤르켕은 인식이론에서나 사회이론에서 사회 각 조직은 공간 속에 반영된다는 공통된 명제를 내세운다.

3.1.1 사회적 범주로서 공간

공간범주에 대한 뒤르켕의 입장은 그가 마지막으로 집필한 위대한 저서 《종교 생활의 기본 형태(Die elementaren Formen des religiösen Lebens)》(Durkheim 1984)에서 나타나는데, 그 당시 인기 있던 인류지리학과 정치지리학과는 분명한 차이가 있다. 뒤르켕도 물론 인류지리학, 정치지리학을 심도 있게 논의하고 있다.[1] 뒤르켕에게 중요한 것은 인류지리학과 정치지리학처럼 사회구조에 미친 공간의 영향을 다루고, 공간을 독자적인 주제가 되게 하는 힘과 영향력을 공간에 부여하는 것이 아니다. 사회의 물질적 토대와 지식의 내용이 사회적으로 구성되어 있을 뿐 아니라, 공간이나 시간과 같은 사고의 기본적 형식이나 범주도 사회적으로 구성된다는 것을 증명하는 것이 뒤르켕에게는 중요하다(Durkheim 1984:27 참조; Joas 1933:267 참조). 비록 뒤르켕이 칸트와 비슷하게 일단은 공간의 소여성 **그 자체**〔즉자(an sich)〕를 다루지 않고, 도대체 어떻게 우리의 인식을 각인하는 이러한 범주에 이르느냐는 질문을 다루긴 하지만, 뒤르켕은 칸트의 **선험**(a priori)이라는 순수 직관형식에는 단호히 반대한다. 공간은 "칸트가 절대적이고 완전 동질적인 것이라고 상상한 그 애매하고 불특정한 장소"가 아니다. "그런 공간은 어떤 소용도 없고 생각조차 되지 않는다"(Durkheim 1984:30). 범주들이란 **선험적으로** 지각의 밑바탕에 놓여 있는 것이 아니라 사회적으로 생산되는 것이고 미리 형식화되어 있다. 범주는 "집단적 사유의 생산물"(Durkheim 1984:28), 즉 사회적 근원을 가진 것이다. 사회적 조직은 범주에 앞선다. 근본적으로 후자는 전자의 단순한 모상일 뿐이다. 사유의 질서는 그 특수한 분할이 이루어진 사회 공간적 질서에 따른다.

뒤르켕에 따르면 상/하, 좌/우, 남/북, 동/서 등과 같은 공간적 분류는 주관적 지각범주에 따른 것도 아니고, 또 공간 자체에 부착된 성질도 아니다. 오히려 이러한 구분의 경우에는 집단적으로 공유된 믿음이 중요하다. 동일한 문명의 구성원들에게 공간에 대한 표상은 같기 때문에, 각 방위에 부여되는 "감정적 가치" 역시 동일하다. 이러한 사실은 공간의 구분과 분류가 사회적 원천에 있다는 뒤르켕의 명제를 뒷받침하는 충분한 증거다(Durkheim 1984:30 참조). 만약 "사회적 공간"(같은 책, 593)이 "시간처럼 분류될 수 없고 차별화될 수 없다면 공간 그 자체가 될 수 없을 것이다"(같은 책, 30). "공간 속에서 사물을 나눌 수 있기 위해서는 그것들을 여러 상이하게 다른 식으로 제기해야 한다. 이를테면 이것은 오른쪽, 다른 것은 왼쪽, 이것은 위, 다른 것은 아래, 이것은 북, 다른 것은 남, 또 이것은 서쪽이면, 다른 것은 동쪽 등 이런 식으로 말이다"(같은 곳). 이런 사유의 배후에는 만약 사회를 형성하는 개인과 사물이 다양한 집단으로 나뉘어 있지 않다면, 즉 분류되어 있지 않다면 사회는 기능하지 못할 거라는 뒤르켕의 기본적 표상이 있다. 공간은 오로지 사회구성적 분류화라는 이 원칙에 따른다.

> 사회는 (……) 분류하기 이상은 아무것도 아닌, 사회 자체의 의식적 조직화를 전제하고 있다. 사회의 이러한 조직화는 사회가 차지하는 공간에 자연스럽게 전달된다. 어떤 충돌이건 충돌을 피하기 위해 각 개개 집단은 특정 공간 지분을 필요로 한다. 즉, 전체 공간은 나누어져야 하고 구분되어야 하며 정렬되어야 한다. 이러한 분할과 조절은 만인에게 의식되어 있어야 한다(Durkheim 1984:592).

이것은 시간에서도 꼭 같이 적용된다. 시간 역시 분(分), 시(時), 일(日), 주(週), 월(月), 년(年) 등의 하부단위 없이는 생각될 수 없다. 결국 시간은 우리가 시간을 나누는 간격으로 이루어지듯, 공간도 우리가 공간을 나눈 부분들이 합쳐져 생겨난다. 이러한 하부단위 없이는 공간과 시간은 사회생활에 별 중요하지 않은 추상적인 것이 될 것이며, 이러한 추상적인 것은 뒤르켐에게는 말하자면 무(無)인 셈이다. 이 경우에서도 역시, 각 개별적인 하위단위들은 현실세계에 인위적으로 들이댄, 자위적으로 만들어진 분류체계에서 나오는 게 아니다. 시간의 분할은 사회생활로부터 생겨나며 이로써 시간은 "사회적 시간"(같은 책, 593)이 되는 것이다. 월력은 반복되는 사회적 활동의 규칙성을 보장한다. 공간 구획, 그리고 다양한 사회적 집단이 각자 차지한 공간이 '충돌'을 방지하는 것과 같이, 모든 사회 구성원들에 의해 똑같이 이해된 시간은 축제, 사냥, 전쟁 같은 일이 생겨날 수 있게 한다. 공간적, 시간적으로 확정해놓지 않으면 이런저런 활동을 하는 주인공들은 서로 만나지 못할 것이며, 이에 상응하는 행동이나 사건들은 일어날 수 없을 것이다. 시간과 공간 같은 중요한 범주에 대한 기본적 생각들은 개개인들이 서로 공유해야 할 사항이다. 그렇지 않다면 사회적 공동생활이 가능하지 않을 것이다. 즉 "어떤 시대든 인간이 이러한 기본적인 이념에 합의할 수 없고, 시간이나 공간, 원인, 숫자에 대한 통일된 생각을 가지고 있지 않았다면, 사람들 사이의 어떤 합의도 불가능하고, 따라서 어떤 공동의 삶도 불가능할 것이다"(Durkheim 1984:38, 같은 책, 592 이하도 참조).

뒤르켐의 공간과 시간 이해에서 우리는 그러한 시각이 사회적 통합과 사회적 질서에 관한 이론에 대한 그의 일반적인 관심에서 나왔음을 잘 알 수 있다. 공간과 시간은 신뢰성, 안정성, 기대감을 가질 수 있기 위해 있는 것이다. 이것은 더 높은 사회 형태와 마찬가지로 단순한 사회 형태에서도 그렇다. 각 사회 조직은 공간 속에 침전된다는 자신의 기본 명제를 뒤르켕은 원시문화의 증거에 대한 연구로 뒷받침해보려고 했다. 이런 전략을 사용한다면, 현대문화의 복잡성으로 보아서는 도저히 실현 불가능할 그런 문제가 경험적으로 다루어질 수 있기 때문이다(Joas 1993:267 참조).[2] 이런 한에서 원시적 사회등급으로 우회하는 것은 혼잡성을 줄이는 데 도움이 된다. 뒤르켕이 선호했던 자료는 북아메리카와 오스트레일리아 종족이 전해주는 것이다. 뒤르켕은 이러한 사회에서 공간 속에 기입된 사회 조직이라는 자신의 명제를 위한 증거를 충분히 발견했다. 그래서 가령 이러한 사회에서는 사람들은 공간을 "엄청나게 커다란 한 원의 형식으로" 상상하는데, 그것은 "그 진영 자체가 원처럼 둥근 모양을 하고 있기 때문이다. 그 공간 원은 종족 모임의 형상에 따라 세분화된다. 이것은 족속만큼이나 많은 지역으로 세분화되고, 족속이 그 진영 내부를 차지하는 장소에 따라 지역이 설정된다. 모든 지역은 그에 배속된 족속의 토템(미개 종족이 종교적으로 숭배하는 자연물이나 동식물—옮긴이)에 의해 정의된다"(Durkheim 1984:31). 족속 수의 변화와 평행하여 서로 다른 지역의 수도 같은 방법으로 변하기 때문에 뒤르켕은 다음과 같은 결론을 내린다. "그래서 사회 조직은 공간조직의 모델이며, 일종의 복사 사진이다. 이런 식으로 좌/우의 구분은 인간의 본성에 따른 것이 아니라 종교적, 다시 말해서 집단적 표상의 결과물일 뿐이라고 할 수 있을 정도다"(같은 책, 31).

3.1.2 단순한 사회의 공간과 복잡한 사회의 공간

뒤르켕은 사회의 진화 발전을 단순한 사회 형태에서 더 높은 사회형태로의 이행으로 생각한다(Durkheim 1988 참조). 무차별성, 자동성, 동일성 대신에 점점 특성화, 고유성, 이질성이 나타나게 된다. 뒤르켕의 이러한 표상은 우주, 사회, 문화의 발전을 통틀어 동질성에서 이질성으로의 전이로 묘사한 허버트 스펜서(Herbert Spencer)와 일치하는 것처럼 보인다. 하지만 뒤르켕은 이러한 표현을 '부정확하다'고 간주한다. 왜냐하면 "처음에도 이질적인 것이 있었고, 이 이질성은 어떤 혼합 상태로 존재한다. 처음에는 서로 다른 기원, 양식, 활동의 다양성이 있다. 이 서로 다른 기원, 서로 다른 양식, 서로 다른 활동은 혼합되어 있을 뿐 아니라 어느 정도 서로를 상쇄시키기 때문에 그것을 하나하나 떼어내기가 극도로 어렵다. 그것들은 **나뉠 수가 없다**"(Durkheim 1993:154 이하). 사회성에 대한 뒤르켕의 전체 이론은 기본적으로 차이, 구분, 분류, 등급구분 같은 개념으로 이해할 수 있다. 분류체계의 유무 내지 그것의 규모와 분화 정도는 뒤르켕에게는 원시 민족과 문명화된 민족을 구분하는 결정적 기준이 된다. 뒤르켕이 볼 때 원시부족들의 시간은 무엇보다 차이의 부재로 특정지어진다. 인간의 정신은 진화의 역사 시작 단계에서는 "구분 부재의 상태에"(Durkheim/Mauss 1993:173) 있다. 사물들이 명확히 구분된 서로 다른 집단으로 묶여진다는 것은 오랜 발전, 보편적 발전의 결과이며, 이러한 보편적 발전의 반복을 뒤르켕은 학문의 장과 또 개개의 사회적 장(場)에서 요구하고 있다. 왜냐하면 학문 스스로 자신이 이미 그러한 존재라고 주장하는 것, 그것은 학문이 차별화와 특수화를 통함으로써 비로소 되는 것이기 때문이다. "학문은 그것이 분할되고 세분될 때, 또 그것이 서로 연관된 일정 수의 다양한 문제들을 포괄하고 있을 때, 그때 비로소 학문이 창시되는 것이다. 질서정연하고 구분 가능한 이질성에 도달하기 위해서 학문은 자기가 처음 시작했던 혼란스런 동질성의 상태로부터 빠져나올 필요가 있다"(Durkheim 1981:44). 이미 우리가 보았듯이 등급 구분이라는 활동 역시 공간과 관계한다. 이 경우 뒤르켕에게서 핵심적인 것은 이러한 구분이 등급 분류를 **하려고 하는** 개인적 충동 때문도 아니고, 사물 그 자체에 고착된 것도 아니라는 통찰이다. 오히려 그것들은 집단적 합의의 산물이다.

공간의 조직화는 단순한 사회에서 복잡한 사회로의 근본적 이행에서 결코 적지 않은 역할을 한다. 단순한 사회는 매우 작은 범위를 가진다. 단순한 사회는 서로 네트워크화되지 않은 집단인 족속, 종족 혹은 가족과 같은 분할체들로 이루어진다. 동질적 분할체들 하나하나는 강한 집단의식—다시 말해 확신, 감정, 가치 그리고 규범의 공동 비축을 통한—과 작은 분업화의 특징을 가진다. 각 분할체들은 하나의 세계를 스스로 구축하는 셈이다. 개별 족속은 이웃 족속과는 엄연히 별개로 구분되어 살아간다. 이때 족속의 영역은 결코 바로 옆에 있지 않다. 족속들 내부에서조차 하나의 밭 옆에 바로 다른 밭이 있는 법이 없다. 하나의 밭은 그 밭을 다른 밭과 구별 짓는 땅에 의해 울타리처럼 둘러싸여 있다. 이 땅에는 곡물 재배가 이루어지지 않고 있어야 하니, 경작에 사용되어서는 안 되었고(Durkheim 1991:211 참조), 그런 한에는 **어느 누구의 땅도 아니었다.** 이런 규칙을 따르지 않고 이 거룩한 공간을 사용하는 사람은 공동체에서 추방되었고, 누가 이 사람을 죽이더라도 처벌받지 않았다. 자기 땅과 그 땅을 에워싸고 있는 땅 사이의 경계는 종교적 실천을 통해서, 그리고 규칙적으로 경계선을 보폭으로 재보는 시찰로써 재차 새롭게 공고화되고, 이로써 "뚜렷이 종교적 의미"(같은 책, 212)를 지닌다.

족속의 구성원이 다른 족속으로 옮겨가는 일은 거의 불가능했다. 그러나 사회적 발전이 진행되는 가운데 이것은 변하게 되는데, 이러한 발전을 일러 뒤르켕은 닫힌 범위에서 더욱 개방된 사회 공간적 조직형식으로의 점진적 전이(轉移)라고 기술했다. "어떤 족속의 일원으로 태어나면 자기 부모를 바꾸지 못하는 것처럼 자기 족속을 바꾸지 못한다. 하지만 도시나 지방은 바꿀 수 있다"(Durkheim 1988:242). 특히 도시의 발생은 인구를 더 뒤섞이게 하는데, 이러한 혼합은 더 이상 동질적인 족속으로 나눌 수 없게 만들고, 이방인의 유입으로 더욱 이질화시켜 "모든 영토적 하위 단위는 (……) 그 나름의 특별한 관습이나 풍습을"(같은 곳) 가져서 "독자적 삶"(같은 곳)을 영위하게 된다고 할 수 있다. 그런데 뒤르켕이 출발하고 있는 전제는 하나의 나라 안에서는 이러한 차이들이 "너무 많아서도 안 되며 너무 심각해서도 안 된다"(같은 곳)는 것이다. 여기서 분명해지는 것은 뒤르켕은 내적으로는 이질적 통일체로 구성되어 있지만 외적으로는 다른 사회와 비교해서 동질적 통일체로 나타나는 국민사회의 의미에서 사회를 생각하고 있다는 것이다. 사회 구성에서 뒤르켕은 일종의 "상자 속의 상자 원리"에서 출발하고 있다. "족속 단계를 뛰어넘은 모든 민족들은 이렇게 해서 영토적 구역[시장, 게마인데(gemeinde, 최소 단위의 지방자치단체―옮긴이)]으로 구성되는데, 이 구역들은 같은 종류의 혹은 더 큰 구역과 함께 상자를 만드는데 (……) 이 구역들은 여기서는 훈데르트샤프텐(hundertshaften, 고대 게르만의 행정관할구분인 100인조에서 유래한 경찰 행정의 최하 단위―옮긴이), 저기서는 관구(Kreis, 지방자치단체 최하위 단위 게마인데의 상위 행정구역―옮긴이), 구역(Bezirk)이라 불리는 같은, 혹은 더 큰 종류의 구역들과 함께 복잡하게 얽히고, 이 더 큰 구역들은 다시 더 범위가 좀더 큰 구역[관할구역(Grafschaft), 지방(Provinz), **행정구역**(departments)]에 의해 포괄되고, 이러한 좀더 큰 구역들이 모여 사회를 형성한다"(같은 책, 241 이하).[3]

　뒤르켕에 따르면 민족을 어떤 특정한 영토와 동일시하는 것은 비교적 늦은 역사 시기에 속한다. "민족들이 자신의 영토와 밀접한 결합을 하고,

이러한 영토가 곧 그들 민족의 지리적 표현이 된 것은 오래되지 않았다"
(Durkheim 1991:66). 뒤르켕은 여기서 요한 블룬칠리(Johann Kaspar Bluntschli,
1808~1881, 1833년에 취리히 로마법 강의 교수로 출발, 1845년에는 취리히 의회 회장직
을 맡았으며, 1848년에는 뮌헨 대학, 1861년에는 하이델베르크 대학 교수로 있으면서 국
가법과 국민법을 강의했다―옮긴이)가 말한 일반 국가이론의 통찰을 끌어들여
국가민족과 국토 사이의 절대 불가결, 절대 불해소의 결합을 지적한다.
블룬칠리 이후 게오르크 옐리네크(Georg Jellinek 1960)와 막스 베버(Weber
1972)도 국가민족과 국토 사이의 절대 불가결, 절대 불해소의 결합을 말
했지만, 다만 이들과의 차이점이라면 뒤르켕은 한 부분의 토지와 땅에
대한 가족들의 관계를 강제적이라고 여기고 있다는 것이다. "그런데 최
소한 민족의 수가 많은 경우에 가족은 어떤 특정한 한 부분의 땅과 적잖
이 밀접하게 결부된다. 가족 역시 그들의 영역을 갖고 있고 토지와 가족
의 결속은 풀 수 없는 것인데, 왜냐하면 땅은 양도할 수 없는 것이기 때
문이다. 우리는 가족의 부동산 소유가 가족의 고유한 정신을 여러 가지
로 표현하는 것을 보았다. 가족의 통일성과 존속은 가족의 부동산 소유
를 주장한다. 그 부동의 가족 소유물은 가족의 삶이 원을 그리는 중심이
었다"(같은 책, 65). 뒤르켕이 이로써 강조하려는 것은, 영토와의 밀접한
관계가 근대의 '정치적 사회'에서 처음 나타난 게 아니고, 유목민의 단
계에 이어 정주 민족과 가족이 나타난 곳이면 어디에나 존재한다는 사실
이다. 뒤르켕이 영토적 속박을 비교적 사회 진화 후반기로 치는 것을 생
각하면, 전체적으로 짧은 시기만이 문제될 뿐이다. 그도 그럴 것이 근대
사회는 뒤르켕에 따르면 바로 영토에 대한 결속의 약화로 특징지어지기
때문이다.

다양한 영토분할에는 "어쩔 수 없이 인위적인 어떤 것"(Durkheim 1988:242)

이 들러붙어 있다. '혈통'(같은 곳)이 단순한 "동거"(같은 곳)보다 더 깊이 개인간을 결속시켜주기 때문에 혈통은 사회진화가 진행될수록 점점 덜 중요해진다. 그래서 사회가 진보하면 할수록 그 영토 경계의 "윤곽은 희박해"진다고 말할 수 있을 정도다(같은 곳). "사회는 유일무이한 전체로서 보이기를 포기한다. 훨씬 더 큰 전체의 한 부분이 되기 위해서, 사회는 무한히 뒤로 물러날 수 있는 불확실한 경계를 가지고 있는 것으로 보이고자 한다"(Durkheim 1984:594).[4] 뒤르켕의 기본적 이념을 수조를 이용해서 상상해볼 수 있다. 다양한 분리 벽이 들어가서 다양하고 서로 크기가 다른 인공 저수조들이 만들어지게 되는 것이다. 분리 벽을 하나하나 들어올리면 여태까지 서로 나눠진 것들은 서로 흘러들어 알아볼 수 없을 때까지 서로 뒤섞이게 된다. 이런 탈경계 과정을 통해 분할체들은 개별성을 상실하게 되지만, 그렇다고 해서 이것이 뒤르켕에게 "환경의 다양성"(같은 곳)이 반드시 완전히 사라지는 것을 의미하지 않는다. 오히려 이 분할체들은 그 영토적 버팀목을 빼앗긴 셈이 되어, 미래에는 자신들의 다양성을 영토 분할의 도움 없이 지켜 나가야 한다. 경계해체를 통해 각 분할체들이 직접 충돌하고, 이로써 경쟁이 생겨나고, 이 경쟁은 종국에는 더 많은 특수화와 분업을 만들어낸다. 분업의 전개와 더불어 사회적 관계는 영토적 관계로부터 점점 더 분리되어 마침내 사회적 가까움과 공간적 가까움이 더 이상 일치되지 않게 된다. "비록 가장 밀접하게 연대성이 있는 조직들이 서로 가까워지는 경향이 자주 있지만, 그들의 물질적 근접은 일반적으로 그들 관계가 가진 다소간의 비교적 큰 친근성을 제대로 반영해주지 못한다. 서로 바로 연결되어 있는 사람들이 멀리 떨어져 있는 경우도 가끔 있지만, 또 어떤 경우는 관계가 간접적이고 소원하면서도 이웃이 되기도 한다. 따라서 분업화 때문에 생긴 집단화의 종류는 인구의 공간적 분할과는 매우 다르다(같은 책, 245).

지금까지 유효했던 경계가 갈수록 더 투과성이 커지는 것을 보고 뒤르켕은 한편으로는 차이의 "균등화"(같은 곳)로 해석한다. 이러한 균등화는 지방지역의 소멸, 그리고 하나의 국민 언어 안에서의 방언의 소멸로 나타난다는 것이다. 하지만 다른 한편으로 뒤르켕은 여태까지 유효했던 경계가 무너짐으로써 사람들이 사회적 관계의 확대를 위하여 어쩔 수 없이 장소에 묶여 있는 현상, 그리고 그렇게 장소에 묶이는 가능성들을 포기한다는 것을 강조한다. 점점 갈수록 확대되는 소통, 교류의 방법은 분할체들 사이에 놓여 있는 "빈 공간"(같은 책, 318)을 극복함으로써 "모든 분할체들의 분리"(같은 책, 353)를 지양시킨다.[5] 이렇게 하여 소통과 교류의 방법은 사회의 밀도가 갈수록 높아지는 데 기여하게 된다. 사회는 더 이상 지역적 여건에 의지하지 않고, 원칙적으로 모든 영토적 경계지우기를 넘어선다.

다소 뛰어넘기 힘든 장벽으로 사회의 나머지 다른 부분과 분리된 상태에서는 그 어떤 것도 우리의 관심을 지역적인 삶으로부터 떼어놓지 못하게 하니 결과적으로 그 삶 속에 우리의 전체 활동이 집중된다. 각 분할체들의 제휴가 이루어지는 정도만큼 사람의 시각이 넓어지는데, 사회 자체가 일반적으로 확장되는 만큼 더욱 그러하다. 이제는 소도시 주민조차도 소그룹으로 혹은 그들 주민을 직접 둘러싸고 있는 그러한 집단의 삶만을 살지 못할 것이다. 집중화운동이 진행되면 될수록 소도시 주민은 멀리 떨어진 장소와 그만큼 더 많은 관계를 맺을 것이다. 더 잦은 여행, 그가 적극적으로 주고받는 연락, 그를 외부로 이끄는 사업은 자신을 둘러싼 곳에서 일어나는 것으로부터 그의 시각을 돌리게 만든다. 그의 삶과 활동의 중심은 더 이상 자신의 거주지가 아니다. 그러니까 그는 갈수록 자기 이웃에 관심을 가지지 않는다. 왜냐하면 그 이웃은 자신의 실존에서 갈수록 보잘것없는 부분을 차지하기 때문이다(Durkheim 1988:362 이하).

여기에 기술되는 것은 오늘날 우리가 '글로벌화'로서 토론하고 있는 것 그 이상도 이하도 아니다. 거의 똑같은 말로 비슷한 발전 경향을 주장하는 시의적인 의미를 가진 텍스트는 상당히 많다. 다만 오늘날과 차이가 있다면, 뒤르켕은 국민적 결합을 위하여 지역적 여건을 해체시키는 메커니즘을 기술하고 있지만, 오늘날 우리는 글로벌 조직체를 위하여 국민적 여건이 해체되는 것을 관찰하고 있다는 점이다. 하지만 두 경우 다 작은 통일체로부터의 해체가 문제된다는 것인데, 이로부터 제기되는 것은 이런 작은 단일체를 대신하여 어떤 새로운 더 큰 맥락이 등장하는가라는 문제다. 뒤르켕이 《사회적 분업에 대하여》에서 다루는 중요한 문제는, 사회의 필연적 결속력을 생산해내기 위해서 가족의 자리에는 어떤 사회적 집단이 나타나는가이다. 사회의 통합을 보장하기 위해서—근대 사회에서는 미약하게 각인되어 있는—집단의식의 자리에 무엇이 등장할 수 있는가? 이 질문에 대한 답을 뒤르켕은 직업집단에서 찾고 있다.

3.1.3 지역적 단일체로 귀환

사회 통합의 매개체에 대한 물음의 계기를 준 것은, 사회의 멈추어지지 않는 확장은 개인이 방향 설정을 하기 힘들게 만든다는 뒤르켕의 확신이다. 분업 사회가 기능할 수 있기 위해서는 개인, 개인의 소질과 욕구를 제한시킬 필요가 있기 때문에 개인이 움직이는 공간 역시 조망 가능하게 머물러 있어야 한다. "사회가 커지고 시장이 확장되면 될수록, 이러한 불안정성을 종식시킬만한 어떤 규제의 필요성이 더 절실해진다. 왜냐하면 (……) 전체가 부분을 초월하면 할수록, 사회가 개인 너머 자라면 자랄수록, 개인이 꼭 고려해야만 하는 사회적 관심과 필수성을 인식하기가 더 힘들어지기 때문이다"(Durkheim 1991:30 이하).[6]

뒤르켕은 사회가 확장하면 유사성 대신에 다양성이 등장하기 때문에 근본적으로 사회의 확장을 반기는 입장이다. 그러나 그는 한 사회의 부피와 밀도의 증가가 지속될 수 있는 것은, 각 개인이 자기를 차별화시킬 수 있고, 각 개인에게 자기의 과제가 주어지고, 각 개인이 자신에게 맞는 독자적인 삶의 방식을 선택할 수 있을 때라는 것이라고 강조한다(Durkheim 1981:55). 이에 반해 어떤 차별화도 일어나지 않는 전체 속에서는 개인은 문자 그대로 밑으로 몰락한다. 외부로의 명확한 경계 없이는 공존을 위해 필수불가결한 함께라는 의식도 없고, 공존적으로 행동하는 사회 집단의 협력도 존재하지 않았다. 경계가 없는 상태에서는 사람들이 각자 흩어져 나아가려고 애쓰는 반면, 경계설정은 특수화나 분업화에 대한 압박을 작동시키기 시작한다. 뒤르켕에게는 직업군(職業群)이 각 개인 간의 사회적 결속을 제공해 줄 수 있다. 직업군을 통해서 현대 사회에서도 사회적 통합이 가능해지는데, 그것은 직업군과 함께 개인과 사회를 연결해 줄 수 있는 중간층이 도입 가능하기 때문이다. 가족, 종교, 국가가 의미를 상실한 뒤 오로지 직업군만 각 개인의 에고이즘을 제어하고 개인을 냉혹한 시장의 법칙에서 보호할 수 있는 위치에 있다. 오직 직업조합의 한정지어져 있고 조망 가능한 사회적 관계 속에서 각 개인은 자신의 이기적인 욕심을 절제해야 하는 필연성을 인식한다. 개인이 이기적인 욕심을 절제해야만 하는 것을 인식한다는 것은 사회가 존속하기 위해 절대 필요하다. 이로써 뒤르켕 역시 지역적 장소화의 필연성으로 되돌아가는

데, 이것은 공간적 장소화가 갈수록 무의미해진다는 뒤르켕의 생각, 그리고 사회학이 처음 탄생하면서부터 사회학에 각인되어진 듯한 생각과는 사실 모순되는 것이다.

> 역사가 흐르면서 영토적 집단화(마을, 도시, 구역, 지방 등)가 기초로 삼는 조직이 점점 사라진다고 실제로 확정지어 말할 수 있다. 의심의 여지없이 우리 누구나 게마인데, 현(縣) 혹은 성(省)에 소속되어 있다. 하지만 우리를 이런 것들과 묶어주는 끈은 날이 갈수록 더 끊어지기 쉽고 느슨해져 간다. 이러한 지리적 분할은 대부분 인위적이며 우리 마음속에 더 이상 어떤 깊은 감정을 일깨워주지 못한다. 지역주의는 영원히 지나가 버렸다. 편협하고 보수적인 애국주의는, 사람들이 원해도 다시 일깨울 수 없는 하나의 시대착오적 현상이 되어버렸다. 지역구의 사안들은 그것이 우리의 직업적 사안과 일치하는 정도에서 우리에게 감동을 주고 마음을 움직인다. 우리의 활동은 한편으로는 우리의 활동에 너무 좁은 이 집단을 넘어서고, 다른 한편으로는 이 공동체나 집단에서 발생하는 것의 많은 것들이 우리를 감동시키지 않는다(Durkheim 1988:71).[7]

이러한 생각들은 근대적 발전이 취해왔던 방향을 명확히 보여준다. 그것은 좁은 근관계(近關係)로부터의 해방, 그리고 갈수록 글로벌 관계로의 정향, 또 가까운 영역에 대한 무관심의 증가다. 이 과정이 처음에는 뒤르켕에게 환영받았지만, 시간이 지나면서 모든 지역적 사슬로부터 해방된 사회, 공간적으로 확장하는 사회의 응집력에 대한 뒤르켕의 회의는 당연히 커지게 되었다.

너무 지나치게 추구된 분업화로 근대사회를 위협하는 그러한 가치혼

돈 상태를 피하기 위해서, 뒤르켕이 마지막에는 조망 가능한 집단화로의 통합이 필요하다고 생각했다는 사실은 특징적이다. 특히 이것이 특징적인 이유는, 근세계를 넘어서는 맥락 앞에서 뒤로 움츠리는 이러한 몸짓이 서로 아주 다른 여러 사회학적 근대화이론에서 다양하게 반복되기 때문이다. 이러한 거부적 몸짓은 분업화 과정을 해방으로서 해석하여 환영해 마지 않던 초창기의 환영을 재빨리 대신하게 되었다. 현재의 글로벌화 과정에서도 역시 글로벌한 것과의 대결 속에서 등장한 다양한 퇴각 운동과 도주 방법을 관찰할 수 있다. 지역성과 조망 가능한 공동사회에 대한 회고, 그리고 한눈에 알 수 있는 집단에 대한 회고는 칩거의 건축 속에서, 그리고 모든 이질적인 것의 영향을 방어하는 엔클레이브의 형성 속에서 공간적 표현을 찾게 된다(본서 2부 1장과 4장 참조).

뒤르켕의 공간 개념에 대한 논의와 관련해서 확정할 수 있는 것은 공간적인 질서가 사회적 질서를 재현한다는 그의 입장이 반향 없이 있었던 것이 아니라, 모리스 알브바슈(Maurice Halbwachs 1985)(1877~1945, 프랑스 사회학자. 베르그송, 뒤르켕, 시미앙의 제자. 노동자의 삶의 조건과 집단의식에 관해 연구했다—옮긴이)의 저서에서 속개되었으며, 부르디외에서도 그 뚜렷한 흔적을 남겨놓고 있다는 것이다. 공간적 질서가 사회적 질서를 재현한다는 가정은 뒤르켕에게 물리적 공간과 사회적 공간을 구분하게 하지 않는다. 그에게 물리적 공간과 영토는 사회적 관계의 표현으로서 역할을 하므로, 뒤르켕의 공간 개념을 요약하자면 물리적 공간은 항상 이미 사회적 공간이라 할 수 있다.

3.2 공간 성질과 공간 구성물―게오르크 짐멜

게오르크 짐멜(Georg Simmel)은 사회학의 고전가 중에서 공간 주제를 가장 상세히 다룬 사람이다. 공간 주제에 대해 드러난 논의가 발견되지 않는 막스 베버와는 달리, 또 그 주제를 다루긴 했지만 거기에 대해 어떤 포괄적인 논문을 쓰지 않았던 뒤르켕과는 달리, 짐멜에게는 완성된 "공간의 사회학"이 있다. 이 연구는 오늘날에도 여전히 이 주제에 대한 논의에 기초를 제공해주고 있고 가치 있는 통찰을 가득 담고 있다. 하지만 짐멜의 이러한 작업은 오랫동안 잊혀져 있었다. 짐멜의 저서를 수용하면서 연구자들이 우선 관심을 가졌던 것은 그의 방대한 저서의 다른 부분이었다. 타자의 사회학조차 그것이 들어 있던 맥락이 고려되지 않고 수용되었다. 타자의 사회학은 그의 대작 《사회학》(1992)의 〈사회의 공간과 공간적 질서〉라는 제목을 달고 있는 9장에서, '타자에 대한 부설'로 명기되어 발견된다. 이 부설은 9장에 같이 들어가 있는 '사회적 제한에 대한 부설'과 '감각의 사회학에 대한 부설'과 마찬가지로 그 자리에 우연히 들어 있는 것은 아니다. 이 장(章) 전체가 앞서 1903년에 쓰인 짐멜의 두 텍스트 〈공간의 사회학〉(Simmel 1995a)과 〈사회적 형식의 공간적 프로젝트에 관하여〉(Simmel 1995b)로 소급된다.

하지만 '타자에 대한 부설'만 이런 불행한 운명의 희생자가 아니다. 가장 빈번히 수용되는 짐멜의 텍스트 중 하나인 〈대도시와 정신적 삶〉(Simmel 1995c) 역시 도시사회학 안에서 다른 글과 분리된 채로 많이 읽히고 있으며, 무엇보다 짐멜의 공간의 사회학과 아무 관계없는 채로 남아있다. 로버트 에즈러 파크(Robert Ezra Park, 1864~1944, 미국 사회학자. 시카고 대학 교수였으며, 중국, 인도, 아프리카, 브라질에서 객원교수로 활동했다. 사회환경학적 방향으로 도시사회학 및 지역사회학을 발전시킴—옮긴이) 같은 짐멜의 직계 제자도 그 대열에 끼여 있는 사회환경학마저 그들의 작업에서 대도시를 연구대상으로 삼으면서, 정작 짐멜이 작업해놓은 공간 개념은 고려하지도 응용하지도 않았다. 이렇게 개별적으로만 이루어진 짐멜 수용은 하필 도시사회학이 공간 개념에 대한 성찰의 노력없이 확립되고, 또 이것이 도시사회학의 발전에 엄청난 결과를 주는 상황에 영향을 주었던 것이다(Löw 2001:44 이하 참조). 그동안 사람들은 이것을 태만으로 보고 여기에 대해 장광설의 비난을 쏟았는데도 이러한 개념적 빈틈을 봉합하려는 시도는 여전히 시작 단계로만 보인다. 짐멜에 의해 연구된 공간의 범주를 고려하는 것은 근본적으로 대도시인들의 삶의 방식을 분석하는 것 그 이상에 기여할 것이다. 대도시인의 삶의 방식에 대한 분석은 도시적 구조의 시의적 발전의 판단을 위한 규범적 개념으로서 도시성을 입증하는 것이 될 수밖에 없는 것이다(본서 2부 2장 참조).

짐멜의 〈사회적 형식의 공간적 프로젝트에 관하여〉(Simmel 1995b)의 시작부에서 당장 짐멜의 공간 사회학의 지침을 드러내는 명쾌한 문장이 나온다. 여기서 짐멜은 무엇보다 정치지리학, 지리정치학, 인류지리학의 공간운명주의와 자신의 입장을 명확히 구분하고 있다.[8] "사람들이 공간 형상화와 사회적 과정 간의 관계에 대해 말하면, 그것은 지역의 광대함과 협소함, 경계의 해체상태와 혹은 경계의 정리작업, 영토의 평지성 혹은 산악성에서부터 사회 집단의 형태와 그 삶에 끼친 영향이 문제되기 일쑤였다. 하지만 다음에서 이뤄지는 연구는 그 반대로, 어떤 집단의 공간적 특징이 그 집단의 사회적 형상화와 에너지를 통해 받게 된 영향력을 연구대상으로 할 것이다"(Simmel 1995b:201).

이렇게 해서 짐멜은 공간 사회학에 대한 자신의 고유한 사유의 기초를 놓았을 뿐 아니라, 공간주제에 대한 사회학적 전향을 명확하게 표현했다. 물론 이 전향이 논란거리가 없지는 않지만 아직도 여전히 유효하다. 짐멜이 기술했던 공간과의 대응방식을 떠올리게 하면서, 공간이 사회생활에 끼치는 영향에 대해 묻는 주장들은 그동안 늘 있었다. 이 경우 이미 주어진 것으로 다루어졌던 **지리적** 공간이 사회에 미치는 영향뿐 아니라[9] 하나의 건축된 환경이 그 속에서 살아갈 수밖에 없는 사람들에게 미치는 영향에 대해 묻게 된다. 그러나 공간 자체가 가질 수 있거나 내지는 사회적 과정에 끼칠 수 있는 공간으로부터 나오는 영향력에서 출발하기도 한다. 다음에서 명확히 밝혀지게 되듯이 짐멜은 공간주제의 사회학적 연구를 일관되게 실천하고 있지 않아서 짐멜의 텍스트 안에서도 이렇게 보는 방식, 즉 공간의 영향력의 관점을 보여주는 예들이 여전히 발견된다. 이것을 우리는 짐멜이 서로 다른 두 공간 이해 사이에서 이리저리 흔들리고 있다든가, 혹은 자신의 입장에 스스로 부딪치고 있는 것이라고 이해할 수도 있다. 아니면 짐멜이 이해하기에 포괄적인 공간사회학이란 두 시각 모두, 즉 공간적 구도가 사회성에 미치는 영향과 공간의 사회적 생산을 다 고려하고 다루어야 하는 것이지만 앞에서 인용된 구절은 분명히 〈사회적 형식의 공간적 프로젝트〉를 다루려 한다고 볼 수도 있다. 나는 두 번째 입장이다. 짐멜이 공간 형상화가 사회적 과정에 미치는 영향 분석을 명확히 처리하지 않고 단지 선포하기만 하는 것, 그리고 위에 이름한 논문 안에서 짐멜의 연구는 그 반대의 길을 가고 있다는 것, 이것이 두 번째 입장을 옹호해준다. 그러나 특히 이 입장을 옹호해주는 것은―짐멜이 강조하듯 공간이 항상 이미 그곳에 있는 것이 아니라 사회적 작용에 의해 비로소 산출된다는 것을 전제할 때―우리가 공간적 여건이 사회적 행동과 커뮤니케이션에 미치는 영향에 대해 생각해본다면, 우리는 전 사회학적 공간관으로의 복귀를 다루고 있는 것이 아니라는 사실이다. 공간의 경우 우리는 선(先) 사회적 범주나 기존의 물체와 관계하는 것이 아니라 공간적으로 형성되고 이러한 형식에서 다시금 사회성으로 역영향을 미치는 어떤 사회적인 것과 관계하고 있다는 것이 명확해지기 때문이다. 다른 말로 표현하자면, 짐멜은 공간으로의 투영을 분석하고, **그리고** 이것들이 다시 사회 집단의 삶이나 형식에 어떻게 영향을 주는가 하는 방식을 분석하고 있다. 그렇다고 해서 공간 자체가 특정한 사건의 원인으로 보일 수 있다는 의미는 결코 아니다. "시간의 힘", 혹은 "공간의 힘"과 같은 표현은 너무 단순화시켜 처리하고 있기 때문에 불충분하다. 그런 표현은 짐멜의 의견에 따르면 실제 사건의 기초를 이루고 있는 근거나 원인에 대해 기만한다. 그런 표현은 의심의 여지없이 중요한, 사건의 "형식적 조건"을 그 원인이라고 설명한다. 그것은 짐멜이 "인간의 인과충동의 가장 빈번한 변질"(Simmel 1992a:687)이라고 일컫는 오류다.

그러니까 짐멜에게 공간이란 사회화 과정의 원인이 아니라 모든 사건에 틀을 주는 것으로서, 이 틀 없이는 사건이 일어날 수도 인식될 수도 없을 것이다. 궁극적으로 사건에 그 의미를 부여하는 것은 형식이 가진 내용과 다른 내용의 비교이고, 그에 반해 공간은 "항상 그 자체는 영향력 없는 형식"(같은 곳)으로 머물러 있다. 이렇게 태생적으로 사회학적 상대적 공간 이해와 나란히 짐멜에게는 유클리드식 기하학과의 유사성이 들어 있는 표현들도 자꾸 발견된다. 그래서 그는 "채워지지 않는 공간", 두 행위자가 서로서로 상호 영향을 줌으로써 비로소 '채워지게' 되는 공간에서 출발한다(Simmel 1992a:689). 하지만 그 때문에 짐멜의 공간 이해를 전체적으로 수용기-공간 표상(Sturm 2000:159)에 집착하고 있는 것으로 비난하거나, 공간에 대한 우선 지리적 해석(Läpple 1991:167)이라고 의심한다면 그것은 짐멜의 공간론에 대해 피상적으로 접근한 것이다. 그리고 이렇게 보는 것은 어느 정도는 공간의 사회학적 이해에 기초를 제공하고 있는 짐멜의 공간론, 칸트에 의거한 짐멜의 공간관을 간과하는 꼴이 된다.[10] 칸트와 마찬가지로 짐멜에게서도 공간은 "공존의 가능성"(Simmel 1992a:689)으로 정의된다. 칸트처럼 짐멜에게도 공간은 사회적인 것의 형식적 조건, 사회적인 것의 "(절대) 필요조건(conditio sine qua non)"(같은 책, 687)이며, 사회적인 것의 본질이나 사회적인 것의 생산자가 아니다. "공간이 사회적 의미를 가지는 것이 아니고, 영혼이 이루어낸, 공간 부분들의 분절과 통합이 사회적 의미를 가진다"(같은 책, 688). 공간은 "영혼의 활동"의 결과물이며, "그 자체로는 미결합의 감각 느낌을 통일적인 직관으로 연결시키려는 인간적 방식이다"(같은 책, 689). 한편 짐멜이 다음과 같이 쓸 때는 이러한 통찰 이전의 단계로 되돌아간 것처럼 보인다. "상호작용은 그 이전에는 비어 있고 아무것도 없었던 (공간(슈뢰르가 덧붙인 말이다))을 **우리를 위한** 어떤 것으로 만들어 준다. 공간이 상호작용을 가능하게 만들어주는 가운데 상호작용이 공간을 채워준다"(같은 책, 690). 하지만 이렇게 표현되는 주어진 공간이라는 가정이 짐멜에게는 모순을 일으키지 않는데, 그것은 짐멜이 "각 개개의 사물들과는 무관하게 독립적으로" 존재하는 것처럼 보이는 "저 엄청난 용기(容器)", "그 무한한 빈 공간"을 칸트처럼 "단지 추상성"(Simmel 1997:80)으로 보고 있기 때문이다. 상호작용을 통해 그 추상적 성격을 벗고 사회적 사건이 가지는, 사회적으로 생산되고 경험적으로 영향력 있는 테두리가 될 때 비로소 사회학적으로 유의미해지는 추상성인 것이다. 따라서 상호작용과 공간은 하나의 상호적인 조건 관계 속에 있다. 상호작용 자체가 공간이 없으면 형식적 조건으로 존재할 수 없는 반면, 이 상호작용이 공간의 사회적 중요성을 만들어낸다.

인간 활동을 통한 공간의 생산, 그리고 공간적 배치가 인간 활동에 미치는 영향, 이 둘을 다 분석하려는 두 개의 철로 방식의 이 공간 이론에 따라 짐멜은 **공간 성질**과 **공간 구성물**을 구분한다. 예컨대 공간의 독점성이 속하는 공간 성질은 상호작용의 양태와 방법에 영향을 미친다면, **공간 구성물**은 도시나 집처럼 상호작용의 과정을 통해서 비로소 탄생한 공간 구조를 말한다.

짐멜은 "공동생활의 형상물에서 고려해야 하는 공간형식의 기본 성질"(Simmel 1992a:690) 다섯 가지를 구분한다. 이 공간 성질에 네 개의 공간 형상물이 대응한다. 다음에서 나는 공간 구성물과 공간 성질을 함께 소개하려고 한다. 맨 마지막으로 지금까지 문헌들에서는 다루어지지 않았던 문제를 고찰하려고 한다. 그것은 짐멜이 마지막으로 언급했던 공간의 성질에는 왜 아무런 공간 구성물이 대응하지 않는가라는 문제이다. 바로 이 다루어지지 않고 남아 있는 빈 자리는 내가 보기에는 그냥 우연이 아니라 오히려 공간에 대한 고전적인 연구의 전형이라 할 수 있다. 그리고 이 대목은 공간의 중요성을 둘러싼 오늘날의 논의에 대해서 많은 이야기를 해주고 있는 듯하다.

3.2.1 공간의 독점성

짐멜은 다양한 공간 조각들로 나눠질 수 있는 "유일무이한 일반적 공간"이 있다는 데서 출발한다. 이 각 공간 부분들은 "일종의 유일성을 가지는데, 이 유일성에 대한 어떤 유추도 존재하지 않는다"(같은 곳). 짐멜은 여기서 공간의 의미가 가장 확연히 드러나는 '토지와 땅'을 생각하고 있다. "어떤 사회적 형상물이 특정한 토지확장과 용해되어 있거나, 혹은 소위 연합하고 있는 그 정도에서 그 사회적 형상물은 다른 방법으로는 도달할 수 없는 유일성과 독점성이라는 성격을 가진다"(같은 곳). 특정의 "공간영역" 내에서는 어떤 사회적 형상물은 (같은 책, 691) 단 하나의 실례만 있고 다른 사회적 구성물의 실례는 여러 개 있을 수 있다. 짐멜의 경우, 특정 공간부분에 대한 배타적 권리를 가지는 것으로 국가가 있다. 하나의 국가가 확립된 곳에는 다른 국가가 존재할 수 없다. "개인들간의 결합방식은 국가가 그 방식을 만들든 혹은 그 방식이 국가를 만들든 간에, 영토와 결합되어 있어서 그 땅 위에 동시적으로 존재하는 제2의 국가란 생각할 수가 없다"(같은 곳). "모든 것에 군림하는 연합체"(같은 곳)로서의 국가는 다른 국가와 공간을 공유하지 않는다. 영토에 대한 국가의 통치권은 공유 불가하다.

첫 눈에 보기에 그것은 도시의 경우에도 비슷하다. 하나의 도시는 동일 경계 내에서 다른 도시가 같이 공존하는 것을 용납하지 않는다. 그러나 첫 번째 도시의 테두리 안에서 두 번째 도시가 세워진다면 이것은 두 도시가 똑같은 땅과 토지 위에 서 있는 것이 아니고, "이전에는 하나였지만 지금은 분리된 영토 위에 있는 것이다"(같은 곳). 만일 두 번째 도시가 생겨난다면 토지와 땅은 서로 다른 두 영토로 분할된다. 도시와 관련된 이러한 독점성에도 불구하고 도시의 독점성은 짐멜이 강조한 국가의 경우처럼 그렇게 절대적으로 생각되지는 않는다. 짐멜이 이렇게 서로 차이 나는 배타성의 등급에 대한 근거로 제시하는 것은 시사하는 바가 크다. 즉, 한 도시의 의미 영역이나 작용 영역은 그것의 지리적 경계에서 끝나는 것이 아니라 오히려 그 경계를 넘어 전체 국가 영역으로 확대되기 때문에, 도시는 "지역적 배타성"(같은 곳)을 상실한다. 도시는 도시와 마찬가지로 자기의 고유한 경계 너머 영향력을 펼치는 다른 사회적 형상물의 영향과 만나게 되기 때문이다.

오늘날 시각에서 볼 때 놀라운 것은 짐멜이 이러한 가정을 국가에는 적용하지 않고 도시에만 적용하고, 그러면서 도시 속에 있는 경계를 넘어서는 힘은 보지만 이 힘을 국가의 테두리 안에 머무는 것으로 보고 있다는 사실이다. 이런 한에서 국가의 경계는 언제나 절대적 경계로 남아 있다. 국가가 점령한 영토 내에서는 도시와 같은 사회적 구성물이 자신의 지리적 경계를 넘어서서 영향력을 펼쳐나가지만, 그것은 언제나 오로지 국가적 경계 내부에 머문다! 여기서 우리가 추론할 수 있는 것은 국가는 그 반대로 자신의 지리적 확장에 고착되어 있으며 자기의 고유한 경계를 넘어서까지 영향력을 행사하지 못한다는 것, 국가는 오로지 안으로만 영향력이 있지 바깥으로는 아무 영향력이 없다는 것이다. 국가 안에 있는 모든 구성물들도 마찬가지로 국가 경계를 넘지 못하고 국가 영역이라는 껍데기 속에 머물러 있다.

근대 국가에 해당하는 이러한 공간의 배타성은 짐멜에게는 역사상 하나의 새로운 사실이다. 중세 도시연합체에서는 서로 겹치고, 서로 경쟁하는 지배연합체가 있어서—짐멜은 궁정, 주교 지배연합체, 자유 도시자치단체, 대폭적으로 독립적인 수도원이나 유대 자치단체를 언급한다—한 도시의 유일 무이한 소유자란 결코 존재한 적이 없었다. 집단의 확장이 특정하게 제한되어 있지 않았다면, 그 집단은 자신의 영향권을 확장할 수는 있지만 유일성이라는 특성은 상실한다. 짐멜에게 이에 대한 예는 한 도시의 영토에서 서로 공존할 수 있었던 길드다. "각 길드는 전체 도시의 길드이며, 길드는 기존의 확장을 양적으로서가 아니라 기능적으로 같이 나누며, 사회학적 구성물로서의 길드는 비록 **장소적으로는** 규정되어 있지만 공간적으로는 규정되어 있지 않으므로 공간 내 서로 충돌하지 않는다"(같은 곳). 짐멜은 여기서 내용과 형식을 엄격히 나누고 있다. "각 수공업마다 한 도시에 하나의 길드가 있었고 다른 길드를 위한 공간은 없었던만큼 내용상으로 보면 길드는 공간적 확장의 성취라는 배타성을 가지고 있었다. 하지만 형식상으로 보자면 이런 종류의 수없이 많은 구성물들이 모순 없이 같은 공간을 채울 수 있었다"(같은 곳).

이러한 관계는 길드에서도 분명해지지만 교회의 경우 가장 극단적으로 볼 수 있다. 교회는 한편으로는—그 내용면에서 보자면—모든 "장소적 제재"(같은 책, 693)에서 벗어나 있다. 그럼에도 같은 도시에 많은 종교가 있을 수 있다. "교회의 원칙은 비공간적이기 때문에 모든 공간 너머로 확장된다 해도 어떤 공간에 의해서도 동일 형태의 구성물을 배제하지 않는다"(같은 곳). 그러니까 이것은 보편적으로 확장되고 그럼으로써 어떤 특정한 장소에도 매여 있지 않고, 공간의 모든 개개의 부분에 다 영향을 미치며, 자기 아닌 다른, 비슷한, 경쟁관계의 구성물을 허용하는 것이다. 교회는 그 영향력을 펼쳐나가기 위해서 어떤 영토도 필요로 하지 않는다. 교회는 오히려 아무 곳에나 서 있을 수 있는 건축물로 자신을 표현한다. 다른 한편으로 우리는 "공간과의 어디에서나 실재하고 원칙적인 연대"(같은 곳), 공간과의 무조건적 결속을 볼 수 있다. "초공간적 구성물"의 예로 교회를 든다면, 공간이 결부된 구성물의 일차적 예는 국가다. 완전히 영토적 고정화에서 시작하여 그로부터 파생되는 배타성을 거쳐 완전한 초공간성에 이르기까지의 하나의 스칼라가 펼쳐진다. 그 한쪽 극단에는 국가가, 다른 한쪽 극단에는 교회가 있고 그 사이에 다른 사회적 구성물들이 몇 개 자리하고 있다.

3.2.2 공간의 해체 가능성과 한계

짐멜은 공간의 두 번째 성질로서 개별 조각으로의 해체 가능성을 들고 있는데, 공간의 개별 조각들은 "통합체로 간주할 수 있으며 (……) 경계로 에둘러져 있다"(같은 책, 694). 예술 작품에서와 마찬가지로 하나의 사회집단에서 경계 내지 '테두리'는 동일한 기능을 한다. 즉, 주변 환경 및 주변 세계에 대적하여 외부에 대해 경계지우기, 그리고 내부를 향한 결속이다. "이렇게 하나의 사회는 그 생존공간이 명확히 의식 경계로 에워싸임으로써 내적으로도 역시 하나된 사회로 특징지어진다. 또 역으로도, 각 요소의 각 요소에 대한 기능적 관계는 에둘러싼 경계 안에서 그 공간적 표현을 얻는다"(같은 곳).

짐멜에게 명확한 것은 경계는 원칙적으로 무언가 인위적으로 설정된 것, 사회적 행위라는 사실이다. 이럴 때 자연적 여건이 경계라는 규정에 부합할 때가 종종 있지만 자연은 그 스스로 아무런 경계를 주지 않으므로, 그런 한에서 "자연적 경계"도 있을 수 없다. 즉 "자연에 비추어 본다면 모든 경계설정은 인간의 자의다"(같은 책, 695). 따라서 "경계지어져 안에 들어 있음의 의식"도 소위 자연적 경계에서보다는 정치적 경계에서 생겨난다. 정치적 경계에서 "확장, 밀림, 안으로 굽어들임, 용해"에 대한 가능성이 자연적 경계에서보다 훨씬 더 가까이 있기 때문이다(같은 곳). 땅 표면의 공간 분할은 예컨대 산지 주민이나 평지 주민으로 그 거주민들을 분할한다. 그리고 지리적 여건은 사람들에게 어떤 특정한 태도 양식을 강요하기도 하지만 최종적으로 다른 사람과의 경계를 설정하는 것은 주민이지 지대가 아니다. "주(州), 토지, 시 구역, 주 구역이 서로 경계를 나누는 것이 아니라 그 입주민들, 혹은 소유주가 쌍방간에 영향을 행세한다"(같은 책, 697).[11]

짐멜에게 경계는 언제나 원래 역설적인 상호관계를 의미한다. 비록 경계는 쌍방간의 영향 끼치기를 방해하는 것이긴 하지만 경계가 그어지면서 두 구성물은 상대방에 대한 영향 끼치기에 제한이 따른다. 이 쌍방적인 제한하기는 짐멜에게는 모든 사회적 관계 속에서 중요한 역할을 하는 근본적인 사회학적 실상이다. 공간적으로 형식지어지는 경계는 짐멜에게는 근원적인 사회학적 사실의 특례를 표현한다. 그도 그럴 것이 "경계는 사회학적 영향력을 동반하는 공간적 사실이 아니라, 공간적으로 형식지어지는 사회학적 사실"(같은 책, 697)이기 때문이다. 이러한 명제를 짐멜이 설명할 때 나타나는 것은 짐멜이 공간주제를 다루는 방식, 즉 내가 위에서 이미 강조했던 두 개의 철로방식이다. 즉, 한편으로 짐멜은 칸트와 함께 공간은 우리의 표상이며 그래서 공간은 우리의 종합적인 활동을 통해 비로소 이루어진다고 확신한다. 이런 생각은 경계란 공간적인 사실이 아니라 사회학적 사실이라는 것으로 표현된다. 하지만 다른 한편으로 짐멜은 경계의 영향력을 지적하는 것을 잊지 않는다. 경계가 한 번 공간적으로 형식지어지면 공간적 객관화가 없을 때보다 경계의 영향력이 훨씬 커진다.

모든 경계는 영혼의 사건, 더 자세히 말해서 사회적인 사건이다. 하지만 공간 속 한 선(線)에 영혼적 사회학적 사건이 배치됨으로써 쌍방성의 관계는 긍정적인 방향과 그리고 부정적인 방향으로 명확성과 확실성을 획득한다. 물론 경직성을 가지게 되는 일도 왕왕 있다. 쌍방간의 힘과 권리의 마주침, 분리가 감각적 형상화로 투사되지 않고 소위 말하는 자연 상태(status nascens) 속에 영원히 굳어져 있는 한, 이 쌍방관계에게 이러한 명확성과 안전성은 이루어지지 못하기 십상이다(같은 책, 699).

공간 속으로, 공간적 울타리로, 또 경계로의 배치는 이런 점에서 언제나 사회적 관계의 안정성, 명료성, 확고함, 관망 가능성 속으로의 배치로 이해할 수 있다. 이렇게 보는 점에서 짐멜도 뒤르켕과 다르지 않다. 경계가 무너지면 사람들은 불안과 불명료함, 불안정성, 관망 불가성이 커지는 것을 느끼게 될 것이고, 그것은 명확한 경계 설정에 대한 새로운 욕구를 일깨워준다. 이러한 경계 해체와 새로운 경계 설정의 이율배반적 과정은 우리의 현재 글로벌화 과정과도 관계가 있다. 이에 대한 것은 다음에서 자세히 다루어질 것이다.

3.2.3 내용의 고착화 가능성과 지역화 가능성

사회적 관계의 형상화를 위한 공간의 세 번째 성질을 짐멜은 고착화로 보는데, 공간은 자기의 내용에게 고착화를 가능하게 해준다. 이 경우 한편으로 중요한 것은, 개개인 혹은 집단의 지역적 구속이라는 문제, 또는 공간적 관계로부터의 자유, 임석과 부재이며 또 이와 결부된 소속, 비소속의 문제다. 이런 맥락에서 짐멜은 중세의 도시권이 시민으로서의 모든 권리를 잃는 위험을 감수하지 않고 도시민이 도시를 떠나는 것을 종종 허용되지 않았다는 점을 먼저 상기시킨다(같은 책, 782 이하 참조). 따라서 결과적으로 보면 단지 몇몇 소수의 정확하게 규정된 예외를 제외하고는 지속적 현장임무가 있었던 것이다. 집단구성원들의 임석에 근거를 두는 소속 규칙은 짐멜에게는 여전히 원시적 정신 상태의 표현이다. 화폐경제와 분업이 철저히 관철된 근대화 과정 속에서 비로소 집단구성원의 임석을 포기할 수 있었고, 따라서 부재의 권리가 용인되었는데 그것은 개개인과 그의 업적이 갈수록 점점 더 잘 대리될 수 있었던 때문이다. "공간적으로 부재하지만 그래도 여전히 소속되어 있다는 것"(같은 책, 706)

은 짐멜에게는 근대의 성과물이다. 물론 중세에도 한 도시에서의 체류가 제공하는 권리나 보호에 대한 보상으로서 개인은 일정 체류 기간을 보내야만 했던 규정이 있다. 유목인종은 완전히 그 반대이다. 장소적 고착화는 이주하는 집단에서 이탈하는 것으로 집단의 결속력 약화를 초래하기 때문에 집짓기가 금지되었다(같은 책, 784).

여기서 더 나아가 어떤 사회적 구성물의 공간적 고정은, 짐멜이 "회전점"(같은 책, 706)이라 부르는 대상물이나 건물 주위를 에워싸고 모이는 특정 관계형식을 만들어낸다. 그에게 모든 부동산은 "흔들리는 관계나 상호작용의 회전점이다"(같은 곳). 그 한 예로 예배당의 건립은, 그 종교의 추종자 수가 아무리 적게 모이는 곳이라도 필요할 수 있다. 일단 건물이 세워지면 빠른 속도로 신도들 사이에서 관계의 회전점이 되며 그들 신도들의 결속을 보증하는 곳이 된다.[12]

전근대적인 사회에서는 19세기 들어서까지도 부분적으로 통상 자기 집에 이름을 붙였다. 그것은 그 집에 살고 있는 모든 사람에게 "공간적 개인성의 느낌 (……) **질적으로** 확립된 한 공간점에의 소속감"(같은 책, 711)을 부여했다. 이에 반해 오늘날은 집에 일련 번호가 붙여지고 더 많은 지리적 위치표식을 가지게 되었다. 짐멜은 이러한 발전을 성토하는 것이 아니라 두 장치방식들이 가진 장, 단점을 비교하고 있다. 이름붙인 집은 유일성의 감정을 전해주며, 거리에 똑같은 일련 번호를 붙이는 식의 양적인 구분뿐 아니라 질적으로도 구분이 된다. 하지만 각 집들이 혼동되지 않고 유일성을 가지는 이런 형태는 확실히 뚜렷한 단점도 가지고 있는데 공간적 자리가 규정되지 않았기 때문에 집을 쉽게 찾지 못한다는 것이다! 여기에는 일련 번호가 매겨진 집이 가지는 객관적인 고정성이 없다. 일련 번호가 매겨진 집은 점점 더 빠르게 더 멀리 뻗어나가는 교류에 잘 맞다. 어쨌거나 어떤 집의 번호는 공간의 어떤 특정 위치를 가리키는데, 이것은 고유명사를 가진 집과는 무관하다. 집의 번호 매김과 함께 처음으로 "개인들의 공간적 고정화"(같은 책, 712)가 이루어져서, 개인은 이렇게 해서 처음으로 "기계적인 방법에 따라 발견될 수 있다". 한 개인이 그렇게 쉽게 바깥으로 나갈 수 없었던 중세의 도시가 구역으로 분할되어 있었던 것과는 달리, 번호 매김은 개별적인 것을 촉발하기도 했지만 그러나 전반적으로는 한 개인에 대해서 갈수록 더 무관심하게 되었다. 이상적으로 보이는 것은 가톨릭교회가 로마에 정착하면서 이루었던 "지역화와 초장소성"(같은 책, 715)의 결합이다. 그도 그럴 것이 한편으로 가톨릭교회는 로마와 함께 "가장 탁월한 역사적-지리적 형상화"를 가지면서, 다른 한편으로는 "어느 한 점 위에서의 지역화의 한정성을 완전히 상실해버렸기 때문이다"(같은 책, 714).

로마를 가짐으로써 교회는 언제나 찾을 수 있음, 감각적-직관적인 지속성, 교회 영향력과 교회 고유의 제도들의 안정된 중심화라는 그 모든 장점을 갖추고 있는 상시적 장소적 고향을 가지게 된 것은 사실이다. 하지만 그 대가로서 하나의 개별인 점 위의 권력 지역화가 가지는 그 외 모든 어려움과 일방성을 다 치러야 할 필요는 없다. 왜냐하면 로마는 소위 말하는 개별적 장소가 전혀 아니기 때문이다. 로마는 로마 속에 배치되었던 운명과 중요성의 폭을 통해 확장되며, 로마는 로마의 심리-사회학적 영향 속에서 자신의 지역적 고정화를 넘어 확장되기 때문이다(같은 책, 714).

이에 반해 유대인의 결속은 예루살렘에서 성전이 존속하는 한 존재한다. 이 성전에서 "보이지 않는 끈이 셀 수 없이 많은 장소로 흩어진 유대인들 한 사람 한 사람에게로" 이어졌다. 성전의 파괴는 이 연결을 끊어 놓았다. 하지만 다른 한편으로 유대인들은 전 지구상에 흩어짐으로써 그들 전체적 집단의 파괴를 피할 수 있었다. 한 장소에서의 삶이 불가능해진 추방자는 다른 장소에서 기거와 연대와 지원을 받을 수 있었다(같은 책, 744 참조). 가장 작은 공간에서의 힘의 집중화와 결집은 한편으로는 성공적인 방어의 조건이지만, 다른 한편으로는 단순히 함께 모여 삶으로써 전체 단일체의 파괴를 쉽게 만든다. 전 세계로 흩어진 디아스포라의 삶은 이에 비해 한 장소에 힘을 집중할 수 없어 비록 방어는 힘들게 만들지만, 이것은 적들이 언제나 전체 중 한 부분만 정복할 수 있기 때문에 적에 의한 완전한 파괴나 섬멸을 막을 수 있다.

그러니까 사회적 통합체의 성격에서 결정적인 것은 이 통일이 어떤 특정 장소를 마음대로 하는 것인지, 아니면 자유롭게 움직이는 것인지이다. 가족과 클럽, 정권과 대학, 노동조합과 종교적 자치단체는 어떤 특정한 지역성, 견고한 집을 가진다. "공동의 집은 외적-지역적 접촉의 수단이자 사물적 표현이다. 그 외적-지역적 접촉 없이 원시시대는 어떤 내적 결속도 전혀 생각할 수 없었다"(같은 책, 781).[13] 이 사회적 구성물들은 우정이나 동료애, 정치적 당과 같이 자유로이 떠다니는 결속과는 구별된다. 이러한 결속들은 오로지 공동의 확신이라는 의식을 통해 뭉쳐져서 이러한 결속이 한 장소에서 물질화 내지 공간화되는 일은 없다. 이러한 생각을 할 때 짐멜에게 문제가 되는 것은 하나의 공동체의 소유물로서의 집이 아니라, "그들의 사회학적 에너지의 공간적 표현"인 "거주 혹은 집합의 장소"(같은 책, 780)로서의 집이다. 짐멜은 언어가 이러한 의미를 보존하고 있다고 보았다. 대학이나 교회, 혹은 클럽 같은 개념들이 건물과 동시에 하나의 결합을 의미하는 이중성을 생각하면 된다. 이런 모든 기구들은 그것이 존재하는 장소 이상을 지시한다. 즉, 이 기구들은 그것들을 둘러싸고 있는 도시 공간의 건축적 맥락에 서 있을 뿐 아니라, 공간적으로 자신들과 꼭 가까이 있지 않아도 되지만 평판에서 함께 측정되고 비교되는 다른 대학이나 다른 교회, 혹은 다른 클럽과의 가까운 관계에는 집착한다.

하지만 특정한 장소에 참여하는 사람들을 묶고 그곳을 떠나지 못하도록 하는 것은 짐멜에게는 하나의 집단이 각 개개의 구성원에 대한 자기의 권력을 불안해한다는 표현이다. 자국민들이 다른 곳에 소속되기 위해, 혹은 멀리서 소속의 권리를 누리기 위해 원하는 대로 갈 수 있게 근대 국가가 허용하는 것은 그 국가가 가진 힘의 표현이라고 짐멜은 생각한다.

3.2.4 가까움과 거리의 관계

사회학적 상호작용이 성립하기 위한 또 하나의 중요한 요소는, 사람들이 공간 속에서 만날 때의 가까움과 거리이다. 구성원 상호간의 거리적 가까움에서 결속이 생기는 것은 단순한 사회형태의 표시라고 짐멜은 본다. 차별화된 사회로 발전하는 과정에서 매우 멀리 떨어져 사는 사람들끼리 관계를 맺고, 가까이에 사는 사람들은 무관심하게 대할 가능성이 커진다. "장소의 공동체"를 사회로 인해 위협받는 공동체의 태아형태로 간주하는 퇴니스와는 달리, 짐멜은 시골마을의 공동생활이 개인을 제한시키는 영향력을 강조한다. 사회적 영역이 서로 교차하고 화폐경제가 형성되면서 개인은 마을 주민 및 이웃의 사회적 통제로부터 해방된다. 공간적으로 근접한 사람들에 대해 무관심하게 행동하게 되지는 않는다. 사람들은 이웃과 친구 아니면 적대적으로 묶여 있다. 이에 반해 공간적인 격리는 감정을 식힐 수 있게 한다. "의식이 원시적이면 원시적일수록 공간적으로 떨어져 있는 사람과의 일체성을 상상하거나, 공간적으로 가까이 있는 사람과의 비일체성을 상상할 능력이 없다"(같은 책, 717).

근대 대도시에 와서야 비로소 공간적으로 가까이에 있는 사람에 대해서도 무관심한 태도를 취하는 것이 가능해졌다. 짐멜은 이것을 점점 커져가는 익명화로 개탄하지 않고, 도시에서의 수많은 만남에 대책 없이 과부하되는 것을 막기 위한 필연적인 보호 조치라고 보고 있다. 이러한 문명적 무관심이 효과가 없을 때면 갈등을 회피하는 다른 수단이 고안되는데, 예를 들자면 인종 차별적 격리가 이에 해당한다(같은 책, 721 참조). 서로 싸우는 양측을 말리는 쪽은 이들을 공간적으로 떼어놓거나 아니면 오히려 서로 나란히 앉혀놓는다. 왜냐하면 멀리 떨어짐으로써 오히려 과도한 반감이 발생하고 또 전개될 수 있기 때문이다. 사회적 관계를 먼 곳에서 근관계로 이끄는 것은 관계의 집중화뿐 아니라 약화도 초래하는데, 그것은 사람들이 갑자기 경계 설정의 필요성, 그리고 개인적 혹은 친근한 영역유지의 필요성을 느끼기 때문이다.

짐멜의 이러한 통찰에도 불구하고 공간적으로 가까운 관계가 멀리 떨어진 관계보다 더 강한 결속력을 만든다는 생각이 오늘날까지도 고집스럽게 유지되고 있다. 특히 인터넷에 대한 논의에서—내가 앞으로 다루게 될 것이지만(본서 2부 3장 참조)—이러한 입장은 여전히 이어지고 있다. 장소적으로 가까운 사회적 단일체만이 공동체 형성의 능력이 있다는 생각은 공동체주의의 기본적 확신이다. 글로벌화로 전 세계적 교제를 성립시킬 수 있음에도 불구하고 역설적이게도 지역적 지방적 관계로 물러나가는 일이 퍼져나가고 있다. 지속적이고 안정된 관계를 형성할 수 있는 것은 지역적 지방적 관계뿐이라고 생각하는 것이다.

짐멜에 따르면 가까움과 거리의 관계에서 빈 공간은 결정적 역할을 한다. "이전 시대의 민족들은 종종 그들 자신의 경계가 바로 다른 민족의 경계가 아니라, 일단 황무지가 그 사이에 끼어 있기를 원할 때가 많았다"(같은 책, 784). 중립 공간, 어느 누구도 마음대로 하지 못하는 그 중간지대를 가지기 위해 심지어 정주지역을 비우기도 했다. 여러 다양한 부족과 문화들이 자신의 권역과 이웃의 권역 간의, 어떤 누구의 소유도 아닌 땅을 말하자면 보호 장치로 비워두는 방식에 대해 계속해서 가치를 부여해왔다. 여기서 공간은 "순수한 거리로, 무특징의 확장으로 이용된다"(같은 책, 785). 둘 사이의 비어 있는 공간이 누구 한쪽의 소유가 아니라 둘 다에 속할 경우, 한쪽이 그 공간을 사용함으로써 종종 다른 쪽과의 싸움이 유발된다. "영토의 중립성"은 싸우는 양방간의 무대로 이용된다. "삶의 모든 힘들 가운데 공간은 가장 많이 직관화된 중립성이다. (……) 공간만이 어떤 편견 없이 모든 존재에 자신을 열어준다. 그리고 실제적인 활용에서 이 공간의 중립성에 접근하는 것은 말하자면 단지 공간일 뿐 더 이상 아무것도 아닌 곳, 그 누구도 살지 않고, 누구에게도 속하지 않는 부지다"(같은 책, 788). 확장 가능한 중립적 지대는 서로 다투는 양측에게 핵심적인데, 그것은 이 중립적 지대가 상대방의 땅을 밟는 일—공격이나 점령이나 항복으로 보일 수 있는 일이다—이 없이도 서로 만나고 서로 지나갈 수 있도록 해주기 때문이다. 양측 사이에 존재하는 갈등이 드러나지 않고, 또 그 갈등이 해결되지 않아도 서로 다가가고 만나는 것을 가능하게 하는 많은 중간 지역들이 존재한다. 이런 점에서는 빈 공간조차도 "사회학적 상호작용의 담지자이며 표현"(같은 책, 788)이 된다.

3.2.5 움직임의 가능성과 장소 변경의 가능성

공간의 마지막 성질로서 짐멜은 공간적 유동성의 의미, 즉 이동으로 인해서 일어나는 한 곳에서 다른 곳으로의 인간의 움직임을 다룬다. 짐멜은 유동성의 필연성과 관련해서 단순한 사회와 근대사회를 근본적으로 구분한다. 근대 사회에서 통합을 이루어내는 문화적 기술과 기구들—그는 편지, 책, 사진, 지로 구좌 등을 언급하고 있다—이 없는 단순한 사회에서는 상인, 학자, 공무원, 수공업자들, 수도승, 예술가들의 여행으로 이러한 결핍이 보상되어야 한다. 사회의 최고층이나 가장 쇠퇴한 요소들은 중세나 근대 시작 시기에 지금보다 몇 배나 유동적이었다(같은 책, 756). 길과 다리를 건설하고 보수하는 것을 **종교적** 임무로 여겼던 것"(같은 책, 757)에도 이유가 있었다. 그러나 짐멜에게는 이러한 수고스러운 통합기술이 "옛 시대의 확장된 집단"(같은 책, 756) 속에서 보여지는, 부족한 통합체 의식의 원인으로 보인다. 왕들은 자기 제국의 각 부분들을 직접 소유하고 또 그에 대한 요구를 재차 강조하기 위하여 주기적으로 혹은 지속적으로 제국 안을 이리저리 돌아다녔다. "지역적—정착적 관청에도 이러한 통합체를 주입시키는 원격작용의 초지역적 수단이 없는 한, 공간적으로 뿔뿔이 흩어져 있는 상태를 이념적 정치적 통합체 속으로 중앙집중화시키는 가능성으로서는 관리들의 순회가 가장 효과적이다"(같은 책, 758).

오늘날 우리가 근대 정보기술과 소통기술 덕분에 이러한 여행의 필연성에서 멀어져 있다 해도, 이러한 전통을 연상케 하는 일들은 여전히 존재한다. 이를테면 홍수 같은 자연재해나 연방의회 선거에 앞서 지도급의 정치가나 국가 책임자는 자신을 **현장에 보이는 일**, 즉 몸으로 임석해서 얼굴을 보이는 기회를 결코 놓치지 않는다. 방문을 받은 지역의 사람들은 이런 인사들이 직접 자리함으로써 그들이 자신들에게 신경을 써준다는 느낌을 가지며, 자신들이 집단에 소속된 존재로 느낄 수 있고 또 느끼게 된다. 연방총리의 편지나, 현수막·이메일·초청장, 심지어 홈페이지까지도 생생한 만남을 대신할 수는 없다. 매체를 통해 유권자들에게 말을 걸 수 있는 방법이 있음에도 불구하고 오늘날의 정치 풍경 속에는 짐멜이 말하는 '붉은 전위대(red vans)'를 위한 후계사업이 존재하고 있다. 붉은 전위대 안에서 '영국 토지복구연맹(English Land-Restoration League)'의 연사가 살고 있고, 붉은 전위대는 "또 이곳저곳으로 옮겨가면서 그때마다 집회나 선전활동 중심점을 형성한다"(같은 곳). 자민당 주자였던 기도 베스터벨레(Guido Westerwelle)가 선거 유세 때 걸고 나왔던 소위 '모바일 기도'를 생각하면 된다. 이전에는 이것이 외딴 곳에 살고 있는 사람들에게도 그들이 통합된 하나의 전체에 속한다고 안심시키는 유일한 가능성이었던 것에 반해, 오늘날에는 다음과 같은 현상이 나타나고 있다. 수많은 매체적 접촉 가능성에도 불구하고 매혹적으로 보이는 매체인물들을 직접 만나는 것이 예전과 마찬가지로 여전히 특별할 뿐 아니라 매체를 통한 다른 가능성이 있기 때문인지 오히려 더 의미를 가지게 되었다는 것이다.

짐멜은 이동, 유목생활과 정주(定住)의 장단점을 다양한 역사적 발전 단계에 걸쳐서 비교하고 있다. 현재와 관련해서 짐멜은 정주하는 쪽이 움직여야만 하는 쪽보다 훨씬 더 유리하다는 결론에 도달한다. 기술적 성취로 인한 장소 변경의 용이함은 이러한 경향에 역행한다. 왜냐하면 이것은 원칙적으로 정주하는 쪽에게 정주의 장점 말고도 유동성의 장점을 이용하도록 해주기 때문이다. 이에 반해 본질적으로 유동적인 사람은 그 만큼 정주성을 향유하지 않는다(같은 책, 764 참조).

3.2.6 근대—충돌하는 가까움과 멂

짐멜은 사회학적 공간 분석의 도구로서 사용할 수 있는 몇 가지 핵심적 구분 내지 기준들을 언급했다. 각 범주를 훑어보면 오늘날에도 여전히 그 범주에 해당하는 시의적인 예들이 발견된다. 공간들의 성질을 나눌 수 있는 구분으로서 특히 내/외, 또 개/폐라는 범주도 덧붙일 수 있다. 결정적인 것은 이렇게 명확하다고 믿었던 경계가 더 이상 그렇게 명확한 것처럼 보이지 않는다는 것이고, 이것이야말로 진짜 도전이라는 것이다. 그리고 이 도전은 글로벌화라는 말로 표현된다. 내/외, 개/폐의 경계가 확연히 구별되지 않으면서 아마도 항상 새롭게 협상된다는 것, 이렇게 함으로써 내/외, 개/폐, 자/타, 원/근의 중첩이 생긴다는 사실이 전형적인 듯하다.

	공간 성질	공간 구성물
(A)	배타성	국가
(B)	해체 가능, 경계 설정	영역통치권, 중심성
(C)	고정화	견고한 지역성 속의 장소화(집, 클럽 등)
(D)	가까움과 거리	빈 공간
(E)	움직임, 이동	X

짐멜에게 이동의 공간 **성질**이 공간 **구성물**로 농축될 수 없는 것은 우연이 아니다. 여기서 이동이란 어떤 수용기에서 다른 수용기로의 바뀜으로 생각할 수 있다. 이동 자체는 공간을 규정하지 않는다. 이에 반해 오늘날에는 정확히 여기에다 **초국가적 공간**을 투입할 수 있는데, 이 초국가적 공간으로의 이동이 출구 공간 및 입회 공간과 구별되는 하나의 공간을 확립할 수 있다는 사실을 보게 된다(Pries 1998 참조).

공간의 사회학에 대해 짐멜이 가지는 특별한 의미는, 그가 공간의 구조적인 면을 강조했을 뿐 아니라 인간적 활동을 통한 **공간**을 강조한다는 데 있다고 본다. 짐멜 뒤에 나타난 공간의 사회학 구상은 대체로 두 면 중 하나만을 강조하기 때문에, **공간결정론**, 혹은 **공간의지주의**를 다루게 된다. 공간결정론이 인간 행동을 규정하는 공간 배치를 지적한다면 공간 의지주의는 창조적인 행위로서의 공간의 적극적인 생산을 강조한다. 공간 사회학의 새로운 논문에서는 무엇보다도 공간의 적극적 생산이 강조되며, 그에 비해서 이러한 공간에서 무슨 일이 일어나며, 그리고 이 공간을 만들지 않은 사람들에 의해 이런 공간들이 어떻게 인식되는지 등의 문제는 중요하지 않은 역할을 한다(Ahrens 2001, Löw 2001, Sturm 2000 참조).

짐멜의 역할에서 이율배반적인 것은, 그가 시간의 문제를 우선시하기 위해 공간을 경시하는 연구방향의 초석을 놓았다는 사실이다. 돈이나 법처럼 점점 더 추상적인 사회화 형식을 통해 사람들이 점점 **공간으로부터 해방**될 거라는 짐멜의 테제를 따르는 사람들 중에는 루만도 들어간다. 비록 짐멜의 공간 분석이 오늘날에도 여전히 설명력이 있다고 할 만한 중요한 결과들을 제공해주긴 하지만, 짐멜에게는 다른 한편으로 "이 사회화라는 관점을 무시하는 싹이 뿌려져 있다"(Sturm 2000:160). 이미 짐멜에게서 우리는 현재 글로벌화 논쟁 속에 널리 확산된 다음과 같은 생각을 발견할 수 있다. 즉, 시간적 단위에 정향하기, 일반적으로 증가하는 속도, 거리를 뛰어넘는 사회적 교환관계 증가는 공간 관계를 배후로 몰아내거나 내지는 해체시킨다는 생각이다.

내가 보기에 그 이유는 짐멜의 경우에도 역시—근관계와 원관계에 대한 짐멜의 상세한 구분에도 불구하고—가까운 관계에 비중을 두는 데 있는 듯하다. "사회화 형식에서 가까움이 차지하는 의미가 큰 것"은 짐멜에 따르면 개인들이 서로를 지각하는 (……) "개별 감각들이 가진 의미"

에서 비롯된다(Simmel 1992a:722). 짐멜은 자신의 사회학에서 무엇보다 피차간의 봄, 보여짐이 사회화에서 큰 위상을 차지하는 것이라고 보았다. 사회적 관계를 탄생시키는 것은 행위자들의 상호 인지 가능성이다. 우리가 살펴본 바대로, 짐멜은 공간적 여건의 영향력에서 벗어나는 두 극단적 형식을 구분하고 있다. 한쪽 극단에는 경제 영역이나 학문 영역의 완전 비개인적인 관계가 있고, 다른 한쪽 극단에는 몰두나 환상의 도움으로 물리적 여건에서 해방된 종교적 관계 및 사랑 혹은 친밀한 관계가 있다. 하지만 사회화에서는 "이러한 양극단의 관계들이 뒤섞여 있는 정도" 그만큼 "장소적 가까움이 더 요구된다"(같은 책, 717). 이것은 짐멜이 가까움을 밀접한 관계, 일체성과 동일시하고, 거리를 느슨한 관계, 혹은 비일체성과 동일시한다는 의미가 아니다. 짐멜은 오히려 그 반대로 "공간적으로 분리된 것들이 서로 하나되는 것, 아니면 공간적으로 가까이 있는 것들이 함께 하나되지 않는 것을 생각하지 못하는"(같은 곳) 무능력이야말로 원시적 의식의 표현이라고 본다. 짐멜에게 근대성의 원칙이란 언제나 대도시의 생활조건에서 읽혀지는 것이지만, 근대성은 가까움과 소속, 비소속의 관계를 전도시켜 버린다. 전근대적 여건에서는 아직 생각할 수 없었을 듯한 것, 즉 "공간적으로 바로 가까이 있는 것에 대한 무관심, 그리고 공간적으로 매우 떨어진 것과의 밀접한 관계"(같은 책, 718)가 근대성에서 처음으로 가능해졌다. 오늘날의 글로벌화 여건 속에서 공간성과 관계에 대한 이러한 통찰은 매우 전염성이 있지만, 그렇다고 해서 짐멜의 말마따나 물리적인 가까움에 기반한 사회화형태가 멀리 거리적으로 떨어진 상태에서 유지되는 관계보다 더 집중적이라는 사실을 잊어버리게 만들지는 못한다. 짐멜은 이웃이나 마을 주민에 의해 이루어지던 사회적 규제가 화폐경제를 통해 극복되는 것을 해방이라고 환영했지만,

늘 그렇듯이 그의 주장은 양가적이 되고 만다(Schroer 2001:284 이하 참조). 짐멜은 가령 한 마을 안에서처럼 공간적으로 주어진, 좁은 사회적 범위에 대한 고착이 구속적이라고 기술하고 있으면서도, 그래도 다른 한편으로는 장소적 사회관계는 더 큰 결속력을 가진다고 확신했다. 이에 대한 근거를 짐멜은 《감각의 사회학》(Simmel 1992a:722 이하)에서 써놓고 있다. 짐멜에 따르면 무엇보다도 눈, 그리고 상호-응시는 "유일무이한 사회적 역할"을 가능하게 한다(같은 책, 723).

이러한 관계의 밀접함은 다음과 같은 특이한 사실 때문이다. 그러니까 타자를 향한, 타자를 인식하는 시각 자체가 표현력이 있다는 것인데, 말하자면 그것은 다른 사람을 쳐다보는 방식 때문이다. 사람들은 타자를 자기 속에 받아들이는 시선 속에서 스스로를 나타낸다. 즉 주체가 자기 객체를 인식하려고 시도하는 행위와 동일한 행위로 주체는 객체에게 자신을 드러낸다. 사람은 눈으로 주지 않고 눈으로 받아들일 수 없다. (……) 이것이 눈과 눈이 직접 마주칠 때 눈에 보이게 일어나고, 여기에서 인간관계 전체 영역에서 가장 완벽한 상호성이 창출된다(같은 책, 724).

임석하는 자들끼리의 상호작용은 다른 사람에 대해 만들었던 이미지를 검토하는 것, 그리고 검토한 것에 상응하여 그 이미지를 교정하도록 해준다. 짐멜이 특히 "직접 민주주의"를 위해서는 "그 영역을 공간적으로 좁게 경제 설정하는 것"이 필수적이라고 보았던 것[14]은 우연이 아니며, 이는 공간의 사회학 전체를 위해서도 중요하다. "그리스 고대에서는, 정치적 집회 장소에서 너무 멀리 떨어져 살고 있어서 제대로 그곳에 참여할 수 없는 경우, 그것은 추방이라고 받아들일 수밖에 없었다"(같은 책, 747). 그리스에서 고대 시장(市場) 광장 아고라와의 물리적 가까움은 정치적 사건에 참여할 가능성을 결정지었다.

우리가 공간적 간격과 거리와는 무관하다고 생각하는 이곳에서조차, 민주주의와 관련해서는 좁은 의미로 이해한 영토와의 직접적인 관계가 강조된다. 이것은 일견 무경계적으로 활동하는 듯한 경제, 이미 짐멜의 이론에서 화폐경제라는 형태로 공간해방의 명제를 뒷받침해주었던 그 경제와는 뚜렷이 차별화된 것이다. 나는 다음에 그것에 대해서 언급할 것이다. 지금 여기에서 말하고 있는 맥락과 연관시켜 우선 확실히 해둬야 할 것은, 짐멜에게서조차도—그러니까 퇴니스(1855~1936, 독일의 사회학자. 사회를 공동사회와 이익사회로 분류하고, 현대사회를 냉정하고, 개인들끼리의 유기적 통일이 결여된 이익사회라 규정하고 협동조합이 공동사회의 기능을 부활시켜야 한다고 주장함—옮긴이) 식의 도식에 따라 한쪽에는 공동사회, 가까움, 유대, 그리고 또 다른 한쪽에는 이익사회, 거리, 익명성이 있다고 할 수 없는 짐멜에게서조차도—근공간적 사회적 관계가 원공간적 사회적 관계보다 더 단단히 결속된다는 생각이 지배하고 있다는 사실이다. 그러나 퇴니스와 그리고 오늘날 논의되는 많은 퇴니스 추종자와는 달리 짐멜의 경우에는 이 두 가지의 관계형태들에 대한 명료한 가치평가는 없다. 짐멜에게는 가까움 역시 반감 상승, 관계의 집중도 감소를 의미할 수 있기 때문이다. 이로써 짐멜은 소통의 미디어화를 둘러싼 논의의 맥락에서 오늘날 우리 귀가 자주 듣고 있는 것들을 훌쩍 넘어서고 있다. 여기에 대해서도 역시 앞으로 다시 말하게 될 것이다.

3.3 물리적 공간과 사회적 공간—피에르 부르디외

피에르 부르디외(Pierre Bourdieu)의 책을 처음 읽는 순간 우리가 대면하는 것은 하나의 완결된 공간 사회학이 아니다. 공간 사회학이 단행본 혹은 최소한, 방대한 저서 속의 한 방대한 장(章)의 형태로 쓰여 있는 짐멜과는 사정이 다른 것이다. 부르디외의 저서는 우선 주관주의와 객관주의의 대립을 하비투스 이론을 통해 극복하고자 한 시도의 결과다. 이 이론은 경제적 자본과 나란히 사회, 문화적 자본을 두는 마르크시즘적 개념에 대한 다양화작업으로서, 계급 투쟁 패러다임을 분류 투쟁이라는 이념을 통해 한층 더 확장시킨 것이다. 그렇더라 해도 여기서 공간의 사회학적 이론이 읽혀지지는 않는다. 하지만 부르디외에게서 '공간'은 그야말로 편재(偏在)하고 있다. 뒤르켕이나 클로드 레비스트로스(Claude Lévi-Strauss, 1908~1991, 프랑스 문화 인류학자—옮긴이)로부터 습득한 인류학으로 접근한 카빌족(Kabylen, 북 알제리의 베르베르 족—옮긴이)에 대한 부르디외의 작업에서 이미 공간범주가 중요한 역할을 하고 있다(Bourdieu 1976 참조). 여기서 부르디외는 아직 엄격한 구조주의적 방식으로, 남성·여성 이분법에 다른 이분법적 구분의 전체 사슬이 딸려 있으며, 이런 구분들이 공간적 차별화 속에서도 반영되고 있다는 것을 보여준다. 그래서 남성적 공간으로 시장이나 들녘 같은 집합장소가 연상되는 반면, 여성적 공간으로는 피난처로서의 집이나 정원이 연상된다. 남성이 배제되고 여성이 포함되는 가정 내부에서조차도, "건조, 불, 중요한 일, 요리, 낮이라는 남성적 세계에 속하는 활동인지, 아니면 습기, 물, 허드렛일, (요리되지 않는) 날 것 혹은 밤이라는 여성적 세계에 속하는 활동인지에 따라 활동이" 나누어진다(Bourdieu 1987b:142, 같은 책, 468 이하 참조; Krais 1993).

사회적 공간 구조가 공간적 대립 속에서 견고해진다는 사실은 두 가지 효과를 가지는데, 이 효과들은 부르디외 저서 전체를 따라다니는 일종의 기본 멜로디다. 그 효과 중 하나는 그가 항상 전제하는 "사회적 공간을 위해 구축된 구조들의 관성"은 이런 "사회적 공간들이 물리적 공간 속에 퇴적되어 있다는"(Bourdieu 1991:26) 상황에서 생겨나며 그리고 이들의 변화는 막대한 비용을 치러야 한다는 것이다. 다른 하나는 "사회적 현실의 물리적 세계로의 편입"이 사회적으로 조성된 차이를 자연적으로 존재하는 차이처럼 보이게 하는 어떤 "자연화 효과"(같은 책, 27)를 불러일으키는 것이다. 사회적 사태를 공간적으로 객관화한다는 것은 사회 변화의 방해물로 증명되는 기존의 사회적 불평등을 고착화할 뿐 아니라, 사회적으로 생성된 현실을 "사물의 본성"(같은 곳)으로 간주함으로써 이 사회적 현실을 은폐하는 데 기여한다. 지속적이고 견고하며, 반동적이며 부동적인 것으로 인식된 물리적 공간 개념의 전형적인 함의[15]가 부르디외에게는 사회적 공간으로 전이된다. 사회적 유동성은 오로지 작은 범위에서만 확인되며, 사회적 변화는 작동시키기가 힘들고, 사회적 변동은 매우 오랜 기간에 걸쳐 완성된다는 부르디외의 생각 속에서 이런 공간 개념의 전형적인 함의가 드러나고 있다.

부르디외가 카빌 사회의 공간적 사회질서의 구조적 분석과 공간범주를 더 집중적으로 다루게 되는 동기로 이용하지는 않았다 해도, 이후의 텍스트에도 제시되겠지만 공간 문제를 이러한 방식이나 모양으로 다루는 것이 여기에서 이미 나타나고 있다. 부르디외가 공간을 다루는 중심에는 사회적 구조와 공간적 구조가 어떻게 서로 연관성을 지니며, 그것의 재생산 구조를 사람들이 어떻게 이해할 수 있는가라는 질문이 담겨 있다. 그의 기본적인 입장은 "객관적 힘 관계의 앙상블"(Bourdieu 1985:10)

로 이해될 수 있는, 어떤 다차원적 공간으로 사회적 세계가 이루어진다는 것이다. 부르디외 역시 뒤르켕의 경우[16]와 유사하게 "일정한 구분원칙 및 분할원칙"(같은 책, 9)을 사회적 공간의 기초로 삼고 있다. 사회적 행위자들이나 단체는 "이러한 공간 내의 각 **상대적 위치**"(같은 책, 10)에 따라 규정된다. 첫 번째 공간 차원에서 그것들은 자본 총량에 따라 나눠진다. 두 번째 차원에는 자본 종류의 구성에 따라, 즉 경제적, 문화적, 사회적 자본의 할당에 따라 나눠지며, 세 번째 차원에서는—부르디외의 어떤 작업에서도 고려한 흔적을 찾아볼 수는 없지만—시간이 역할을 하는데, 시간에서는 사회적 지위의 통시적 발전, 다시 말해 이력이 중요하다(Bourdieu 1987a:196 참조).

　모든 행위자는 그때마다의 공간에서 하나의 위치만 가질 뿐이다. 이로써 부르디외에게서도 역시 사회적 공간 내부의 서로 떨어져 있는 두 행위자 간의 '충돌'(Bourdieu 1991:31)은 없다. 이러한 충돌 예방은 뒤르켕(Durkheim 1984:592)이 공간을 다루는 데서도 큰 역할을 한다. 뒤르켕이나 부르디외에게 공간의 기능은 구분하고 분류하는 것에 있는데, 이 구분과 분류 때문에 자본이 서로 차이 나는 두 행위자들 사이의 만남 가능성은 처음부터 배제된 것이나 마찬가지다. "사회적 공간, 이것은 경제적 차이든 문화적 차이든, 그 차이를 경시한 채 아무나를 아무나와 한데 모아둘 수 없다는 말이다(Bourdieu 1985:14)." 공간은 질서 기능만 가지는 것이 아니라 사회적 질서의 안정성에 대한 보증이기도 하다. 그래서 부르디외는 (Bourdieu 1998:24) "상류 공간에 살고 있는 사람들에게 하류 공간 사람과의 결혼 기회가 거의 주어지지 않는다"는 데서 출발한다. 비록 이런 모델이 너무나 완고하거나 배타적이라서, "가까이 있는 사람들끼리 접근하는 것이 (……) **꼭 필연적이고**", "먼 곳의 사람들이 접근하는 것이" 완전히 "**불**

가능"(Bourdieu 1985:13 참조)하지는 않지만, 그래도 보통 가난한 자와 부자들이 움직이는 두 부분 공간들이 겹치는 일은 없다. 그러나 우연한 만남이 한 번 이루어진다 해도, 이러한 만남은 아무 결과를 낳지 못하는데, "왜냐하면 그들은 서로 이해하지 못하고, 서로를 마음에 들어하지 않기 때문에, '어떠한 소통에도' 이르지 못하기 때문이다"(Bourdieu 1998:24).

전체적으로 사회적 공간은 부르디외가 때때로 장(場)이라고 부르는 각 부분 공간으로 이루어져 있다. 독자적 기능법칙을 가지고 있는 이러한 장들, 즉 정치나 경제, 대학, 언론 혹은 경제적 장은[17] "힘의 장"일 뿐만 아니라 힘의 관계를 보존하거나 변화시키려고 하는 "투쟁의 장"이기도 하다(Bourdieu 1985:74). 사회 공간이나 사회의 다양한 장 안에서, 행위자들이 차지하는 사회적 지위는 행위자들이 각 개개의 자본 종류들을 특별히 축적한 데서 비롯된다.

3.3.1 물리적 공간과 사회적 공간의 상호 영향에 관하여

지금까지의 설명들이 무엇보다 **사회적 공간**에 관한 것이었다면, 카빌 사람들에 대한 연구에서 이미 말한 것처럼, 부르디외에게는 무엇보다 물리적 공간에 대한 사회적 공간 관계 정립이 중요하다. 물리적 공간과 사회적 공간으로 나누는 것은 부르디외에 와서 처음으로 있는 것은 아니다. 오히려 공간범주를 사회학적으로 비교하는 기본적 분류 중 하나가 될 수 있는데, 짐멜에게서 이미 볼 수 있었고 그리고 그 후의 일련의 개념들, 즉 부르디외의 입장의 선구자로 볼 수 있는, 이를테면 피티림 소로킨[18](Pitirim Sorokin, 1889~1968, 러시아 출신으로 하버드대학 사회학과 교수—옮긴이)(1959)과 레오폴트 폰 비제(Leopold von Wiese, 1876~1969, 독일 사회학자, 민중경제학자—옮긴이)(1933)에게서도 결정적 역할을 한다. 소로킨은 기하학적 공간과 사회적 공간으로 나눈 반면 폰 비제는 물리적 공간과 사회적 공간을 구분한다. "사회적 공간이란 사회 과정이 일어나고 있는 우주이다"(von Wiese 1933:110). 물리적 공간 역시 사회적 삶에 영향을 미치고 그렇기 때문에 사회학에서도 고려되어야 하지만 이것 자체는 사회학의 대상이 아니다. 더욱이 사회학은 "공간적 사실을 주어져 있는, 사회학에 의해 더 이상 연구될 수 없는 사실로서 기초 놓아야 할 것이다"(같은 책, 403). "우리가 사회학에서 하는 거리, 측정, 측량에 대한 연구와 진술은 물질, 자연 소재 및 힘의 세계와 관련하는 것이 아니라, 언제나 비육체적인 사회적 공간 속의 과정과 관련된다"(같은 책, 111). 폰 비제에게 사회성이라는 하나의 독립적 영역에 대한 적절한 이해의 길을 닦아준 것은 상대성 이론의 계속적 발전이었다. 단 하나의 물리적 공간만 있는 것이 아니라 수많은 공간들이 있다는 것이 상대성이론의 발전으로써 명확해졌기 때문이다. 사회적 공간 속에서 분리, 결합, 해체, 단절, 분배, 어울림 등 공간적 과정을 가리키기는 하지만, 그러나 측정기로 규정 가능한 관계를 의미하지는 않는 그러한 현상들이 일어나는데, 바로 이런 현상들이 폰 비제에게는 사회학 본래의 연구영역인 것이다(같은 책, 111 참조). 폰 비제에게 우선적으로 중요한 것은 사회적 공간을—그것이 다른 공간과 가지는 관계도 포함하여—하나의 독립적인 영역으로 인정하는 것이다(같은 책, 113 참조). 통치자와 비통치자들이 기하학적으로 가깝게 서 있을 수 있다 해도, 사회적으로는 서로 엄청나게 멀리 떨어져 있다는 것을 지적한 소로킨[19]도 이 비슷한 견해를 가지고 있었다. 수천 킬로미터를 걸어갔다 하더라도 한 사람의 사회적 위치나 위상이 꼭 바뀌리라는 법은 없으니까, 사회적 공간의 거리와 일치하는 것이 물리적 공간 속에는 존재하지 않는다. "**사회적 공간은 기하학적 공간과는 완전히 다른 어떤 것이다**—예컨대 왕과 하인,

주인과 종은 사회적 공간의 엄청난 거리로 분리되어 있기 일쑤다. 그리고 **거꾸로**, 기하학적 공간에서 서로 매우 멀리 떨어져 있는 사람들―예컨대 어떤 사람은 미국에 머물고, 어떤 사람들은 중국에 머무는, 두 형제나 아니면 같은 종교를 가진 주교들, 같은 부대의 장성이나 동급 지위를 가진 자들―은 사회적 공간에서 보자면 서로 매우 가까울 수 있다(Sorokin 1959:3).

부르디외 역시 물리적 공간과 사회적 공간을 나누고 폰 비제의 관계 학설과 비슷하게 간격과 거리의 사회학을 추구하지만, 그는 소로킨이나 폰 비제보다 사회적 공간과 (전유된) 물리적 공간의 공조를 더 강조한다.

사회적 공간은 물리적 공간이 아니다. 하지만 사회적 공간은 물리적 공간에서 대체적으로, 그리고 다소 정확하고 완전한 방식으로 자신을 실현시킨다. (……) 물리적 공간은 단지 추상성에 의거해 (……) 생각될 수 있다. 추상화란 그 공간이 익숙하고 획득된 공간이라는 사실에서 기인하는 그 모든 것을 일부러 무시한다는 말이다. 다시 말해 그것이 하나의 사회적 구성이고 사회적 공간의 투사이며, 객관화된 상황의 사회적 구조이고(예를 들면 카빌의 집이나 도시 지도), 과거와 현재의 사회적 관계의 객관화와 자연화라는 사실을 무시하는 것이다(Bourdieu 1991:28).

폰 비제와 달리 부르디외는 단순히 주어진 물리적 공간에서 출발하지는 않는데, 그 물리적 공간이 사회성에 미치는 영향을 독자적으로 연구할 수는 없지만 늘 고려해야 하는 것이다. 오히려 부르디외에게는 **전유**된 자연의 공간으로서 물리적 공간 역시 이미 사회적으로 구조화된 공간이다. 물리적 공간에 대해 말할 수 있는 것은, 그것이 언제나 지속적으로 전유된 공간이라는 사실을 추상화할 때뿐이다. 폰 비제가 지리학적 여건의 의미로 생각한 '순수한' 물리적 공간은 부르디외에게서는 아무런 역할을 하지 못한다. 전통적 시각과는 정반대로 부르디외에게 사회적 공간이 단지 추상화만을 의미한다면, 물리적 공간은 '실제적' 공간이 아니다. 관계가 뒤바뀐 것이다. 하지만 근본적으로는 물리적 공간이나 사회적 공간이나 똑같이 추상적이고 또한 실제적이다. "존재하는 것은 **관계들의** 공간으로서 노동과 노력, 무엇보다 시간을 대가로 지불해야만 자리바꿈과 장소 변경이 일어나는 (……) 지리적 공간과 마찬가지로 현실적이다. 여기서도 거리상 떨어짐은 시간으로 산정된다"(Bourdieu 1985:13). 따라서 사회적 공간이든 (전유된) 물리적 공간이든 둘 다 동일한 구성 조건을 따른다. 이 구성 조건 속에서는 같은 힘이 작용하고 같은 법칙이 지배한다. 두 공간의 결합은 너무나 밀접해서 "한 행위자에 의해 점거된 장소와, 획득된 물리적 공간 속에서의 그의 자리는 사회적 공간 속에서의 그 행위자의 위치에 대한 훌륭한 지표가 된다"(Bourdieu 1991:25). 그도 그럴 것이, 사람들이 많이 인용하는 "하비타트를 만드는 것은 바로 하비투스다"(같은 책, 32)는 부르디외의 문장이 말하듯이 사회적인 것은 물리적인 것 속에 직접 반영되기 때문이다. 이 말의 의미는, 자본 종류를 갖추고 있는 데 따라 취향의 선호가 형성되고, 그것이 거주지나 집, 내부 설비의 선택에 어느 정도 반영된다는 것이다. 몸 속에 사회적 구조가 기입되는 것[20]과 비슷하게, 사회적 구조들이 물리적 공간에도 기입된다. 이로써 부르디외에게서 몸과 공간은 어느 정도 사회적 세계의 가시적 부분을 이루고 있는 셈이다. 이는 사회적 생산과정과 재생산 과정이라는, 도무지 다른 식으로는 파악하기 힘든 작용들의 구체적 반영이다. 신체와 공간은 그렇지 않으면 비가시적으로 머물러 있을 것들을 직접적으로 읽을 수 있게 하는 중요한 심급이다. 방법론적 관점에서 볼 때 이것은 거주 장소의 선택, 한 개인이 사는 주택이나 주택 내부 설비 규모에서 그 행위자가 사회적 공간에서 차지하는 위치를 이끌어낼 수 있다는 것이며, 신체행위 방식(새끼손가락을 치켜들고 음식 먹기, 공간적으로 작은 혹은 성큼성큼한 몸 움직임, 또는 등을 구부리거나 혹은 꼿꼿한 걸음걸이 등)을 토대로 사회 공간 속의 행위자의 포지셔닝에 대한 힌트를 얻을 수 있다는 것이다. 신체와 (전유된) 물리적 공간은 그 위에 사회적 정황이 그대로 비쳐지는 두 개의 스크린과 같다.

우리의 맥락에서 중요한 것은 이러한 접근 방식의 비결은 물리적 공간을 추상화로서 구상하는 데 있음을 확인하는 것이다. 물리적 공간의 추상화는 물리적 공간을 사회적 공간의 투사로 취급하는 것을 완전히 의식적으로 외면한다. 그렇게 하는 것은 사회적 공간이 전유된 물리적 공간으로 바뀌는 것—이 전유된 물리적 공간은 다시 사회적 공간에 도로 영향을 끼친다—을 보여주기 위해서다. 이로써 부르디외는 물리적 공간과 사회적 공간이라는 이분법을 유지하는 동시에 부정할 수가 있다. 하지만 이것이야말로 바로 물리적 공간과 사회적 공간의 상호 조건관계인 것이다. 그런데 이 대목에서 부르디외가 사회적 공간은 물리적 공간에 반영된다는 식의 일방적인 인과성을 주장했다고 2차 문헌들이 해석하는 경우가 너무나 많다. 이런 시각은 위에서 인용한 "하비타트를 만드는 것은 바로 하비투스다"와 같은 문장들에서 그럴싸하게 추론되는 해석이지만 그러나 근본적으로는 부르디외의 하비투스개념을 충분히 고려하지 못한 것이다. 왜냐하면 하비투스를 만드는 것은 하비타트이지만 하비타트 역시 일정한 사회적 구조, 또 그럼으로써 그 하비타트 속에서 공표되는 공간적 구조에 기인하기 때문이다. 예를 들어 우리가 과거에 좁은 공간에 거주했는지 혹은 넓은 공간에 거주했는지, 즉 시골마을에 살았는지 혹은 도시의 변두리 혹은 중심가에서 자라났는지, 다른 사람이 부러워하는 거주지에 살았는지, 혹은 부러워하지 않는 거주지에 살았는지 등, 이 모든 것은 우리의 몸가짐 속에까지 그 흔적을 남기며, 하나의 하비투스로 농축된다. 그 하비투스는 현재에도 계속 영향을 미쳐 지금의 공간적 환경이 형성되는 방식에 흔적을 남긴다. 사정이 이런 한에서는 완전히 뒤집어서 "하비투스를 만드는 것이 바로 하비타트다"고 말할 수도 있다.

하지만 부르디외에게서 하비타트, 하비투스에 대한 문장이 이런 순서로 읽혀지지 않는 것은 우연이 아니다. 그러니까 부르디외는 자신의 의도와는 달리 공간 구조가 사회 구조를 결정한다는 오해를 은근히 조장하고 있다. 이런 맥락에서 부르디외는 어떤 종류의 건축이, 건축형상을 이용해서 건물의 특정 사용방식과 건물의 설비시설을 확정지을 수 있다고 하는 환상에 빠져 있다고 비판한다(Bourdieu 1991:32 참조). 부르디외에게 출발점은 오히려 정반대인데, 사회적 관계가 자연의 공간 안으로 기입될 수 있다는 것이다. 그리고 이것은 부르디외로 하여금 공간적 구조로부터 사회적 구조를 합당하게 끄집어내어 **읽을 수** 있도록 한다. 카빌 식의 집이든, 학교나 도시 공간의 구조든 간에, 언제나 이런 특별한 공간에는 사회적 구조가 기입된다는 것이다. 이런 공간들은 그것을 통해 표현되는 권력관계를 말해준다. 즉 남녀 간의 불평등, 강단이나 연단으로 보여주는 선생이나 교수의 높은 지위 등과 같은 것이다. 부르디외에 의해 언급된 건축물의 그 건물에서는 이와 반대로 기껏해야 그것의 독자적 정신적 구조만을 읽어낼 수 있게 해준다.

부르디외의 이러한 공간 고려 형식은 사회적 불평등에 대한 연구, 특히 도시사회학 연구에 상당한 영향을 끼쳤다.

3.3.2 공간, 힘 그리고 사회적 불평등

공간의 범주는 사회적 불평등을 다루는 사회학에서는 오히려 하위의 역할을 한다(Weiß 2002 참조). 사회적 불평등과 관계하는 많은 중요한 작업에서 공간의 범주는 한 번도 전면에 나서지 않았다(Geißler 2002, Hradil 1999). 오히려 사람들은—이것은 겉보기에 자명하게 보이는—사회적 불평등의 범례를 따르는 도시사회학 분야에서 나온 연구에서 찾아볼 수 있다. 도시 내 차별, 주택고급화 현상과 빈곤, 빡빡한 주거공간, 게토, 그리고 "열악한 주거지역"에 관한 연구는, 배타적인 주거공간으로 공정하지 못하게 분배되는 것과 공간에 대한 불공평한 집행 권력이 사회적 불평등의 주원인을 만들어내고 있다는 점을 상기시켜 준다(Harth/Scheller/Tessin 2000 참조).[21]

이런 연구들은 언제나 부르디외의 공간에 대한 생각을 기준점으로 삼는데, 그것은 부르디외가 그 어떤 연구자보다 공간, 권력, 사회적 불평등의 연관성에 대해 깊이 다루고 있기 때문이다. 우리가 살펴본 바대로, 공간 전유의 가능성을 정하는 것은 어떤 자본을 가지느냐이다. "공간 지배는 지배력 행사의 가장 특권화한 형식 중 하나이다"(Bourdieu 1991:30). 지리적 공간에 대한 처분권은 사회적 공간 내에서 차지한 자리에 영향을 주며, 그리고 사회적 공간 내 각 입장이 지리적 공간에 대한 처분권을 조종하게 된다.[22] 이러한 상호 조건관계는 앞 장에서 설명했다.

좀더 관계를 명확히 하기 위해 또 정확히 분석하기 위해, 부르디외는 "공간이득"을 다양한 형식으로 구분하고 있다. 이 "공간이득"은 "장소 결정의 이득"의 형식을 띠며, 이것은 세 개의 서로 다른 성질로 다시 나뉜다. (1) 상황이윤, (2) 위치이득 혹은 등급이득, 그리고 (3) 점거이득과 공간점령이득(Bourdieu 1991:31 참조)이다.

(1) 부르디외에게서 상황이윤은 먼 거리라는 이유로 원치 않는 사람이나 사물이 되거나, 또 가까운 거리라는 이유로 원하는 사람이나 사물이 되는 상황이다. 이러한 형태의 공간이득은 주택시장에서의 분배전쟁에서 볼 수 있다. 사람들은 학교시설, 문화시설, 보건시설과 휴양시설에서 가까운 거리를 찾듯이, 환경이 비슷한 이웃을 찾고, 소음과 무질서, 부담이 예상되는 쓰레기 하치장, 고속도로, 공장, 외국인 거주지, 아이들 많은 가족은 회피 대상이 된다. 그러니까 공간에 대한 전유적 소유만이 문제가 아니라, 다른 사회적 재화, 다시 말해 좋은 장소나 건강한 공기 같은 것이 공간 소유와 결합되어 있는가가 중요하다. 소외된 하층민들은 통상 작은 공간으로 만족할 뿐 아니라 조용할 수 없는 공간 조건에 매어 있다. 어떤 사람들은 소음과 시끄러운 소리로부터 충분히 멀리 떨어진 좋은 빌라에 사는 반면(그럼에도 생겨나는 모든 소음은 넓은 정원의 수목으로 인해 차단된다), 또 어떤 사람들은 그들 가족과 함께 좁은 공간에서 함께 살아간다. 이웃과 얇은 벽으로 나눠진 채 그들은 이웃 사람의 활동이나 소음에 노출될 수밖에 없다. 호화스런 자동차에서도—이렇게 부연할 수 있을 것이다—외부세계와의 벽이 더 두터워지고, 내부 공간이 소형차나 중산층 차보다 더 많은 공간 제공의 원칙이 적용된다. 이렇게 해서 자동차 내부공간은 안전성의 가치에만 부합하는 것이 아니다. 자동차의 내부공간으로 들어가는 것은 탑승자를 방해하는 낯선 외부세계로부터의 보호처가 되며, 오로지 내부에 앉아 있는 사람의 처분권만 따르는 독자적인 공간을 구성해준다. 자동차의 발전 역사를 보면 오늘날에는 내부에서 조종할 수 있게 된 많은 기능이 수십 년 동안 외부에서 처리되어야만 했다. 즉 출발하기 위해서 모터에 시동을 거는 것, 운행방향을 바꾼다는 것을 보여주기 위해 창문 밖으로 팔을 내미는 것(운전자가 어차피 오픈카

에 타고 있지 않는 한),―그러다 후에는―라디오를 수신하기 위해 안테나를 올리는 것 등이다. 그러나 오늘날에는 이 모든 것이 자동차 운전석에서 이미 해결되고 있다. "드라이브-인", 그리고 자동차극장 같은 발명으로 자동차를 떠나지 않고 다양한 음식이나 음료를 받을 수 있고, 영화를 보거나 그 이상의 여러 가지 활동을 할 수 있다. 이렇게 해서 자동차 역시 원하지 않는 사건이나 사람 가까이에 직접 다가가야 하는 불편함 없이 원하는 것에 빨리 다가갈 수 있는 수단이 되었다. 자동차는 주변 환경과 원하지 않는 접촉을 보호해주는 껍데기처럼 각 개인을 폐쇄시켜 준다. 이로써 자동차는 일종의 움직이는 벙커[23]가 된다.

(2) **위치이득**이나 **등급이득**은 어떤 유명한 주소 같은 데서 발생하는데, 여기서는 구역 이익만을 목표로 할 뿐 아니라 장소 변경의 일시적 소모를 감수해서라도 어떤 이득을 얻으려는 것이 목표이다. "좋은 주소"는 사적 혹은 공적 교통수단에 신속하게 접근할 수 있는 것을 의미한다. 이러한 맥락으로부터 부르디외는 공간 처분권은 언제나 시간 처분권과 결부된다는 사실을 이끌어낸다. '공간'이나 '시간'은 임의로 가질 수 있는 자원이 아니기 때문에, '독자적' 시간과 '독자적' 공간만 중요한 게 아니라 무엇보다 **다른 사람의** 공간과 시간도 중요하다는 것이다. "사람들이 그 속에 기록해 넣을 수 있는 사회적 세계 및 위치 가치에 대한 독자적 관계는, "사회적 세계에 대한 자신의 관계, 그리고 사회적 세계 속에서 자기가 자신에게 부여한 가치가 가장 명확하게 표현되는 것은, 타인의 공간과 시간을 점령하는 데 자신이 어느 정도로 권한이 있는지를 통해서다. 좀더 정확하게는 자신의 몸으로 점령하는 공간을 통해서인데, 특정한 태도를 통해서, 즉 자기 확신적―넓게 펼치는, 아니면 위축된―작은 제스처를 통해서다"(Bourdieu 1987a:739).[24] 말하자면 몸은 다른 사람들의

시간이나 공간을 임의로 다루는 수단으로 작용한다. 사람들은 팔꿈치를 거세게 움직이기 위해 두 팔 걸이를 사용하고 좌석 등받이는 완전 뒤로 젖히고는 옆 사람과 큰 소리로 막 체결된 사업에 대해 말하기 시작하는 철도의 한 고객을 생각할 수 있다. 부르디외가 말한 의미로 보자면 이 승객은 자기 옆 사람이나 뒷사람의 공간을 빼앗았을 뿐 아니라 그의 큰 목소리 때문에 다른 사람들은 각자가 하던 일을 방해받게 되므로, 그가 이 사람들의 시간을 빼앗는 셈이다. 그는 바로 옆사람과 뒷사람의 운동공간을 제한하고, 더 나아가서는 "음향적 공간"마저 정복함으로써, 폭이 큰 그의 태도로 인해 바로 곁의 사람에게만 고통을 주는 게 아니다.[25]

이와 관련된 부르디외의 명확한 언급은 비록 없지만, 어떤 "나쁜 주소"로 인해 정반대의 사정이 생겨날 수도 있다.[26] 쇠락한 지역의 주소는 구역 이득의 상실을 의미할 뿐 아니라 **삶의 기회** 감소를 의미하고(Dahrendorf 1979) 포함 가능성의 축소를 의미한다.[27] "세상의 비참"(무엇보다 Bourdieu 1997)에는 불이익을 받은 구역이 "불이익을 주는" 구역이 되는 하나의 예가 분명하게 그려지고 있다. 그 구역을 주소지로 명기하는 것만으로도 다른 구역 주민들과의 접촉이나 구직의 노력이 처음부터 싹이 잘린 것이나 다름없기 때문이다.

(3) 공간이득의 이러한 두 형식 외에 부르디외는 **점거이득, 공간 확보 이득**의 개념을 도입하고 있는데, 여기서는 넓은 공원이나 큰 저택 같은 "자연 공간의 소유"가 문제가 된다. 이러한 공간 소유는 체면을 세워줄 대상물을 기술할 뿐만 아니라 불청객에게는 겁을 준다. 공간에 대한 처분력은 소유자들에게 마주치기 원하지 않는 사물과 사람들이 떨어져 있을 수 있는 가능성을 제공한다. 이런 한, 힘은 "공간을 몸으로 점거하고 몸을 공간에서 밀어내는 가능성"으로 증명된다(Gumbrecht 1999:331). 확보한

공간이 크면 클수록 "사회적으로 결합될 수 없는 존재나 행위 방식의 충돌"(Bourdieu 1991:31, 강조는 슈뢰르가 표시함)—여기에는 뒤르켕 식 개념이 다시 나타나는데—의 가능성은 낮아진다. "공간적으로 접촉은 하지만 사회적으로 멀리 떨어져 있는 사람들만큼 우리가 더 멀게, 또 더 참을 수 없다고 느끼는 사람은 없다"(같은 책, 32). 그래서 부르디외는 그러한 것을 단순히 공간적 접근으로부터 사회적 접근을 추론하는 것을 환상으로 간주한다. 이로써 부르디외는 알브바슈[28]로부터 시카고-스쿨을 거쳐 이 전통에 서 있는 도시사회학에서(Friedrichs 1995 참조) 만연해 있는 공간적 근접과 사회적 근접의 상호관계 테제와 상반된 입장이다. 도시 계획문화에 지금까지 적잖이 영향을 끼쳤고 또 앞으로도 끼치게 될 이 설의 여파는 대단하다. 즉 이 명제와 일치되게 망명신청자들의 집이 기존의 주택단지 안에 설치되는 경우이다. 이로써 인종차별적 격리와 아미노를 저지하고 혼합과 통합을 만들어낼 수 있으며, 이는 공간적 접근을 통해 사회적 접근을 만들어 나가려는 시도를 의미한다.

기계적인 조종이 가능할 거라는 이런 식의 놀라운 환상 대신 우리가 부르디외에게서 발견하는 것은, 사회적으로 멀리 떨어진 행위자들 사이의 공간적 만남을 피할 수 없는 곳 어디서나 공간이 그에 상응하여 나누어져 있다는 고찰이다. 공간은 상/하, 고/저로 나누어져 있거나, 열차의 1등석/2등석으로 나뉘며, 호화 지역/빈곤집단거주지 등으로 나뉜다. 이러한 차별적 분리는 불가피해 보이는데, 이렇게 하는 것이 아마도 한편으로는 구분 욕구를 채워주고 다른 한편으로는 사회적 불평등에 근거한 사회질서를 유지시키는 데 필연적일 것이다. 어쨌든 사회적 접근이란 공간적 접근을 통해 만들어질 수 없다. 오히려 그 반대로 작동한다. 사회적 공간 내의 근접은 물리적 공간 내의 접근이 일어나게끔 만들어준다. "공간의 비교적 작은 부분에 소속된 사람들끼리는 서로 더 가깝고(즉 그들의 특성과 소질, 취향이 비슷하다), 서로 접근하려는 경향이 있다. 이 사람들을 서로 가깝게 만들 수 있으며, 이들을 움직이게 할 수 있다(Bourdieu 1998:24). 하지만 사회적 접근은 공간적 접근보다 선행되는 것이 틀림없다.

전체적으로 부르디외에 의해 나눠진 공간이득의 형태는 다음과 같다. 즉, 경제, 문화, 사회적 자본의 세 가지 기본 형태의 자본 소유는 공간에 대한 처리력을 가능하게 해주는데, 그것은 사회생활의 원하지 않는 현상에 대해 거리를 가지듯 원하는 사물 및 사람과의 근접을 허락한다. 이것은 반대로—부르디외에 의해서는 별도로 언급되지는 않았지만—그에 상응하는 자본이 없는 사람들의 시각에서는 자신들이 원하는 재산이나 사람들에게서 멀리 떨어져 있음을 의미한다. 공간에 대한 처분권이 없는 그들은 다른 사람들의 점거에 노출되고 이웃 사람의 소음을 참아야 하며, 바로 옆에 있는 고층건물 때문에 창문 너머의 조망권이 차단된다. 이들에게는 공간이 부족하기 때문에 자신들이 원하지 않는 모든 것으로부터 차단되지 못한다. 자본소유자들은 수송 가능성이나 소통 가능성을 소유하거나 접근하기가 쉬우므로 이 사람들에게는 일종의 편재(遍在)현상이 일어난다면, 이러한 자본소유자들이 못되는 사람들의 활동은 직접적인 생활공간에 제한된다. "자본의 부족은 위축됨의 경험을 강화시킨다. 자본부족은 사람을 한 장소에 붙들어 맨다"(Bourdieu 1997:164). 이에 반해 많은 공간을 마음대로 처리할 수 있는 사람은 특정 장소에 매이기보다 그때그때 평소와 유사한 설비를 갖출 수 있는 다양한 다른 장소에 쉽게 이동한다. 하지만 사회적 공간에서 멀리 서 있는 사람들은, 물리적 공간에서—그들이 같은 도시에 살고 심지어 같은 구역에 살기 때문에 물론 한쪽은 저렴한 다세대 주택에서 살고 다른 한쪽은 바로 그 옆 리모델

링한 고풍스런 고급 빌라에 산다고 해도—서로 가까이 가는 그런 일이 일단 한 번 생기게 되는 때조차도, 그들은 가까이 산다는 그 때문에 공동의 길과 목적 장소에 가지지는 못한다. 근본적으로 그들은 같은 도시에 살고 있지 않은 것으로, 한쪽은 어쩌면 거주하지 않는 것인지도 모른다. 실제로 그리고 엄격한 의미에서 그곳에 살고 있지 않으면서도 그 거주지역을 물리적으로 차지한다고 문서상에 올라 있을 수 있는 것이다. 그러니까 그곳에 살기 위해 암묵적으로 요구되는 도구를 가지고 있지 않는다면 말이다. 이러한 도구를 가지는 것은 특정의 하비투스와 함께 시작된다"(Bourdieu 1991:31). 한 공간을 실제로 차지하고 그것을 전유하기 위해서는 단순한 공간적 임석 이상이 필요하다. 주어진 공간을 목적에 맞게 사용하고 전유할 수 있기 위해서는 특정의 문화적인 실천과 그에 상응하는 하비투스가 필요하다. 부르디외는 빈민굴에서 사회복지 주택으로 이주한 알제리 가족을 예로 들었다. 그 가족은 재정적으로 그 집에 맞는 가구나 액세서리를 구비할 입장도 못되고 그러한 집에 걸맞는 생활양식도 구비하지 못하는 사람이다.[29] 달리 말하자면 공간들은 그때그때의 사용자들에게 특정 기대감을 걸고, 이 기대감은 채워지기도 하겠지만 실망을 안겨줄 수도 있다. 하비투스와 공간성 사이의 한바탕 정면대결이 일어나는 셈이다. 하비투스가 공간성에 준비되지 않고, 만족스러울 만큼 거기에 맞추어져 있지 않다면, 그 사람은 자기가 "있으면 안 되는 자리에 있다"는 느낌이 들게 된다. 부르디외에 따르면 이러한 경험은, "그 공간을 점거한 모든 사람들에게 그 공간이 암묵적으로 전제하는 모든 조건을 다 채우지 않은 채" 그 공간에 들어온 사람이라면 누구라도 경험할 수 있다(같은 책, 32). 우아한 술집에서 넥타이를 매지 않고 앉아 있는 것, 일본 식당에서 신발을 벗지 않은 것, 교회에서 모자를 쓰는 것, 세미나가 이미 오래 전에 시작되었는데 사적인 대화를 계속 나누고 있는 것 등이 그런 것이다.[30] 공간이 요구하는 조건을 채우지 못하는 바람에 생긴 예상치 못했던 공간과의 대치상황을 완전히 배제할 수는 없다. 그러나 그것이 일어나기 전에 미리 피하는 방법이 있는데, 나는 이를 미연의 자기배제라고 부르고 싶다. 그러니까 레스토랑이나 박물관에서처럼 어떻게 행동해야 할지 모르는 곳, 그곳에서 통하는 행동 규칙을 모르기 때문에 행여라도 불쾌한 방식으로 남의 이목에 띄게 될 그런 곳에는 아예 들어가지 않는 것이다. 이런 한에서 부르디외에 따르자면 사회적 공간에서 서로 멀리 떨어져 있는 집단들 사이의 물리적 공간에서의 만남이 일어나지 않는 것은 억지로 혹은 외부적 강압에 의해서가 아니다. 오히려 그들 스스로가 "그건 우리를 위한 것이 아니야!"와 같은 격언에서 표현되듯이 "경계에 대한 감각"에서 출발한다. 그것은 "거리, 즉 원근에 대한 감각"으로서 그 간격이 신호표시로 작동하는 것이 분명하며, 스스로가 먼저 다른 사람의 입장에서 지켜주고 존중해주는 것을 말한다(Bourdieu 1985:18). 따라서 사회적 세계의 견고함은 행위자가 가진 사회 속에서의 자신의 위치에 대한 지식의 결과이며 그리고 공간적인 배치를 통해서 행위자에게 주어진 경계로부터 나온 결과인 것이다. 공간은 이미 존재하고 있는 상/하, 안/밖, 귀속/낯섦과 같은 구분들 사이의 방향잡기를 손쉽게 해준다. 그럼으로써 이 구분들이 재생산되고 더 강화되는 것이다.

부르디외에게서 특정 공간에의 접근과 그 공간의 전유는 거기에 상응하는 자본이나 거기에 속한 하비투스를 통해서 비로소 가능해진다. 이것은 도시 공간에도 마찬가지로 해당된다. "사람들은 그들의 고유한 경제적, 문화적, 사회적 자본에 따라서 파리(혹은 그 사람이 살고 있는 임의의 다른 도시)를 가진다"(Bourdieu 1985:18).[31] 이때 부르디외는 극장, 박물관, 오페라 하우스와 그리고 소위 "고급문화"의 기관들을 생각한다. 이런 곳은 원칙적으로는 누구나 방문할 수 있지만, 그러나 이런 장소를 전유하기 위해서는 입장료 지불(이것이 무료가 아니라면)과 어느 정도의 시간적 여유 이상이 필요하다. 그러니까 그곳에서 제공되는 문화 생산물을 눈으로 볼 뿐 아니라, 그것을 해석하고 이해할 수 있는 문화 자본을 가지는 것을 의미한다.

어떤 특정의, 특히 배타적 공간들은 그에 필수불가결한 경제적, 문화적 자본 외에도 사회적 자본을 요구하는데, 특정한 공간 속으로 진입하기 위해 이 사회적 자본을 어느 만큼은 꼭 가지고 있어야 되지만, 이 공간에 들어갈 수 있게 됨으로써 이 자본은 더욱 증가할 수 있다. 부르디외는 이것을 게토-효과와 대비시켜 클럽-효과라 부른다(같은 책, 32 이하 참조).

부르디외는 **클럽-효과**를 "대부분의 군중과 구별된다는 바로 그 점에서 서로 비슷한 사람과 사물이 (……) 동일공간 내에서 지속적으로 결집하는 것"(같은 책, 32)이라고 한다. 누구나 원하는 고급 주택지의 주민이 됨으로써 특정 집단에 들어올 수 있게 된 사람들은 여태까지는 그 자본에 공헌하지 않은 채 이미 축적된 자본에 참여할 수 있기 때문에, 그들은 모두 상징적으로 덩달아 상승된 것이다. 그러나 자본이 요구하는 특징을 보여주지 못하는 모든 다른 사람들은 여기서 배제되어 있다.[32] 그런 한에서, 이러한 호화 공간은 여기에 해당되지 않는 사람들을 적극적으로 배제하려는 클럽처럼 운용된다. 포함과 배제의 엄격한 규칙을 가진 이런 종류의 호화공간 건설의 한 좋은 예가 엄격하게 경비된 고급 주택지를 의미하는 '게이티드 커뮤니티(gated community, 단지 내 거주민과 외부주민을 엄격하게 분리·차단하는 주거공간—옮긴이)'다.

부르디외는 이와 정반대로 보호받지 못하고 몰락하거나 위험한 지역으로 여겨지는 지역에 지속적으로 존재함으로 불이익 받는 거주 지역, 시 외곽 지역, 빈민가, 게토 주민들의 상징적 갈등과 낙인을 **게토-효과**라 부른다. 이런 공간에서는 "모든 승리는 사라졌고 다양한 사회적 유희를 함께하기 위해 그들 공동의 배척 외에는 어떤 공통된 것도 가질 수 없는"(같은 책, 32 이하), 그런 행위자만이 모일 것이다.

다시 한번 정리해보면, 부르디외는 **장소결정의** 이득을 세 가지 형태로 나누고 있는데, **상황이윤**(원하는 사람이나 사물에 가까이 가고, 동시에 원치 않는 사람이나 사물과는 멀리하여 평안과 안정을 얻는 경우), **점거이득** 혹은 **공간확보 이득**(필요한 거주 공간, 지어지지 않은 전망 등의 양과 질), 그리고 **위치이득** 혹은 **등급이득**(상징적 자본의 특별한 형태로서의 '좋은' 주소)이다. 여기에 상징적 상승이나 하강을 의미하는, 즉 주민에게 한쪽은 호화 지역, 다른 쪽은 빈민지역을 의미하는 **클럽-효과**나 **게토-효과**가 각각 추가된다.

3.3.3 사회적 사실 관계의 가시화 매체로서 공간?

부르디외는 이러한 생각을 가지고 사회학에서, 특히 사회적 불평등에 관심 있는 도시사회학에서 점증하는 공간범주의 현존에 큰 역할을 하고 있다. 공간을 특별한 인식 범주나 관찰 범주로 끌고 와서 단지 추상적으로 언급하는 대신, 부르디외는 추상성의 공간 개념과 마찬가지로 물질적 가시적 영향력을 가지는 구체성의 공간 개념도 확고하게 채워주었다는 것이 내 생각이다. 하지만 그에게 이것을 가능하게 해준 생각들은 전반적으로 문제가 있다. 이는,

1. 사회적 공간이 물리적 공간에 기입된다는 가정이다. 이것은 매력적이고 결실도 큰 접근방식이긴 하지만 물리적 공간 속에서 가시화되는 사

회적 불평등을 너무 과신하고 있다. 부르디외와 그를 따랐던 수많은 도시사회학자들이—거의 다 반영이론의 의미에서—지레짐작하듯이, 빈곤과 부(富)가 이렇게 직접 또 구체적으로 공간에 나타난다는 것은 확실하지 않다. 물리적 차원 속에 그대로 부어넣은 사회적 불평등의 구조라는 생각은 사회적 차이가 공간적 구분, 도시 속의 여러 세계, 건물과 인테리어 상에서 바로 읽혀진다는 가정으로 우리를 호도한다. 부르디외가 아주 명백하게 가정하고 있는 것만큼 그렇게 공공연하게 사회적 차이가 공간적 차이로 나타나지 않을 가능성은 고려하지 않고 있는 것이다. 부르디외의 공간과 사회의 관계에 대한 기본적인 확신은 노르베르트 엘리아스[33]에게도 보이기는 한다.

모든 사회적 단위체나 통합형태가 또한 동시에 거주—혹은 기거 단위체인 것은 아니다. 하지만 모든 사회적 단위체나 통합형태는 공간 형상화의 특정 유형을 통해 특징지어진다. 언제나 이들은 서로 관계된, 또 서로 얽힌 사람들의 통합체인 것이다. 이러한 관계의 종류나 유형이 공간적 범주를 통해서 궁극적이고 근본적인 것까지 속속 다 표현될 수는 없다 해도, 이들은 항상 공간적 범주로도 표현 가능하다. 왜냐하면 인간이 하는 모든 종류의 '동거'는 그에 속하는 인간이 (……) 실제 동거하거나 동거할 수 있는 곳, 바로 그 공간의 특정한 형태화와 상응하기 때문이다. 그래서 사회적 통합의 반영도 공간에서이며, 그 사회적 통합의 공간 형상화 유형은 손으로 붙잡을 수 있는 그 통합의—문자 그대로의—독자성의 가시적 재현인 것이다. 이러한 의미에서 궁정 사람들의 거주 방식도 궁정 사회에 특징적인 특정 사회관계를 이해하는 확실하고도 매우 일목요연한 길을 제시해준다(Elias 1983:70).

이것은 부르디외 식의 세계관, 방식과 자세한 부분에 이르기까지 일치한다. 그런데 문제는 엘리아스에 의해 연구된 궁정사회와 부르디외에 의해 연구된 카빌 사회가 현대 사회에서 공간과 사회의 밀접한 관계를 증명하는 모델로도 채택될 수 있는가이다. 사회관계의 공간적 재현은 갈수록 더욱 더 "비밀스러운 방식"(Bourdieu 1991:27)으로 일어난다는 것을 감안한 부르디외는 이런 문제를 분명히 보고 있다. 그렇지만 부르디외는 사회적 구조가 공간적 구조로 전이된다는 근본 명제를 여전히 확신하고 있다. 하지만 부르디외가 추측하듯이 교단이 교사나 교수의 권력이나 지위를 가리킨다면, 이런 시각적으로 두드러진 이 자리를 없애는 것을 이러한 권력 관계의 해체와 관련지을 수 있는가? 전통적 방식처럼 가장 높은 층 대신, 다층 건물의 중간층에 사장실을 두는 것이 그 속에 자리잡고 있는 사업체의 위계를 없앤 것을 의미하는가? 부르디외는 이러한 물음에 아니라고 부정적으로 대답해야만 할 것이다. 왜냐하면 그가 사회적 구조는 공간적 구조를 통해 규정된다는 가정에서 출발하지는 않기 때문이다. 더 이상 공간적 배치에서 곧바로 사회적 사실을 추론할 수는 없다. 아무튼 사회학은 이런 식의 공간 구조-사회구조의 상관성 주장을 불신하는 편이 차라리 나을 것이다. 공간적 배치와 사회적 사실 사이의 연관이 있을 수 있다는 것을 왈가왈부할 필요는 없고, 단지 이 밀접한 관계가 필연적이라는 주장에 대해서는 의의가 있다는 것이다. 공간적 배치가 사회적 구조나 상황에 결정적 영향을 미친다는 가정과 결별할 때에야 비로소 우리는 행동하는 주체가 사회적 공간의 구성에서 기여하는 몫을 강조할 수 있다. 행동하는 주체의 기여는 무엇인가. 그것은 항상 기존해 있는 변화 불가능한 공간 배치를 다르게 읽고 해석함으로써 새로운 사회적 공간을 구성하는 것이다.

물리적 실천을 통해 지원되는 사회적 구조의 관성이라는, 부르디외가 만들어낸 가정 외에도 우리는 다른 두 가지 가능성을 더 고찰해야 한다. 하나는, 사회 구조의 변화가 너무나 빨라서 공간적 구조를 벗어날 정도로 빠를 수 있다는 것이다. 이런 경우 사회 공간이 공간적 구조로 기입되는 것에 대한 연구의 경우 타임 래그(time-lag, 시간적인 어긋남. 자극과 반응, 원인과 결과 등 밀접한 관계가 있는 두 개의 사건이나 현상 사이에 일어나는 시간적인 차이—옮긴이) 현상을 다루게 된다. 타임 래그는 현재의 공간 구조로부터 이미 오래 전에 극복된 과거의 사회구조를 추론하지 않기 위해 고려할 가치가 있다. 다른 하나는, 사회적 공간변화의 빠른 템포가 공간 구조에도 반영될 수 있다는 것이다. 그러니까 갈수록 점점 더 피상적인 공간대치와 공간조합이 생기게 되는데, 이 속에서 공간은 항상 지속적이지는 않다는 것이다. 이로써 사회적, 공간적 두 측면에서의 변화와 변동이 발견될 수 있다. 부르디외는 이런 가능성들은 고려하지 않는데, 그것은 그가 최종적으로 그저 매우 느리게 완성되는 사회적 변동만을 예단할 수 있는 공간의 고전적 함의, 즉 흔들리지 않고 굳건하다는 공간의 함의를 계속 붙들고 있기 때문이다. 이 전통 속에 계속 머물러 있는 한, 항상 동일하게 머물러 있는 공간 안에서 '내용'뿐 아니라 공간 그 자체도 변한다는 사실을 본다는 것은 불가능하다.

물리적 공간에 사회적 공간이 반영된다는 부르디외의 가정, 그리고 이와 함께 가는 물리적, 사회적 두 공간의 부동성이라는 가정—내가 보기에는 이 가정들의 근거가 공간문제를 처리하는 인류학적–구조주의적 뿌리에도 있는 듯하다. 부르디외는 근대 사회에서 출발하지만, 카빌 사회의 구조를 기능적으로 차별화된 근대 사회에 적용하려는 경향이 있다 (Bourdieu 1998:148 이하 참조; 2001:82 이하). 이것은 그가 자신이 연구한 "카빌

집 내부의 이분화"가 "개별적인 공간(교회, 학교, 공공장소, 심지어 개인 집에서도) 내의 모든 분리에 대한 (……) 범례로"(Bourdieu 1991:27) 보고 있다는 데서 어느 정도 명확해진다. 그리고 실제로 부르디외는 이 연구에서 얻어낸 범주를 이용해서 현대의 남녀 관계도 분석하고 있다(Bourdieu 1997 참조). 생성되어진 현실, 그리고 또 생성되고 있는 현실로서 사회성을 고려하는 데 그토록 많은 가치를 부여했던 부르디외가 하필이면, 내 생각에 신빙성 없는 이런 식의 적용을 함으로써 구조주의에 대해서 늘상 제기되어오던 무역사성 비판을 자초했다. 그리하여 부르디외 자신이 제기했던 구조주의 단초에 대한 그 모든 비판과 변형에도 불구하고, 그 자신이 여전히 구조주의적 방법에 깊이 연관되어 있다는 것을 드러내고 말았다. 현대의 경우에도 분명 부르디외는 "위계화되어 있지 않고 위계와 사회적 거리를 표현하지 않는" 공간이라고는 하나도 없는 "계급화된 사회"(Bourdieu 1991:26)에서 출발하고 있다. 사정이 이런 한에서, 우리가 무엇을 찾아야 하는지가 이미 사전에 확고하게 서 있다. 상/하, 고/저 등의 완성된 범주로 무장하고 나선다면 사회 현실 속에서 응당 그것을 발견하지 않을쏘냐. 그런데 계층적 사회가 아닐 경우에는, 그렇다면 어떻게 해야 하는가? 부르디외는 성층적(成層的)으로 나누어져 있는 사회에 고착하고 있고, 그리고 사회의 공간적 표현은 갈수록 그 명확성이 줄어든다는 암시성 지적을 고수하고 있다. 이로부터 다음과 같은 질문이 생기는 것이다. 그러니까 기능적으로 분화된 사회는 애당초 공간적 질서를 가지는가, 만약 가진다면 그것은 어떤 공간적 질서인가 하는 문제다. 기능적으로 분화된 사회에 전형적인 특징은, 더 이상 그 사회의 구성이 공간 구조에 직접 반영되지 않는다는 바로 그 사실 속에 존재할 수도 있을 것이다.

2. 클럽-효과와 게토-효과를 구분하는 데서 확실히 부르디외는 게토-공간을 오로지 배타적 공간들과 연관해서 생각할 뿐, 게토-공간의 자체 논리를 생각하지 않는다. 부르디외는 두 공간을 비교할 때 한쪽에서는 단지 플러스 기호, 다른 한쪽에서는 마이너스 기호만을 보고 있다. 어떤 사람들은 다른 사람들이 지니지 못한 것을 갖고 있다. 이렇게 이분법에 붙들려 있는 시각 때문에 부르디외가 못 보고 있는 것은, 그가 고급 주택가에서 당연하게 어림잡고 있는 것—그곳에 속하지 않는 사람들의 배제, 침입으로부터의 보호, 소속감을 통한 사회적 자본 상승 등—그것과 동일한 원칙이 자신이 소홀히 다루었던 공간을 지배할 수 있다는 것이다. 공간이득을 단지 특권화된 집단의 편에서만 예상하고 있는 부르디외의 시각과는 반대로, "밖으로 밀려난 사람들"이나 "배제된 사람들" 쪽에서의 이러한 이득들을 살펴보는 것도 의미 있는 작업이라 할 수 있다. 내 추측으로는, 이러한 작업에서 우리는 구조적으로 유사한 배타 메커니즘, 획득 메커니즘과 마주칠 것이다. 주변으로 밀려난 집단은 그들 방식대로 공간을 전유하고, 이미 존재하는 공간을 다시 새로이 해석한다는 사실이 뚜렷하게 드러날 것이다. 그리고 소유나 소유에 대한 관리에 집중되어 있던 자본력 강한 집단들로서는 도저히 생각할 수 없는 그러한 방식으로, 그들 배제된 사람들은 기존 한 공간을 2차적으로 전유하게 된다는 것도 뚜렷해질 것이다. 특권화된 내지는 공공의 공간—이를테면 박물관 계단, 대학 건물, 어린이 놀이터 등—을 특권이 박탈된 집단 및 계층이 점거한 예로서 공중 화장실 낙서를 언급할 수 있다. 이런 낙서의 기능에 대해 리처드 세넷(Richard Sennett)은, 많은 사람들이 공중 화장실 낙서에 대해 불안감을 갖고 있는데 이는 "하층민의 문서상 진술인 낙서가 분명 그들 하층계급의 존재를 증명하고 있기 때문이다. 우리는 여기 있다. 그

리고 우리는 어디에나 있다. 게다가, 너희 다른 사람들은 아무것도 아니다. 우리는 너희를 무시하고 쓴다는 것이다"(Sennett 1991:263).[34] 전유의 다양한 방법을 분리할 수가 있다. 공간의 상징적(언어적, 그래프적, 미학적) 전유는 탐사, 영토점령, 정복, 건설을 통한 획득 방법(Kruse/Graumann 1978:185 참조)과 마찬가지로 고려해야 한다. 영토 점령, 정복, 건설을 할 수 있는 입장이 아닌 바로 그 사람들이 특히 공간의 상징적 전유를 할 수밖에 없는 듯하다. 내가 보기에는 공간 취득에 대한 부르디외의 생각은 상징적 공간 전유의 형식들을 충분히 다 고려하기에는 소유에 너무 매여 있는 것 같다.

3. 사람들마다 각자 자기의 자본이 자신에게 체험하도록 허락한 파리, 뮌헨, 베를린을 가지고 있다는 부르디외의 지적 속에서도 나타나듯이 부르디외는 고급 문화의 세계에 많이 사로잡혀 있다. 이 도시들의 수많은 문화 생산물에 참여하는 것이 많은 사람들에게는 불가능하다고만 볼 것이 아니라, 이 도시들에서 특권층이 접근하지 못하는 많은 문화적 제공물이 있다는 것도 지적할 가치가 있다. 언제나 공식적인 고급문화에서 출발한다면 거기에 참여 못하는 사람들의 편에서 볼 때는 순전히 마이너스 기호만 나올 뿐이다. 여기에 존재하는 플러스 기호는 전혀 고려하지 않은 채 말이다. 이러한 시각 전향은 더군다나 부르디외 식 범주를 이용해서 기술할 수 있다. 문화적 자본이 꼭 오페라나 고전 음악하고만 관계 있어야 하고 힙팝이나 그런지(Grounge, 1990년대 초반 시애틀의 록 그룹 Nirvana, Pearl Jam, Soundgarden, Alice In Chains, Mudhoney 등을 필두로 나타난 개인적이고 염세적인 메시지와 1970년대 펑크 블루스 등의 복고적인 성향을 띤 록음악을 지칭한다— 옮긴이) 음악과는 아무 관계없다고 누가 말하는가? 힙합 음악을 해독하는

데도 문화적 능력이 필요한 것이다. 이런 생각은 부르디외의 사유에서는 나타나지 않지만 말이다(여기에 대해서 Funke/Schroer 1998 참조).

4. 또한 부르디외에게 도시란 그냥 '있는' 것처럼 보이며, 그리고 누군가에 의해 도시는 전유되고 정복되어져야 한다. 누구나 기존하고 있는 제공물에서 뭔가를 조합해내지만, 거기에 분명히 아무것도 더 더해주지 않는다. 누구나 자신의 자본 소유에 따라서 기존한 것을 전유할 수 있는데, 이때 많은 것들이 자신의 가능성 바깥에 있을 뿐이다. 부르디외에 따르면 도시적 문화의 객관적 축적 같은 그런 어떤 것이 존재한다는 것이고, 이 축적을 체험하는 가능성은 단지 소수만 가진다는 것이다. 공간을 전유하는 데 어떤 대안적 가능성이 있는지는 부르디외의 관심 밖이다.

종국에는 단지 사회구조의 공간적 모사만을 의미하는 부르디외 공간 개념은 행위자와 그들의 사회적 작용을 통한 공간의 적극적 창출을 중심에 두는 접근 방식에는 충분하지가 않다. 항상 이미 나뉘져 있는 공간을 가정하게 되면, 다양한 집단들이 서로 의견이 일치하여 공간을 분할한 것이 아니라, 다양하게 분할됨으로써 여러 다양한 공간들이 한 장소에서 생겨난다는 것을 볼 수 없다. 부르디외에게서 또한 눈에 띄는 것은, 그는 단지 근접 영역 속의 관망 가능한 공간에 대해서만 이야기를 한다는 사실이다. 특별한 장소성을 넘어서서 행위와 소통을 통해 먼 거리를 뛰어넘어 구성되는 공간들을 부르디외에게서는 찾아볼 수 없다. 내가 보기에 이러한 환원론적 접근방식은 사회성의 규정이 몸에서 출발하고 있기 때문인 것으로 보인다.

사회학이 알아두어야 할 것은, 인간이라는 존재는 하나의 사회적 공간, 더

좋게 말해서 하나의 사회적 분야와 맺는 관계 속에서, 그리고 그 관계를 통해서 구성되는 행위자이기도 하다는 것이다. 인간 존재는 생물학적으로 개인화된 물체로서, 물리적 대상물처럼 장소적으로 매여〔여러 장소에 동시에 있도록 허락된 공간적 편재(遍在)를 가지지 못한다〕하나의 자리를 차지하고 있다. 그 장소, 토포스(topos)는 한편으로는 절대적 개념 속에서 하나의 행위자나 혹은 한 대상물이 '자기 자리를 가지는' 지점, 행위자나 대상물이 존재하고 있는 지점으로서 정의된다. 간단히 말해서 국소화(局所化, Lokalisation)로 정의되며, 다른 한편 상대적이고 상관적 시각에서는 위치로서, 하나의 등급질서 속의 지위로서 정의된다(Bourdieu 1991:26).

부르디외는 자신의 연구를 근공간에 집중했지만, 우리는 부르디외의 이론적 단초가 제시해준 여러 장비로부터 공간과 힘, 사회적 불균형 사이의 연관관계를 해명해 줄 수 있는 수많은 연구 주제들을 얻고 있다.

3.4 공간과 근대사회의 구성—앤서니 기든스

오늘날 사회이론을 연구하는 사회학자들 가운데 가장 집중적으로 공간 개념을 다루어왔던 학자는 아마 앤서니 기든스(Anthony Giddens)일 것이다. 기든스는 다른 대다수의 사회학자들처럼 공간과 시간을 "행위의 주변조건"(Giddens 1992:161)으로 취급하지 않고 자신의 이론건축물 속에 그 건축물의 일부로 구조화시키고 싶어한다. 기든스에게 공간과 시간은 연구자의 관심에 따라 취급해도 되고 안 해도 되는 사회과학의 영역이 아니라 "사회이론의 핵심부분"(같은 곳)이기 때문이다. 기든스는 공간과 시간에 대한 연구에서 사회학자, 지리학자, 역사학자들 간의 긴밀한 공동연구를 주장하는데, 이는 사회학에서 흔히 볼 수 있는 일이 아니다. 기든스에 따르면 인간이라는 존재는 자신의 고유한 역사를 만들 듯이 자신의 고유한 지리학을 만든다. "이것은 사회생활의 공간 배치(Konfiguration)가 시간성이라는 차원과 마찬가지로 사회이론에서 원칙적인 의미를 가진다는 뜻이고, 또 내가 자주 강조했듯이 공간과 시간을 나누어 취급하는 것보다는 하나의 시공간계라는 개념 속에서 생각하는 것이 여러 가지로 합목적적이다"(Giddens 1992:422). 기든스는 프리드리히 라첼(Friedrich Ratzel, 1844~1904. 처음에는 약사였지만, 이후 자연과학을 연구함. 뮌헨 공대, 라이프치히 대학 교수. 그는 특히 인간의 지리학을 촉진함—옮긴이)과 에밀 뒤르켕에게서 출현이 예고되었던 지리학과 사회학 간의 공동작용을 상기시키며, 시카고 학파는 물질적 측면과 사회적 측면의 연관관계에 대해 관심을 가졌다는 점에서 사회학사 속의 훌륭한 예외라고 칭찬한다. 그는 제2차 세계대전 후 지리학과 사회학 두 학문분야가 서로 뚝 떨어진 길을 가게 된 것을 아쉬워한다. 그러므로 기든스는 최근 사정이 달라지기 시작한 것을 매우 환영하고 있다. 기든스는 특히 인문지리학과 사회지리학이 사회학과의 연결을 재발견했다고 하며, 사회학 측에서는 특히 도시사회학이 "지리학과 사회학의 분리선 중 몇 개에 구멍을 내는 데" 기여했다고 생각한다 (Giddens 1992:425). 기든스의 구조화이론 역시 사회과학의 각 분야에 널리 퍼져 있는 "분과학문적인 편협함"(같은 책, 340)을 극복하는 데 일조하려는 것이다. 이런 이유로 기든스의 구조화이론은 역사학자와 지리학자의 작업과 많이 관련된다.

3.4.1 시간지리학, 지역, 그리고 장소

기든스의 "구조화이론"이 가능했던 것은 다수의 영향과 단초들을 끌어다 수용하여 자신의 고유한 이론을 세웠기 때문이다. 공간과 시간 범주를 자신의 사회이론에 도입하는 데는 무엇보다도 토르스텐 헤거슈트란트(Torsten Hägerstrand)의 시간지리학과 어빙 고프먼(Erving Goffman)의 연출 작업 그리고 하이데거의 현상학적-존재론적 철학이 가장 중요한 연계점이 되었다.

공간과 시간은 인간의 체험을 조직하기 위한 하나의 형식적인 테두리일 뿐이라고 하는 칸트의 생각과는 반대로, 기든스는 하이데거와 함께 모든 존재자의 공간시간적 피규정성에서부터 출발한다. "인간과 공간에 대해서 말하면, 마치 인간은 한쪽에 서 있고 공간은 다른 한쪽에 서 있기라도 하듯이 그렇게 들린다. 그러나 공간은 인간에게 마주 서 있는 상대가 아니다. 공간은 외적인 대상도 아니요 내적인 체험도 아니다. 인간이 있고 그리고 그 바깥에 공간이 존재하는 것이 아니다"(Heidegger 1951:151).

모든 사회적 사건에서 공간과 시간의 근본적인 역할과 관련된 하이데거의 이러한 통찰에서부터 기든스는 어떤 사회이론이든지 사회이론은 모든 사회적 현상들을 그 공간성과 시간성의 관점을 두고 연구해야 한다는 주장을 끌어낸다(Joas 1992:17 이하 참조).

기든스에게 고프먼이 가지는 의미는 그가 "사회적 행위하기의 공간적 시간적 질서"를 다룬 것이다(Giddens 1992:90). 기든스가 보기에 고프먼은 "공간-시간-관계들을 지리학자와 역사학자라는 '전문가들'에게 넘겨버려도 되게끔 사회적 행위하기의 '한계'로 보지 않고, 이를 사회생활의 생산과 재생산에 근본적인 것으로서 다루었던 소수의 사회학자들 중의 한 사람"이다(Giddens 1992:90). 기든스는 고프먼의 저작을 일반적으로 사람들이 받아들이듯이 거시사회학으로 읽지 말고, 사회적 상호작용 내부 속에 있는 사회통합과 체계통합의 유무와 그 중복, 그리고 이들 사이의 상호작용을 밝혀내려고 하는 이론으로 읽자고 제안한다(같은 책, 120 이하 참조). 이렇게 보면 고프먼은 주관주의와 객관주의, 행위와 구조, 의지주의와 결정주의, 정체와 역동, 사회통합과 체계통합, 해명과 이해, 미시사회학과 거시사회학이라는 사회과학 내에서 확고히 제도화된 이분법들의 극복을 분명히 내걸었던 기든스 자신의 기획에 가까워진다(Giddens 1992:192 이하 참조; Müeller 1992:160 이하 참조).[35] **보편적** 개인 혹은 **보편적** 사회에서 출발하는 대신, 그리고 **일반적** 구조를 **일반적** 행위하기에 우선시 하거나, 혹은 위에서 든 다른 이분법들 중의 하나를 다른 나머지 이분법들보다 선호하는 것이 아니라 기든스는 각 경우들에서 이들 서로간의 상호작용을 증명하는 것, 이들의 상호 관련됨을 중요시한다. 상호모순으로 생각되었던 **이분법**들은 기든스에서는 둘이서 같이 짝을 이루는 **이원성**으로 새로이 등장한다. 이때 중심에 서 있는 것은 행위와 구조 사이의 상호작용을 강조하는 구조의 **이원성**이다. 기든스는 원칙적으로 자신이 하는 것을 이해할 뿐 아니라 대부분은 자신의 행동을 결정하는 이유도 제시할 수 있는 행위자로부터 출발하고 있다(Kießling에서 1988:291 참조). 구조는 행위자에게 한계를 정해줄 뿐 아니라 가능성을 열어주기도 하는데 그것은 구조가 행위자가 그 속에서 자신이 행위하는 이유를 스스로 의식하고 또 자신의 행동의 결과를 조망할 수 있는 일정한 틀을 표시해주기 때문이다. 구조는 더 이상 행위자에게 마주 서 있는 것이 아니라 오히려 그들의 행위 속으로 곧바로 흘러들어가고, 그리고 행위는 다시 새로운 구조를 만들어낸다. 사회학 속에 견고히 자리잡고 있는 대립쌍들을 극복하려는 이 포괄적인 요구에서 기든스는 파슨스 이후 질서의 문제로 표현되어왔던 사회학의 주요 목표를 바꾸자는 주장마저 끌어내고 있다. 질서의 문제를 통합의 문제와 결합시켰던 파슨스는 "만인의 만인에 대한 충돌로 귀결되는 이해관계의 파편화 현상에 직면하여 체계를 유지하는 것"이 어떻게 가능할 수 있는가 하고 묻는다(Giddens 1995a:24; 1992:88도 참조). 기든스는 이 해석에 대해서 다음과 같이 반대한다. "사회체계가 현재의 것과 부재하는 것을 서로 관련짓고 통합시키면서 시간과 공간을 어떻게 '결합시키는가' 하는 질문 속에 구조화이론의 질서 문제가 있다"(Giddens 1992:235). 이러한 문제제기에서 사회질서의 문제는 "공간시간적인 간격 확대"(Giddens 1995a:24)의 문제가 된다. 기든스는 이렇게 사회학의 고전적인 질문을 그것의 규범적인 코르셋에서 풀어놓는다. 사회적인 실천이 시간과 공간을 넘어서서도 자신의 규칙적인 순서를 견지할 수 있게 된다면 사회질서는 보장된 것이다.

기든스의 시간지리학에의 개념 차용 역시 대부분의 사회이론과는 달리, 기든스에게 시간과 공간은 인간 행위의 단순한 주변조건이 아니라 사회 행위의 실행에서 기본적인 것으로 간주되고 있기 때문이고, 이 점에서 기든스는 하이데거와 고프먼의 의견과 일치한다. 시간지리학의 핵심이념은 매일의 틀에 박힌 개인의 활동이 공간과 시간을 통한 경로로 표현될 수 있다고 말한다. 시간지리학은 "주어진 시간대 속 개인적 삶의 시공간적 '코레오그래피'에 관심을 가진다(Giddens 1995b:160). 이때 시간지리학에는 매일의 공간-시간-경로의 파악과 마찬가지로 공간과 시간을 통해이루어지는 완결된 인생이력, "전기(Biograph)"(Giddens 1992:163)로 응축되는 인생이력 역시 중요하다. 이러한 방법론을 사용하여 상이한 개인 혹은 집단의 다양한 장소 이용과 길 이용을 예컨대 나이와 성별에 따라 차별화시켜 체험할 수 있을 뿐 아니라 그래픽상으로도 나타낼 수 있고 또

지도로 그릴 수도 있다. 이 방법론을 써서 개인의 공간-시간-경로를 통시적인 관점에서 추적할 수 있고, 다양한 사람들 내지 집단의 서로 다른 공간-시간-경로를 공시적인 관점에서 서로 비교할 수도 있다.

시간지리학의 창시자로 불리는 스웨덴의 지리학자 토르스텐 헤거슈트란트와 기든스는 둘 다 일상행위의 틀에 박힌 성격과 그리고 시간과 공간 내 일상적 행위를 한계 짓는 강제적 계기에 대해 특별히 관심을 가진다. 기든스는 헤거슈트란드의 연구에서 강조되었던 다섯 가지 그러한 한계들을 거론한다(Giddens 1992:162 이하 참조).

1) 인간의 지각 가능성과 운동 가능성을 제한하는 인간신체의 분리불가성
2) 인간행위자에게서 시간을 하나의 부족 재원으로 만드는 것, "죽음을 향하는 존재"로서의 인간생명의 유한성
3) 모든 행위가 일정한 지속성을 가지므로 다수의 행위에 대한 동시 참여의 능력이 인간에게는 없다는 것
4) 공간 내 운동이 언제나 시간 내 운동이기도 하다는 사실
5) 두 개인의 신체 혹은 두 개의 물리적 대상물이 같은 시간 같은 장소에서 동시적으로 현존할 수 없게 하는 공간과 시간의 한정된 "수용 능력"

이 5개의 특징들이 공간과 시간 내의 인간의 운동을 구조화한다. 공간과 시간은 개인적인 행위 가능성을 지배하는 주변조건을 만든다. 공간-시간-경로를 거쳐갈 때 어떤 개인이건 그들의 행동, 행위 그리고 그들의 결정의 가능들을 제한하는 이 '견제(constraints)'와 강제, 그리고 제약에 예속된다. 시간과 공간을 통한 개인의 움직임을 추적하면 다양한 사람들의 개인적인 길들이 서로 교차한다는 것을 확인할 수 있는데, 개인들

은 이른바 "중간역"(Giddens1992:164)에서 만나기 때문이다. 중간역은 만남이 일어나고 사회적 사건들이 일어날 수 있는 공간-시간-장소를 의미한다. 기든스가 "정거장"(Giddens1992:171)이라고도 부르는 이 장소는 일상 내지 인생을 통과하는 개인들의 운동을 잠시 동안 정지하게 하는 운동정지체의 역할을 한다. 기든스가 추가적으로 "맥락"(Giddens 1992:123)이라고 부르기도 하는 이 정거장 내지 중간역은 "공간-시간-'단편'" 내지 "공간-시간-'단면'"(같은 곳)을 나타내는데, 이 안에서 상호작용들이 서로 결합되기도 하고, 하나의 중심을 향해서 모여들기도 하는 것이다. 구체적으로는 집, 거리 그리고 근무지나 기차역, 술집 혹은 놀이터 등을 상상할 수 있겠다. 이 공간들은 어느 정도는 사회적 회합의 무대 공연장과 동시 존재적인(kopräsent) 상호작용의 무대를 형성하는 셈이다. 이렇게 해서 하루의 여러 시간대들을 통과하는 사람들의 매일의 움직임이 대부분 공간 속의 운동과 결부되어 있다는 것이 보여지게 된다. 그것은 다음과 같이 상상해볼 수 있다.

1950년대의 전형적인 중산층 가정에서는 남자는 사무실에서 일하기 위해 아침이면 집을 나서서 사무실에서 근무를 하고 저녁때가 되어서야 돌아오다가, 모퉁이 술집에 들를 수도 있다. 아이들도 마찬가지로 아침이면 학교에 가기 위해 집을 떠나고, 부인은 잠깐 시장을 보고 나서 이웃집여자를 방문하러 집을 비운다. 남편, 아이들, 아내는 모두 시간과 공간을 통과하는 각각 다른 경로들을 가지고 있는데, 이 경로들은 오전 혹은 하루 종일 서로 겹치지는 않지만, 늦어도 저녁이면 다시 공동의 집이라는 **중간역** 안으로 함께 모여든다. 이러한 접근방식을 쓰면 가족구조의 변화란 언제나 공간적인 결과까지 초래하는 사회적 변화를 부른다는 것을 예시적으로 잘 보여줄 수 있다. 처음 보면 이것이 시시하게 보일지라도 말이다. 이것이 진부해 보이는 것은 내가 예를 시시한 것으로 선택한 때문이지, 이 방법 뒤에 있는 아이디어가 시시하기 때문이 아니다. 생애연구 내지 전기연구에서 결코 지워버릴 수 없는 범주로 공간을 고려하라는 요구가 여기서 종종 나오고 있긴 하지만, 실제로 그러한 사회학적 연구에서 이 아이디어는 거의 아무런 역할을 하지 못했다. "공간체험은 각각의 이력이 가지고 있는 개인적 조건에 따라 차별화되며, 그래서 그러한 이력을 기술하고자 하는 사람은 이력과 결부되어 있는 공간도 기술해야 한다. 전기는 그러한 한에서는 언제나 지형학이기도 하다"(Becker, Bilstein, Liebau 발행 연도 미상:10).[36]

그러나 시간지리학으로 다시 돌아가 보자. 기든스는 헤거슈트란트에게 의지하고 있음에도 불구하고 헤거슈트란트 이론의 몇 가지 핵심가정들을 비판하고 있다. 이것을 상세히 다루는 것은 무엇보다도 기든스의 구조화이론 안에 담긴 공간에 대한 그의 고유한 생각에 바로 닿을 수 있는 길이기 때문이다. 기든스는 다음의 것들을 비판한다.

1) 행위자란 삶에 대해 자신들이 가지고 있는 '기획'의 근원에 대해 묻지 않고 그 기획을 실현시키려고 시도하는 "목표정향성을 지닌 의도적 존재"(Giddens 1992:165)라고 보는 헤거슈트란트의 행위자 구상. 개인은 자신이 일상에서 움직인 상호작용의 테두리와는 무관하게 다루어진다.

2) 기든스가 극복하고자 한 행위와 구조의 이분법에 헤거슈트란트는 정향되어 있다. 이렇게 해서 헤거슈트란트의 구상 속의 '중간역', '지역'은 "주어져 있는 것으로 가정되어 있고"(Giddens 1992:168), 이들이 행위를 통해서 생겨났다는 사실은 지적되지 않은 채 '블랙 박스'(같은 책, 188)로서 다루어진다.

3) 몸에 의해 조건지어진 운동자유 제한을 일방적으로 강조하는 것에 대해서 기든스는 모든 강제는 견제일 뿐 아니라 또한 기회를 의미한다고 하는(같은 책, 169, 215 이하 참조) 자신의 원칙적인 신념을 대립시킨다.

4) 헤거슈트란트는 권력에 대한 하나의 부진한 이론을 제시하고 있다.

5) 헤거슈트란트는 장소(Ort)와 자리(Platz) 같은 개념을 검증하지 않고 차용하고 있다.

우리의 맥락에 결정적인 사실은 무엇보다도 두 번째와 다섯 번째다. 그 속에 표현되고 있는 헤거슈트란트에 대한 비판은 기든스 고유의 공간 이해에 대한 중요한 열쇠가 된다.

이미 주어져 있는 것으로서 중간역을 가정하는 헤거슈트란트의 생각과는 반대로, 기든스는 맥락이 비록 상호작용의 신체장(身體場)을 둘러싸고 있긴 하지만 맥락은 "'그 속에서' 상호작용이 벌어지는"(같은 곳) 단지 어떤 것만은 아니라고 강조한다. 맥락은 오히려 상호작용이 관련되거나 혹은 정향해 있는 의미 전망 혹은 하나의 테두리와 같은 그 무엇을 제공해준다. 이 맥락이라는 개념을 사용해서 기든스가 강조하려는 것은 "행위자들은 자신의 공간적 피구속성을 상호작용의 한 구성부분으로서 동원한다는 사실이다. 행위자들은 자신들의 의사소통을 유지하기 위하여 자신들의 행위장의 공간적 물리적 측면을 일상적으로 이용하는데, 이는 의미론 이론에서 중요하다"(Giddens 1995b:162). 이것은 가령 무엇이 일어나고, 일어나야만 했는가에 대한 인덱스로서 사건의 현장을 받아들일 수 있다는 뜻으로 이해할 수 있다. 그러한 한에서 구두상의 또 서면상의 의사소통에서 예를 들어 수도원, 학교, 교회 혹은 술집 등과 같은 특정 건물에 대해 지적하는 것은 하나의 사건을 장소짓는 순박한 장소 제시인 것만은 아니다. 그것은 시끄러운, 조용한, 집중된, 후텁지근한과 같은 특정 내포의미(Konnotation)를 언제나 품고 있으며 모든 행동목록을 빠짐없이 전달하는 개념인 것이다. 의사소통 내의 맥락 내지 현장에 대한 명시적인 연관관계가 지적될 수도 있다. 그래서 가령 "여긴 네 집이 아니야!"라는 말을 해서 상대방으로 하여금 그가 좀 마음대로 했다는 것을 지적할 수 있고, 그에 반해 "내 집처럼 생각하세요!"라고 말하면 바로 그런 편한 태도를 취하라는 뜻이 된다. 교회를 찾은 사람이 너무 시끄럽게 굴면 여기는 교회라고 지적하는 것만으로도 그 사람을 침묵하게 할 것이라고 생각할 수 있다. 어떤 상호작용 대목에서 "우리는 **여기서는** 그것을 할 수 없다!"는 말로 현재 의사소통의 맥락을 지적함으로써 혹시 일어날 수 있는 다른 식의 행위과정도 거부할 수 있다.[37] 기든스가 생각하듯이 이런 예들이 언제나 의사소통을 유지하기 위해 사용되는지, 아니면 그 반대로 의사소통을 중단하기 위함인지, 그것은 결국 언제나 하나의 실제적인 문제다.

기든스의 공간 개념을 설명하는 데 결정적인 것은 그가 이 연관관계 내에서는 언제나 기존 공간에서부터 출발하지 않는다는 것이다. 기든스는 시간지리학이 기존 공간에서 출발하는 것은 잘못되었다고 본다. 시간지리학이 하는 것과는 정반대로, 기든스는 특정한 현장들에서 만날 때 일어나는 "'능동적인 공간 조직화'(spacing)"(Giddens 1992:129)를 강조한다. "만남들을 경계 짓기 위해 장소 내 공간을 공동체적으로 조직하는 것은 큰 의미를 가지는 것이 명백하다"(같은 곳). 상호작용 공간을 적극적으로 조직하는 것은 개인의 포지셔닝, 즉 문화마다 달라지는 상호작용 당사자들 사이의 가까움이나 멂을 통해서나(Hall 1959 참조), 상호작용 요소의 변화를 통해서 이루어진다. 혹은 상호작용의 컨텍스트를 규정짓는 말과 그 대구의 순차에 대해 성찰적으로 조절함으로써 이루어지기도 한다(Hamedinger 1998:156 참조). 그렇지만 이러한 가능성들이 모든 컨텍스트에 다 주어져 있는 것은 아닌 듯하다. 기든스에 따르면 적극적인 공간만들기의 기회는 공간 조직화(spacing)를 행위자의 도처에 편재하는 자원으로 간주하지 않고, 능동적인 공간 형상화의 기회는 "'자발적인 대화'의 테두리 내"(Giddens 1992:129)에서만 주어진다는 것이다. 대화상대자가 너무 가까이 혹은 너무 멀리 있는 것도 상호작용의 조절과 배치에 대한 행위자의 영향력 발휘를 방해한다. 두 경우에 상호작용은 오히려 공간 배열 자체에 의해 조종당해버린다. 상호작용 행위자들의 시선접촉을 물리적인 장애물이 방해하거나 또 상황의 협소성이 쌍방의 육체적 대면을 방해하지 않을 만큼 그 정도로 당사자들간의 간격이 충분히 가깝거나 혹은 멀 때, 오로지 그런 장소에서 공간적 배치에 대한 행위자의 영향력이 보장된다.

그러니까 행위자가 공간을 자신의 의지에 따라 만들 수 있느냐 없느냐, 특히 그 점에 따라서도 공간은 구분된다. 그러한 한에서 공간조직은 언제나 무언가 권력과 약간 관계된다. 부르디외에게 있어서 공간 접근 가능성과 공간 전유의 기회에 따라 집단이 구분되는 것처럼, 그와 비슷하게 기든스에 따르면 제도는 그 속에 있는 행위자들이 자신의 상황에 영향을 미칠 수 있는 어떤 활동 여지를 가지는가에 따라 구분할 수 있다는 것이다.

헤거슈트란트와는 달리 기든스는 자리(platz)와 장소(Ort)를 지리학에서 일반적으로 사용하는 것과는 달리 자신의 목적을 위해 새롭게 정의한다. "자리"라고 말하는 대신 기든스는 장소(Ort)를 말하고 있다. "장소('locales')에서 공간은 상호작용을 위한 관련틀로서 이용 가능하게 되어 있지만,

그 반대로 이 상호작용 관련틀은 공간의 맥락성을 특수화시키는 원인이다"(Giddens 1992:170). 장소로 구체화된 공간은 굳이 말하자면, '그 안에서' 일어나는 상호작용을 통해서, 즉 그 장소를 그 장소이게끔 만드는 상호작용의 종류를 통해서 자신의 특징을 가지게 된다(같은 곳 참조). 기든스는 장소들이 사회제도의 견고성에 기여한다는 사실로부터 출발한다. 장소에는 상이하기 짝이 없는 다양한 규모 등급이 있다. 집 안의 방, 혹은 공장 내 제조공간의 경우나 소도시와 대도시 혹은 국민국가의 영토적으로 제한된 지대나 똑같이 문제는 장소다. 기든스에 따르면 지방(Regionen)이 특정 지역에 있는 것과 마찬가지로, 장소는 언제나 그보다 더 큰 맥락 '속'에 포함되어 있거나 혹은 묻혀 있다. 일반적으로 단지 장소를 그 자연적 특성을 참고하여 기술하는 대신에, 장소의 의미는 그때그때 장소를 어떻게 다루는가 하는 것에서 결과한다고 기든스는 생각한다. "인간 행위 속에서 그때그때 특수하게 사용함으로써 그 결과로 얻어진 일련의 특성들을 갖춘 주거지구나 하고 관찰자가 인식할 때, 오직 그때 '집'이 집으로 파악되는 것이다"(Giddens 1992:170).

그런데 장소는 지역은 분할되어 있다는 또 다른 근본적인 특징을 가지고 있다. "분할은 단순히 국소화라는 의미로 이해될 것이 아니라, 공간과 시간이 공간대, 시간대로 분할되는 것, 그것도 일상화된 사회적 실천에 따라 분할되는 것과 관련된 개념으로 이해해야 한다"(Giddens 1992:171). 예를 들어 기든스에게 있어서는 이렇게 해서 사적 집이란 많은 행위자들에게 하루의 일정 속에서 다수의 상호작용이 이루어지는 하나의 중간역이 만들어지는 지역이다. 집의 분할, 그러니까 오늘날의 집들이 여러 층과 복도, 방으로 분할되어 있는 것은 하나의 지역 안에서 매우 다양한 상호작용과 만남이 서로에게 방해되지 않고 이루어질 수 있도록 해준다(같은 책, 176 참조). 공간적 분할 외에도 시간적 분할이 있어서, 한집의 여러 방들은 상이한 활동들을 수행하는 것과 관련되어 공간상으로나 시간상으로 여러 다양한 지대로 나누어진다.[38] 이렇게 해서 생겨나는 "상호작용 맥락의 분할"(같은 책, 177)은 결국 "몸의 분할"(같은 곳)에 기인한다. 여기서 기든스는 거의 모든 문화마다 나타나는 현상으로서 여러 부위로의 신체 분할과 이에 상응하여 각각 특정의 지정된 장소에서 배분되어 이루어지는 행위를 생각하고 있다. 이렇게 해서 식사나 수면은 특정 시간에 특정 장소에서 일어난다. 기든스가 보기에 이러한 분할에서부터 생겨나는 것으로는 낮 시간 동안에는 일층에 있는 방이 주로 이용되고, 밤 시간 동안에는 위층에 있는 침실로 물러나는 현상도 있다. 기든스는 낮과 밤의 구분은 일반적으로 활동대와 휴식대를 분리하고 있는 우리에게 알려진 모든 사회에서의 가장 "근본적인 지대 구획"(같은 책, 171) 중의 하나로 간주한다. 인공적인 조명기술의 발명이 이러한 경계선을 점점 좁혀서 "밤의 상호작용틀의 가능성들을 극적으로 확대시켰다"(같은 곳). 활동대는 그렇게 해서 낮을 넘어서서 연장되는 바람에 갈수록 많은 조직들이 거의 24시간 가동되는 일이 왕왕 있다(여기에 대해서 Giddens 1995c:121 참조; Melbin 1978; Stichweh 2000:210).

3.4.2 분할, 동시 존재, 그리고 권력의 용기

한집에서 같이 사는 데서 오는 공간적인 가까움은 "현장임무(Anwesenheits-verfügbarkeit)"(Giddens 1992:175)를 증가시킨다. 동시존재(Kopräsenz)가 동반 가능성을 의미하는 데 비해서, 현장임무는 타인에 대한 행위자의 관여가 좀더 쉬워진 가능성을 기술한다. 이러한 관여는 특정 활동의 특정 공간에의 배속을 통해 약화되는데, 그것은 여러 방으로 공간을 나눠둠으로써 퇴진 가능성이 생기기 때문이다. 그러므로 한 공간의 분할, 지대화 내지 구분의 과정을 통해서 "임무축소"(Giddens 1995b:163)가 생겨나는데, 이 축소는 한 지역의 분화 없이는 있을 수 없다. 내부적으로 방방으로 분화된 집은 그러니까 언제나 둘 다를 가능하게 해준다. 그 하나는 동시존재가 용이하게 이루어지는 것이고, 다른 하나는 부분적 퇴각이다. 기든스는 이러한 맥락에서 필리프 아리에스(Philippe Ariès)와 노르베르트 엘리아스의 연구를 지적하는데, 이 두 사람은 공간적 상황과 가족생활 내지는 섹슈얼리티의 변동의 연관성을 지적했다. 벽이 두꺼운지 얇은지, 방이 다닥다닥 붙었는지 아니면 복도를 사이에 두고 떨어져 있는지, 이 모든 것들이 공동생활의 방식에 영향을 끼친다.[39] 기든스에 의하면 내밀성(Privatheit)은 한 거주공간 내 많은 공간이 있는 곳이면 바로 가능해지는 것이 아니라, 각 방들이 복도를 통해 나누어지거나 혹은 연결되어 있는 곳이라야 비로소 가능해진다. 내밀성은 그러니까 기든스가 '내밀성'의 최소한 부수적인 의미라고 간주하는 저 "개인의 공간분할적 차단"(같은 책, 181)을 일단 가능하게 해주는 사이 공간의 설치에 의해 탄생된다. 따라서 내밀성은 글자 그대로 공간을 통해서, 벽과 분리된 건물을 통해 외부세계로부터 자신을 차단시키는 가능성을 통해 만들어진다.[40]

예를 들어 고프먼의 의미에서 "전체적(全體的) 제도"(Giddens 1992:210 이하 참조)는 바로 다음의 사실로 특징지어진다. 전면적 제도 속에서는 개인에게 지속적인 동시존재가 강요됨으로써, 방 분리가 보장하는 퇴진 가능성이 거주자들에게 금해진다는 것이다. 밤낮으로 방 하나를 같이 쓰는 수감자는 동시존재 상황을 피해갈 수 없다. 그러나 다른 한편으로 수감자들은 신체적으로는 어쩌면 감방벽 하나로 분리되어 있는 다른 수감자들과의 만남이 허락되지 않음으로써 동시존재란 차단된 것이기도 하다(같은 책, 176 참조). 그러므로 동시존재를 만들어낼 수 있는 것은 단지 공간적인 가까움만이 아니다. 행위자들이 동시존재를 만들어내고 다시 무너뜨릴 수 있는 가능성이 추가되어야 한다. 현장임무가 다른 심급을 통해서도 조절될 수 있으므로 공간 내 임석 혹은 결석의 가능성은 기든스에게는 항상 무언가 권력과 상관 있기도 하다.

내밀성의 생산 가능성에 도움이 되는 결정적인 분할형태는 전면 지역과 후면 지역으로의 구분인데, 이 구분은 또다시 신체의 전면과 후면에 그 근원이 있다(같은 책, 107 참조). 기든스가 공간을 주제화하는 데는 신체가 결정적인 역할을 하고 있다. 기든스의 생각에 신체에 대한 연관 없이는 풀릴 수가 없는 사회학적 행위이론에 있어서의 신체의 역할에 대한 설명을 할 때(같은 책, 54 참조), 기든스는 특히 모리스 메를로퐁티(Maurice Merleau-Ponty 같은 책, 116 이하 참조)와 고프먼, 하이데거의 연구로 돌아온다. 이들의 연구작업에서는 감각적 소질을 가진 육체는 자아와 물질적 환경 사이의 중재자로 구상된다(같은 책, 89 참조).

기든스에 따르면 모든 사회에서 후면 지대가 발견되는데, 이 후면에 대한 요구는 전면 무대에서 요청되었던 자기조절 노력에서 나온 것이다. 후면 지대에서는 몸놀림, 제스처, 표정 등에 대한 통제가 어느 정도 완화되고 있다.[41] 고프먼과는 반대로 기든스에게 있어서 전면과 후면 사이의 차별화는 그러나 덮기와 벗기기, 감추기와 드러내기의 구분과 같이 가지는 않는다. 마치 앞무대에서는 단지 눈앞에 나타나는 전면이라는 의미로 이해해야 하는 역할만 연기되고, 뒷무대에서는 웬만큼의 '진실된' 삶과 '진실된' 감정이 표현된다는 그런 식이 아니라는 말이다. 전면 지대와 후면 지대라는 단순한 대립 대신에 기든스에게는 일상 삶의 처리를 위해 대단히 중요한 전면과 후면 사이의 상호작용이 문제가 된다. 이러한 구분의 중요성은 특히 위기상황의 분석으로 뚜렷해진다. 후면 지역을 만들어낼 가능성이 전적으로 가로막혀 있는 곳에서는, 기든스의 용어를 사용하면 "위험한 상황"인 것이다. 부헨발트와 다하우 강제수용소 체류에 관한 심리분석가 브루노 베텔하임(Bruno Bettelheim)의 보고서(Giddens 1992:112 이하 참조)는 기든스에게 그러한 예외 상황의 예가 된다.

이 보고서에 의거하여 기든스는—신체상의 학대와 폭력 외에도—강제수용소에서 전적으로 멎어버렸던 정상적인 일상의 사소한 활동이 가진 의미를 지적한다. 기든스에게는 보통의 일상생활은 "존재의 확신감이라는 현상 위에 기반하고, 또 이 존재의 확신이란 예견 가능한 틀에 박힌 활동의 테두리 내에서 **신체통제의 자율성**이 표현해내는 것"(같은 책, 101)이기 때문에, 강제수용소라는 것은 틀에 박힌 일상사와 그리고 그것이 가져다주는 안정이 완전히 파괴된 가장 극단적인 예가 되는 것이다.[42] 강제수용소에서는 후면 지대가 관심의 대상이 되어버림으로써 전면 지대와 후면 지대의 분할이 폐기되어버린 것이다. 사건의 예견 불가능성이 자율감을 파괴시켰고, 앞으로 일어나게 될 사건에 대한 정향은 다음 날 살아남을 수 있는가 하는 불확실성에 의해 무력했다. 대부분의 수감자들은 이러한 조건에 직면하여 자신의 운명에 굴복하였고, 이는 그들의 신체언어로 나타났다. "그들은 더 이상 인간 행위자처럼 굴지 않고, 다른 사람들과의 모든 시선접촉을 피했고, 그저 느릿한 몸 움직임만을 하면서 질질 끌듯이 걸어갔다. 이들 여자와 남자는 죽음의 손에 맡겨져 있었다. 살아남을 수 있었던 것은 자신이 통제할 수 있고, 계속해서 '자신의' 것이라고 여길 수 있는 일상생활의 작은 단면을 스스로 유지할 수 있었던 그런 수감자들뿐이었다"(Giddens 1992:114).[43]

이러한 극단적인 상황에 대한 기든스의 분석에서 분명해지는 것이 있다. 그것은 기든스가 후면 지대, 예컨대 휴게실 혹은 공장이나 학교 내 화장실과 같은 "숨은 구석"(같은 책, 180)이나 또 신체움직임과 몸놀림으로도 표현될 수 있는 일정한 접촉차단전략을 인간의 생존에 있어 참으로 절실하다고 보고 있다는 것이다. 퇴진 가능성과 일상생활의 견고성에 대한 확신이 받쳐줄 때라야 기든스가 말하는 개개 행위자에게 근원적인 존재의 확신이 유지될 수 있다. 고프먼이 기든스에게 그렇게 흥미로운 것은, 고프먼이 전면적 제도에 대한 자신의 분석을 기반으로 해서 개인들이 완전히 수동적인 상황 속에서도 그 포괄적인 통제에서 최소한 잠깐이라도 빠져나갈 수 있는 구석을 만들려고 한다는 것을 보여주었기 때문이다(Giddens 1992:211 참조). 기든스에 따르면 훈육체제에 대한 푸코의 분석이 빈틈없이 작동하는 것은 푸코가 개인들을 아무런 저항을 할 수 없는 수동적인 신체로 축소시키기 때문이라고 한다.[44] 이러한 푸코와는 달리 기든스는 고프먼과 생각을 같이 하여 개인들은 극단적인 조건 속에서도 행위능력이 있다고 확신하고 있으며, 강제수용소의 경우에는 무엇보다도 자기 자신의 보호에 개인의 행위능력이 집중되어 있다.

기든스가 교실과 마찬가지로 "권력용기"라고 부르는 학교가 **전면적 기관**과 구분되는 것은 정신병동의 수감자들과는 달리 학생들은 하루 중 일부만 이 훈육기관에 머물러 있어야 하기 때문이다. 그들이 학교에서 보내는 시간 동안에는 선생도 학생도 공간적으로 그리고 시간적으로 외부의 잠재적인 방해로부터 차단된다. 학교 내부에서는 각 학급으로 세분화되어 있어, 교내의 일이 외부로부터 통제받는 것을 막는 단절과정이 학급 단계에서 반복된다.[45] 학교의 건축술은 학교와 같은 기관에 전형적인 공간질서 및 시간 경과를 고도로 지원해준다. 교실은 규칙적인 책상질서와 의자분배로 명확하게 구획되어 있는데, 이들은 선생과 학생에게 각각 걸맞는 역할을 부여해준다. 교내에서의 공간적 배치는 선생과 학생이 각각의 기능을 인지하도록 지원해준다는 의미가 있다. "이런 식의 공간적 구분은 개인이 맡은 과제를 일상적으로 기술하거나 배분하는 것을 용이하게 해준다는 것에는 의심의 여지가 없다"(Giddens 1992:189). 기든스에게 핵심적인 것은 학교라는 기관의 상호작용 질서는 다른 상호작용 상황과 엄청나게 다르고, 이는 공간 구조에서 벌써 알 수 있다는 것이다. 학생들은 비록—가령 매 교시의 시작이나 끝에—선생의 통제를 벗어나는 비공식적인 대화를 나눌 수 있지만, 그래도 전체적으로 그들의 활동은 학교 내에 있는 동안에는 엄격한 규정에 매여 있다. "공간상 교실이 구분되어 있는 이 엄격한 형식 안에서는 몸의 자세, 몸의 움직임과 몸가짐의 특수화가 통상 엄격히 조직되어 있다"(Giddens 1992:189). 그렇지만 "선생과 학생 사이에 매일같이 벌어지는 전투"(같은 책, 190)가 잠시 멈추는 이른바 뒷구멍, 후면 지대가 **존재**한다. 학생들에게 있어서 후면 지대는 매 교시 사이, 짧은 휴식 시간, 긴 휴식 시간, 그리고 화장실 공간에서 구성된다. 선생들에게는 이 목적을 위해 교무실이 있다. 교실 내지 학교는 기든스에게 있어서는 비록 하나의 **권력용기**이긴 하지만, "그저 '말 잘 듣는 몸'을 생산해내는"(같은 책, 189) 그런 **권력용기**는 아니다. (기든스가 읽은 바로는) 푸코의 권력분석 훈육기관과는 달리, 첫째 훈육체제는 단지 선생들에 의해서만이 아니라 학생들에 의해서도 지탱되는 것이다. 어떠한 권력도 그에 복속된 자들의 순종 없이 작동할 수 없기 때문이다. 그리고 두 번째는 학생은 권력에 잠자코 굴복해 있는 힘없는, **작은 수레바퀴**가 아니라 매일 새롭게 지배규범에 대항해서 싸우는 행위자이며, 이 때문에 교사는 교실이 가진 훈육하는 맥락을 매번 새로 동원시킬 수밖에 없다.

3.4.3 공간과 시간의 연장—사회변동과 근대의 지구화

기든스는 구조화이론의 범주들을 자신의 사회유형 3분법에 이용한다. 기든스는 부족사회, 계급이 나누어진 사회 그리고 계급사회를 구분한다 (같은 책, 236 이하 참조) **부족사회** 혹은 문자 없는 사회는 분절적으로 분화되어 있고, 이 사회에서 지배적인 공간형태는 촌락이다. 분절적으로 분화된 사회에서는 사회통합과 체계통합이 아직까지 겹쳐져 있는데, 공간-시간-연장이 아주 미미하기 때문이다. 이 사회 내의 모든 상호작용을 특징짓는 고도의 현장임무는 모든 부족구성원들이 상호간에 대단히 인접해 있는 데서 나온 것이다. 사회통합과 체계통합은 여기서는 아직 서로 분리되어 있지 않다. 전통과 친족관계가 이 사회형태의 사회적 관계모델의 특징을 이룬다. "부족사회에서 사람들은 동시존재 조건 아래 서로 밀접하게 가까이 살면서 일상행동에서는 자연의 리듬을 따른다. 이들의 사고에서는 자연적인 세계와 자신들의 행위가 서로 연관지어진다"(같은 책, 249). 이러한 사회에서 개별 단편들은 비록 경계를 가지고 있긴 하나 그 사이의 이행은 유동적이다. 기든스에 따르면 이런 사회는 "하나의 국가제도에 기초한 사회와 동일한 의미에서 영토적인 성격을 띠고 있지는 않다"(Giddens 1995a:25).

계급이 나누어진 사회에서 국가의 발전과 함께 도시 형성이 이루어지는데, 기든스는 국가와 도시를 "권력용기"(Giddens 1992:250)로 이해한다. 도시와 시골의 분화는 지배적인 공간분리원칙이다. 물론 도시와 시골은 사회통합과 체계통합의 분리를 불러오게 될 대립자들일 뿐 아니라 또한 서로 공생적으로 연결되어 있기도 하다. "도시성벽은 상징적으로 그리고 물리적으로 도시적 생활공간을 그 주변으로부터 분리시킨다. 전통적인 도시는 그러나 소매가 닿을 정도로만 배후지역(Hinterland, 배후지역, 오지, 판매처 등의 뜻이 있다—옮긴이)과 공존할 수 있었다(같은 곳). 계급이 나누어진 사회에서는 이전과 마찬가지로 여전히 전통, 신앙 그리고 친인척관계가 중요한 역할을 한다. 국가는 지역마다 다른 습관과 관습에 대한 지배권을 아직까지 차지하지 못했다. 물론 어느 정도는 정치적 영역의 경제적인 영역으로부터의 분화가 이미 이루어져 있었다. 그러나 무엇보다도 국가가 등장하면서 "공간과 시간의 상당 거리와 간격을 넘어 계속되는"(같은 책, 251) 사회적인 관계들이 증가하게 되었다. 그러나 국가의 역할은 기든스에게서는 처음부터 양가적이다. 한편으로는 국가를 통해서 권력의 중앙집중화가 생기고, 국가가 영향을 끼치는 사회적 관계들 사이에 일종의 결집이 이루어진다. 그러나 다른 한편으로는 국가는 국가에 의해 통제된 영토를 넘어서는 접촉이 발전하도록 독려하고, 그럼으로써 국가 스스로를 위협하는데, 이는 오늘날 지구화시대에서 명백해졌다.

　근대 (계급-) 사회의 성립은 기든스에게 있어서는 국민국가의 등장과 불가분 결합되어 있다. 심지어 기든스는 이 개념들을 유사어로 사용하고 있다(Giddens 1995a:24 참조). 근대 계급사회라는 이 사회유형은 한편으로는 국민국가들 상호간의 경계 지어짐을 통해서, 다른 한편으로는 그들 상호간의 엮어짐으로도 특징지어진다. 사회들끼리의 연결은 기든스에 따르면 그들이 정치적으로 국가로 분화된 것, 그리고 각 민족들로 그들이 문화적으로 분화된 것과 모순된다. 공간 이론적으로 표현하자면 기든스는 이렇게 국민이라는 권력용기는 언제나 다른 국민-용기와 결합하고 있는 특징을 가진다고 본다. 근대 사회는 공간-시간-극복의 최고 단계에 도달했는데, 이것은 그 본질에서는 수송기술과 커뮤니케이션기술의 발전에 원인이 있다. 근대에서 **공간시간적 거리확대**는 그 정도가 지금까지의 어느 다른 사회형태보다 크다. 그러나 국가의 모순적인 역할은 계속 유지된다. 한편으로는 국가의 영향권을 넘는 사회적 관계 생성이 그 이전 어느 때보다 쉽게 이루어지고, 다른 한편으로는 그 이전 어느 때보다도 주민에 대한 통제와 감시에 이르게 되었다. 이러한 통제와 감시는 사회통합과 체계통합이 갈수록 점점 서로 멀어지며 비산적(飛散的)으로 발전하는 데 대한 하나의 해결책으로서 역할을 한다(Giddens 1992:238 참조; Giddens 1985). 지배적인 공간형태는 이제 더 이상 도시-시골-차별성이 아니라 "만들어진" 내지 "설치된 환경"이다(Giddens 1992:252).

기든스는 이러한 발전단계들을 각각의 전 단계들을 여지없이 떨쳐내는, 하나가 하나를 대신하는 시대들로서 구상하지는 않는다. 선명한 경계와 예리하게 구분되는 이행단계 대신 각각의 단계 사이에 수많은 중첩과 연결선이 나타나는 문지방이 있다. 우리의 맥락에서 더 중요한 것은 기든스가 역사적 발전을 공간과 시간의 점진적 연장에 의거해서 구상한다는 것이다. 기든스에게 있어서 **지구화**는 일차적으로는 하나의 "연장과정"(Giddens 1995a:85 참조)으로서, 이 과정이 진행되는 가운데 "장소 구속적인 상호작용관계들로부터 사회적 관계들이 파뒤집혀져 나오게 된다"(같은 책, 33). 사회적인 관계가 그것의 지역적 맥락으로부터 떨어져나오도록 하는 두 가지 중요한 기제들은—가령 돈과 같은—**상징 기호**들과 전문가체계인데, 이것은 테크놀로지나 전문 지식 다 가능하다(같은 책, 34 이하 참조). 돈의 확산이나 지속적인 테크놀로지의 발전이나 전근대에서는 아직 전폭적으로 동일하던 공간과 지역을 점진적으로 해체시켜서 그 결과 "지역은 갈수록 (……) 환영적이 되고(같은 책, 30, 174), 이러한 사실은 기든스로 하여금 지구화에 대해 다음과 같이 정의하게 한다. "지구화라는 개념은 따라서 전 세계적 사회적 관계의 집약화라는 의미로 정의될 수 있다. 이 사회적 관계를 통해서 동떨어진 지역들이, 한 지역에서의 사건이 몇 킬로미터 떨어진 다른 지역에서 벌어지는 과정에 의해 영향을 받는다는 식으로 그렇게 서로서로 연결되는 것이다"(Giddens 1995a:85).

부재하는 것들 사이의 관계는 그 이전의 사회형태에 비해서 갈수록 점점 더 중요해지는데 그렇다고 해서 존재하는 것들 사이의 관계를 완전히 밀쳐버리지는 않는다. 기든스는 공동사회가 이익사회로 대체되고, 개인적 관계가 비개인적 관계로 대체되고, 지역성이 지구성으로 단순히 대체되고 하는 등등의 단선적인 발전에 대한 표상을 거부한다. "**공간경험의 섬유조직 자체**가 오히려 변하고 있는데, 이때 근과 원이 하나의 방식으로 연결되고 있다. 그런데 이 방식에 정확히 일치하는 어떤 것은 그 이전 어느 시대에도 존재하지 않았다. 여기에 익숙함과 소외 사이의 복잡한 관계가 존재한다"(Giddens 1995a:175, 강조는 슈뢰르가 표시함). 기든스의 사회이론이 가진 일반적인 프로그램에 충실하자면 하나를 다른 하나로 대체하는 것이 아니라, 단지 겉보기에 모순들 사이의 변증법적 교차, 근저에는 두 모순적인 면들의 극단화를 가져오는 이 교차를 증명하는 것이 문제가 된다. 근본적으로는 모순적인 면들의 극단화를 가져오는 이 교차를 증명해야 하는 것이다. 개인과 사회의 관계를 총합불변관계(Summenkonstanzverhältnis)로서 보지 않고 하나의 영역 증가가 다른 한쪽의 부담이 될 수밖에 없다는 뒤르켕(Durkheim 1988:82 참조)과 비슷하게 기든스에게 있어서도 이분법의 양쪽이 다 상승한다. 근대는 언제나 비개인적 관계와 또 추상적 체계의 우세를 부르지 않고, 개인적 관계와 친밀성의 정도를 상승시키기도 한다(Giddens 1993 참조). 이러한 정도의 친밀성은 개인적 관계 위에서만 근거하는 전근대적 사회에서는 비견할 만한 것이 없다.[46] 이렇게 해서 여러 층의 사무실 건물과 마천루가 건설된다고 해도 온전한 도심이 일방적으로 배제, 파괴되는 것은 결코 아니다. 작고 관망 가능한 장소들의 건설은 오히려 근대의 특징이다. 마찬가지로 교통수단과 전자 미디어를 통해서 지역과 친척 관계가 해체되었을 뿐 아니라, 멀리 떨어져 사는 친척과의 접촉이 더 가능해지기 때문에 새로이 생겨나기도 한다. 다른 말로 하자면, 모든 해체과정은 재결속과정으로 답해진다(Giddens 1995a:176 이하 참조). 이때 해체는 언제나 문제이며, 재결속은 그 문제의 해결이다. 이렇게 해서 기든스에게서도 역시 널리 퍼져 있는 사회발전에 대한 표상이 발견되는데, 고전적인 삼단계법에 따른 생각이다. 그런데 어쩌면 이러한 삼단계법에 동기를 부여해주는 것은 기든스의 사고가 변증법적 사유에 가까운 것이기 때문일지도 모른다. 사회적 관계들이 서로 엮여 파묻혀 있음(전근대)의 첫 단계에 해체(근대)가 따르고, 이 해체의 결과는 다시 재결속(후기 근대)을 통해 제거된다.

이와 아주 유사한 논쟁형상은, 개인화가 전통적 결속으로부터의 해체 내지 풀려남으로 기술할 때다. 이럴때 논쟁의 의도는 옛 관계를 대신하여 그 상실을 보완해 줄 사회적 관계의 새로운 형태를 탐색하기 위한 것이다(Beck 1986:206 참조. 여기에 대해 Schroer 2001:381 이하). 이와 비슷하게 정치적 지구화를 둘러싼 논의 내에서는 우리가 일단은 지역화와 관련되고, 그 다음에는 탈지역화와 그리고 그 다음은 탈지역화를 뒤따르는 재영토화와 관련된다고 가정되고 있다. 이런 식의 여러 버전에서 해체와 탈영토화의 과정이 위기현상으로서 간주되고, 이 위기현상에 대해서 치유로서의 되돌려 끌어넣기, 재통합 그리고 재영토화의 필연성이 대체로 규범적으로 강변된다. 그런데 이 모든 경우에서 또 구분해야 할 것은, 마지막 단계인 재통합과 재영토화를 단지 중립적으로만 관찰하느냐, 아니면 어느 정도 규범적으로 요구하느냐 하는 문제다.

기든스는 엄격하게 보자면 이 두 그룹 중 어느 하나에도 속하지 않는

데, 그도 그럴 것이 기든스는 재통합에 대한 경험적 증거를 단순히 기록하는 냉철한 연대기작가의 역할에 들어가고 싶어하지도 않고, 그렇다고 이 재통합기제들을 규범적으로 요청하지도 않기 때문이다. 오히려 기든스는 결국에는 면전과 대면 관계에 고착된 자신의 사회성개념의 희생물이 된다. 기든스의 사회성개념은 "얼굴을 모르는 결속"이 "얼굴을 아는 결속"(Giddens 1995a:103)으로 피드백되지 않는다면, 그 "얼굴을 모르는 결속"이 증가한다는 식의 여러 버전에서 기든스가 믿도록 허락해주지 않는다. 근대 사회가 이용할 수 있는 정보기술과 커뮤니케이션기술의 발전에 힘입어 현장임무가 꾸준히 증대했고, 또한 그와 함께 우리가 일상세계적으로 접근성광가라고 표현하는 마인드도 지속적으로 증대했는데, 이는 지역화 형식이 점점 복잡해질 수밖에 없게 만든다. 비록 기든스가 이러한 사실을 주제화했지만, 그는 단지 근공간적 분화만 분석하고 그럼으로써 결국에는 고프먼이 그려놓은 테두리 안에서 머무르고 만다. 이렇게 해서 기든스는 공간과 시간의 연장된 간격 속에서의 분화를 분석하라는 요청에 응해주지 않는 것이다. 그런데 그것은 결코 우연이 아니며, 기든스는 결국 매우 전통적으로 사회성과 사회적 관계 맺기와 유지 가능성을 대면 관계와 결부시킨 결과이다. 다른 모든 것들은 추상적인 암시에 머물러 있다.

그런데 이것은 기든스가 공동사회로의 귀환을 설파한다거나 지구성을 반대해서 지역성을 변호하거나, 공간에 반대하여 지역을 옹호한다는 뜻은 아니다. 그와 반대로 기든스는 지구화의 상황 아래 생겨난 멀리 떨어져 사는 사람과의 관계를 수용하고, 어떤 거리를 뛰어넘어 매우 밀접한 개인적인 관계들을 유지할 수 있는 가능성을 지적한다. 그런 지적과 함께 기든스는 문화비판적 색채를 띤 푸념, 즉 개인적 관계는 상실되고 익명적 상황이 증가함으로 소외현상은 더 커질 거라는 비판을 분명히 거부한다. 그 외에도 기든스가 "아늑한 것과 가까움은 사실은 멀리 떨어진 사건의 한 표현이며, 지역적인 환경에서 유기적으로 발전된 것이 아니라 지역적 환경 속으로 '들어와 자리하게' 된 것이다"(Giddens 1995a:175)고 지적할 때, 그는 지역적 공동사회가 개인적인 가까운 관계를 만들어낸 장본인이며 보증자라는 것을 불신하고 있다.

기든스가 하버마스의 생활세계에 대해서도 비판적으로 언급하듯이 (같은 책, 179 참조) 장소, 공동사회, 지역성과 지방성은 초지역적 맥락과 무관한 것이 아니다. 따라서 이미 그 자신들 속에도 오래 전에 침투되어 있는 세계성의 불투명하고 위험한 영향을 풀어줄 해독제로서 쓸모가 없다. 지역, 공동사회, 지방은 좀더 추상화된 사회관계에서 문제가 나타나면 그들에게서 도피처를 찾을 수 있는 이전의 그것들이 더 이상 아니다. 사실은 그 반대다. 지구성은 지역성—지역과 공동사회 그리고 이들과 결합된 모든 것들—을 점점 더 끄집어낸다. 그리고 기든스는 바로 거기에서부터 자신의 희망 내지 근본적으로 낙관적인 입장을 길어올린다. 기든스가 그려보이는 발전, 즉 좀더 익명적인 상황, 부재자들끼리의 관계 증가, 그리고 늘어나는 체제통합의 의미는 기든스가 이러한 발전들은 끊임없이 그 반대경향도 초래한다고 확신하기 때문에 단지 문제없는 것으로 평가되는 것이다. 그러나 분명한 것은 문제적인 발전이 안되어야 한다면, 하나가 다른 하나에 의해서 대치되어서는 안된다는 것이다. 지구성이 지역성 속에서 지속적으로 안전 도모될 필요가 있고, 원관계가 근관계 속에서 지속적으로 안전 도모되어야 한다. 두 극단 사이의 연결관계를 잘라버리면 안된다. 기든스가 두려워하는 것은 지역성에서 탄생한 지구성이 완전히 그 근원에서부터 해방되어 독립하는 것으로서, 이 독립과정이 재통합기제를 통해 전혀 완화되지 않는 것이다. 이렇게 해서 기든스는 사회관계를 임석관계와 부재관계, 근관계와 원관계, 개인적 관계와 비개인적 관계들로 양분하지 않는다. 상황이 변할 때마다, 한 번은 이쪽이, 또 한 번은 저쪽이 적당하게 보이는 그런 관계들로 양분화시키지 않는다는 것이다. 기든스는 오히려 추상적, 생면부지의 관계가 근관계에 피드백되면서 곧바로 접지(接地)되어야 한다는 것을 증명하려고 애쓴다. 기든스는 이런 추상적 관계들이 공간적인 임석과 무관하게 스스로 독립적으로 형성되는 새로운 사회관계의 형태라고 생각하지 않는다. 오히려 이것은 기든스가 가장 두려워하는 것인 듯하다. 그것은 지역에 의해서 고착되고 국지적으로 제한된 행위자들로서는 더 이상 따라잡을 수 없게 된, 공간과 시간을 넘는 사회체계의 자율화다. "사회체제의 공간–시간–연장이 (……) 커지면 커질수록, 개인행위자들 측에서 나오는 관여나 변화에 대항하는 이 사회체제의 저항력은 더 커진다"(Giddens 1992:224).

이렇게 해서 기든스가 도달한 것은 누구나 알고 있는 논의형상이다. 기든스에게 있어서 개인들은 사회체제의 공간–시간–연장을 뒤따라가지 못하듯이, 이전에 게오르크 짐멜은 주관적 문화가 객관적 문화에 가망 없이 뒤처지게 될 것을 우려했다. 기든스에게 근대적 생활방식에 특징적으로 보였던 문제들은 막스 베버를 상기시킨다. 우리의 현재를 두고 **강철처럼 단단한 껍질**이라고 표현하는 것과는 거리가 멀긴 해도, 그럼에도 기든스는 근대에 전형적이라 할, 일반적으로 통용되는 전통의 결핍과 그와 결부된 심리적 동요에서 나온 문제들이 각 개인들에게 생기는 것을 보고 있다. 무엇보다도 전문가체제나 조언서적의 도움을 빌어 해결하고자 하는 성찰적 생활태도에 대한 압력이 각 개인들에게 증가한다. 지구화와 함께 새로운 시대가 시작되는 것이 아니라 단지 근대가 계속된다고 하는 기든스의 명제는 그가 현재를 설명하기 위해 끌어온 고전적 근대화이론을 이론적 차원에서 지속시켜 나가고 있음을 의미한다.

전체적으로 보아, 기든스가 공간을 대상물들로 마음대로 채워질 수 있는 주어진 용기로서 다루고 있지 않다는 것은 분명해졌다 할 수 있겠다. 공간은 이런 용기로서보다는 시종일관 차라리 **사회적으로 구성된** 공간으로 생각된다. 기든스는 비유클리드 수학과 라이프니츠의 철학, 그리고 상대적 공간관을 힘주어 대변하는 아인슈타인의 상대성이론과 분명 연관되어 있다. "라이프니츠에 따르면 우리는 시간과 공간을 비상대적 '용기'로 이야기할 수가 없는데, 시간과 공간은 그런 것으로서 '실존자'가 아니기 때문이다"(Giddens 1981:30). 이 때문에 나는, 기든스가 용기-공간관에 매어 있다(Sturm 2000:178 참조; Löw 2001:231 이하)고 하는 공간사회학적 저서들에 널리 퍼져 있는 생각에 동의할 수 없다. 그러한 비판은 시간지리학에 대한 기든스의 비판을 과소평가하는 것인데, 기든스의 비판의 핵심은 공간을 이미 기존하는 실체로서 보는 생각에 반대하는 것이다. 기든스를 용기공간론이라고 하는 비판은 더 나아가, 폴 윌리스(Paul Willis)의 연구에 대한 기든스의 논의 결과를 과소평가하는 것이기도 하다. 윌리스는 청소년 폭도의 활동이 공식적인 학교질서에서 일탈하는 공간 구조를 가지고 있다고 본다. 기든스는 윌리스의 연구에 대한 논의를 통해서, (학교) 공간의 제도적이며 훈육적 질서가 한편으로는 존재하지만, 다른 한편으로는 이러한 공간의 질서는 아무 저항 없이 수동적으로 실천되는 것이 아니라, 사람들이 그에 반대하는 대안적 공간구성을 시도하는 가운데 오히려 단절된다는 것을 보여준다. 그런 한에서 "하나의 동일한 토지와 땅 위에 존재하는 여러 다양한—서로 경쟁적이고 위계적인 (……)

공간들의 다양성은 기든스의 공간 구상 속에서는 생각할 수 없다"(Löw 2001:234)는 진술은 받아들일 수 없다. 우리는 기든스에게서 분명히 다음과 같은 내용을 읽을 수 있다. "동일한 하나의 공간단면이 동시 발생된 여러 사회적 사건들의 장소가 당연히 될 수 있다. 그 각각의 사건 하나하나가 복수의 여러 사건의 집합체라 할지라도 말이다"(Giddens 1992:124).

기든스에 대한 공간사회학적 비판이 무엇보다도 간과하고 있는 것은, 기든스에게 있어서는 용기-공간관과 상대적 공간 구상의 연결을 우리가 다루어야 한다는 것이다. 교실과 학교(같은 책, 189)처럼 도시(같은 책, 251)와 국민국가(같은 책, 252, 320)는 기든스에게 있어서는 실제로 "권력의 용기"이긴 하지만—그리고 기든스의 공간 개념을 거부하게 하는 것이 용기라는 개념이다—결정적인 것은 이 권력용기가 자신의 환경의 특성에 상대적으로 맞추어 자신의 특성을 유지한다는 것이다. 학교는 학생이 자유시간에 찾아가는 공간과 관련되며, 도시는 마을과의 관계 속에 있는 등이다. 학교라는 특별한, 자명하지 않은 제도가 기능하기 위해서는 학교의 공간적 단절상태가 근원적인 의미를 가진다. 근본적으로 이것은 공간적 단절과 함께 가는 사회적 폐쇄의 행위다. 기든스가 다루었던 권력의 각 용기의 경우도 사정은 마찬가지다. 이들은 결코 항상 동일한 이미 기존하는 용기, 그 속에 대상물이 아무렇게나 들어앉을 수 있는 용기가 아니라 행위를 통해서 형성된 용기다. 이런 이유 때문에 우리는 다음과 같이 물어야 한다. 용기은유를 이용해서 적절하게 표현되는 공간이 있다면 그것은 무엇인가? 이 공간들이 용기 아닌 다른 방식으로 규정될 수 없다면 그것은 무엇인가? 상대적 공간 구상이 다른 모든 공간 구상들을 밀어내는, 공간논의를 이끌어가는 공간 모델로 보는 것은 설득력이 있는가?

모든 공간에 적용될 수 있는 **하나**의 구상, 상대적 공간에 대한 **하나**의 표상이 실제로 존재하는가? 어쩌면 기든스가 강조한 권력정세는, 가령 학교공간이나 교실공간을 권력의 용기로서 이해하지 않는다면 우리가 그냥 놓쳐버리는 걸까. 어떤 상황에서나 공간은 개인들에게만 영향을 끼치는 것이 아니라, 개인 역시 주어진 공간 상태를 변화시킨다는 것을 증거하려 한다면, 혹시 우리는 바로 이러한, 즉 행위자를 통한 공간 전유를 대단히 어렵게 만들거나 내지는 방해하는 그런 공간들을 놓치는 것일까. 특히 우리가 기든스의 강제수용소에서의 상황 분석에서 분명히 볼 수 있었던 경우지만 말이다(Giddens 1992:114; Sofsky 1993도 참조).

따라서 나에게 기든스의 공간 이해에서 문제로 보이는 것은 근공간을 특권화시키는 기든스의 사회성 접근(방식)이다. 장소와 결합된 사회성을 가정하는 것을 그릇되었다고 거부할 수는 없다. 그러나 사회성이란 결국 한 장소에서의 공동의 임석을 통해서 만들어지므로, 장소와 결합된 사회성은 사회성의 "본래적", "자연적" 형태의 사회성을 이루고, 그 반대로 다른 모든 사회성 형태들은 결국 결함이 있는, 다른 대안이 없는 대체사회성이라는 생각이 기든스에게서도 발견되는 이러한 가정은 그릇된 것이다. 그럼으로써 기든스의 진단은 사회학에 널리 퍼져 있는 "직접성의 낭만주의"(Dröge 2000:15)라는 것에 감염된 것으로 드러난다. 기든스 역시 원관계의 증가를 사회질서의 형성의 한 문제로서 보기 때문이다. 이 때문에 기든스는 특히 "재통합(reembedding)"(embedding은 문서편집 등의 응용 프로그램에서 작업 중인 파일 내용에 다른 파일의 내용을 불러들여 붙여넣는 것, 끼워넣기를 말한다—옮긴이)에 관심을 가진다. 이는 사회적 과정과 관계들의 재통합으로서, 이것이 없다면 기든스가 보기에는 실제로 위협적이고 아노미적인 발전으로 갈 수도 있다.

3.5 공간 부재의 사회―니클라스 루만

니클라스 루만(Niklas Luhmann)의 사회 체계이론에서 공간은 이렇다할 만큼 두드러진 역할을 하지 않는다. 다른 개념들과는 반대로 공간의 개념은 단지 그림자 같은 존재일 뿐이다. 루만은 자기 이전의 수많은 이론과 비슷하게 공간에 비하여 시간에 우선권을 주고 있다. 사회학 내의 공간 주제의 부흥이 간과할 수 없게 되고나서는 이러한 사정이 그냥 그대로 가려져 있지 않았고(Stichweh 2000, Kuhm 2000a와 b 참조), 체계이론 내에서는 공간에 대한 이런 무관심이 빨리 보완되어야 할 문제인지, 아니면 체계이론의 이론구조물 속에 있는 하나의 근거 있는 틈으로서 당연히 그대로 존속되고 유지되어야 하는 것인지 하는 의문이 제기되었다. 이 물음에 답변할 수 있으려면, 일단 루만에게서는 공간이, 만일 그것이 나온다고 한다면 어떻게 등장하는지에 대한 개관을 하는 것이 중요하다. 왜냐하면 루만이 공간에 대한 어떤 이론도 남기지 않았다 하더라도 공간 주제에 대한 루만의 주장들이 있는데, 이 주장들은 비록 그 분량이 짧긴 하지만 체계이론에서 공간이 어떻게 이해되고 있느냐에 대해 해명을 줄 수 있기 때문이다. 루만에 의해 거의 다루어지지 않는 공간범주가 루만의 마지막 텍스트들에서는 갈수록 주제로 등장하는 등 공간범주가 루만의 염두를 떠나지 않는 듯하기 때문에 우리가 루만의 사회체계이론을 다루는 것이 아주 유익하다. 우리가 다룰 것은 루만이 분화형태의 설명에서 빠뜨렸다가 다시 재수용한 중심/주변-구분, 그리고 지역화, 지구화 그리고 세계사회라는 주제에 대한 루만의 강도 높은 연구다. 또 루만이 포함과 배제를 주제화한 것도 살펴보려고 하는데, 이 포함과 배제를 주제화하는 가운데 공간적 배제라는 문제가 제기되고 있다. 공간과의 관계를 이미 담고 있는 이 모든 주제들은 예컨대 그 이전에 나온 루만의 주저서인 사회 체계(Soziale Systeme, Luhmann 1984)에서보다 루만의 사회이론 최종 형태 속에서 단연 더 높은 비중을 차지하고 있다(Luhmann 1997a:663 참조). 그래서 나는 필리포브(Filippov, 1999:353)의 다음과 같은 판단에 따른다. "의식적으로 그리고 결연하게, 비공간적으로 자기의 이론을 시작했던 루만에게 공간이 개념으로서 또 문제로서 슬그머니 고려의 대상이 되고 있다는 사실은 매우 예시적이다. 이 사실은 우리들에게 이 공간 문제가 오늘날 얼마나 절실히 제기되는가를 증거해준다."

3.5.1 영토의 저편—사회체계로서 사회

다른 어떤 이론보다 루만의 체계이론 속에 구식의 사유도식과 개념구조물과 작별을 고하라고 요청한다.[47] 루만이 보기에 우리가 해야 할 일에는 일정한 영토에 존재하는 대다수 사회에서 출발하는 사회개념과도 작별해야 한다.[48] 전통과는 달리 사회체계이론은 고전적인 국가관에 따라 국가 영역, 국가민중 그리고 국가권력으로 이루어지는 민족국가(Weber 1972, Jelinek 1960 참조)와 사회를 그대로 동격으로 두지 않는다. 흔히 말하는 프랑스 사회, 스페인 사회, 중국 사회, 혹은 루마니아 사회라는 표현처럼 국민국가와 사회를 동일시하지 않는다는 말이다. 루만은 그러한 생각은 현재 사회학이 보이는 핵심적 인식장애라고 본다. 사회학은 깊은 의구심에도 불구하고, 영토적으로 정박된 사회가 대부분이라고 하는 표상을 여전히 고수하고 있다는 것이다. 그 때문에 루만은 체계이론의 목표는 "사회경계를 규정함에 있어서 체계이론이 공간과 시간에 의존하지 않도록"(Luhmann 1997a:30, 주 24), 사회개념을 정의내리는 것이라고 규정한다. 루만은 더 이상 영토적, 물리적 경계와 관계하지 않는 사회개념에 열렬히 손을 들어준다. 그리고 실제로 사회체계이론은 하나의 영토와 관련없이 잘 꾸려나가는 사회개념을 구상했다(Luhmann 1971a:18 이하 참조; 1975:61; 1984:555 이하; 1997a:25). 우리가 보았듯이 이미 짐멜에게 있어서 경계란 "사회적 영향을 가진 공간적 사실이 아니라, 공간적으로 형태화하는 사회학적 사실"(Simmel 1992a:697)이라면, 루만에게 있어서 경계는 재차 새롭게 생산되는 사회학적 사실, 하지만 매우 드문 경우에만 공간적으로도 형태화하는 사회학적 사실이다. 사회의 경계는 어쨌건 사회체계이론에서는 결코 공간적으로 확정되어 있지 않다는 것이다. 오히려 사회는 모든 사회체계 중에서도 가장 포괄적인, 모든 커뮤니케이션을 다 포함하는 사회체계이다. 그러므로 커뮤니케이션은 오로지 사회 '내부'에서만 존재한다. 사회 '밖'에서의 커뮤니케이션이란 있을 수 없는데, 이것은 커뮤니케이션이 일어나는 곳 어디에서건 사회가 실행되고 있다는 것을 의미한다. 사회체계는 원칙적으로 공간 속에 제한되지 않는다. 살아 있는 체계와는 달리 사회체계는 환경, 즉 외부에 대한 체계경계로서 자신을 차단하는 하나의 피부나 막을 가지고 있지 않다. 사회는 오히려 "매체 속에서 의미를 조작하는" 체계에 속한다. "이 체계는 도무지 공간 속에서 제한되어 있지 않으며 완전히 다른, 즉 순수히 내적인 경계형태를 가진다"(Luhmann 1997a:76). 체계의 내부 경계는 그 자신의 각각의 조작을 통해 자신을 생산하고 또 재생산한다. 생각이 꼬리에 꼬리를 물면서 의식체계가 자신을 재생산하는 것에 비해서, 사회체계는 커뮤니케이션에 꼬리를 무는 커뮤니케이션을 근거로 자신을 재생산한다. 체계 고유의 조작이 아닌 모든 것, 생각 혹은 커뮤니케이션으로서 판명될 수 없는 모든 것은 체계에 속한 것이 아니라 체계의 환경에 속한다.[49]

사회는 비록 환경에 개방되어 있긴 하지만, 그러나 오로지 커뮤니케이선을 통해서 자신을 재생산하는 그 작동상 폐쇄된 체계이다. 이것은 예컨대 언덕, 산 그리고 골짜기, 강, 호수가 사회에 속하지 않는 것처럼 그와 마찬가지로 사회가 유기체 혹은 인간으로 구성되지 않는다는 말이다. 사회가 비록 이러한 환경 전제 조건 없이는 결국 존재할 수 없긴 하지만, 그렇지만 이러한 환경 전제 조건들은 사회의 실행에 직접적인 영향력을 가진 것은 아니다. 환경의 사건들이 중요해지는 것은 오히려 그들에 대한 커뮤니케이션이 이루어지는 순간이다. 루만은 오늘날 사회의 생태학 문제에 대한 자신의 기고문에서 이러한 이론적인 기본 가정들을 극단화시켜, 사회적인 피해를 야기하는 것은 사건들(삼림 고사, 바다 오염 등) 자체가 아니라, 그 사건에 대한—새로운 사회운동에 의해 발기된—흥분된 커뮤니케이션이라고 말한다(Luhmann 1986:63, 237 이하).

그러나 루만은 자신의 극단적 반휴머니즘적, 극단적 반지역주의적, 그리고 극단적 구성주의적 사회개념(Luhmann 1997a:35 참조)을 비역사적으로 보편 타당한 것으로서 정하지는 않는다. 오히려 그는 영토적으로 고정된 사회개념이 현재의 상황에 더 이상은 맞지 않다는 것을 지적하고 있다. 이는 이러한 사회개념이 과거시대에 대하여 설득력이 있다는 것을 배제하지 않는 듯하다.[50] 그리고 실제로 더 이상 영토적으로 파악할 수 없는 사회개념은 장구한 발전의 결과인데, 루만은 이 발전을 공간으로부터의 점진적 해방으로 재구성한다. 루만이 구분한 개별 분화형태들은 공간에 대하여 각각 특수한 관계를 가지고 있긴 하지만, 점점 공간적인 정박으로부터 풀려나간다. 기능적으로 분화된 사회가 비로소 공간에 대한 모든 관계를 벗어버린다. 그리고 공간에 대한 관계는 오로지 그 사회 속에서 존속하고 있는 2차적인 분화형태로서 계속 영향을 주는 과거시대의 1차적인 분화형태를 통해서 유지한다.

다음에서 나는 루만이 구분한 개별적인 분화단계들을 공간에 대한 그들의 관계의 관점에서 검토하고자 한다.

3.5.1.1 분절적으로 분화된 사회 속의 공간

분절적으로 분화된 사회(Luhmann 1997a:634 이하 참조)의 사회체계는 종족, 가족, 성, 부족 혹은 마을과 같은 부분들로 구성된다. 우리는 이러한 유형들을 주로 단순하고 고대적 내지 부족적 사회에서 만난다. 일차적으로 친척 원칙을 통해서 정의되느냐 아니면 영토원칙을 통해서 정의되느냐에 따라서 이들을 구분할 수는 있다. 그러나 이런 사회들은 두 원칙다 포기하지 못하기 때문에 우리는 주로 복합형태를 다루게 된다. 이 사회형태에서 개인이 사회적 질서 내에서 가지는 위치는 대폭적으로 확정되어 있고 거의 변경 불가능하다. 혼합적인 사회는 일반적으로 변화에맞추어져 있는 것이 아니라, 모든 것이 현재 그 상태로 있는 것에 맞추어져 있다(Luhmann 1997a:654 참조). 사회적 세계는 그 요소들의 유사성으로구성된다. 개인화, 그리고 특수한 것의 강조를 위한 자리는 아직 없다.[51] 그러나 바로 부분체계의 구조적인 유사성에 근거하여 한 마을의 다른 마을에 대한, 혹은 한 가족의 다른 가족에 대한 경계설정에 특별한 가치를두게 되는데, 사실 이들의 생활방식은 원칙적으로 다르지 않고 매우 유사하다. "이것은 경계의 상징화에 특별한 가치를 두는 것을 해명해 줄수 있을 것이다. 즉 부분적으로는 표식을 통해서, 부분적으로는 특별한장소(예를 들어 교환을 위해서)의 표식을 통해서, 부분적으로는 중간과정의상징적 형태화를 통하거나 혹은 이방인에 대해 손님이라는 특별지위를인정하는 것이다"(Luhmann 1997a:641). 이러한 사회유형의 경계는 밀접하게 그어져 있다. 먼과 가까운의 구분은 익숙한과 낯선의 구분과 맞물린다. "산 너머에 낯선 세계가 있으면 한 삽 깊이 땅속에도 낯선 세계가 있다"(Luhmann 1997a:645).

하나의 분화형태에서 다른 분화형태로의 갑작스러운 이행은 체계이론의 개념성으로는 "재앙"(같은 책, 655)으로 간주되는데, 재앙은 전체적으로는 이미 하나의 새로운 분화형태가 관철되었는데도 일정 공간들 속에서는 극복된 분화형태가 여전히 유지됨으로써 완화된다. 가령 시골에서는 예나 지금이나 혼합된 분화의 조건 아래 살아간다면, 도시에서는 이미 계층화된 분화 속에서 살고 있어서(같은 책, 655 참조) 이런 경우를 보게 된다. 루만이 이를 특별히 강조하지는 않지만, 동시에 존재하는 분화형태들은 상이한 공간들로 나누어진다. 그러니까 분화형태는 개별 부분들을 서로 구분시키거나 중심을 주변과 구분시킴으로써 그 자체로 공간적이기만 한 것이 아니다. 오히려 상이한 공간 내에서 또 상이한 분화원칙들이 적용될 수 있는 것이다.

3.5.1.2 중심/주변, 그리고 제국의 탄생

전근대적 고대문화는 **계층적** 분화와 함께 **중심**과 **주변의 분화**를 사용한다(Luhmann 1997a:663 이하 참조). 이런 분화는 이미 혼합 사회에서 단초적으로 발견은 되지만, 친척관계에 따른 구분을 지배하지는 못한다. 주변보다 중심/주변-구분에 더 종속되어 있는 중심이 세분화되는 현상이 나타난다. 주변에서는 혼합적 분화가 가정살림 내 유지되고 있으므로, 중심이 없어도 주변은 생존할 수 있다. 그러나 중심과의 접촉이 얼마나 집중적으로 정비되어 있느냐에 따라 주변도 구분된다. 이렇게 해서 한쪽에서는 중심과 밀접한 연결을 가진 주변이 생기고, 다른 한쪽에서는 "그것이 존재한다는 것 정도만 알고 있는 좀더 먼 주변이 있다"(같은 책, 664).

그러니까 결정적인 것은 주변과 그 중심과의 가까움과 멂이다. 루만은 기존 탄생한 중심들이 인구통계학적이고 식량문제와 관련된 측면만이 아니라, 또한 외부접촉 강화의 측면도 그 본질적인 특징으로서 가지고 있다고 본다. 그리고 이들 기존의 중심은 다수가 될 수도 있다고 한다. 이렇게 해서 "결과적으로는 일련의 경우들에서 대규모 영토제국의 형성을 가져다주는 커뮤니케이션 가능성의 확대"(같은 곳)가 생기게 된다. 커뮤니케이션은 이미 분절적 체계 안에서, 가령 이웃부족과 커뮤니케이션을 통한다든가, 심지어는 더 큰 체계의 형성을 가져다주는 원거리무역을 통해 체계경계를 뛰어넘어서 가능하다. 그렇게 되면 여기서도 더욱 큰 체계의 형성이 나타나는데, "이 더 커진 체계는 공간 내에서 구체적으로 식별되지 분화된 체계로서, 외부에 대해 경계지을 수 있는 체계로서는 인식되지 않는다"(같은 책, 665).

월경하는 커뮤니케이션의 복잡성 증가의 결과를 루만은 이렇게 요약한다. "(1) 영토적 분화 형태의 탄생, (2) 자신의 정체성과 차이성과 관련된 성찰활동(종교적 형태에서 전형적이다), (3) 경계 너머의 사건진행의 효과적인 통제에 대한 관심, 즉 영토적 지배가 연장되는 경향"(같은 책, 666). 이때 영토적 경계설정의 가장 오래된 모델로서 나타나는 것은 "거주 가능하고 거주가 이루어지는 땅과 그 주위를 둘러싼 야생" 사이의 엄격한 구분이다. "사람은 자신의 문명화된 땅에 거주하고, 건설하고, 제식을 갖출 수 있다. 여기에 기억과 문명이 존재한다. 이를 둘러싼 야생의 땅은 경이와 경악으로 가득 차 있다"(같은 곳). 이 시대에서는 주변 환경 속으로의 탐험이 영웅적인 행위로 양식화된다. 위험한 것으로 전제가 되어 있는 환경 속으로 들어가는 것이기 때문이다. 부족경계와 제국경계를 넘어서는 커뮤니케이션 가능성의 확장—특히 무역을 통해 이루어졌는

데, 무역에 이어 군사적, 문화적 그리고 종교적으로 확장이 이어졌다—에는 "자기의 질서영역에 들어오는가 아니면 경계 너머에서 사는가에 따라서 인간을 구분하는 필연성이 따른다. 이것은 한편으로는 보편화된 인간개념을, 다른 한편으로는 중심에서 기획되고 중심의 자기이해를 확증시켜주는 구분들을 요구한다"(같은 책, 667).

형식상으로 보면 중심/주변-모델은 여러 가지 형태로 각인될 수 있다. 도시를 중심으로 보고 농촌환경을 가진 다수의 중심에서 출발할 수 있다. 아니면 스스로를 세계의 중심으로 여기면서 자신을 둘러싼 모든 것을 주변으로 선포하는 대제국이 만들어진다. 루만에게는 제국은 커뮤니케이션의 연장에 의한 부산물을 의미한다. 그 때문에 제국에는 뚜렷한 경계가 없고, 그 자리에 지평선이 있는 것이다. "제국은 그러니까 커뮤니케이션의 의미 지평이다. 그것도 자기 제국의 유일무이성을 전제로 하여, 공간경계를—그런 게 도대체 있었다면—자신들의 실제적인 영향권에 대한 한시적인 제한으로 받아들이는 관료적 엘리트의 커뮤니케이션의 의미 지평인 것이다"(같은 책, 671).[52]

제국과 그 중심을 유지하는 데 결정적인 것은 자신이 처해 있는 좁은 지역적 연관관계를 넘어설 수 있게 해주는 고유의 글을 가지고 있는 것이다. 그러나 전체적으로 커뮤니케이션의 가능성은 사소하다고 평가할 수 있다. 조세 징수와 다양한 처벌행위로 이 문제를 보완하려고 해봤지만 효과적인 지배를 하기에는 커뮤니케이션의 가능성이 결코 충분하지 않았다. 처벌에 대한 단순한 위협만으로는 복종심을 얻어낼 수 없었고, 간간이 강력한 조처를 집행했지만, 이는 주변으로 하여금 중심과의 접촉을 피하는 책략을 구사하거나, 일차적으로 분절적인 분화에 고집하게 만들었다.

이렇게 해서 한쪽에는 문화중심이 강하게 분화되고 다른 한쪽에서는 시골생활의 장이 이루어지는데, 이것은 고대문화의 탄생과 자기기술에 전형적인 것이다. 그리스 문화 역시 여기에 기반해 있었고, 제국 형성 대신 도시 형성에 기반해서 똑같은 결과를 이루어냈다. 그러니까 기본적으로 중심/주변-모델의 특징은 주변 내에서 왕왕 분절적 분화에 머무르는 데 반하여, 중심은 다른 분화들을 위한 기회, 특히 계층분화의 기회를 제공한다는 것이다.[53]

3.5.1.3 계층적으로 분화된 사회의 공간

계층적으로 분화된 사회(Luhmann1997a:678 이하) 역시 사회체계를 동일하지 않은 부분들로 분할한다. 혼합적 분화에서처럼 동등한 등급의 공존 대신, 예컨대 귀족과 평민, 혹은 인도의 카스트제도 혹은 중세 후기의 신분질서에서 볼 수 있듯이 불평등한 계층으로의 수직적 분할이 나타난다. 이러한 종류의 분화형태는 이미 유럽과 아시아, 그리고 중부 내지 남아메리카의 고대문화에서 지배적이었고, 15~16세기 깊숙이까지 지배적인 사회분화원칙으로 증명되고 있다. 고대유럽 사회는 일차적으로 계층적으로 분화되어 있었다. 그러나 여기서도 역시 혼합 분화가 완전히 극복된 것은 아니었다. 가령 일차적인 분할원칙에 의해 동등하지 않은 계층이 만들어지긴 했지만, 이 계층이 내부적으로 다시 가족에 따라 분화됨으로써 혼합 분화는 존속한다.

그렇지만 루만에게 계층이란 여러 지위들 간의 등급질서를 일차적으로 비물질적, 물질적 수당의 차별적 할당에 근거하여 표시한 것이 아니다. 루만의 맥락에서 계층은 일반적으로 계급이론에서 흔히 그렇듯이 사회적으로 생산된 재화의 불평등한 할당에 대한 하소연과 연결되지 않는다. 사회체계이론에서 계층에 대한 말이 나오는 것은, "사회의 부분체계가 등급분화의 관점에서 자신의 사회내부적 환경으로서의 다른 체계에 대해 상대적으로 자신을 분화시킬 때, 언제나 그럴 때, 그리고 그러한 한에서다"(같은 책, 685). 계층분화는 무엇보다도 족내혼으로 결과된 상층계층의 분화와 폐쇄를 통해 생긴다. 이 시간 속에서 상층계층의 존재에 대해서는 일단 아무것도 모르고 있는 하층계층에 대한 상층계층의 구분의 집중화가 이루어진다. 하나의 계층에의 소속은 배타적이고—"인간은 오직 하나의 계층에만 속할 수 있으며, 바로 이를 통해서 다른 계층으로부터 배제된다"(같은 책, 688)—그리고 평생 동안 유지된다. 하층으로 태어나면 하층에 머무르며, 상층으로부터 그리고 상층에 열려져 있는 모든 영역으로부터 배제된다.

계층화된 사회의 특징은 그 사회 속에서는 위/아래의 핵심 차이에 의거해 본다는 것이다. 무슨 일이 일어나든지 간에, 그것이 상류계층에서 일어났는가 아니면 하류계층에서 일어났는가에 따라 판단한다. 그럼으로써 계층적인 사회에서는 사회 차원이 심하게 강조된다. "무엇이 말해지는가가 아니라 누가 말하는가, 위에서 말하는가, 아니면 밑에서 말하는가가 결정적이다"(Kneer/Nassehi 1993:126). 이때 사회 차원은 가시성과 특히 유사성을 가지고 있는 듯하다. "유럽에서 계층분화는 대개는 법적 구분에 의거한다. 계층분화는 또 매일 지각 가능한 영역에서도 확인된다. 복장과 행동, 그리고 거주주택의 차이에서 보인다. 이러한 가시성은 계층적인 분화에 근거하여 도시계획에 이르기까지 계획적인 간섭을 가능하게 해준다." 그럼으로써 하나의 "가시적인 사회질서"(Luhmann 1997a:688 이하)가 생산된다.

여기서 사회 차원이 강조될 뿐 아니라,—물론 루만에 의해 고려되지는 못했던—**공간 차원**의 의미도 높아진다는 것을 알 수 있다. 위계적 사회가 공간적 표현도 만들어내므로 누가 뭔가를 말하는 것뿐 아니라, 무엇이 **어디서** 말해졌는지도 중요하다. 황제의 말, 왕의 말, 제후의 말, 성직자의 말의 영향력을 펼치는 것은 그 말하는 자가 있는 장소와 별개가 아니다. 오히려 특정의 기능이 특정의 장소에서 이루어질 때, 이 장소는 상징적으로 고양되게 된다. 개인의 운명에는 사회의 어떤 자리에 그가 있느냐가 핵심적이며(Kneer/Nassehi 1993:127 참조), 이것은 상징적으로만이 아니라 매우 구체적 공간적으로도 이해할 수 있다. 사회 차원과 공간 차원의 이러한 근접성은 그러나 루만발(發) 체계이론에서는 간과되고 있다.

이와 반대로 우리는 근대사회에 대한 여러 서로 경쟁적인 기술들이—특히 사회적 불평등이론에 중점을 두는 기술들에서—근대 사회에도 있는 계층질서에 심하게 집착하는 것을 볼 수 있다. 내가 보기에 이 집착은 루만이 언급한 계층 분화형태가 가진 가시성과 관련 있는 듯하다. 그러니까 계층 간 차이가 직접적으로 보이고, 공간에 전달되는 것이다. 이러한 관념에서부터 사회학이 부인하지 않는 매력이 발산된다. 그러니까 그것은 우리가 보았듯이 가령 부르디외의 저서에 반영되어 있는 그런 매력이다. 부르디외의 장이론이 비록 기능적 분화 이념에 접근함에도 불구하고 그래도 부르디외가 여전히 위계적으로 질서지어진 사회라는 표상에 고정되어 있었던 것은 우연이 아니다.

3.5.1.4 기능적으로 분화된 사회의 공간

기능적으로 분화된 사회(Luhmann 1997a:743 이하)는 사회를 위하여 각각 특수한 기능을 떠맡는 다양한 부분체계들로의 분화로 특징지워진다. 현대 사회의 가장 중요한 기능체계에 속하는 것으로는 정치체계, 경제체계,

법체계, 학문체계, 교육체계, 종교, 가족, 예술체계 그리고 의료체계다. 이들 각 기능은 부분체계들 중의 하나가 전적으로 떠맡는다. 이때 각 기능체계는 특정 관찰도식, 이중 코드를 가지는데, 기능체계는 이 이중 코드를 사용해서 사회를 관찰한다. 예를 들면 경제는 모든 사건을 지불/불지불이라는 코드에 따라 관찰하는 데 반해, 학문체계는 진실/비진실이라는 코드에 따라 관찰하고, 정치체계는 정부/야권이라는 코드에 따라 관찰한다. 개별 기능체계들 사이의 관계는 하나의 체계가 다른 체계들보다 사회의 존속과 유지에 더 큰 근본적인 의미를 가진다는 뜻으로 그렇게 위계적으로 질서지어져 있지는 않다. 그 어떤 기능체계도 조종 중심의 기능을 가지지는 않는다. 기능에 따라 분화된 근대적 사회는 아무런 중심도, 아무런 정점도 가지지 않는다(Luhmann 1981:22 참조). 근대 사회는 더 이상 피라미드나 양파 혹은 다른 상징적인 이미지로 그 모습이 그려지지 않는다.

분절적 분화, 중심과 주변이라는 원칙에 따른 분화, 그리고 계층적 분화―이들이 여전히 공간적 분화의 표현이긴 하지만 루만에 따르면 기능적으로 분화된 사회는 일단 모든 공간적 연관관계를 떠나 있다. 그러나 갈수록 줄어드는 공간의 의미라는 명제는 루만에게 있어서도 두 번째 단계에서야 나타난다. 분절적 분화에서 기능적 분화로 가는 이행단계에서 지속적으로 줄어드는 공간의 의미가 우리에게 상관있는 것처럼, 공간의 의미는 상호작용체계에서 조직체계를 거쳐 기능체계로 가면서 상당히 줄어든다. 이 때문에 공간적 관계가 국민국가 내 기능적으로 분화된 사회 안에서 유지되고 있는 분절적 분화에 의해서 그리고 상호작용체계의 차원 위에서 존속되는 것은 우연이 아니다. 루만에게 있어서는 상호작용에 가깝게 구축된 사회는 결국에는 원시적인 사회형태의 표현이다.

이 원시적인 사회형태는 안정되게 유지되는 모델이 아직 각인되지 못하여 구성원들의 현전에 바탕한 구조를 가지고 있기 때문에 언제나 제로에서 시작한다. 안정되게 유지되는 모범이 각인된 것이 바로 조직인 것이다. 이렇게 해서 통괄해서 보자면 루만에게 있어서 공간은 근대 사회에서 "상호작용의 기체〔基體, substrat, 물질의 성질이나 상태의 토대로 그것들을 받쳐주고 있다고 생각되는 것, 그리스어 hypeokeimenon(밑에 가로 놓인다는 뜻)에서 나온 말이다—옮긴이〕"(Luhmann 1982:60)[54]로서 의미만을 가지는 범주로서 나타난다. 오로지 상호작용영역 안에서 공간의 중요성이 유지되고 있는 것이다. 체계이론 내에서 상호작용은 고전적인 방법으로 육체적인 존재에 묶인다. 상호작용은 존재하지 않는 환경과의 경계를 통해 구성되는 "상황 결부된 지각공간"(Luhmann 1975:29) 속에서 일어난다.[55]

따라서 루만에게 있어서 공간은 자리를 차지하고 존재하는 것과 결합되어 있다. 결석자들끼리의 커뮤니케이션이 존재하자마자 공간은 사회성에 대한 자신의 구성 조건을 상실하고 만다.

그에 반해 공간과 조직의 핵심적 결합은 대부분 간과된다.[56] 여기서 기능체계에 할당된 조직들의 지역화가 없는 기능체계 분화란 생각할 수 없다. 개별 부분체계가 탄생하려면 언제나 부분체계가 자신을 유지하기 위해 외부에 대해 폐쇄될 수밖에 없다. 경제, 정치, 교육, 종교 등의 경우에 이러한 밀폐와 캡슐화는 공간적으로도 나타난다. 가족의 구성과 재생산은 집안에서의 공간적 중심화를 통해서, 또 종교의 구성과 재생산은 교회와 수도원을 통해서, 정치의 구성과 재생산은 아고라 혹은 의회를 통해서, 경제의 그것은 시장을 통해서, 법의 그것은 법정을 통해서 확립된다. 각 사회적 체계의 존속에 중요한 "내/외-차이의 확립"(Luhmann 1973:175)은 특수한 건축물의 설립을 통해 지원되는데, 이 건물들은 모종의 기능들을 한 장소에 집중시키는 것이 가능하도록 만들어주고, 실제로는 아무 개연성이 없는 커뮤니케이션을 확립하는 데 기여한다. "오로지 수도원의 담장 내에서 평범한 삶의 의미가 금욕적 초월적-골동취미의 비현실성으로 상승할 수 있다. 오직 교실의 네 벽 안에서 훈육되고 특수화된 상호작용의 비현실성이 확립될 수 있다"(Willke 1996:60). 그리고 이러한 예는 그 공간적인 폐쇄성 때문에 모종의 기능 집중화가 일어나는 사무실, 클럽, 대학, 병원, 감옥, 공장, 공항, 군대 등을 생각하면 얼마든지 더 늘어날 수 있다. 조직들의 공간적 현존을 통해서도 기능적으로 분화된 사회의 가시성이 생겨나는데, 이 가시성에 대해서는 루만한테서 아무런 언급을 발견할 수 없다. 계층적 사회의 가시성이 개개의 계층들을 인식 가능하게 만들어주는 거주주택 아니면 의복의 차이에 맞추어져 있었던 데 비하여, 기능적으로 분화된 사회의 중심에는 서로 다른 기능 건물로 공간적 분화가 일어난다.

여기서 짐멜의 **고착화**라는 잣대에 대한 유사성을 간과할 수 없는데, 고착화가 체계이론의 맥락에서 다시 떠오르는 유일한 공간적 잣대는 아니다. **배타성**이라는 원칙 역시 루만에게서 명시적으로 다시 언급된 "예를 들어 공간은 두 개의 서로 다른 사물이 동일한 시간에 동일한 공간을 차지할 수 없다는 전제를 통해 구성된다"(Luhmann 1984:525). 이 가정은 그러나 절대적 공간이라는 본질주의적 공간관을 전제로 하고 있는 것이다. 이 인용을 볼 때, 그리고 분화형태와 그것의 각 공간 관계에 대한 설명을 들으면 전체적으로 분명해지는 것은 루만이 공간에 대한 하나의 순수한 물리적 개념을 대변한다는 사실이다. 공간에 대한 이야기가 나오는 곳에서는 어디서든지 '영토'라는 개념을 대입시킬 수 있을 것이다.[57] 기능적으로 분화된 사회가 가진 영토로부터 독립성이 기능적으로 분화된 사회가 그전의 분화형태에 대해 가지는 그 결정적인 차이로서 상세하게 분석된다. 여러 다양한 기능들은 특정의 영토경계 내에서 더는 충족되지 않고 온 세계에서 동시적으로 충족된다. 영토적 분화에 대해 더 이상 고려해주지 않고, 모든 커뮤니케이션은 자기 경계 안에서 이루어진다. 아직까지는 개별 국민국가 안에서 여전히 분절적인 가지치기가 있지만 기능체계들은 이 좁게 그어진 경계 내에서 행위하는 것이 아니라 그 경계를 넘어간다. 이렇게 해서 기능적으로 분화된 사회는 오로지 세계사회로서만 상상할 수 있다.

3.5.2 세계사회의 공간

우리가 보았듯이, 루만은 일찌감치 사회학의 고전적 사회개념으로부터 스스로를 멀리 떼어놓았다. 대부분의 다른 사회학자들과는 달리 루만은 더 이상 다수의 인간 사회라는 생각으로 작업하지 않는다. 그에게 사회는 오히려 단수로서만, 세계사회로서만 존재한다. 루만의 관점에서 볼 때 근대사회가 그 이전의 사회와 다른 점은 "근대사회와 함께 사실상 통일된 세계지평이라는 현상이 처음으로"(Luhmann 1975:54) 주어졌다는 것이다. 루만이 보기에 공간적인 거리를 불사한 전 세계적 접촉의 증가가 세계사회가 구성되고 있다는 결정적인 증거는 아니다. 결정적인 증거는 다음과 같은 것이다. 즉, 오늘날에는 "매 상호작용 속에 상대방이 하는 그 외 다른 접촉이 구성되고 있다는 것이다. 그 다른 접촉들은 전 세계적인 네트워크로 뻗어나갈 수 있고, 또 그 네트워크를 상호작용의 조정에 끌어들일 수 있는 가능성이다"(같은 책, 54). 그러니까 서로 멀리 떨어져 있는 지역이 수송과 교통, 지리적 유동성, 전 지구에 걸치는 여행활동의 증가 등등에 의해 실제로 서로 연결되는 것이 문제가 아니라, 실제로 일어나는 모든 커뮤니케이션에 대한 하나의 테두리 내지 하나의 지평의 형성이 문제된다. "세계사회는 커뮤니케이션 속에서의 세계의 생겨남(Sich-Ereignen von Welt)이다"(Luhmann 1997a:150). 지구화가 하나의 과정, 즉 그 종말에는 세계사회가 서 있을 수 있을 그러한 하나의 과정에서 출발한다면, 루만에게 세계사회는 이미 현실화되었다고 전제된다.[58] 이때 세계사회는 무엇보다도 낯섦의 축소, 그리고 동질성의 증가로 연상된다. "거의 어디서나 사람들은, 만약 그 접촉이 본성상 위험하지 않다면 일종의 '정상성 가정' 아래 접촉을 시작할 수 있다—단지 특수한 의도에 대한 것이고 그 이상은 아니라는 전제 하에서다. 모든 나라마다 사람들이 새로 배우게 되는 상황의 정도(Dazulernquote)가 있긴 하다. (······) 그러나 상대방이 자기한테 무엇을 기대하는지 추측하기 불가능한, 이상하고도 완전히 이해할 수 없는 상황에 빠지지는 않는다"(Luhmann 1975:54). 그러니까 루만은 사회적 조건이 갈수록 획일화된다는 명제에서 출발하는데, 이 획일화는 커뮤니케이션적 접근 가능성의 정도가 높아서 생겨나고, 이 높은 정도가 세계사회를 특징짓는다. "세계사회는 세계가 전 세계적 교류라는 전제를 통해 통일됨으로써 생겨났다"(Luhmann 1975:55). 기술 혁신을 통한 공간경계의 극복 가능성이 지속적으로 커지는 것은 루만에게 있어서도 공간이 갈수록 영향력이 작아진다고 주장하도록 하게 하는 것이 분명하다.[59] "18세기에는 도로와 마차의 개선을 통해서, 19세기에는 철도공사를 통해서, 20세기에는 비행기를 통해서, 그리고 21세기에는 아마도 원거리 커뮤니케이션이 여행을 대치함으로써"(Luhmann 1984:526) 공간의 저항은 작아진다.[60]

이미 현실화된 세계사회라는 명제는 지구화이론가와 같은 비판자들에게서 세상에는 세계사회의 실존에서 출발하는 것이 설득력 없이 보이게 만드는 지역적 차이가 관찰되고 있다는 반박을 낳았다. 루만은 이에 대항하여 "불평등주장은 (……) 세계사회에 반대하는 주장이 아니라 그것에 찬성하는 주장이다"(Luhmann 1997a:162)라고 말한다. 그도 그럴 것이 하나의 일치된 관계들이라는 배경에서 가령 "지구상의 개별 지역들의 서로 다른 발전상태"(같은 곳)를 파악하는 것이 가능할 테고, 이 서로 다른 발전상태를 낳은 것은 사회체계 자체이다. 루만이 원칙적으로 사회적 불평등 혹은 계급의 실존을 부정하지 않은 것처럼, 루만은 삶의 기회, 삶의 방식, 그리고 삶의 양식에서 지역적으로 존재하는 차이점을 부인하지 않는다. 기능연관이 "영토적 경계들의 지속적인 교차"(Luhmann 1997a:809)를 부르기 때문에 공간경계가 기능체계를 위해서는 아무런 의미가 없다[61]는 것은 "지역적 차이가 더 이상 아무런 의미가 없다는 말이 아니다. 오히려 그 반대다. 기능적 차별화의 지배적인 모델이 바로 그들에게는 차이의 작동을 위한 출발점을 제공하는 듯하다"(같은 책, 810). 이러한 추론은 우선 지구화 명제와 그리 멀리 떨어진 것 같지 않다. 이 지구화에 반대하는 지역화의 저항적 과정이 형성되고 있는데, 특히 "지구화 반대 지역의식"(Luhmann 2000a:220)에 대해 이야기가 나올 때 그러하다. 루만에게 있어서 핵심적인 논거는 일탈이라고도 인식할 수 있는 지역주의와 "지역적 특수 조건"(Luhmann 1997a:811), 역시 그들의 구조 안에서는 기능적으로 분화된 세계사회의 유효범위를 따르고 있다는 것이다. 보편적 틀은 세계사회를 통해 주어져 있고, 이 틀 안에서 확립될 수 있는 차이조차도 분화된 사회의 논리를 결국에는 벗어날 수 없다.

이와 마찬가지로, 사람이 "구름 위 비행기 (……)"(Luhmann 1984:13) 안에서 여기저기 눈길을 돌려 지구공간의 관련성을 흘깃 볼 수는 있겠지만, 세세한 개별 사항들은 알아차릴 수 없다. 그런데 착륙을 하면 분명해진다. "세부적인 것에 다가가면 갈수록, 기능적 차별화이론이 우리에게 기대하게끔 하는 것과는 다른 것들이 더 눈에 띄니 말이다"(Luhmann 1997a:806 이하). 기능적 분화 이론의 가정과 설명이 유효한 것은 일정한 추상수준에 머물러 있는 한에서다. 반대로 구체화에서는 기능분화의 이론의 가정과 반대되는 사건과 현상에 부딪히게 된다. 특히 사회체계이론에 끈질기게 따라붙는 공간의 의미가 다시 귀환하는 것, 또 세계사회에서 나타나기 시작하는 간과할 수 없는 배타현상들이 여기에 속한다. 이때 공간과 배타가 이론에 의해 동시에 발견되고, 물론 그것이 지금까지의 이론의 체질과 작은 마찰들을 일으키긴 하지만 이론 속으로 공급되려 한다는 것, 그것은 우연이 아니다.

3.5.3 안에서 혹은 밖에서? 포함/배제 ― 차이의 공간적 차원에 대하여

체계이론의 맥락에서는 오랫동안 기능적 분화란 도달해야 하고, 또 도달 가능한 목표로서 다루어지지 않았고, 심지어 유토피아로도 다루어진 적이 없었다. 기능적 분화는 순수한 사실성으로 간주되었던 것이다. 루만 판(版) 체계이론 역시 파슨스가 제시한 생각에 동참하고 있었는데, 루만의 체계이론이 차후에 인정하고 싶어하는 것보다 더 많이 그러했다. 파슨스의 생각은 근대의 생활여건은 "전체 주민의 개별 사회 기능체계의 업적 속으로의 점진적 편입"과 같이 간다는 것이다. 이 프로그램의 실천 과정 속에서 "사회적 삶에 참여하지 않거나 혹은 그저 주변적으로 참여하는"(Luhmann 1981:25) 집단은 점점 갈수록 표면에서 사라지게 된다는 것이다.

최소한 서구 복지국가의 경우, 각 기능체계 속으로의 전체주민의 포괄적 편입이 거의 실현되었다는 명제가 설득력 있다. 누구나 학교를 다닐 권리가 있고, 누구나 법과 경찰의 보호를 누렸으며, 누구나 돈을 벌 수 있었고, 또 그 돈을 지출할 수 있었고, 또 누구나 병이 났을 경우 의료복지를 요구할 수 있었던 등등이다.[62] 그러나 그동안 전 주민을 점진적으로 복지체계 속으로 완전 수용한다는 꿈이 깨지고 있는 징후들이 늘어가고 있다. 세계사회의 여러 지역에서 복지국가의 대대적인 철폐 내지 부재가 나타나는 과정 속에서 경계 바깥으로 내몰기와 배타의 기제가 더욱 거세진다. 이런 기제에 직면하여 사회체계이론 역시—빈곤, 배제 그리고 사회적 불평등과 같은 주제는 그때까지 이 이론의 스크린 상에 없었다—더 이상은 그저 바라보고만 있을 수 없다는 것이 분명하다. 언제라도 냉철함을 잃지 않으려는 체계이론에 익숙해진 독자라면 이러한 주제를 다룰 때의 격렬함과 극적 긴장감 때문에 깜짝 놀랄 것이 틀림없다. 이 격렬함은 단지 그 현상 때문만이 아니라 이러한 현상을 관찰하는 복지국가적인, 모든 것을 수용에 척도를 두고 있는 시선 때문이기도 하다. 전 주민의 복지화라는 이데올로기 내지 의미론의 배경 앞에서 배제란 스캔들이 된다(Luhmann 1994:187 참조).[63] 라틴아메리카 파벨라(Favela, 브라질의 빈민가—옮긴이), 웨일스 지방의 광산지대, 그리고 북미 대도시의 게토와 대면하는 우리의 말문을 막히게 만들 만큼, 또 경험적인 연구로서는 차마 다가갈 수 없을 극도의 비참함에 대한 이야기가 나온다(Luhmann 1996b:227 참조). 그러나 재차 반복적으로 제시되는 극단적 사례들은 현상의 정도를 잘못 보게 할 위험이 크다. 문제는 지역적으로 조건 지워진 변두리현상이라고 할 수 있는 소수의 예외적 경우가 아니다. 배제의 조건 아래 살고 있는 것은 오히려 "수십 억에 이르는 군중"(Luhmann 2000b:390), "엄청난 수의 사람들"(같은 책, 392)이다. 이미 전근대 사회에서도 배제된 사람들이 존재했지만 과거와는 달리 오늘날의 배제는 극적으로 되는데, 그 이유는 기능적으로 분화된 사회 속에 기존하는 "기능체계의 다중 종속이 배제효과를 배가시키기"(Luhmann 1997a:631) 때문이다. 대부분의 경우 그냥 이겨내거나 아니면 다른 기능체계 속으로의 포섭을 통해 보완될 수 있는 그러한 하나의 기능체계로부터의 배제로 머물지 않는다. 오히려 하나의 배제가 또 다른 배제를 낳는 진정한 연쇄반응으로 가는 것이다.

세계주민의 대부분은 모든 기능체계로부터 배제되어 있는 거나 다름없는 상태다. 돈이 없고, 신분증명서가 없고, 권리도 없고, 교육도 받지 못해서 최소한의 학교교육도 못 받은 경우가 허다하고, 충분한 의료적 보살핌도 받지 못한다. 이 모든 것에다가 노동, 경제에 다가갈 수도 없고, 경찰에 방어하거나 법정에서 권리를 누릴 수 있는 가망성도 가지고 있지 못하다(Luhmann 2000c:242).

그러니까 우리는 서로를 강화시키는 배제를 다루고 있다. 배제된 사람이 거의 모든 커뮤니케이션관에서 다 떨어져나가 맨 몸으로 나타나는, 오로지 내일을 어떻게 살아남는가에 마음을 쓰게 될 만큼 갈수록 밀려나게 되는 그러한 **다층적 배제**인 것이다(같은 책, 303 참조).[64] 루만에게는 예나 마찬가지로 "기능체계로부터의 원칙적 배제가 존재하는 것은 아니지만 (……), 언급했던 부정적 종속관계를 넘어 모든 기능체계에의 참여로부터 다소간의 총체적 배제를 말하게 된다"(같은 곳).

루만의 마지막 연구작업들 여기저기에서 재차 새로운 표현의 옷을 입고 나오는 이런 관찰 때문에 루만은 혹시 포섭/배제-구분이 기능적 분화의 논리보다 앞서기 시작하는가 하는 생각을 하게 되었다. 기능체계의 코드가 유효한가 하는 문제는 가면 갈수록, 우리가 **어디에** 있는가에 달려 있다. 기능체계는 "하나의 동일한 사회에서 유효하기도, 유효하지 않기도 하다"고 루만은 말한다(Luhmann 1995:260). 이 말은, 어느 장소에 사람이 있는가에 따라서 일부 사람들은 법체계에 접근할 수 있고, 다른 사람들은 못한다는 것을 의미할 뿐 아니라, 정치, 관료제, 경찰, 군대가 법을 지키느냐 아니냐 하는 것이 언제 어디서나 결코 확실하지 않다는 의미이기도 하다(Luhmann 1997a:632 참조). 그래서 기능적 분화 논리는 "배제의 사실과는 모순"(Luhmann 1995:260)에 빠지고 만다. 그도 그럴 것이 기능적 분화의 적용은 그것의 보편적 자기이해에 근거한다면 사회의 배제 영역에까지 미쳐야 하기 때문이다. 그러나 실제로는 세계사회의 영역은 배제 지대로 발전하게 되는데, 이 지대에서는 기능체계의 성과에 대한 접근이 어렵거나 아니면 아예 불가능하게 되어 있기도 하다. 기능적 분화가 보편적으로 미치지 않고, 오직 포섭영역에서만 미칠 때는 포섭/배제-차이는 사회의 새로운 제1분화가 되는데, 루만은 이미 이에 대한 선명한 표식을 만들어놓으려 했다(같은 곳 참조).[65]

루만의 설명에서는 특히 공간적 분화와 배제 사이에 은근한 연관관계가 있는 것으로 가정되는 것이 눈에 띤다. 극단적인 배제의 경우가 더욱 몰리는 것은 북미의 게토와 남미의 파벨라처럼 구체적인 지역에서인 듯하다. 이곳에서는 "물리적 폭력에 노출되는" 위험이 "급격히 증가하는" 지역이 생겨난다. 그럼으로써 "지도상으로는 국가 영역인 지대가 발을 디딜 수 없게 된다"(Luhmann 1999:117). "단지 생존만이"(Baecker 1994:95; Luhmann 1995:262 이하) 중요한 이 영역들은 포섭영역으로의 합류 가능성을 완전히 잃어버릴 위험이 있다. 이들 대부분의 주민은 "거주상 분리되어 있고, 그럼으로써 비가시화되어 있다"(Luhmann 1997a:630 이하). 이렇게 해서 근대의 기능적으로 분화된 사회에서도 사람이 어디에 머무르고 있는가에 따라 사정은 달라지는 것 같다. 포섭영역의 제안들에 가까운지 먼지는 또한 개연성과 그리고 배제의 정도, 배제가 단기적인지 아니면 장기적인가에 대한 잣대가 된다. 루만이 자신의 관찰로부터 끌어내고 있는 결론은 **공간의 사회학**을 위해서 언급할 만하다. 루만은 "기능체계의 커뮤니케이션에 있어서 공간의 의미가 갈수록 줄어듦에도 불구하고 포함과 배제의 분화가 공간적 기체(其體, Substrat), 그러니까 신체의 움직임을 통제할 수 있는 공간적인 경계선을 요구하는 것이 대체로 가능하다" 고 본다(Luhmann 1995:260). 사회적 진화의 과정 속에서 점점 더 무대 뒤로 사라져갔던 공간범주는 기능적 분화 논리가 축소되면서, 그리고 포함-배제-차이가 등장하면서 다시금 앞으로 나오고 있다. **배제**를 커뮤니케이션에의 비참여로 규정하고, 또 그 반대로 **포함**은 커뮤니케이션에의 참여라고 하는 것은 루만에게 충분하지 않다. 단순히 은유적 표현을 넘어서서 오히려 배제 **영역** 내지 배제 **지대**라는 말을 한다. 공간을 독립적인 의미 차원으로서 새로 도입하지 않고, 재구성된 진화 발전에 맞게 그냥 무시해버리는 이론기술적인 결정은 문제가 있다. 공간에 대한 자기 고유의 개념을 만들어내지 않고, 점점 공간적 차이의 문제에 부딪히고 있는 이론구조의 온갖 모순을 다 받아내는 게이트웨이가 되는 셈이다. 슈티히베(Stichweh 1997:127)가 특정 주민이 나머지 주민들과 공간적으로 단절되는 것은 "탈영토적인, 낯선 이방인으로서는 발디딜수 없는 공간을 만들어내는 것이며, 이 공간은 세계사회라는 명제와 곧바로 조화될 수 없는 공간이다"라는 지적으로 참으로 맞는 말이다. 실제로 루만이 주시했던 세계사회의 배제지대를 생각해보면, 사회적 차이들의 공간적으로도 가시화되는 일이 다시 회귀한 현상이 바로 우리가 다루고 있는 문제가 아닐까 하는 의문이 제기된다. 이것은 우리가 이미 극복한 것이라고 믿던 사회적 발전 단계를 떠올리게 하고 그럼으로써 이 시대가 "새로운 중세"라는 해석을 하거나 혹은 우리가 "보루(堡壘)사회"(Werckmeister 1989:11 이하; Litz 2000; Hennig 2001)에서 살고 있다는 시대진단을 내리게끔 한다. 게토, 파벨라 혹은 반리우스 안의 사회적 상황을 목도한 루만의 공공연한 혼란은 기능적 분화의 논리에 따르면 사실은 당치도 않은 사건들과 직면한 데서 온 것이다. "공간적인 통합이란 이런 의미다. 즉 체계의 자유 정도, 그러니까 체계가 실현시킬 수 있는 가능성의 양은 체계가 그때그때 작동하고 있는 공간 내의 위치에 달려 있다는 것, 그럼으로써 그때그때 각각의 특별한 지역적 조건에 달려 있다는 것이다"(Luhmann 1997a:314). 루만은 이를 오래전에 극복한 사회적 진화 단계에 대한 설명이라고 말하지만, 이는 정확히 체계의 지역적 조건에의 종속관계로서, 루만은 세계사회라는 조건 하에서 이 종속관계의 재등장을 확언하고 있다. 그 결과는 관철된 기능적 분화의 정도를 가늠할 수 있기 위해서는 우리가 어디에 거하고 있는지에 일단 조준해야 한다는 것이다.

공간과 배제의 상호관계처럼 체계이론과 그와 경합하는 다른 이론들 사이에서 그렇게 많은 공통점을 보이는 주제도 일찍이 없었다. 예컨대 슈티히베는 이런 말을 했다. "공간적 분화가 일단 시작되면, 우리는 정보적으로 그리고 인프라 구조적으로 빈곤해진 도시 공간을 다루는 것이다. 여기에는 일자리와 운송수단의 결여, 가난과 정보부족의 문화의 탄생(……). 이러한 공간은 거주자들에게 재접속의 가능성을 주지 못해서 자기강화되는 악순환의 과정에서 우리는 출발해야 할 것이다"(Stichweh 1997:131). 이러한 진단을 하고 있는 슈티히베는 도시사회학이라는 새로운 연구가 내보이는 몇 가지 대중적인 가정들과 놀라울 정도의 연대를 보여주는데, 이런 연구들에서 슈티히베의 말과 비슷한 설명들을 읽을 수 있다. 이러한 혼란스러운 연대가 가능한 것은 슈티히베와 도시사회학에 지배적인 공간 이해가 서로 공통되기 때문이기도 하다. 두 경우 모두, 공간이 "그 속에" 사는 주민에 대해서 가지는 인과적 영향을 주장하는 용기-공간 표상과 상관이 있다. 이렇게 해서 당샷(Dangschat 1998:71)에서는, 빨리 "불리하게 만드는 공간"이 되는 "불리한" 공간이 이야기된다. 그리고 마찬가지로 슈티히베(Stichweh 2000:195)에게서도 다음과 같은 말을 읽을 수 있다. "공간적 경계 짓기는 배제에만 특수한 형태일 뿐 아니라, 이것은 점점 갈수록 배제를 지속시키고 회복 불가능하도록 함께 작용하는 원인이 된다."[66]

위 두 변형에서 공간은 용충줄(돛이나 활대를 오르내리게 하는 밧줄―옮긴이), 껍데기가 되는데, 그런 것으로부터 벗어나오기란 존재하지 않는다. 두 변형에는 게토, 파베라스 그리고 반리우스의 거주자에 의해서 실제로 이용된 공간, 어쩌면 그 주민들에게 배정된 주거구역을 넘어설지도 모르는 공간에 대한 관심이 빠져 있다. 이런 이론들에는 한 마디로 말해서 행위관점이 없다. 이런 관점들 속에서 개인은 수동적인 인내자, 그리고 그들이 살고 있는 공간의 특징에 의해 저절로 주어진 가능성들의 희생자가 된다.[67]

그럼에도 분명해지는 것은 슈티히베가 근대 사회를 기술함에 있어서 공간에 중요한 역할을 인정한다는 것이다. 슈티히베는 놀라울 정도로 갈수록 작아지는 공간의 중요성이라는 루만의 명제에 반대하면서 공간의 의미가 좀더 고려되어야 한다고 주창했다. 물론 그는 그러면서 구성주의적 가정과는 먼 공간관을 사회이론에 짐지어 주었다. 그것은 공간을 사회에 의해 통제되어야만 하는(Stichweh 2003 참조), 물리적 환경의 사실(Datum)로서 규정하는 공간관이었다. 통제시 사회는 다양하기 짝이 없는 전략들을 사용한다. 이 명제를 설득력 있게 만들기기 위해서 슈티히베는 자연적 공간과 사회적 공간을 구분하고, 자연적 경계와 인위적 경계를 구분한다. 공간의 사회적 구성성이라는 명제는 오로지 인위적 경계와 사회적 공간의 경우에만 설득력이 있다고 간주된다(같은 책, 98 참조).

사회학에서 흔히 볼 수 있는 것과는 달리 슈티히베는 사회 발전에 있어서 자연적 공간이 가지는 의미를 강조한다. 그는 사회적인 것의 자율성에 대해 널리 퍼진 명제를 반박하고—역사학자 페르디낭 브로델(Ferdinand Braudel)의 연구와 연관 지으면서—지리적 여건의 영향력을 지적한다. 예컨대 그가 지적한 것은 지중해권의 경제적 발전으로서, 그것은 "사회가 그 존재에 대해서 알고 있는지, 또 그들에게 커뮤니케이션의 주제를 통해서 영향력을 부여하는지"(Stichweh 2000:192)와는 전혀 상관없는 경제적 발전이다. 공간을 체계이론의 범주조직 속으로 도입하자는 슈티히베의 제안이 단지 그것으로 그치지 않는다 하더라도 체계이론적인—그럼으로써 지금까지 어쨌든 구성주의적으로 작업해나가는—사회학으로의 이런 전향은 꽤나 놀랍다. 지리정치학적 연구를 통하여 공간결정론적 단초를 대표한다는 명성을 얻게 된 라첼(Ratzel 1923:385)조차 경계는 "비현실적이며", 항상 뭔가 "상징적인 것, 허상적인 것"일 뿐이라는 것을 용인하고 있다면, 그렇다면 슈티히베의 이런 공간 이해가 얼마나 놀라운 것인지 분명해진다. 슈티히베가 공간을 사회성에 결정적 영향력을 가지고 있는 기존의 힘이라고 생각하는 것은, 그가 "짐멜 이후로 공간에 반대하여 재차 반복적으로 주장되는 사회학적 논의"(같은 책, 99)를 이야기하는 데서도 분명해진다. 우리가 보았듯이 짐멜에 대해서는 이런 말을 할 수가 없다. 슈티히베가 노골적으로 말하듯이, 공간의 사회결정력이라는 명제를 거부하는 것을 **공간에 반대하는 논증**이라고 친다고 해도 말이다.

슈티히베에게 문제가 되는 것은 실제로 "사회가 물리지리학과 전기(傳記)지리학의 조건에 인과적으로 종속되어 있는 것"을 증명하는 것이다 (Stichweh 2000:191).[68] 이것은 "자연적" 경계와 공간 역시 언제나 이미 사회적으로 구조화되어 있는 것이라고 설명했던 짐멜과 부르디외의 통찰 이전으로 후퇴한 것이 분명하다. 짐멜과 부르디외의 구상에서는 공간의 어떤 '자연적' 경계도 존재하지 않는다면, 슈티히베에게 있어서는 공간의 사회적 구조화에 대한 논의는 오로지 사회적 공간에만 유효한 것이 되고, 그에 비해 자연적 공간은 그저 주어진 것으로 비친다.

3.5.4 의미 차원의 공간?

공간에 대한 체계이론적 연구에 대한 고민은, 체계이론은 일단 그 어떤 이론보다 사회학적으로 내용이 풍부한 공간 개념의 후보로 자신을 추천한다는 데 있다. 그것은 체계이론이 사회를 영토로 보는 생각과는 작별하고 있기 때문이다. 체계이론은 공간의 의사소통적 생산을 강조하기가 쉬워 보이게 구상되어 있다. 그러나 사실 체계이론에서 공간은 영토와 여전히 동일시되고 있고, 대개는 용기-공간 이해를 사용해서 연구작업이 이루어진다. 슈티히베는 공간을 또 하나의 의미 차원으로서 체계이론의 이론건축물 안으로 끌어들이는 흥미로운 시도를 했다. 이 시도에서 슈티히베가 본질주의적 공간 표상으로 도로 돌아가긴 하지만, 사회체계이론을 위하여 공간 차원이 필수적이라는 그의 근본적인 명제는 그래도 설득력이 있다. "하나의 의미 차원으로서의 '공간', 예를 들어 인간의 인지를 규정하는 대상/위치 구분을 멂과 가까움이라는 사회적 핵심구분을 통해 보완해주는 이 공간이라는 의미 차원은 쉽게 상상이 간다. '공간'이라는 사유 가능한 의미 차원이 가지고 있는 개념적인 독립성은 쉽게 이해될 수 있을 것이다. 하나의 사물 혹은 한 사람의 사회적 중요성에 있어서, 가깝다 혹은 멀다는 사실은 중차대한 차이를 만들 수 있다(Stichweh 2000:187).[69] 그런데 공간 차원을 체계이론의 개념조직 속으로 도입해 넣는 것이 그렇게 단순하다면, 루만은 무엇 때문에 근본적으로 이 당연스런 발걸음을 주저했는가 하는 질문이 나온다. 공간 차원이 여러 상이한 의미 차원들 가운데 도입되지 않고 있는 것은 눈에 바로 보인다. 사물 차원, 사회 차원, 시간 차원 말고 공간 차원은 없다. 이에 대한 해명으로 루만 자신에게서도 찾을 수 있는 것(Luhmann 2002b:238 참조)은 공간 차원은 이미 사물 차원 속에 포함되어 있다는 것이다. 그러나 여기에 대해서 슈티히베는 사물의 상이성이야 말로 공간적 차이에 달려 있지 않다(Stichweh, 같은 곳 참조)는 말로 논박한 바 있다. 말이 아니라, 암소, 사과가 아니라 배라는 관찰은 공간적인 분화에 대해 아무런 정보도 담고 있지 않다. **무엇**에 대한 정보가 자동적으로 **어디**에 대한 정보를 주지는 않는다. 공간 차원을 함께 고려하기 위해서는 암소는 풀밭에, 말은 우리에 있다는 식의 보충 정보가 따라나와야만 한다. 공간 차원이 사물 차원 안에 이미 포함되어 있다는 가정은 루만이 절대주의적-본질주의적 공간 표상에 사로잡혀 있다는 것을 보여준다. 그도 그럴 것이 절대적 공간이라는 전제가 있을 때 하나의 테이블을 그 공간적인 위치와 관련짓지 않고 정의하는 것은 불가능하기 때문이다. 이러한 모델은 공간이 사물에 대해 행사하는 영향력, 그 어떤 위치에서도 완전히 동일한 특징을 허용해주지는 않는 공간의 사물에 대한 영향력을 전제로 한다. 내가 앞서 위에서 보여주었듯이, 공간 차원과 사회 차원의 밀접한 맞물림이 있을 수 있으므로 공간 차원은 이미 사회 차원 속에 들어 있다는 데서 출발할 수도 있을 것이다. 그러나 이 가능 역시 지속적으로 만족스러울 수는 없다. 루만 스스로

가 자신은 공간문제에 대해 관심이 없다는 말을 했다. 한 인터뷰기자가 루만에게 관심 없는 특정 대상영역이 있느냐고 묻자, 루만은 이렇게 대답했다.

나는 확실하게 절대 '관심 없다'고 말하고 싶지는 않지만, 하지만 언제나 공간적 질서에는 어려움이 있었습니다. 제가 브라질에 있는 것도 좋아했고 그곳에서의 정치적 상황에도 관심을 가졌지만, 단위로서의 브라질이 제 관심을 끄는 것은 아니예요. 혹은, 빌레펠트라는 도시를 예로 들어보죠. 그건 체계가 아니죠. 그러니까 모든 공간적인, 지역화하는 단위들은 제 관심을 그리 끌지 못합니다. 커뮤니케이션과의 연관 속에서 공간에 대해서는 어떻게 생각할 수 있을까, 이런 것은 예를 들면 제 관심 영역이 되겠죠(Luhmann 1991:131 이하).

이 말은 루만이 공간이라는 주제를 다룰 때 얼마나 지구공간적 분화를 생각하고 있는지를 다시 한번 강조해준다. 그리고 바로 이런 생각이 루만으로 하여금 공간을 독립된 차원으로서 따로 제시하지 않는 결정을 하게끔 했다고 나는 본다. 루만이 체계이론 입문 강의(Luhmann 2002b)에서 아래처럼 솔직히 털어놓고 해명한 것은 아니지만, 그래도 그것은 하나의 결정인 것이다.

나는 어떤 이성적인 해명없이―그리고 오늘까지도 나는 아무런 이성적인 해명을 하지 않고 있다―사물적, 시간적, 사회적 의미 차원들을 구분하기 시작했다. 이렇게 사물적, 시간적, 사회적으로 의미 차원을 구분하는 것이 틀에 박혀서 반복 가능한 이론이기나 한 듯 그 동안 여기저기서 자꾸 발견되지만, 이 질서를 환원적으로 추론하려는 노력은 없었다. 그리고 나 역시 할 수가 없다. 이 개념은 저절로 이러한 차원들로 전개되는 것이 아니고, 현상학적으로 이렇게 설정된 것이다. 여기에 대한 해명을 요구한다면 나는 그럼 다른 차원을 한 번 제안해보라고 요구하고 싶다. 그러고는 이것이 작동하나 안 하나 생각해볼 것이다. 그동안 '공간'에 대한 제안이 있었지만, 공간은 사물적인 분화와 분리될 수 없으니까 제대로 어울리지 않는다. 일단은 이렇다는 걸 그냥 수용하자(같은 책, 238 이하).

최소한 잠정적으로 받아들이라고 학생들에게 추천하는 것은 더 이상 수용될 수 없다. 공간 차원을 다른 차원들 중의 하나, 즉 사회 차원에서 이미 지양된 것으로 보는 것은 더 이상 설득력이 있을 수 없다. 오히려 여기와 저기, 가까운과 먼, 지역적과 지구적이라는 구분구성이 조직과 기능체계에 있어서의 차이도 만들어낸다는 것이 분명해질 것이다. 그 차이는 공간적 범주가 가지는 지속적인 중요성을 강조하고 네 번째 의미 차원으로서 공간 차원이 도입되어야 할 필연성을 일러줄 것이다.

루만과 슈티히베가 공간범주를 주제화하고 있는 것을 보면 체계이론에서 공간범주가 얼마나 힘들게 다루어지는가가 분명해진다. 앞의 연구 결과는, 체계이론이 공간을 주제화할 때면, 이미 극복되었다고 믿는 단계, 즉 공간과 자연공간의 동일화 단계 이전으로 되돌아가고 있는 것을 보여주었다. 체계이론은 공간과 영토를 같이 보고 있고, 공간을 용기로서 표상하며, 공간의 중요성은 단지 단순한 사회체계 내지 상호작용체계를 위해 따로 두고 있을 뿐이다.

루만의 체계이론처럼 그렇게 보편적이고 또 복합적으로 기반을 놓은 이론에서조차 공간에 대한 관심은 공간적으로 자리하고 있는 존재들 사이의 상호작용이라는 차원에서 이루어진다. 그 때문에 우리는 사회가 갈수록 공간으로부터 해방된다는 명제를 이곳 체계이론에서 그리고 짐멜에게서 보고 있는 것이다.

잃어버린 공간을 찾아서
우리는 비장소적 사회에서 살고 있는가

4

현재 공간문제는 종료 선언을 받았던 역사와 그 사정이 비슷하다(Fukuyama 1992 참조). 끝났다고 했는데 다시 돌아온 것이다! 사회과학에서 공간이 컴백하고 있다는 사실은 더 이상 간과할 수가 없다. 이것은 공간 주제에 대한 수많은 출판물과 학술대회가 열린다는 사실에서만이 아니라 공공 토론에서 사용되는 의미론에서도 느껴진다. 공간 주제의 귀환에서도 제일 큰 부분을 차지하는 것은 지구화문제다. 지구화는 사회과학 안에서 깊이 닻을 내리게 된 영토성, 정체성 그리고 문화라고 하는 이소모피즘〔유질동상, 이소모피즘(isomorphism)은 심적 현상과 생리과정은 실질적인 내용에서는 다르나 구조 특성상으로는 일 대 일의 대응이 있다는 학설이다. 여기서는 영토성, 정체성, 문화의 현상들이 내용은 다르나 구조적으로는 대응한다는 뜻이다—옮긴이〕과 관계를 끊는다. 지구화가 말해주는 것은 더 이상 사회와 국가가 서로 "동일한 것으로서 생각될 수도, 조직될 수도 없으며, 또 생활할 수도 없게"(Beck 1997:115

참조)되고 말았다는 것이다. 지구화는 국민국가의 종말(Albrow1998b 참조)이라는 명제와 함께 맞물린다. 세계사회의 발전은 모종의 사건을 결정짓는 심급이 더 이상 공간적 연관성이 아니라는 증거로서 제시된다. 공간적 차별화는 상품, 정보, 인간의 무경계적 교류에 대해서는 더 이상 아무런 영향을 줄 수 없으므로 갈수록 그 의미가 작아지고 있다. 장 보드리야르(Jean Baudrillard 1986)건, 지그문트 바우만(Zygmunt Bauman 2003)이건, 니클라스 루만(Luhmann 1997a)이건, 폴 비릴리오(Paul Virilio 1978, 1980)건 혹은 헬무트 빌케(Helmuth Willke 2001)건 간에, 도처에서 울려퍼지고 있는 것은 시간 범주로 대체되어버린 공간에 대한 작별의 노래다. 이럴 때 사회과학과 사회과학의 기술범주를 국민국가의 맥락에서부터 떼어내려고 하는 사람들은 공간을 외면함으로써 사회학과 국민국가 패러다임이 맺고 있는 깊은 결속관계를 다시 한번 웅변적으로 보여주고 있는 것이다. 그도 그럴 것이 이들은 공간을 국민국가적 공간, 즉 국가적 영토와 동일시하기 때문이다. 국민국가라는 용기가 더는 아무 쓸모 없는 범주로 벌거벗겨짐으로써, 공간과의 전반적인 결별이 이루어진 것이다(본서 2부 1장 참조). 그러나 국가의 자결권 상실이라는 명제는 공간문제를 제대로 제기하는 것이다. 왜냐하면 국민국가가 더 이상 그 속에서 사회적 과정이 벌어지는 그 당연시되는 겉 케이스가 아니라면, 국민국가가 더 이상 모든 정치, 경제, 문화, 사회적인 사건의 자명한 무대가 아니라면, 대체 어느 배경 내지는 어떤 무대 위에서, 간단히 말해 그 어디에서 각종 활동과 행위가 일어나고 있단 말인가?

이렇게 해서 공간이 또다시 의제에 올라와 있긴 하지만 공간을 중요하지 않은 것으로 의결하려는 시도는 여전히 존재한다. 공간의 재발견은 패러독스하게도 공간과의 결별과 나란히 진행된다. 공간적 거리는 갈수록 쉽게 극복될 수 있기 때문에 공간의 의미가 줄어든다는 말을 여기저기서 읽을 수 있다. 무엇보다도 매스미디어 수단이 가지는 의미가 자꾸 커져서 공간이라는 범주는 결국 뒤처지게 된다고 한다. 이런 의미에서 "거리의 죽음"(Cairncross 1997), "시공간 압축"(Harvey 1989), "장소 없는 사회"(Knoke 1996), "공간의 수축"(Dicken 1986), 심지어 "지리학의 종말"(O'Brien 1992), "공간의 종말"(Baudrillard 1986:5)을 이야기한다. 이런 경우 공간의 소멸을 알리는 것은 보드리야르와 비릴리오 같은 우리 시대의 미디어이론가들이 처음이 아니다. 이미 하이데거[1]와 귄터 안데르스(Günther Anders)는 수송기술과 커뮤니케이션기술의 급속한 발전을 계기로 삼아 갈수록 줄어드는 공간의 의미에서 자신들의 사유를 출발했다. 갈수록 작아지는 공간의 의미 때문에 안데르스는 "공간과 시간의 고물화"를 말한다(Anders 1980b:208 이하, 335 이하). 오늘날 우리가 너무나 자주 들을 수 있게 된 탈공간화, 무장소성, 공간의 폐지와 파기에 대한 명제는 결코 인터넷의 발견과 함께 처음 등장한 것이 아니다. 정보기술과 커뮤니케이션기술은 일반적으로 공간시간적 거리를 극복하는 도구로서 간주된다. 이미 문자의 발명과 함께 정보의 저장과 수송이 가능해졌다. 가령 전보와 같은 확산 미디어는 하나의 정보가 한 장소에서 다른 장소로 옮겨갈 수 있는 시간을 단축시킴으로써 공간 극복에 기여한다. 전기전자적 전보의 발명가인 새뮤얼 모스(Samuel Morse)는 1837년에 전보가 이미 공간을 극복하고 전 미국을 "하나의 이웃"으로 변화시키게 될 것을(Wenzel 2001:265 참조) 기정 사실로 간주했다. 하인리히 하이네(Heinrich Heine 1974:403)는 철도의 확산을 목도하고 1843년에 이렇게 적었다. "이제 세계를 바라보는 우리의 방식과 우리의 표상에 어떤 변화가 나타나게 될 것인가! 시간과 공간이라는 근원 개념조차 흔들리게 되었다. 기차 때문에 공간은 죽었고, 이제 우리에게는 시간만 남아 있다." 그 시기를 아무리 늦게 잡아도 이때부터 "공간의 지양"(McLuhan 1995:150)에 대한 명제가 미디어연구와 커뮤니케이션 연구에서 끊임없이 복귀하는 주제가 된다.

기술과 미디어에 의한 공간의 점증하는 무의미성 명제에 대한 또 다른 출처는 프리드리히 라첼, 카를 하우스호퍼(Karl Haushofer) 혹은 카를 슈미트(Carl Schmit)의 지리정치적인 성찰에서 찾아진다. 그리하여 이미 라첼은, 함대가 일단 미국을 일본의 이웃으로 만들고, 철도가 러시아를 유럽 국가로 만든다고 지적한다. 수송기술은 "공간의 극복"(Ratzel 1941:148)을 가능하게 해준다. 슈미트가 보기에는 무엇보다도 비행기와 라디오가 "국가의 영토적 주권"을 갈수록 파먹어가고 있다. 왜냐하면 비행기는 아무런 방해를 받지 않고 국가들 위를 통과해서 날고 전자파는 "중단 없이 초속으로 대기권을 통과하여 지구를 돌고 있기"(Schmitt 1940:67) 때문이다.

현재의 입장들은 수송과 커뮤니케이션기술의 발전을 통한 공간 극복이라는 명제에 대한 뒤늦은 메아리로 읽을 수 있다. 이 모든 입장들에 공통된 것이 있다면, 한때 지역들의 접근성 개선과 그들 사이에 존재하는 공간 해소를 같이 보는 기술주의적 관점이다. 이전에 분리되어 존재하던 장소 사이의 간극이 쉽게 채워질 수 있기 때문에 여기서는 공간이 사라지는 것이고, 사회학적 관점에서 보면 그 정반대로, 이전 분리되었던 장소끼리 상호 접근 가능해짐으로써 공간이 비로소 생겨나게 된 것이다. 이러한 한에서 우리는 공간의 점진적 상실과는 아무 상관이 없다. 각 미디어가 부가적 공간을 열어주고 또 만들어내기 때문에 우리는 지속적인 공간 생산을 말하게 된다.

사회학사 안에서도 역시 공간의 극복이라는 이념과 그리고 그와 결부되어—우리가 이미 보았듯이—갈수록 축소되는 공간의 중요성이라는 명제는 적어도 게오르크 짐멜과 에밀 뒤르켕에게까지 거슬러 올라간다. 이때 눈에 띄는 것은 공간의 하찮음의 명제는 언제나 경제적 과정에 대한 이야기가 있을 때마다 나오는 소리라는 것이다. 그에 비해 정치적인 맥락이 문제가 될 때면 언제나 공간결합이 필수적이라고 강조된다. 그러므로 바로 이 영역에서 고대 모범이 지속적으로 새로운 버전으로 다시 나타나고 있다. 그리하여 아고라는 항상—한나 아렌트(Hannah Arendt 2003)에서 하버마스(Habermas 1990)를 거쳐 바우만(Bauman 2000a)에 이르기까지—모든 시민들이 자신들의 요구를 발표하고, 그에 대해 고려하고 투표에 붙일 수 있는 하나의 조망 가능한 공공적 공간이라는 이미지를 불러일으킬 목적으로 이용되어야 한다.

예를 들어 아렌트는 정치의 개념을 공간의 개념에 너무나 가까이 끌어오는 바람에 "정치는 상이한 사람들이 서로 같이 존재하고 함께하는 것을 다룬다"(Arendt 2003:9)고 하는 아렌트의 정치 정의는 칸트에서 짐멜에 이르기까지의 "공간은 서로 상이한 것들 사이의 서로 같이 존재함과 함께 존재함의 결과이다"라는 공간의 정의와 필연적으로 비슷하게 구상된다. 공간의 정의는 사물을 포함하는 데 비하여 정치의 정의는 인간을 겨냥한다. 그러므로 공간의 정의에서는 상이한 것에 대해 말하고, 정치의 정의에서는 상이한 사람들이라는 말을 하고 있는 것이다. 정치가 언제나 하나의 제한되고 조망 가능한 공간과 관계되어야 한다는 생각은 지구화 논의에서만 재차 표명되는 것이 아니고, 기본적으로 고대에 있었던 정치성 성찰의 시초부터 나타난다. 용기로서의 국민국가에 대해 숙고하든가, 슈퍼용기로서의 유럽에 대해서 숙고하거나, 아니면 지역 혹은 공동체와 같은 좀더 작은 단위에 대해 숙고하든지 간에, 정치는 명료한 공간들과 선명한 공간경계를 필요로 한다는 생각이 항상 전수되어 오고 있다. 물리적 공간 내 기존하는 경계가 극복되고 있는 전자 공간 내의 정치 활동에 대한 연구에서조차도—전자적 아고라로서 생각된(Kamps 1999 참조)—아고라의 전통적 이념이 부활되는 것을 관찰할 수 있다.

사회학적 맥락 속에서 지구화 경향에 맞서 근공간 내 장소화와 지역 연관성의 필연성을 지적하거나 혹은 지구적 경향에 대한 저항의 자원으로서의 장소를 지적하게 되면, 내가 보기에는 거기서 특히 고전가들로부터 시작해서 오늘날까지 사회를 하나의 정치적으로 구축된 것으로서 이해하는 경향이 지배적이라는 사실이 분명해진다. 이때 경제적인 것은 경계를 넘어서고 공간을 극복하는 힘으로서 간주되고, 그에 반해서 모든 정치적인 해결은 다시 공간을 가리키고 있다. 나는 공간으로부터 갈수록 해방된다는 경제적 논증 다음에서 명제의 몇몇을 예로 들고자 한다.

뒤르켐의 경우, 공간으로부터의 경제의 분리는 갈수록 증가하는 산업화와 함께 시작되고 있다. 길드조직이 꽃피고 있는 동안 장소와 공간이 일치할 수 있었던 것은 수공업자와 상인의 고객들이 수공업자와 상인들과 같은 도시에서 살고 있던 사람들이었던 사실 때문이다. 그에 반해 산업은 "자신의 본질에 따라 도시적 테두리를 넘어선다. 한편 산업은 하나의 도시 속에 자신의 입지를 선택하는 것이 반드시 필요한 것은 아니다. 산업은 시골이건 도시건 어떤 장소에서나, 사람들의 정주지가 아닌 어떤 곳에서나 자리 잡을 수 있다. 산업이 가장 경제적으로 자신에게 필수적인 자원을 공급받을 수 있고, 매출을 가장 유리하게 조직해낼 수 있는 곳이면 어디서건 말이다"(Durkheim 1991:56).

짐멜의 경우에는 공간의 의미를 축소시키는 것은 화폐경제다. 짐멜은 이미 우리가 보았듯이 근대의 발전을 공간으로부터 점점 더 해방되는 것으로서 생각한다. 짐멜은 화폐경제를 현실에 대하여 하나의 추상적이고, 공간을 극복하는 관계를 가능하게 해주는 근대의 발명으로 끌어들이면서 공간에 비해 갈수록 강해지는 시간 중심성을 말한다. 짐멜은 다양한 경제적 조직방식을 공간이 주어진 상태로부터의 단계별 해방으로서 특징짓는다.

> 지역적 확산은 (……) 그 본성상 자기 영역부분 사이의 어떠한 밀착도 거부하는 농경과 함께 시작되었다. 농경은 공간의 원천적인 분산과 필연적으로 제휴한다. 산업생산은 응축 가능하다. 그러므로 공장 가동은 수공업과 가내공업에 비해 공간적인 압축을 나타내며, 근대의 산업중심은 이 세상에 존재하는 어떤 종류의 원자재든 간에 형상화되기 위해 그 속으로 흘러들어오는 하나의 산업적 마이크로 우주인데, 이들이 얻게 되는 형태들의 근원은 서로 멀리 떨어져 있다. 이 계단의 최말단부가 화폐업을 형성한다. 돈은 그 형식의 추상성 때문에 공간과의 제반적인 특정 관계 너머에 서 있다. 돈은 그 영향력을 가장 멀리 떨어진 거리에까지 미칠 수 있기 때문에 어떤 의미에서는 어느 순간이든지 잠재적 영향력의 중심에 있다(Simmel 1989:704, 같은 책, 663 참조).

짐멜에 바로 연관을 지으며 **기든스**와 **루만** 역시 화폐를 공간을 넘어서는 사회관계의 가능성에 대한 증거로 본다. 이에 대해 기든스는 다음과 같이 말했다. "화폐는 공간시간적인 간격의 확대를 위한 한 수단이다. 화폐는 공간과 시간 속에서 서로 멀리 떨어져 있는 행위자들 사이의 거래 수행에 필요한 전제조건을 만들어낸다"(Giddens 1995a:37).

공간과 관련되어 정치와 경제 발전 사이의 차이를 두고 루만은 국민국가 통합 전의 시대를 다음과 같이 옹호하고 있다. "정치와 경제는 더 이상 일치될 수 없다(……). 지배는 아직 영토적으로 굳어져 있지 않았고, 무역은 경계가 그어진 곳 어디든 경계를 넘어섰다. 농업이 아니라 화폐경제가 (……) 정치적 통제 외부에서 그 자신의 역동성을 발전시키고 있다"(Luhmann 1997:723). 우리가 살펴보았듯이 루만에게는 정치체계와 법체계는 기능체계의 공간독립적인 행위라는 일반적인 경향의 두 예외를 의미한다. 정치와 법은 공간에 의해 여전히 제한받는다.

정치와 경제가 공간에 대해 가지는 이러한 대각선적인 연관성은 현재의 지구화 논의로부터 나오는 수많은 위기진단에서도 역시 보인다. 가령 바우만에게서 다음과 같은 말을 들을 수 있다. "권력과 정치는 다양한 공간을 살아간다고 말할 수 있다. 물리적, 지리학적 공간이 정치학 본연의 자리로 남아 있는 데 반해 자본과 정보는 물리적 공간이 지양되거나 중립화되는 사이버스페이스 속에 자리를 잡는다"(Bauman 2000a:174).

"장소, 공간 그리고 거리는 경제적 거래에서 갈수록 무시될 수 있는 요인이다. 무장소성(Atopie)이라는 개념은 시장유토피아의 이러한 계기를 나타내고 있다. 유토피아의 이념 속에 들어 있는 그 어디에도 없음을 어딘가에 있음으로 상승시키는 시장유토피아의 계기인 것이다(Willke 2001:13).

이런 비슷한 진술을 하는 문헌의 목록은 얼마든지 더 나열할 수 있다. 이 모든 곳에서 나타나는 것은 이제 더 이상 정치는—오랫동안 일반적으로 그랬듯이—사회와 동일시되지 않고 경제와 동일시된다는 사실이다. 그 결과는 공간적 관계로부터 독립되어 있다고 주장되어왔던 경제적 거래가 전체 사회의 공간으로부터의 해체로 양식화되는 것이다. 이럴 때 경제는 전체로 간주되는 바, 빌케의 경우에서 특히 분명해지듯이 이러한 분석은 근본적으로 경제체계의 자기 기술만 따르고 있는 것이다. 이 모든 생각들의 근본에 깔려 있는 것은, 정치는 장소에 묶여 있는 데 반해 경제 활동은 화폐경제의 등장과 더불어 좁은 장소의 경계를 넘어서서 공간 속에 펼쳐진다는 것이다. 근대의 발전에서 근본이 되는 장소와 공간의 분리는 정치로부터 경제의 분리와 함께 한다. "호모 이코노믹스는 공간 안에서 살지 장소를 위해 살지 않는다"(Sennett 1997:259). 이것은 지구화 논의에서도 재차 주장되는 대립이지 않은가? 장소에 결부된 국민국가적 정치는 월경하는 경제와 함께 유지될 수 없게 되었다. 이제 정치는 경제적 이익의 무자비한 추구가 인간을 국민국가의 통제고리에서 해방시켜서 공안과 그리고 사회의 내적 결속은 위험에 처하게 된 것을 대책 없이 쳐다보고만 있어야 한다. 정치가 영토적이라는 선입견은 극복 불가능해 보인다. 사회가 작동한다는 것에 대한 사회학적 기술 깊숙이 깔려 있는 것은, 경제는 화폐경제의 등장과 함께 기존 틀에서 떨어져와 경계를 뛰어넘으면 활동적이 되는 반면에, 정치는 경계 짓기가 가능한 공간에 지정되어 있다는 생각이다. 오늘날까지 경제는 공간과 무관하게 활동하는 것으로 생각되고 반면에 정치는 언제나 국소화와 장소 고정화를 필요로 한다. "사회성이라는 것과 마찬가지로 공공성 역시 장소의 구속력을 먹고 산다"(Guggenberger 1999:190). 이러한 생각은 엘마 알트파터(Elmar Altvater)와 비르기트 만코프(Birgit Mahnkopf 1996)에서도 순수하게 발견되는데, 여기에서 이들의 말을 다른 많은 경우들을 대표해서 상세하게 인용해보도록 하겠다.

다른 한편으로 사회는 공동의 규범, 커뮤니케이션미디어, 하나의 시공간통치, 그리고 정치적 군생(群生) 형태들을 만들어낼 때, 그러니까 시장 외에도 연대감의 연결고리가 길러질 때, 노동조건과 생활조건이 중차대할 때만, 단지 그때에만 사회는 존재할 수 있다. 그러나 결합이란 공간적으로 구속되어 있다. 지구 전체가 국제적 연대감의 대상이 될지언정 (……) 말이다. 상호성 기반 관계는 신뢰에 기대어 시민 사회적으로 네트화되어 있지만, 이 관계들이 수적으로 또 사정거리상으로 조망 가능하게 머물러 있는 한에서만 유지될 수 있다(Altvater/Mahnkopf 1997:55).

또 이런 부분도 읽을 수 있다.

사회는 공동의, 시장에 의해 매개되지 않은 군생과 형상화의 장소와 제도를 필요로 하며, 또 다수의 연관점, 수많은 정향 가능성과 전망을 필요로 한다. 그러니까 사회는 결속의 내적 끈을 잘라버리지 않고서는 시공간적으로 조밀한 천체라는 무리한 생각에 굴복하지 못한다. 이 사실을 인식했다는 것, 그것이 공산사회주의 이론의 진정한 핵심이다(같은 책, 62).

조망 가능한 정치적 상황, 제한된 사정거리의 필연성을 말하는 이런 생각, 그리고 그 비슷하게 들리는 생각들과 함께 물려 있는 것은 신체적 임석이 정치적 담론의 신빙성, 예측성, 진지성과 구속성을 보장한다는 생각이다(같은 책, 286 참조; Guggenberger 1999). 이와 동시에 그러한 생각 속에는 중재된 커뮤니케이션의 모든 형태들에 대한 깊은 회의감, 임석하지 않은 상태의 참여 가능성에 대한 불신이 나타나고 있다. "**실제 다른 존재들**과의 **실제 만남**은 인간적인 사회과학의 발전을 위해서는 없어서 안 될 것인 바, 그것은 결코 어떤 다른 것으로 대체될 수가 없다(Guggenberger 1999:195).

사회성, 그리고 동시에 정치성에 있어서 필연적이라고 믿었던 장소연관성 때문에 새로운 정치적 구성과 변화된 공간적 배치를 지각하지 못하거나 혹은 이를 그저 결함이 있는, 문화비판적인 발전으로만 지각하게 되는 것이다. 장소에서 공간으로 관점을 열 때 비로소 정치성의 새로운 형태들이 우리의 눈에 보이게 된다. 그 새로운 정치성의 형태들에 대해서 아래에서 자세하게 보여주고자 한다(본서 2부 1장 참조).

그러기에 앞서 다른 맥락을 하나 지적해야겠다. 우리가 장소라고 이해하는, 구체적인 공간으로부터 분리된다는 명제, 그리고 알트파터와 만코프, 그리고 구겐베르거에게서도 여전히 무슨 주문처럼 되뇌어지고 있듯이, 전 지구적 공간과 시간이 지배권을 가지게 되었다는 생각은 사회학의 근대화이론에서 전근대 사회에서 근대 사회로의 이행기에 대한 생각과 함께 가는 것이다. 사회학의 이 **메타서사**[장프랑수아 리오타르(Jean-François Lyotard)는 간단하게 요약하면 다음과 같다. 옛날 옛적에 공간이 커다란 의미를 차지하던 때가 있었다. 인간들은 자기가 태어난 장소에 제각기 매여 있었고, 아주 소수의 사람들만 생전에 그곳을 떠났다. 사람들은 다른 장소들에 대해 그저 다른 사람들이 말하는 것으로 들어 알고 있었다. 멀리 떨어진 장소에 대해서는 기껏해야 전설과 신화로 이야기되었을 뿐이다. 그러나 사정이 생겨 어쩔 수 없을 때면 사람들은 매우 힘든 여행길에 나섰다. 정해진 길도 없었고 공간을 가로지르기 쉽게 할 수 있는 보조 수단도 거의 없었던 때문이다. 말이나 마차로 가는 여행도 힘들고 거추장스럽고 시간이 많이 들었다. 사람들이 공간에 매여 있었고, 공간을 가로지르기가 힘들었던 탓에 공간은 그래서 큰 의미를 가지고 있었다. 근대적인 교통수단과 이동수단이 발견되고 난 뒤로는 공간 질러가기, 한자리에서 다른 곳으로, 여기서 저기로 움직이는 것이 쉬워졌다. 한 장소를 벗어나는 움직임만이 아니라, 대중커뮤니케이션의 수단을 통해 이루어진, 멀리 떨어진 장소의 일과 사건에의 근접이 만들어낸 것은 어디라도 마음먹은 장소에 빨리 갈 수 있다는 생각이다. 간단하게 말해서, 세계는 하나의 '지구촌'으로 축소되고 있다. 이제는 멂과 거리는 더 이상 존재하지 않는 듯하다.[2] 한편으로는 멀리 떨어진 장소에 참석하는 것을 가능하게 하고, 다른 한편으로는 여러 가지 활동을 위해서 그때그때 그 자리에 있는 것을 불필요하게 만든 이 능력을 보면서 우리가 결론으로 끌어낼 수 있는 것은, 바우만(Bauman 2000b:28)이 우리 시대를 명명했던, "가벼운 근대" 속에서의 공간은 더 이상 의미가 없다는 것이다.

그러나 뒤르켕과 짐멜부터 바우만과 루만을 거쳐 비릴리오와 빌케에 이르기까지 수많은 이런 설명들 속에서, 공간이 점점 무의미해진다 내지는 공간이 소멸된다는 주장을 거스르는 수많은 다른 발전들은 간과되고 있다. 여기에 대해서는 다음의 장들에서 상세히 다루도록 하겠다.

근대화 서사의 가장 최신 버전에서는 여전히 전근대사회 속의 공간 우세는 근대 사회의 시간 우세에 밀려났다는 것이 출발점이 되고 있다. 가령 슈티히베는 사회문화적인 진화 속에서는 우선 "시간적 관계들을 공간화하는 경향이 더 우세하다"고 확언한다. "'이전'이나 '이후'는 '가까운'과 '먼'으로 의미가 바뀐다. 이러한 경향은 인간사회의 역사에서는 뒤바뀐다. 시간차원이 더 우세해지는 것이다. 공간적 차이는 점점 갈수록 시간적 차이로, 예를 들어 발전사적인 차이로 해석된다"(Stichweh 2003:4). 여기서 슈티히베는 그리스인과 야만인의 차이를 지적하는데, 헤로도토스(Herodotus)에서는 이 차이는 아직 공간적으로 나타나는 것이지만 투키디데스(Thukydides)에서는 이미 시간적인 차이로 여겨지고 있다. 이때 놀라운 것은 최근의 새로운 전환인데, 이는 일단은 포스트모던 시대로의 이행기라고 특징지을 수 있을 것이다. 포스트모던 시대에 대한 논의는 사회사를 시간적인 순차의 의미로 생각하는, 현재로서는 마지막 시도다. 포스트모던 시대와 일견 맞물려 같이 가는 듯한 근대의 고별은 격렬한 반대에 부딪혔다. 하지만 포스트모던한 이론, 사유방식 등등은 언제나 존재해왔다고 하는 지적은 다양한, 서로 모순되는 시간 경향과 흐름의 시간적 공존 가능성을 가리키고 있다. 바로 이러한 생각이 푸코가, 우리는 현재 "공간의 시대"에 살고 있다는 명제를 내게끔 만들었다. "우리는 동시성의 시대에 살고 있다. 우리는 병렬의 시대, 가까움과 멂, 나란히 함께 함과 서로 분열됨의 시대에 살고 있다. 내 생각에 우리는 세계가 시간을 통해 발전하는 하나의 커다란 생명으로서 느끼기보다는 자신의 점들을 연결시키고 자신의 혼란을 종횡하는 하나의 망으로서 자신을 경험하는 순간 속에 들어 있는 것 같다"(Foucault 1990:34). 우리가 공간의 시대에 살고 있다는 것은 무엇보다도 사물들이 갈수록 하나의 시간적인 순차의 의미로서 보이지 않고, 점점 공간적인 병존으로 나타난다는 사실과 관련이 있다. 포스트모더니즘 개념에 대한 의미 있는 규정이 있다면 그것은 바로 근대적 순차를 교체하는 병존에 대한 이러한 의식 속에 존재한다. "우리가 동시론의 시대에 살지 통시론의 시대에 살고 있지 않다는 말을 자주 하는데, 내 생각에는 우리의 일상, 우리의 신체적인 경험과 우리 문화의 언어들은 오늘날–'고도자본주의'의 앞 시대와는 반대로, 시간의 범주보다는 공간의 범주에 의해 지배된다는 것을 실제로 증명할 수 있다"(Frederic Jameson, Noller/Prigger Ronneberger 1994:14에 따른 인용; Jameson 1986도 참조).

이것은 정확히, 우리가 지구화에 대해 이야기할 때 만나게 되는 상황이다. 그 결과 마틴 앨브로(Martin Albrow)는 널리 퍼진 공간에 대한 이별 공고와는 반대로 바로 그 정반대를 확신하고 있다. "근대는 인간 경험속에서 시간의 지대한 의미를 강조한다. (……) 시간이 우리에게 그렇게 중요할 수 있겠지만, 우리가 구체적으로 현실을 경험하는 방식은 공간에 결부되어 있기도 하다. 지구화의 도전은 지구화가 공간의 문제를 다시 논의에 부치는 데 있다. (……) 지구화에 대한 담론은 (……) 시간 문제가 공간 문제로 대체되는 것을 다루고 있다"(Albrow 1998a:425).

물론 공간의 소멸이라는 명제에 대한 이러한 반대 입장이 모든 현상을 단지 그 공간적 결과를 통해서만 설명하려 하고, 항상 기존 한 공간에서 출발하는 일종의 공간 근본주의로 잘못 이끌어서는 안될 것이다. 사회를 국민국가와 동일시하고, 또 사회학을 오로지 내적 사회화만 고민하도록 오도하는(Schwengel 1999:123 참조) 사회개념을 활성화시키자는 뜻이 아니다. 아무튼 사회는 공간에 붙들어매인 전근대적 사회에서, 공간으로부터 완전히 자유로운 근대적 사회로 변동했다는 생각은 사태를 대단히 단순하게 보고 있는 것이다. 이런 생각은 한때 공동사회와 이익사회라는 경직된 개념 쌍과 마찬가지로 수정될 필요가 있다. 막스 베버는 우리가 이익사회 속에서도 재차 공동사회화 과정과 만나게 되며, 따라서 공동사회라는 것이 극복할 수 있는 저급한 행동의 문제가 아니라는 것을 말하기 위해서 이 개념 쌍을 공동사회화, 이익사회화로 변환시킬 수밖에 없었다. 마찬가지로 간단히 사라지지 않을 공간이라는 범주의 경우에는 이러한 개념적 수정이 아직 일어나지 않고 있다.

공간의 사회학이라는 맥락에 있어서 결정적인 것은 시의적인 지구화 이론과 마찬가지로 고전적 근대화이론이 보여주는 공간의 "무의미성"과 "공간의 가치하락"(Bauman 2003:140 이하)에 대한 주장이 공간과 장소를 혼동한 결과라는 사실이다. **공간의 종말**로서 선포되고 있는 것을 좀더 자세히 살펴보면 경제적, 정치적, 그리고 사회적 활동들이 특정 장소로부터 더욱 자유롭게 되는 것을 의미한다. 원시적 사회에서부터 포스트모던 사회에 이르기까지 공통적 장소가 점점 공간으로 대체된다는 것이다. 특히 커뮤니케이션기술과 수송기술 때문에 갈수록 많은 공간들이 열리지만 장소에 대한 관계는 느슨하게 되고 있다. 물론 그 때문에 장소가 완전히 사라지게 되지는 않는다. 그와는 정반대로 장소는 언제나 다시 공간의 전 지구적 영향력에 반대하는 입지에 처하게 되기 때문에 살아남는다. 더 정확히 살펴보면 널리 퍼져 있는 공간으로부터의 독립이라는 명제는 정치를 국가정치와 동일시하고, 공간은 언제나 영토와 동일시해서 보는 환원주의적 공간 이해와 축소된 정치이해에 근거하고 있다. 우리가 이런 식의 질서지우기를 그만두고 공간을 장소와 혼동하지 않고 공간을 영토 이상의 의미로 이해하려고 한다면, 우리는 전혀 다른 결과에 이르게 된다.

공간의 사회학을
위하여

5

앞 장들을 돌이켜보면, 사회학의 경우 상대적인 공간 이해의 점진적 관철, 그리고 절대주의적 공간 표상의 극복을 전제로 해서 출발할 수 없다는 것이 분명해진다. 그와는 반대로, 상대적인 공간 이해와 경쟁하는 용기-공간컨셉트가 한쪽에는 물리적 공간, 다른 한쪽에는 사회적 공간이라는 고전적인 구별이나 마찬가지로 아직 밀려나지 않았다는 것을 알 수 있다. 우리가 보았듯이, 짐멜에게서는 물리적 공간이나 마찬가지로 사회적 공간이 나타나고, 용기컨셉트와 상대적 공간 이해가 그의 저서에서 이용되고 있다. 부르디외는 특히 물리적 공간과 사회적 공간의 관계규명을 하고자 했고, 그에 비해 기든스는 용기에 대한 이야기가 있긴 있지만, 무엇보다도 사회적 행위자를 통한 적극적인 용기 생산이 있다는 것을 지적하게 된다. 루만은 다시 물리적 공간과 영토로서의 공간이라는 통상적 공간 이해를 다루는 데 반해, 슈티히베는 다시 공간 그 자체, 사회에 의해 통제받아야만 하는 공간, 자연적으로 주어진 공간으로서의 공간을 등장시킨다. 우리가 이 책의 시작에서 제시했던 질문은 사회과학에서는 절대적 공간 개념에서 상대적 공간 개념으로의 변천이 왜 그렇게 느리게 또 머뭇거리면서 이루어졌느냐는 것이다. 한편으로 그 이유는 공간 개념이 사회과학적 맥락에서는 여전히 성찰되지 않고 등장하며, 그럴 때는 언제나 은근히 용기-공간관에서 출발하고 있는 것과 상관 있다. 또 하나의 다른 답변은 공간에 대한 여러 다양한 사회학적 접근을 다루는 과정 속에서 저절로 떠올랐다. 용기-공간컨셉가 사회학적 연구 속에서 은근히 나타나고 있는 것과는 상관없이 공간범주를 노골적으로 다루고자 하는 이론들의 경우에도 역시 이 공간 이해가 매우 고집스럽게 유지되고 있다. 그 이유는 용기-공간컨셉를 이용하면 공간적인 배치가 행위자에 미치는 영향을 기술할 수 있기 때문이다. 아인슈타인이 이러한 공간관을 기술했던 바를 떠올려보자. 절대적 용기-공간컨셉는—위에서 보여주었듯이, 공간이 "비록 모든 육체적인 대상에 영향을 끼치지만", 그러나 "이 대상물들이 거꾸로 공간에 영향력을 행사하지는"(Einstein 1960:XIV) 않는다. 용기-공간관은 그럼으로써 권력현상의 분석에 탁월하다. 용기-공간관은 그 때문에 지배, 권력, 폭력과 강제 이야기가 나오는 곳에서는 언제나 나타난다. 용기-이론의 테두리 안에서 배타성의 잣대가 가리키는 것은 공간의 위치는 오로지 하나의 대상물, 사물 혹은 인간에 의해 취해질 수 있으므로 두 번째 개체가 동일한 공간 위치를 차지하는 것은 그 이전의 소유자를 쫓아내지 않고는 이루어질 수 없다. 그리고 이것은 대부분 싸움, 전투 그리고 폭력 없이는 일어나지 않는다.

그에 반해 상대적 공간 개념의 맥락에서는 공간의 지속화, 공간의 건설 및 공간의 구성에서 행위자의 창조적인 가능성과 기회가 강조된다. 사회과학 안에서는 용기-공간 구상의 면밀히 조사되지 않은 유효성에서부터 출발할 수 있는 반면, 현재로서는 국면이 바뀐 듯하다. 여기서는 상대적 공간 구상이 선호되는데, 이는 무엇보다도 수많은 공간사회학적 연구의 행위이론적 방향성과 어떤 관계가 있는 듯하다(Läpple 1991, Sturm 2000, Ahrens 2001, Löw 2001 참조). 이러한 접근방법에 다가오는 것은, 그 전에는 전혀 존재하지 않았던 공간 건설에 있어서 인간 행위자들의 참여를 강조하는 공간관이다. 공간 자체의 영향력에서부터 출발하는 공간결정주의에 대한 반대는 이러한 연구들에서는 결연하게 추종된다. 그래서 공간결정주의의 반대인 공간의지주의의 위험은 과소평가될 수 있다. 사회적 공간의 적극적인 생산을 강조하는 것은 옳지만, 이러한 이해에만 머물지 않으려는 포괄적인 공간 분석에서는 일단 한 번 형성된 공간적인 배치가 끼치는 영향력을 지적하는 것은 필연적이다. 그러나 공간의 자기법칙성이 강조되면서도 이제는 극복되어야만 할 용기은유를 사용해서 사회학적 작업이 이루어지고 있다는 비난이 끊임없이 제기된다. 공간을 생산하는 행위자들의 의미를 강조하는 이론적 단초는 이미 거부된 것처럼 보인다. 이 은유, 용기라는 표상이 어떤 경우에는 혹시 정당성이 있지 않은가 하는 질문은 제기되지 않는다. 이러한 공간 개념의 매력은 아무튼 경험적으로 여러 차례 증명된다. 여기에는 이유가 있음이 분명하다. 이 용기개념을 현재로서 불필요하다고 잘라버리기보다는 그것이 어떠한 기능을 하는가가 문제되어야 한다. 용기개념은 어떤 맥락에서 이용되는가? 그것은 어떤 효과를 가지는가? 이것이 절대적 공간의 컨셉트를 단순히 구시대적이라고 저주내리는 것보다 더 중요해 보인다. 상대적 공간의 컨셉트로 인해서 무엇이 간과될 것인가를 기억해야 할 것이다. 즉 행동거지와 행위, 커뮤니케이션을 각인시키고 선구조화하는 공간이 있다는 사실 말이다. 가령 교회에서, 관청에서, 세미나공간혹은 대기실에서 그러하다. 그래서 우리는 교회에서는 천천히 유념하며걷고, 목소리를 낮추고 모자를 벗는다. 교수의 강의가 어디서나 그 영향력을 떨치는 것은 아니고 공간적이고 시간적인 배치를 통해서 강의라는형식에 걸맞게 준비되고 공고되어야 한다. 목사의 설교 역시 특정의 종교적 공간과 결부되어 있고, 이 공간이 우선 마련되어 있어야 한다. 설교를 듣는 사람들이 마련한 공간에서 목회 의식이 일어난다면 그것은더 쉽게 수행될 수 있을 것이며, 여러 가지 분배되어야 할 역할에 대해더 쉽게 인정할 수 있을 것이다. 세미나 역시 물론 노상에서 할 수도 있을 것이다. 그러나 그렇게 되면 모임의 진행은 다른 것이 될 것이다. 외부의 영향이 더해질 것이고, 상호간의 지각은 실내에서와는 다른 것이될 것이다 등등. 다른 말로 하자면 공간은 우리의 행동거지를 각인시키고 우리의 행동거지에 자신의 도장을 찍는다. 공간은 우리가 어떤 상황에 있는지를 결정하는 것을 도와준다. 우리가 어떤 상황에 이를 수 있는지, 우리가 어떤 기대치를 가질 수 있는지를 공간은 미리 구조화시키고, 상호작용의 진행을 구조화하며, 어떤 것은 개연성이 높게 만들고, 또 어떤 것은 개연성이 없게 만든다. 어떻게 공간적인 구조가 우리에게 특정행동거지를 쉽게 하도록 하는지는, 가령 쇼핑가에서는 그냥 원을 그리거나 지그재그로 움직이면서 갈 수 없다는 것, 이런 짓은 아이들이나 하는 것으로 생각한다는 데서 볼 수 있다(Kruse/Graumann 1978:195 참조). 이모든 예에서 공간 자체가 특정 행동을 자동적으로 행위자가 의식하지못한 상태에서 불러일으키는 것은 물론 아니다. "공간(건물, 장소, 자리) 그러니까 물리적인 공간 구조가 그 자체로서 인간의 행동거지를 결정하는 것이 아니라 (……), 인간이 특정 구조와 장소에 부가하는 의미와 가치들이 그에 걸맞는 인간의 행동거지 역시 쉽게 하도록 만들어준다"(같은 책, 1978:190). 그러나 개인들이 특정 장소와 공간에 부여하는 의미나 가치는 모든 상황마다 그때그때 새로 생겨나는 것은 아니다. 행위자의 의미와 가치는 이미 그 공간적 배치 속에 각인되어 있기 때문에 오히려 이미 기존에 부여된 공간적 배치가 상황 정의의 부담을 덜어준다.

어디를 가건 우리는 우리에게 특정 행동거지를 하게끔 하고, 다른 행동거지는 억제시키는 특수한 공간적 배치와 맞닥뜨린다. 물론 이러한 행동규칙은 언제나 깨질 수 있는데, 주어진 상황의 공간 배치를 다르게 함으로서도 역시 깨질 수 있다. 교탁을 높직이 두지 않고 학생들 높이에 두게 되면 공간 배치는 마치 교사자리와 학생자리 사이에 둘러쳐진 공간적 덫일 때와는 다른 학생과 선생 관계를 표현한다. 이런 식의 예는 공장 공간과 사무실 공간에서도 볼 수 있다. 이럴 때 문제는 가령 비위계적인 커뮤니케이션이 위계적으로 지어진 공간 속에서 유지될 수 있을지, 혹은 위계적으로 만들어진 공간이 점점 관철되어 커뮤니케이션에 영향을 끼칠지 하는 것이다. 공간이 의사소통적으로 또는 행위를 통해서 만들어진다고 지적하기만 하면, 내가 보기에는 완전하고 포괄적인 공간 분석의 두 번째 단계는 소홀히 하는 것이다. 그러니까 계속 더 질문해야 하는 것이 이렇게 해서 생겨난 공간과 함께 무슨 일이 일어나는가, 이 공간들이 어떤 영향을 미치는가 하는 점이다. 사회적인 일에 중요한 것은 문, 울타리, 혹은 담이 문제가 되고 있는지, 내지는 문의 자재가 유리라서 들여다 보이고, 가볍고, 투명한지 아니면 무겁고, 두껍고 불투명한지 하는 문제다. 다른 말로 하자면 아주 특정한 공간물리적인 기반은 사회적 공간의 의사소통적 창출을 반드시 만들어내는 것은 아니지만 만들어낼 수 있으며, 이 아주 특정의 물질적 공간에서부터 아주 특정한 사회적 영향력이 나온다는 것이다. 여기서 하나의 공간의 크기와 색, 그리고 조명이 이 공간에서 일어나는 일을 얼마나 함께 규정하는지, 건축가와 실내인테리어가라면 각 건물에 특정한 성격과 특정한 분위기를 부여하기 위해 이를 이용할 줄 안다. 공간의 사회적 생산만 고집하지 않으려면, 공간의 이러한 물질적인 측면이 사회학적 공간 분석에서 계속적으로 고려되지 않은 채로 있어서는 안된다. 그래서 공간이 어떻게 사회적으로 생산되는지를 보는 것만이 아니라, 공간 스스로 무슨 일을 하는지도 같이 고려하는 것이 중요하다. 이것은 공간결정주의와는 아무 상관이 없고, 공간 배치가 우리의 행동거지에 아무 영향력 없는 것은 아니라는 사실과 관계된다. 주체 못할 정도로 수없이 많은 가능한 행동방식들은 공간에 의해 선별되고, 그럼으로써 임의성이 극복된다.

용기이론에서 비판해야 하는 것은 정적이고 또 불변하는 것으로 생각되던 용기가 각각 그 내용과 분리되는 것이다(Läpple 1991:193 참조). 마치 내용은 자신이 그 '속에' 담겨 있는 공간 구성에 아무런 영향을 못 끼친다는 식이다. 그런데 내용이 하나의 용기를 구성한다면, 내용의 활동에서 용기-공간이 생겨난다면, 이는 어떻게 되는가? "이제 '용기-공간' 대신에 '상대적 질서공간'이라는 용어를 사용할 수 있겠다. 상대적 질서공간에서 '공간'은 '공간내용'의 공간적 질서조직을 통해서 정의된다"(같은 책, 192). 실제로 용기-모델을 상대적 공간 이해로 전환시키는 것이 가장 지당한 듯하다. 그렇게 하자는 요구들은 때로는 거의 규범적인 색깔마저 띠고, 마치 하나의 특정 공간관을 다른 하나의 공간관으로 바꾸면 수많은 문제들이 일제히 없어질 듯이 군다. 하지만 예나 지금이나 암묵적으로 이미 존재해 있고 또 드러내어 주장되었던 용기-공간컨셉트를 발견해내는 것이 시사하는 바가 더 클 수 있을 것이다. 오늘날 시대에서 자연과학적으로 부적절함의 너머에서 용기-공간컨셉트는 다른 어떤 모델도 도달할 수 없는 사회적인 요구를 어쩌면 채워줄 수 있을 것이다. 내 생각에는, 그러면서 우리가 용기-공간관의 취급상의 변화 자체를 관찰할 수 있다는 것이다. 용기이해의 기초 위에서 단지 각 내용만 생각했던 탓에 처음에는 용기사유가 공간범주를 소홀히 하게끔 만들었지만, 이제는 용기-공간 이해를 반성하고 그것이 낳은 결과를 묻는 단계가 시작되고 있다. 이것은 결코 자동적으로 이 용기이해와 결별하는 의미를 담고 있는 것이 아니고, 성찰적인 용기사유의 적용으로 이끌 수도 있다. 용기-모델에 연관 짓거나 혹은 그 모범을 따라 공간, 특히 정치적 공간을 세우는 것이 여러 분야에서 아주 의미 있게 보인다. 이렇게 해서, 용기모델을 쫓아 국민국가를 구성하는 것이 허상일 수 있긴 하지만, 실제로 이것은 아주 쓸모 있는 허상으로 판명되고 있다(Jammer 1960:162 참조). 왜냐하면 이렇게 해서 내부와 외부, 고유한 것과 이방적인 것 사이 등등에서 분명한 경계 긋기를 시도할 수 있다고 생각하기 때문이다. 비록 겉보기에는 명확한 분리와 구분이 오래 전에 무효하게 되고 허구적인 것으로 드러났다고는 하지만 말이다. 이러한 용기-공간이 가진 허구적인 성격에 대한 각성은 일상적인 실천 속에서 경험적으로 관찰되는 이런 공간들의 건설을 막지 못하고, 또 이런 공간들이 가진 명백한 매력을 막지 못한다. 경계가 해체되는 배경이 있기에 바로 그 때문에 용기-모델은 다시금 매력을 가지는 듯하다. 이러한 폐쇄각본과 차단전략이 허상이라고 증명되는 때조차도 이들은 매우 유용하고 효과 있는 허상인 것이다.

공간에 대한 나의 관점에서 중요한 것은 하나의 공간 개념을 유지하는 것이 문제되지 않는다는 것이다. 오히려 우리가 여러 상이한 공간들,

그럼으로써 여러 상이한 공간 이해와 상관하고 있다는 것이 더 중요하다. 물리적-자연과학적인 발전을 쫓아가고, 연구의 상황에 맞추어서 사회과학 내의 공간 이해를 적용시켜나가는 대신에 여러 가지 계기들에 유통되는 아주 다양한 공간 표상을 이해하는 것이 더 문제가 된다. 여러 다양한 맥락 속에서, 여러 다양한 목적에 맞추어, 여러 다양한 기능을 위해서 이런저런 공간 이해가 우세하는 것이다. 그러므로 널리 확산되어 많이 이야기하고 있는 용기-공간과의 결별은 자연과학의 인식에 맞추어 자신들의 공간 이해를 변화시키는 진화적인 사유의 결과다. 이러한 자연과학적인 인식정보 이미지에 몰두하는 대신에, 자연과학이 사회과학에 하나의 모델을 줄 수 있는 것은 자연과학에서도 역시 두 개의 공간 모델이 통용되기 때문이다. "물음을 어떻게 제기하느냐에 따라 어떤 질문은 다른 질문보다 감각적 체험을 이해하는 데 더 적합하다"(Sturm 2000:87). 병존이라는 공간적 원칙 자체가 공간 이론을 거의 추월해버린 셈이다. 우리는 더 이상 서로 교체되지 않고, 나란히 존재하는 여러 상이한 공간 이미지, 공간컨셉트, 공간 이해를 다루고 있다.

다음의 실제 사례 분석에서 내가 중요하게 보는 것은 안과 밖, 고유한과 낯선, 사적과 공적 같은, 문화적으로 뚜렷하게 정의된 경계들이 둘 중 어느 한쪽에 유리하게 해체되는 것이 아니고, 이들이 완전히 사라지지 않은 채 그 구분이 더욱 혼란스러워진다는 것을 보여주는 것이다. 이 경계들은 앞으로도 계속해서 유효하지만 그 정확성과 선명성을 상실하게 된다. 그리고 바로 이 불명확성이 다시금 선명한 경계 짓기에 이르려는 노력을 촉발시킨다. **공간 내 하나의 선에 몰입하는 것**은 명확한 구분과 구별에 대한 욕구가 크다는 것을 증명한다.

공간이 지구화 이슈와 관련하여 또다시 등장한 것은 공간이 일종의 존재론적 안정성을 보장하는 것처럼 보인다는 데도 그 이유가 있다. 공간은 조망 불가능한 세계에 대해 조망을 가져다줄 것을 약속하고 복잡성을 낮춰준다. 이것은 특히 가상 네트에 대해 공간적 은유가 널리 확산되어 있다는 데서 읽을 수 있다. 아직은 질서지어지지 않은 과도적인 현재 속으로 질서와 조망이 들어와야 하는 바로 그때에 공간적인 연관성이 더 강화되어 나타난다. 공간과 시간이 **무엇이냐**는 질문 저 너머 중요한 것은 공간과 시간이 어떻게 **다루어지느냐**는 것이다. 이때 공간은 보존자의 역할을 맡게 되는 듯 보이는데, 그렇다고 완전히 고정적인 것, 정체가 아니라 계속성과 지속성을 의미해야 한다. 이것은 어쩌면 약속 그 이상 아무것도 아닐 때가 자주 있으므로 공간 속에 주조되어 있는 사회적 상황들도 다른 것과 마찬가지로 일시적이고 단발적으로 드러난다. 그렇지만 공간적 관계들이 완전히 한물간 낡은 것이 되지는 않았다는 걸 더 이상 지나칠 수 없다. 겉보기로는 무한한 인터넷 공간에서 공간은유가 눈에 띄게 자주 사용되는 것은 공간 관계가 가지고 있는 기능들을 똑똑히 보여주고 있는 것이다. 공간은 경계를 가능하게 해주고, 공간은 경계로서 이루어지고, 공간은 경계를 긋고, 공간은 소속성을 만들어내고, 출입을 규정 짓는다 등등. 네트에도 적용되는 사실은 공간이 움직임을 통해서 비로소 경험 가능해진다는 것이다. 오늘날 우리는 로컬리티와 그리고 대면 상호작용이 더 이상은 사회적 결합의 수용과 질에 대한 결정적인 잣대로 손꼽힐 수 없는 단계에 이르렀다. 적절한 미디어를 통해서, 아주 먼 거리를 너머 사회적 관계를 수용하고 유지하는 것이 가능해진지 오래되었다. 그러나 인터넷에서, 거리와 무관한 미디어인 이곳에서도 근공간과 익숙한 환경과 같은 것을 지으려고 시도하는 의미론이 형성되고 있다. 이것은 민주주의가 유지되어야 하는 경우, 정치적인 분야에서 근관계에 비중이 놓이게 되는 것과도 비슷하다. 지금까지 사회학이 은근히 계속 그렇게 해온 것처럼 근공간에서 유지되던 관계들을 단순하게, 원래 중요하고 중심적인 관계들로 특징짓는 것은 이제는 더 이상 불가능하다.

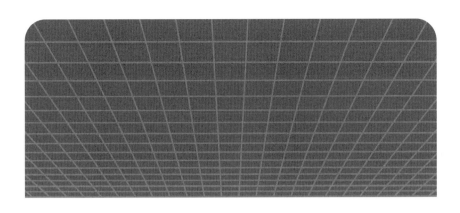

2부 사례 분석

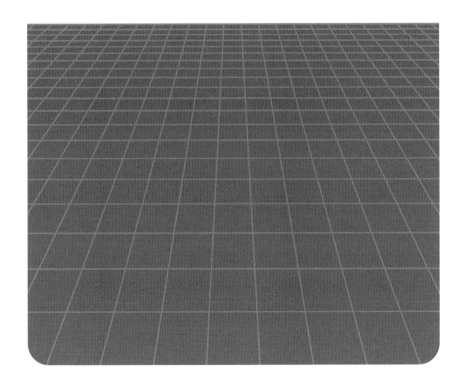

정치적 공간

1

정치와 공간의 관계에 대해서 물으면 일련의 연관 가능성들이 바로 생각난다. 일단 정치의 우선 과제는 몇 세기 동안 언제나 새로운 공간을 정복하고 소유하는 것이었다는 사실을 생각할 수 있다. 전 지구는 국가라는 형태의 정치적 공간들로 점점 뒤덮이게 되었다. 이때부터 자기의 영역을 넘어가는 모든 진격은 다른 국가에 대한 공격과 똑같은 의미를 가지게 되었다. 국가에서 확립된 통치유형 역시 여러 가지 공간적 형태로 제시된다. "요새는 과두정치나 군주제에 속하고, 편편한 땅 표면은 민주주의에 속하는 것이며, 귀족제에는 요새성도, 편편한 땅 표면도 아닌 다수의 견고한 광장들이 속한다"(Aristoteles 1996:235). 건축에 이르기까지, 그러니까 건물의 크기와 형태, 사용된 건축자재의 종류, 건물의 입지에 이르기까지 각 정치 통치와 그 공간적 재현 사이에 있는 연관성을 알 수 있다. 유리로 된 정부건물이 민주적 모델의 투명성을 의미하듯이 들여다

볼 수도, 점령할 수도 없는 독재자의 콘크리트요새는 지속적인 통치를 향한 절대의지를 표현하고 있다. 정치적 권력은 그것이 행사되는 장소와 자주 동일시된다. 크레믈린, 백악관, 심지어 본과 베를린은 한용 건물의 명칭에 불과하거나 혹은 단순한 장소 제시 이상이다. 오히려 이런 말들은 한때 아테네의 아크로폴리스와 포럼 로마눔이 그랬듯이 권력이 집중되어 있고, 정치적인 결정이 내려지는 장소의 유사어이다. 쿠데타가 있을 때마다 권력이 이런 장소들을 점거하는 것이 중요한 것은 우연이 아니다. 정부청사, 미디어시설, 궁전같이 호화스러운 법무관청의 점령은 전복의 성공을 상징한다. 그리고 집회 때마다, 데모단 행렬이 권력의 상징적 의미를 띤 거대건물에 얼마나 가까이 갈 수 있느냐를 둘러싼 줄다리기가 벌어진다. 정치가 스스로에게 만들어낸 공간의 현재화를 빼고 나면 정치사는 불완전하다. 예로부터 내려오는 문자 증거들 외에 특히 건축물들이 과거 지배제국들에 대해 이야기한다. 정치는 살롱과 카페에서, 거리에서, 국회에서 그리고 유명한 밀실처럼, 언제나 일정한 장소에서 이루어졌다.

정치성의 공간에서는 특정 의미론을 통해서 재차 구성되는 그런 공간들도 생각해야 한다. 즉, 계기와 여건에 따라서 '북쪽'나라, '남쪽'나라, 또는 '서방 세계'를 그와 반대로 규정되는 다른 하나의 세계와 구분하여 주장한다는 것이다. 첫 번째의 구분에서는 부와 빈곤이라는 이분법이 이루어지고 그 동의어가 북과 남이라면, 두 번째 구분을 이용해서 최근에는 '자유의 왕국'과 '악의 왕국'의 이분법이 시도되는데, 서방세계 대 '나머지 전부'를 의미한다. 이러한 지적과 함께 우리는 이제 지리정치학을 말하게 되는데, 지리정치학은 진작부터 정치와 공간의 직접적 맥락을 주장해왔으며 그럴 때마다 항상 잠재적 정복공간으로서의 물리적 공간을 보고 있었다. 이 관점은 현재로서 조망 불가능한 호황기를 구가하고 있다 하겠다. 신빙성을 상실한 개념과는 상관없이, 지리정치적 고려는 오늘날에도 정치의 역사에 영향을 끼치고 있다는 것, 예컨대 누가, 그리고 무엇이 유럽에 속하고 또 속하지 않는가에 대해 생각할 때 지리정치가 작용한다는 것은 너무나 자명하다.

정치성은 다른 관점에서도 역시 하나의 공간적 연관성을 가지고 있다. 정치는 집단적으로 결속시키는 결정을 수반하는 과제로서 언제나 이러한 결정의 사정거리에 대해서 스스로 물을 수밖에 없다. 정치적인 결정은 한 도시의 주민, 한 지방의 주민, 한 주 혹은 한 국가의 주민에 적용된다. 바로 이 관점과 관련해서 현재 크게 불확실성이 지배하고 있는 것으로 보인다. 한 도시는 한 지역 속에, 한 지역은 한 주 속에, 한 주는 한 국가에 '포함되어 있는' 것으로 이해되었던 옛 공간질서는 눈에 띄게 해체되고 있기 때문이다. 이러한 공간 층위들의 각 층위는 국민국가라는 집계에서 풀려나와 독립하기 시작했다. 개별 도시들은 주변 지역에 대한 것보다 더 강한 연대감을 다른 도시들과 맺으며, 지역들은 스스로 궁리하여 자신이 소속되어 있는 민족과의 결속을 강조함 없이 독립된 행위자로서 등장하고 있다. 그들은 자신의 경제적 사회적 발전이 자신이 세계사회의 경제적 정치적 체계 속에 성공적으로 통합되느냐에 달려 있다는 것을 안다. 전통적인 공간 모델에 따르면 모든 공간 주위에는 동심원을 이루면서 점점 커지는 공간 관계가 만들어진다고 한다. 그런데 이 전통적인 공간 모델이 확연하게 해체되어가는 것을 보면 광우병의 확산, 핵폐기물처리, 대량살상무기 거래와 지구적 금융시장의 조정과 같은 경계를 넘어서는 문제들에 대해 책임 소재가 불명확하다. 예나 지금이나 결정은 이루어지고 혹은 다른 데로 위임된다. 그러나 책임 소재를 밝히고 정치적 결정의 사정거리를 확정하기 위한 기초로서 민족적 경계를 생각하던 그 당연함은 갈수록 해체되고 있다.

국민국가의 형태 속에서 당연한 것으로 전제되어왔던 정치성의 공간과 관련된 확실성의 해체는 더 이상 공간이 아니라 시간이 결정적인 역할을 하는 국경 없는 세계라는 결론으로 우리를 이끌어간다(Baudrillard 1986, Guéhenno 1996, Ohmae 1994, Virilio/Lotringer 1984, Willke 2001 참조). 정치가 지속적으로 국민국가적 틀 속에서 생각되어왔다는 관찰에 대해서는 공간과 정치로부터의 동시적인 결별보다 더 나은 증거가 없을 듯하다. 공간은 사회과학적인 논의에서 보자면 원칙적으로 국민국가적 공간으로서 사유되고, 정치는 이렇게 해서 원칙적으로 국민국가적 정치와 연상되어서 공간의 몰락은 자동적으로 곧 정치의 몰락을 초래한다. 이 장에서 내가 다루고 싶은 문제는 사람들이 자주 확언해왔던, 공간의 사라짐이 정치에 어떠한 영향을 미치는가이다. 어떤 공간이 사라진다는 것인가? 공간이 실제로 사라지는가, 혹은 새로운 공간이 구성되어 이것이 옛 공간의 자리에 등장하는 것일까? 나의 명제는, 공간의 종말이 아니라 탈공간화와 공간화, 탈경계화와 경계화의 변증법적 교차가 문제된다는 것이다. 우리가 새로 탄생하는 공간과 관련해서 체험하는 것은 공간이 갈수록 덜 중요해진다는 것이 아니라, 지금까지 고수되어온 공간 표상의 위기다. 옛 질서들이 새로운 것으로 남김없이 다 대체된다고 보면서 출발하는, 일반적으로 통용되는 생각과는 달리 옛 공간질서를 완전히 대체하는 새로운 공간질서의 탄생은 보이지 않는다. 경험적으로 관찰할 수 있는 것은 그보다는 오히려 여러 공간질서모델들이 동시적으로 존재하는 것이다. 한편으로 이는 옛 국민국가적 용기-모델에서 벗어나 정치성의 새로운 형태를 초래하는 새로운 공간들의 탄생이며, 다른 한편으로는 용기-

모델의 끈질김 내지는 이 모델의 회생이다. 두 가지 공간 모델의 동시성에서 현재의 갈등이 나오기도 한다. 나의 테제는 새로운 정치적 공간은 용기로서의 공간이라는 표상에서 떨어져나온다는 것이며, 그리고 상대적 공간 이해에 상응한다는 것이다. 새로운 정치적 공간은 더 이상은 닫힌 민족적 영토와 같은 의미를 가지지 않으며, 그것은 물리적 여건이라는 의미에서 항시 존재하는 것이 아니라 사회적 조작을 통해서 비로소 만들어진다. 이 공간들은 자기 스스로 자기의 의미를 얻는 것이 아니라 다른 장소와 공간에 대한 그때그때의 연관성을 통해서 자기 의미를 얻는다. 용기-모델의 침식이 일어나면서, 그리고 경계의 다공화(多孔化) 현상과 함께 용기모델은 탈경계화로서 여겨졌던 지구화에 대한 저항과 반대운동으로서 다시금 매력을 가지게 되었다.

나는 정치적 공간의 발전을 세 단계로 나누어 기술하고자 한다. 우선 국민국가들의 건설로 이루어졌던 정치성의 영토화를 개요로 묘사하게 될 것이다. 이 발전 속에서 공간질서의 변동이 확인될 수 있다. 일단 커다란 사이공간이 무인지대(Niemandsland)로서 존재하는, 개별 섬과 같은 정치적 공간을 다루고 나면, 이러한 발전의 끝에는 국가적 공간이 지구를 빽빽하게 다 차지하고 있다(1). 두 번째 발걸음에서는 국민국가의 종말의 증거로서 제시되는 사건들을 기술할 것이다. 국민국가의 종말로부터 공간과 정치의 종말이 도출된다(2). 세 번째 발걸음에서는, 우리가 다루는 것이 결코 옛 공간연관성의 철거만이 아니라 두 가지 서로 다른 공간유형들이 대립해 있는, 공간의 다양한 신건설과 관계한다는 것이다(3). 마지막 발걸음에서는 결론적으로 이 단락의 결과물을 다시 한번 숙고할 것이다(4).

1.1 정치성의 영토화와 국민국가의 탄생

근대국가는 유럽에서 근대의 시작 이래 정치성의 본래적인 장소로서 결정화되었다. 근대국가는 그것의 중세적 국가와는 특히 한 가지 점에서 구분된다. 근대국가는 더 이상 봉건서약―왕과 그리고 전쟁시 그의 명령에 따른다는 대가로 왕에게서 땅을 받는 그의 봉신 사이의 맹세―을 통해 묶이는 것이 아니라 지리적인 경계를 통해서 묶인다는 것이다. 근대적 영토국가가 확립되기 이전, 그러니까 1500년 이전의 정치적 질서는 근대적 의미에서의 국가라고는 말할 수 없는 성격을 띠고 있었다. 중세의 정치적 질서는 그 질서 속에서 수없이 분산된 지배경계들이 존재하고, 이들이 서로서로 병립적으로 존재한다는 특징을 가진다. 제후, 귀족, 신분 대표회의, 교회는 하나의 영토에서 제각각 지배권을 가질 수 있었다. 그 모든 것을 결속시키는 어떤 상위의 중앙정치권력도 그때까지는 존재하지 않았다(Elias 1976b:1 이하 참조). 마침내 국가가 확산되기 시작할 때도 역시 국가가 그 전의 조직원칙을 모두 다 대체하지는 않았다. 그와 반대로 국가는 부분적으로 국가에 대한 위협이 되는 경쟁모델인 부족, 혹은 씨족과 함께 오랫동안 같이 공존해왔다(Elias 1987b:274 이하 참조). 아직까지는 하나의 국가가 다른 하나의 국가와 경계를 접하고 있지 않았다. 오히려 사이 공간들, 휴경지로 남겨진 땅이 있었는데 휴경지는 일부러 여러 상이한 정치-사회적 단위들 사이의 완충지대로 설정되어 있었다. "이전의 시대에서는 각 지역민들은 자신들의 경계선이 바로 다른 지역민중의 경계선이 아니라, 일단은 자기들의 경계에 황무지땅이 연결되어 있었으면 하는 욕구를 가지고 있었다"(Simmel 1992a:784; Ratzel 1923:393 참조; van Gennep 1999:27). 그러나 이러한 목적을 위해서 거주지의 영역을 비워내기만 한 것은 아니다. 그러한 무인지대를 유지하기 위해서 이주조차 불사했다. 오늘날 적대적인 양측이 '중립적인 지대'에서 서로 만난다면, 이것이 바로 그러한 중간공간에 대한 하나의 기능적인 등가물이라고 하겠다. 물론 이러한 목적을 위해서는 '제3의 국가'가 뒤치다꺼리를 한다. 무국가적 어떤 공간도 지금은 더 이상 존재하지 않으니까 말이다. 이 지구상에서의 공간은 모두 국가적으로 질서지어진 공간인 것이다(Breuer 1998:167 참조; Stichweh 2000:71; Habermas 1998b:97; Mann 1997:119).

그러니까 근대국가의 형성이란 서로 멀리 떨어져 있는 점과 같은 정치적 중심들이 가까이 나란히 있는, 서로 가까이 경계가 나누어진 평면국가들로 뒤바뀌는 발전을 말한다. 이 평면국가에게는 그들 각각의 영토에 대한 틈 없는 지배가 문제된다.

"근대적인 표상에 따르면, 국가의 주권은 합법적으로 경계지어진 영토의 모든 평방미터에 대해서 완전하고, 포괄적이며 균질하게 행사된다. 이에 반해서 그 이전에 국가가 여러 중심들로 규정되었을 때 경계는 구멍이 뚫려 있고 불분명했다. 주권은 거의 알아차릴 수 없이 서로 겹쳐 있었다"(Anderson 1998:25). 국가적 질서가 확산되는 과정의 최정점에는 국가와 국가가 나란히 줄서 있고, 사이 공간은 무(Nichts)로 쪼그라들고, 국가 간 경계는 엄격하게 경비된다. 정당화되지 않은 경계 넘기의 대가로 생명을 잃을 수도 있다. 영토는 갈수록 포기할 수 없는 국가의 고유한 특징이 되었다.

영토성 외에 또 다른 기준으로 등장한 것이 **폭력독점**이다. 국가는 영토의 기반 위에서 물리적인 폭력행사에 대한 권리를 오로지 자기만의 것으로 독점적으로 요구하는 정치적 단위다. 그러나 하나의 국가가 아니라 다수의 국가가 문제되기 때문에 영토적 경계의 필연성이 생기게 된다.

모든 국가는 바깥으로는 다른 영토 즉 다른 국가 영역—그리고 그 위에 존재하는 인간인 국민—에 대해 지배하는 다른 국가들과 경계 구분된다. 안으로는 폭력독점, 국가폭력의 관철을 통해 자신의 지배를 안정시킨다. 안으로 결속을 안정시키고 사회적 질서를 만들어내고 이를 유지하는 집단적 정체성[1]의 뿌리는 다른 국가에 대한 자국의 경계구분 속에 있다. 국가의 영역, 국민, 국가의 폭력—이것은 고전적 국가론에서도 역시 하나의 국가를 완성시키는 3개의 결정적인 요소이다(Jellinek 1960:394 이하 참조; Weber 1972:822; 같은 책, 514 이하도 참조). 단지 하나의 민족지적 민족(Volk), 정치적 민족, 국민(Nation), 혹은 종족이 문제가 아니라, 하나의 국가가 문제될 때, 그때는 이 세 요소 중 어느 하나도 빠져서는 안된다. 민족지적 민족, 정치적 민족, 혹은 종족의 모든 경우에서 국가는 독점을 통하여 자신의 지배를 확보한다.

국가는 **폭력의 독점화**를 이용해서 자기의 국민들에게 폭력으로부터의 보호를 약속한다. 오로지 국가만이 폭력행사의 권리를 가진다. 이렇게 해서 다른 모든 행위자들은 물리적 폭력 사용에 대한 정당성이 박탈된다. 국가의 내부에서는 국가 외 폭력사용의 정당성이 있는 어떤 다른 집단도 존재해서는 안된다. 폭력사용에 대한 어떤 사적 권리도 존재하지 않는 것이다. 엘리아스가 강조했듯이 이러한 폭력의 박탈과정을 통해서 "법률의 보호를 받은 공간"(Elias 1976b:320 이하)이 생겨난다. 국가적 폭력은 폭력을 스스로 내부에서 결속하고, 또 이를 외부경계를 방어하는 데 사용하기 위해서 모든 공간들에서부터 폭력을 마치 자석처럼 끌어낸다. 그것은 민족국가가 단지 안으로만 평화를 만드는 것이 아니기 때문이다. 민족국가는 오히려 외부 적에 대한 경계 짓기를 통해서 자신의 내적 통일성을 확보하는데, 이러한 상황은 재차 국가 간의 전쟁이라는 갈등으로 치닫는다(Bernauer 2000:37 참조; Münch 1993:15 이하 참조). 국민국가의 성립은 그 전까지 알려지지 않았던 엄청난 양의 '인간자원'이 희생되는 현대전의 대량 군비확장과 잔학성을 몰고 오기도 했다(Giddens 1985 참조).

폭력사용에 대한 독점권을 가지고 있는 국가는 이러한 폭력독점을 행사할 수 있는 영토에 대해서도 독점권을 가진다. 이 영토 상에서 이러한 독점권을 요구하는 다른 국가는 존재할 수 없다. 이처럼 국가가 차지하는 모든 공간은 배타적인 것으로 여겨진다.[2]

국가 영역과 국가폭력과 함께 국가를 완성시키는 세 번째 요소, **국민** 역시 독점권 내지 배타성의 원칙이 적용된다. 국가가 존재하는 곳에는 다른 어떤 국가도 존재할 수 없을 뿐 아니라 모든 개인 역시 하나의 국가에만 귀속될 수 있고 다수의 국가에 속할 수 없다.[3] 하나의 정치적 민족 구성원들이 더 이상 서로를 알지 못한다고 하더라도, 각 개인은 '자기의' 민족을 위해서는 위급시에 나설 것으로 기대된다. 이는 위급시에 자신의 생명을 던질 것도 요구하는 희생심으로서 이는 어느 정도 국가가 각각의 국가구성원의 생명에 대한 보호를 보장하는 것에 대한 반대 급부인 셈이다. "사람은 국민(Nation)을 위해서 살고 살인하고 또 죽어야 한다. 비록 이때의 사람이 개별적으로 각각 누구를 의미하는지는 전혀 알 수가 없지만"(Luhmann 2000a:211; Elias 1987b:278 참조). 이런 한에서 국민은 "부재하는 것의 이상화"(같은 곳)를 통해서 존재한다. 국민은 근본적으로는 서로 모르는 낯선 사람들끼리의 공동체인 "표상된 정치적 공동체"(Anderson 1998:15)[4]다. 이 이질성은 하나의 국민을 서로 동등한 사람들끼리의 '운명공동체'로서 표상할 수 있기 위해서(Schroer 1997 참조) 재차 비가시화되어야만 한다. 이미 베버는 국민이란 "어떤 인간집단에서 서로가 서로에 대한 특별한 연대감을 (부당하게) 기대한다는 것"(Weber 1972:528)을 의미한다고 씀으로써 국민이 가진 이러한 구성적 성격을 지적했다. 베버가 "(부당하게) 기대한다"는 단어를 선택한 것은 시사하는 바가 크다. 만일 어느 정도는 자연스럽게, 그럼으로써 당연하다고 한다면 (부당하게) 기대할 리는 없을 것이다. 국민이라는 이념은 민족(Volk)의 욕구에서 유기적으로 자라나온 것이 아니라, 나와 타 사이를 분명하게 구분시킬 것을 약속해주고, 바로 거기서 자기의 매력을 얻는 하나의 단일체가 만들어낸 구성물인 것이다.

소속된 사람들의 집단 내에서는 하나의 국민이라는 공동 소속 때문에 근원과 기원의 차이는 중요하지 않게 된다. 국민국가 내부에서 민속지적-문화적 차이를 수평화하고 갈등을 잠재웠다고 하는 이 거듭 강조된 업적은 사실 사회 내 다양성과 차이의 평준화를 대가로 이루어진다.

국민국가는 지금까지 다양성이 있던 곳에 획일성을 만들어낸다. 국민국가는 하나의 통일된 언어, 하나의 통일된 종교, 하나의 통일된 법체계와 하나의 공동된 화폐를 확립시키고 그렇게 함으로써 동질성을 진작시킨다. 국민국가는 공동의 기억을 구성하고, 하나의 공동 운명을 주문처럼 되뇌며 하나의 공동 전통이라는 도식 안에 들어가지 않는 모든 것들을 배제시킨다. 공동 형성을 향한 이러한 노력은 각 국민의 틀 속으로 들어오지 못하는 부족들, 억압된 민족들, 그리고 핍박받은 종교가 생기게 만들었고, 이들은 언제라도 터져나올 수 있는 정치적 갈등의 진원지가 된다. 오늘날에 이르기까지 수많은 민족들이 자신의 영토를 위해 투쟁하고 있다.

더 나아가 국민으로서의 민족이 생기면서 국민의 복지도 생겨나는데, 이는 국가에 의해 벌어진 일종의 **보살펴주는 포위공격**이며, 가족, 교육, 양성관계 등의 영역 안으로 들어온 통치다. 국가는 직접적인 국가적 관찰

가능성 및 국민에 대한 정보수집 가능성을 가지고 있다. 현대적인 교통수단과 운송수단(철도)처럼 새로운 커뮤니케이션미디어(전보, 전화)는 미증유의 국가적 조종력과 감시력의 성장을 가져왔다.[5] 전 세계적으로 촘촘하게 국가가 건설될 수 있었던 근본적인 전제조건은 현대기술의 발전으로서 이 기술의 도움을 받아 국가는 자기 영역의 마지막 제곱미터까지 통제하고 그 주민들에 가 닿을 수 있게 된 것이다(van Creveld 1999:416 참조).

부재하는 것의 이상화. 국민국가는 그러니까 국민으로 부상된 신민들을 미디어를 통해서 이를 수 있게 된 그 시점에 성공하는 것이 분명하다. 서적인쇄의 발명은 이미 여기에 일조한 바 있다. 도시국가 시대에서는 이러한 일은 불가능했다. "정치적인 권리의 소유자 수가 얼마나 크든 얼마나 작든, 도시국가의 본질은 각자 상이한 정도로 모든 사람들이 다 참가하는 직접 통치였다. 이러한 체계가 요구하는 것은 신전, 법정, 극장 등의 공공건물이 있는 도심에서 누구도 너무 멀리 떨어져 살지 않고 서로 가까이 있는 것이다. 이는 사람이 걸어서 편하게 하루 만에 돌아올 수 있는 거리여야 했다"(같은 책, 46).

국가의 발전과 통일 유지에 이바지했던 것이 오늘날에는 국가에 대한 위협으로 뒤바뀔 우려가 있다. 그동안 국가적 영향권을 벗어나는 사정거리를 가진 미디어가 존재하게 되었다. 미디어는 어느 정도 독립되었고, 국가적 영향이라는 족쇄를 벗어던지고 이제는 국가적 경계 너머, 결코 바람직하지 않은 영역에서도 뉴스를 확산시키고 있다. 정보가 국가적으로 지어진 경계를 쉽게 넘어갈 수 있기 때문에 갈수록 이러한 경계들의 권위는 그 기반이 무너지고 있다. 이미 많은 정권들이 다른 나라에서 방영된 방송프로그램이나 동영상을 무서워하게 되었다.

그러나 국민국가의 경계 앞에서 정지할 줄 모르고 그럼으로써 국민국가의 주권을 갈수록 의문스럽게 만드는 것은 미디어만이 아니다. 안정된 국가들은 그들의 유효영역 **바깥에서** 생겨난 문제가 그들의 유효범위 내에서 더 이상 자기네 내부의 도구로는 해결되지 않는 상황에 직면했고, 앞으로 그 정도는 갈수록 심화될 것이다. 그 외에도 갈수록 분명하게 나타나고 있는 것은 유럽에서 구성되었던 국가가 분명 지구상 어디서나 다 설치되지는 못한다는 사실이다(von Trotha 2000 참조). 민주주의적으로 정초 지어진 국가형성의 왕도로서 국민국가 모델이 깊은 위기에 빠지게 된 것이 분명하다. 국민국가의 확립과 함께 가는 정치의 영토화는 현재의 지구화과정 때문에 심하게 뒤흔들리고 있다. 사회과학과 언제나 같이 가는 국민국가와 사회의 동일시는 이제 "국가와 국가의 의사결정과 관련된 정치"(Luhmann 2000a:14)라는 정치관만큼이나 적절하지 않아 보인다. 문제는 국민국가와 밀접하게 연결되어 있던 공간과 정치의 관계를 대신하여 무엇이 그 자리에 들어설 것이냐.

1.2 정치성의 탈영토화와 국민국가의 종말

지구화, 이 휘황한 1990년대의 키워드는 경계가 무너진다는 소식을 전해준다. 지구화란 커뮤니케이션 관계의 확산과 강화가 국민국가적 경계를 넘어선 것을 말한다. 돈, 서비스, 테크놀로지, 상품, 자본, 인간과 정보의 전 세계적 교환이 증가하고, 갈수록 국민국가의 조종과 구성을 벗어나고 있다. 국민국가는 자신이 초래하지도 않았고 또 조종하거나 통제할 수도 없는 발전에 의해 휩쓸리고 있다. 원래는 바깥에 있어야 하는 것들이 구석구석에서 이제 퇴락한 집안으로 몰려들어오는 상황과도 같다.

국가는 더 이상 문지기가 아니고 어떤 종류든 간에 지구적 발전이 몰려들어오는 침입구다.

국민국가의 의미상실, 그리고 국민국가의 정치적 구성 가능성의 의미상실을 보여주는 것으로서 특히 자주 거론되는 세 가지 발전경향이 있다. 경제적 지구화, 전 지구적 이주, 그리고 새로운 미디어 내지 운송기술이 그것들이다.

1.2.1 경제적 지구화

그중 가장 눈에 띄는 것이 지구화의 경제적 측면이다. "전 지구적 경제적 거래는 국가적 차원에 겨냥한 활동에 비추어볼 때 지나간 전 시대 그 어느 때도 도달하지 못했던 수준에서 움직이고 있으며, 지금까지 알려지지 않았던 정도로 강하게 국민경제에 직간접적 영향을 끼치고 있다"(Perraton 외 1998:167). 이미 오랫동안 국민국가적 경계를 넘어서는 전 지구적 무역이 존재하고 있고, 그리고 전 지구적 무역이 현재보다도 더 뚜렷하게 기능했던 시대가 있었기 때문에(Brock 1998:275 이하 참조) 국제적 경제적 결합이 과연 새로운 것일까 하는 회의가 있긴 하다. 그러나 국제적 무역의 지리적 연장과, 또 그것의 상호작용의 밀도 증가 및 금융시장의 전 지구적 네트화는 지금까지 국민국가가 해왔던 역할을 결정적으로 변화시키고 있다. 경제적 활동은 국민국가의 테두리를 가지긴 하지만 국민경제를 유령 경제로 만들어버릴 정도로 해체되어가고 있다. 그런 한에서 우리가 관계하는 변화는 순수히 양적이기만 한 것이 아니라 질적이기도 하다. 이 변화에는 새로운 이전기술 및 커뮤니케이션기술이 결정적으로 크게 관여하고 있는데, 바로 이러한 기술들이 공간적 거리를 하찮은 요인으로 만들기 때문이다. 이러한 기술들을 이용해서 공간적인 거리는 좀더 빨리, 그리고 좀더 저렴하게 극복될 수 있다.

　이러한 발전에 대한 논의를 할 때 눈에 띄는 것은 본격적인 문제가 생기는 것은 지구화되는 경제관계 그 자체가 아니라 경제와 정치가 갈수록 분리된다는 것이다. 정치는 경제의 발전을 따라갈 수 없기 때문이다. 경제가 그 영토적인 족쇄를 벗어나고 있는 동안 정치는 계속해서 영토의 기반을 고집하고 있다. 사업가들은 조건들이 좀더 이롭게 보여지는 다른 나라로 가기 위해서 한 나라에서 국가적으로 정해진 테두리 조건들(가령 세관의 간섭이라든가)에서 자꾸 빠져나가고 있다. 혹은 기업가들은 기업활동을 여러 상이한 나라들 너머로 가져간다. 기업가는 노동력과 원자재를 가장 값싸게 얻을 수 있는 곳에서 매입할 수 있고, 최고의 가격을 얻을 수 있고 그럼으로써 최대의 이익을 얻을 수 있는 곳에서 판매할 수 있으며, 세금이 가장 낮은 곳에서 납세할 수 있다. 예나 지금이나 변함없이 국민국가적 테두리에 묶여 있는 정치는 아무런 지구적 영향 가능성이 없으므로 기업들의 이러한 움직임을 대책 없이 쳐다보고 있을 수밖에 없다. 다른 말로 하자면, **경제는 적군의 삶 속으로 뻗어나가는데 안에서는 고정된 정치가 여전히 지배하고 있다**는 것이다. "금융정치와 화폐정치의 영역에서 생기는 개별 국가들의 심각한 권력상실"은 "그에 상응하는 정치의 국제화로는 균형을 이루지 못한다"(Harvey 1994:75)고 하는 불평이 널리 퍼져 있다.[6] 이때 경제와 정치의 관계는 끊임없이 제로섬게임으로 생각되고 있다. 정치가 영향력과 권력에서 상실한 것을 경제가 부가로 얻는다는 것이다.[7] 그러니까 정치에 대해서는 두 가지의 대안이 제기되게 된다. 정치 역시 지구적으로 확장되든가, 아니면 경제를 도로 불러들여 다시 끈에 매달아놓든가 하는 두 가지 방향의 시도들이 보인다. 한편으로는 지구적 발전에도 영향을 끼치고자 노력하는가 하면, 다른 한편으로는 초국가적 기업들을 국민국가적 테두리 속에 묶어놓기 위해 무슨 일이든 다 하고 있다. 이러한 노력을 하면서 서로 경쟁하고 있는 국가들은 새로운 발전에 직면하여 완전히 새로운 역할 속에 들어가 있다. 그러니까 기업이 국가를 잡으려고 하는 것이 아니라 국가가 기업을 잡아야 하고, 가능하면 많은 수의, (국가경영에) 이로운 기업들을 자기의 영토에, 자신의 영향권 속에 유치해 넣으려고 애써야 한다. "대다수 정부의 경제적 역할은 대체적으로 말해서, 코스모폴리틱하고 무국가적이며 노마드적인 자본 중개자들을 오도록 하고 머물게끔 유혹하기 위해"(Bauman 1995:208) 유리한 국지적 조건을 확립시키는 데 있다(부리기 쉬운 노동자, 낮은 세금, 좋은 숙소와 즐거운 나이트 라이프). **국가는 인테리어 장식가다!**

국가의 부족한 행동력과 점점 줄어드는 영향권은 그 어디에서보다 경제와의 관계에서 잘 보인다 할 것이다. 그런데 국가가 조절할 수 없는 것은 경제적 지구화뿐만이 아니다.

1.2.2 이주물결

언제나 새로운 이주물결을 보노라면 국민국가가 계속해서 주권적으로 국적 조건을 확정시킬 수 있는가, 포함과 배제에 대해서 결정할 수 있는가 하는 물음이 제기된다. 영토국가적 경계는 월경을 통제하는 국가의 권리를 상징한다. 국가가 이 능력을 상실하면 이는 국가가 자신의 주권을 상실했다는(Sassen 1998 참조) 핵심근거의 하나다. 경계의 통제라는 문제는 국가의 입장에서는 어떻게 정해져 있는가?

주민의 민족지적, 종교적 그리고 문화적 구성의 변화는 한편으로는 그 전모를 파악할 수가 없다. 유럽의 국가들은 엄격한 입국 규정과 경계 강화에도 불구하고 각국의 주민들이 갈수록 비유럽 문화권의 주민들과 뒤섞이는 것을 막는 데 실패했다. 이제 유럽국가들은 그들이 원하건 원하지 않건, 자의적이든 강제적이든, 드러내서건 아니면 은근하건 이주민 쇄도현상의 물꼬를 최대한 다른 방향으로 틀거나, 아니면 잠깐 제한시킬 수 있을 뿐이다. 장기적으로는 이 물결을 저지할 수 없다. 다른 한편으로는 각 개별국가들은 이주민들을 온전한 구성원으로 취급하지 않을 가능성을 가지고 있고, 그럼으로써 이주민들을 전적으로는 아니더라도 부분적으로는 배제할 수 있다는 것도 사실이다. 따라서 동일 영토 상에서 한편으로는 국가민족(Staatsvolk)이 있고 다른 한편으로는, 비록 사회적으로는 포함되었더라도 정치적으로는 배제된 이주민이 있다(Nassehi/Schroer 1999 참조).

이러한 모순의 정치화로 선거전이 치러질 수 있다. 정치적 방향성에 따라서는 이주민들의 결핍 지위를 호소하고 그 개선을 요구하고 국가시민으로서의 배타적 권리의 점진적 상실을 이슈화할 수도 있다. 또는 대부분 다른 국가에 소속되어 있기 때문에 단지 제한적으로만 국가가 명령할 수 있는 '이방인'에 대한 복지 보장을 비난할 수도 있다. 우리의 맥락에서 중요한 것은, 이주를 수용한 나라에서 완벽한 구성인이 되는 것은 영토적 경계 월경만으로 이루어지지 않는다는 사실이다. 이주민은 영토적 경계보다도 훨씬 극복하기가 힘들 수 있는 전혀 다른 경계와 만나게 된다. 그것은 법적인 인정의 경계, 문화적 수용의 경계, 정치적 참여의 경계, 관용과 이해의 경계로서 공식적인 포함(inklusion)조차도 사실상의 배제로 바꿔버릴 수 있는 경계다.

1.2.3 새로운 운송미디어, 커뮤니케이션미디어
국민국가적 경계의 잠식에 중요한 몫을 차지하고 있는 것은 일반적으로

'공간퇴치자'로 여겨지는 새로운 운송미디어와 커뮤니케이션미디어다. 이 새 미디어들은 공간장벽을 갈수록 손쉽게 극복할 수 있게 해준다. 장애물은 하나씩 차례로 제거되었다. 16~18세기에 돛배가 하던 일을 19세기에는 기차가, 20세기에는 비행기가 하고 있다. 이전에도 철도, 증기선, 전보가 커뮤니케이션 관계의 확장과 강화를 꾀했고 국가적 경계를 넘는 재화와 인간의 교통을 촘촘하게 만들어왔지만, 국민국가의 기존 경계는 건드리지 않은 채 내버려두었다. 이와는 달리 위성기술, 비행과 디지털 커뮤니케이션은 국민국가를 서로 연결시킬 뿐 아니라, 커뮤니케이션 교환의 테두리로서의 국민국가를 의문에 부칠 정도로 접촉을 상승시키고 강화시켰다(Anderson 1998:179 이하 참조). 교류의 강도에 대해서 결정해야 하거나 혹은 이 강도를 통제할 수 있는 것은 더 이상 국민국가가 아니다.

　미디어의 한 가지 결정적인 기능은 미디어가 국지적 사건을 보도하고 그럼으로써 그 일어난 일을 전 세계적으로 확산되게 하는 가운데 국지적 사건을 지구적 사건으로 만드는 것이다. "사람들은 원칙적으로, 그리고 매일같이 다른 곳에서 생겨난 일을 그것도 거의 동시적으로, 그 사건의 장소로 여행하기에 필요한 시간과는 여하간에 상관없이 볼 수 있다. 공간은 이렇게 해서 시각적으로 그리고 청각적으로(그리고 이런 의미에서 또한 개인적으로) 어디서나 다 보이게 되었다"(Luhmann 2000a:220). 세계 어디에 있더라도 멀리 떨어진 지역, 지구 다른 쪽에서 지금 막 일어나고 있는 일에 대해서 소식을 듣게 된다. 사람들은 거의 무방비로 세계의 여러 상이한 지역에서 수용될 수 있는 이미지의 흐름에 노출되어 있다. 환경재난, 정권몰락, 정치가의 퇴임, 테러, 세계챔피언, 올림픽경기, 금융사고, 영화제 페스티벌, 미국 대통령 빌 클린턴과 백악관 인턴의 의심스러운 관계에 대한 보도, '레이디 다이애나'의 죽음, 혹은 2001년 9월 11일 뉴

욕의 세계무역센터의 파괴─이 모든 것들이 전 세계에서 공적으로 벌어
진다. 즉 국지적 사건과 그에 이어지는 보도 사이의 시차가 더 이상 존재
하지 않는다. 뭔가 보도가치가 있는 일이 일어났을 때 우리는 모두 지속
적으로 생중계로 접하는 것이다. 정보는 어떠한 경계도 알지 못하며 결
코 그것이 달갑지 않은 곳까지 밀려들어간다. 몇몇 국가들이 자신들이
통제하지 못한 정보 유출을 막아보려(어떤 나라들은 이렇게 하고 있다) 하지
만 말이다. 결국 그들은 정보가 이주민보다도 훨씬 더 막기 어렵다는 것
을 알게 된다. 라디오와 TV방송국이 동유럽 정권의 몰락에 적잖은 영향
을 끼쳤다는 것이 증명된다(여기에 대해서 Giddens 1994:156 참조). 중국, 이
란, 미얀마 등과 같은 전체주의적 정권들이 새로운 기술에 대해서 방어
막을 치고자 하는 것은 우연이 아니다. 그런 와중에 이런 정권들은 이러
한 기술을 자기 목적에는 이용하지만 다른 방식으로 사용하는 것은 막아
보려는 딜레마에 빠지게 된다. 정치적 의도야 어떻든지 간에 한 가지는
분명하다. 아무리 잘 감시된 경계라도 이주민들이 결국 넘어온다면, 정
보의 물결 역시 물꼬를 트게 된다는 것이다.

이러한 탈경계 경향의 결과는 결코 과소평가할 수 없다. "폐쇄된, 폐쇄
될 수 있는 장소에서 살고 있다는 생각이 허상이라는 것은 어디서나 다
경험할 수 있다"(Beck 1997:132). 그리 오래되지 않은 얼마 전만 하더라도
가난한 사람들은 대부분 자기 눈에 보이는 사람들이 다 가난하기 때문에
자신이 가난한지 모르고 있을 수 있었지만, 오늘날의 가난한 사람들은
"자신들의 가난을 모든 TV쇼에서, 모든 광고에서"(Meyrowitz 1998:185) 알
게 된다. 지구화시대에 증가한 것은 **생활여건의 가시성**, 그와 함께 생활여
건의 비교 가능성이다. "전 세계에서 갈수록 점점 더 많은 사람들이 자기
자신의 삶을 관찰하고 있다"(Appudarei 1998:22; Hall 1994:212도 참조).[8] 미디어

를 통해 이루어진 이러한 투명성 때문에 불만이 거세지고, 폭동이 일어나고 이민자의 물결이 터져나올 수 있다. 미디어로 인해 일깨워진 더 나은 삶에 대한 희망과 이러한 더 나은 삶을 얻을 수 없다는 경험 사이의 간극은 '분노'의 원천이라 할 수 있다. 사회학적 연구나(Dubet/Lapeyronnie 1994, Neckel 1999 참조) 문학적 연구(Rushdie 2002 참조)에서 이 분노는 폭력행위의 불씨로서 해석된다.

국민국가의 종말이나, 경계의 와해에 대한 명제를 뒷받침하는 영향요소들의 목록은 얼마든지 더 길어질 수 있다. 거기에서 도출되는 것은 언제나 한 가지 메시지다. 지구화로 인해 촉발된 탈경계 과정은 세계를 갈수록 조망 가능한 하나의 촌락으로 변화시키고 있다는 것이다. 국가들 사이에서 차이를 유지하는 기능을 하는 국경의 와해는 모든 사건, 사물, 인간을 서로 가까워지게 하고 있다. 세계는 더 좁아지고, 시간적인 관점에서건 공간적인 관점에서건 기피할 수 있는 가능성을 거의 허락하지 않는다. 확실히 우리는 하나의 근세계(Nahwelt), 더 이상 아무런 외부를 알지 못하며 어떠한 거리도 더 이상 허용하지 않는 듯한 현재 속으로 압축되어 들어가고 있다.

국민국가의 역할과 관련하여 이러한 발전은 심대한 결과를 가져온다. 국가가 자기 영토를 통과하는 사람과 정보, 마약 등등을 더 이상 통제하지 못하기 때문이다. 공간이 **시각적으로 청각적으로 도처에서 들여다볼 수 있게 되면**, 국가는 그들이 감추어야 하는 것들에 대해서 더 이상 감출 수 없게 된다. 국가 너머의 세계로 보내진 이미지와 정보 역시 국가가 더 이상 배타적으로 조종할 수 없다. 이렇게 해서 국가는 두드러지게 자기의 자주권을 상실할 뿐 아니라, 국가의 '사적 공간', 국가가 외부의 억측이나 기대로부터 물러나 들어갈 수 있는 하나의 보호된 내부공간도 상실하게 된다. 강도 맞은 집 사람들은 물질적 손실을 넘어서서 그 무엇보다도 누군가 자신들의 사적 공간에 마음대로 들어올 수 있었고, 그럴 권한이 없는 사람들의 시선으로부터 원래는 감추어져 있어야 할 것들을 그 누군가가 보고 건드릴 수 있었다는 사실 때문에 고통스럽다고 한다. 우리가 현재 체험하고 있는 것은 국가적 잣대에서 일어나는 일종의 주거침입 같은 것이다. 자신의 내부적인 사안을 외부의 개입 없이 조절하는 데 익숙해 있던 국민국가는 불순한 외부개입이라고 여겨지는 다른 국가들의 참견을 갈수록 더 용인해야만 한다.

외부의 개입을 차단하기 위해서 이것은 **나라의 내부 사안**이라고 응수하는 것은 갈수록 공허하게 울리는 상투어다. 이 말로는 실제로 세계가 얼마나 긴밀히 연결되어 있는지 속이기 매우 어렵다. 전 미국 대통령 빌 클린턴은 이러한 상황으로부터 명백한 결론을 이끌어냈다. "국외적인 것과 국내적인 것의 구분은 더 이상 존재하지 않는다. 세계경제, 환경, 전 세계적 에이즈 위기, 전 세계적 군비경쟁―이들은 우리들 모두에게 다 해당된다"(Clinton 1993, Tuathail 2001:121 인용).

이로써 '베스트팔렌 국가모델'이 가진 중요한 요소들 중의 하나가 해체된다. 근대 국가체제의 시초라 볼 수 있는 1648년 베스트팔렌 화의에서 국가는 다른 국가의 내부 사안에 대한 비개입의 의무를 진다(Bernauer 2000:47 참조). **비개입**은 **비관찰**을 통해서 어느 정도 보장되어졌다. 비밀엄수에도 불구하고 다른 국가에 대해서 알 수 있고, 또 개입해야만 했던 것은 간첩행위를 통해서 알아냈는데 간첩행위는 비밀지식을 비밀지식으로 내버려두면서 개입은 하지 않도록 허용해주었다. 그에 반해서 오늘날 국가는 그들의 활동에 대한 지속적 관찰에 노출되어 있는데, 이 지속적 관찰 때문에 지속적 반작용과 지속적 입장표명을 할 수밖에 없다. 이렇게 해서 판옵틱 원칙이 어느 정도 세계척도로서 관철된다. 그러나 사실은 이 감시테크놀로지의 원칙에 맞추어 모든 국가가 지속적 관찰 아래 있지는 않다. 오히려 각 국가는 겉보기에는 사적이고 별리되어 있는 내적 사안들이 (세계) 공론의 관찰 대상이 된다는 사실, 그것도 어쩌면 하필 가장 원하지 않는 순간에 그럴 수 있다는 사실을 언제나 고려하고 있어야만 할 것이다. 그렇지만 다른 한편으로는 세계사회에서 불이익을 받는 지역도 있다. 세계사회 속에서 인지되고자 전전긍긍하며, 세계 공론장의 스포트라이트가 자신의 사안과 처지를 비추어 주기를 절망적으로 갈구하는 지역이다. "세계사회의 분할"(Bauman 1997)은 지구민들 사이에서만 분리선을 만드는 것이 아니라 지구상의 국가들 사이에도 분리선을 그린다. 어떤 국가들이 지속적 관찰 아래 있는 반면에 다른 국가들은 도대체 인지되기 위해서 노력해야만 한다.[9] 하지만 끊임없이 가시화되는 것이 결코 장점만 있는 것이 아니듯이, 지속적으로 눈에 띄지 않는 것이 꼭 단점이라고만 할 수는 없다. 어떤 국가들은 남의 눈에 보이지 않는다는 상황을 잘 이용할 줄 알기도 하는데, 예컨대 세계공론장이 거의 알아차리지 못하게―불법 마약수출과 무기무역을 하기도 한다.

　지속적인 관찰에 노출되어 있는 그런 국가들에서는 특히 비보호 개방성이라는 감정이 증대하게 된다. 이들은 또 어떻게 하고 있는가. 이런 국가들은 일종의 부메랑효과로 자신들이 내린 결정의 결과를 언젠가는 다시 맞닥뜨리게 된다. 그렇게 해서 불가피성, 잘못 설정된 소실선, 여유 없음, 틈 없음 등의 불안정한 상황이 생긴다. 그러나 국가가 자기 경계를 통과하는 물질적인 것들에 대해 더 이상 감시할 수 없을 때, 국가가 언제 자기가 관찰되고 언제 그렇지 않은지를 조정할 수 없을 때, 국가가 스스로의 불능에 대해 다른 심급을 유책할 수 있는 가능성도 가지고 있지 않다면, 국가는 국가의 주체성을 지속적으로 기초 놓고 있는 것, 즉 시민들의 안전보장을 더 이상 약속할 수가 없게 된다. 이미 30년 전에 카를 도이치(Karl W. Deutsch)는 이와 관련하여 국민국가의 불능을 다음과 같이 확언했다. "국민국가의 승리에도 불구하고 국민국가는 실패했다. 국민국가(……)는 미공화국의 설립자와 존 로크(John Locke)에게는 국민국가 정부의 가장 자연스럽고도 가장 원칙적으로 보였던 과제에서 실패했다. 그것은 주민의 생명을 안전하게 보장하는 과제다. 지구적 전쟁이 터지는 경우, 어떤 나라도 자기의 수도, 자기의 대도시, 그리고 그 도시 가까이에서 사는 자기의 지배 엘리트의 가족을 지켜주지 못한다"(Deutsch 1972:214).

도이치가 핵전쟁의 가능성을 겨냥하여 언급했던 이 상황은 동–서 분쟁의 종말 이후 결코 끝나지 않았다. 오히려 이런 상황은 더욱 첨예해진 듯하다. 그도 그럴 것이 오늘날에는 평화시대에서조차 어떤 국가도 더이상 자기 국민의 온전함을 보장해 줄 수 없기 때문이다. 굳이 다른 국가들과의 전쟁 상황이 아니어도 주민들이 대규모 테러 앞에 보호받지 못하고 있듯이 환경재난의 여파에 대해서도 보호되지 못하고 있다. 그런 만큼 더 열심히 국가를 애쓰게 만드는 것은 바로 이러한 불능에 대한 인식, 드러내어 표현할 수 없는 이러한 인식이 있기 때문이다. 안전이 보장될 수 없다는 바로 그 때문에 미디어적 효과가 있는 상징정치의 행위 속에서 안전이 과시되는 것이다. 오토 실리(Otto Schily)가 그렇게 했듯이 자기 사진을 헬멧과 몽둥이를 든 내무장관처럼 찍게 할 수 있고, 선거 전에 입김을 불어넣기 위해 입국에 대한 제한 두기를 요구할 수 있고, 망명법을 강화시킬 수 있고, 가차 없는 대테러전을 선포할 수 있다. 그러나 결국 이러한 종류의 호전적인 근육게임으로 무엇을 할 수 있는가. 이것은 그저 '관심유도작전'(Bauman 2000a:78)일 뿐이다. 민주적 정치체제의 사회가 전체주의의 감시국가로 바뀌려 하지 않는 한—그리고 이 전체적인 안전 역시 결코 보장되지 않는다—정부가 자기 국민에게 결국 더는 안전한 생존을 보장해주지 못한다는 사실로부터 국민의 관심을 다른 데로 돌리려는 수법일 뿐이다.[10]

우리의 맥락에서 중요한 것은, 정치가 특정 사회적 문제에 대해 갈수록 공간적인 해결책을 찾는 경향이 늘어난다는 것이다. 도시에서의 범죄에 대한 대책은 특정 범죄의 출현을 하나의 도시구역에서 다른 도시구역으로 옮기려는 시도만으로 그칠 때가 많다. 독일 내무장관은 난민문제를 자국 영토 바깥에서부터 미리 잘 이겨내기 위해서 수용소건설을 생각하고, 리우데자네이루 같은 대도시들에서는 빈민가를 담으로 에워쌀 생각에 골몰한다. 이런 경우들에서 나타나는 것은 범죄, 난민, 빈곤과 같은 특정 현상과 싸우는 것이 아니라 문제를 공간적으로 가두어둘 수 있는 배치를 추구한다는 것이다.

국가의 포괄적인 실패, 국가의 무력한 행동주의에도 불구하고 국가는 폐기될 것 같지 않다. 그러나 분명한 것은 지금까지 국가와 관련해서 생각되던 출중한 역할을 더 이상 국가가 안할 것이라는 사실이다. 국가의 조정능력은 대단히 약화되었다. 국민국가는 자신의 경계에 대해서 더 이상은 무제한적 권력을 가지고 있지 않다. 국가는 행위하는 대신에, 외부로부터 주어지는 데이터와 요구에 갈수록 점점 더 반작용하는 듯이 보인다. 국가는 의사결정자의 역할에 서는 대신 점점 갈수록 자신의 영향권 밖, 다른 곳에서 내려지는 결정을 당하는 대상의 역할을 하게 된다. 이러한 발전으로부터 곧바로 "국민국가로부터의 작별"(Albrow 1998b)이라는 결론을 내리는 것은 너무 멀리 가는 것이긴 하지만 지금까지의 국

가의 주체성이 상대화되어가는 경향은 간과할 수가 없다.[11]

주문처럼 자주 말해지는 **국민국가의 종말**과 더불어 우리는 특이하게 공간과도 작별하게 된다. 공간의 종말, 국민국가의 종말이라는 너무나 눈에 띄는 두 명제에서 국민국가 패러다임과 사회과학적 개념의 밀접한 연관성을 뚜렷이 읽을 수 있다. 국민국가는 지금까지 너무 분명하고 또 자명하게 정치적 활동의 배타적 공간으로 생각되어왔기에, 이 국민국가와 함께 공간의 범주도 한꺼번에 작별을 고해야 한다고 생각되는 것이다. 이 '국민국가의 종말=공간의 종말'이라는 고리에서 또 하나의 종말이 결론으로 도출된다. 그것은 정치의 종말이다. 실제로 국민국가의 주체성 상실 주장에서, 그렇다면 정치는 어떻게 되는가 하는 질문이 나온다. 그도 그럴 것이 정치는 언제나 다른 국가민족과 다른 국토와 구별 짓는 하나의 선명하게 규정 가능한 국가민족과 국토에 달려 있기 때문이다.

> 인간의 행위가 공간적인 구속에서 풀려나고 인간과 경제의 유동성이 지리적 그물망을 찢게 되면 모든 것은 변한다. 영토공동체의 공간적인 유대는 사라지고 한시적인 이익공동체로 대체된다. 권력이 가진 정치적 · 문화적 · 경제적, 그리고 군사적 차원을 하나의 유일한 틀 속에서 결합시킨다는 자신의 주장과 함께, 이제 국민국가는 권력에 대한 공간적 구상의 포로다(……). 공간은 더 이상 적절한 잣대가 아니다. 정치는 과연 이러한 혁명을 이겨내고 살아남을 수 있을까?(Guéhenno 1996:37; 여기에 대해서 Beck 1997:183).

이 문장들에서 분명해지는 것은 게노(Jean Guéhenno)는 국민국가를 벗어난 정치를 결단코 상상하지 못한다는 것이다. 국민국가의 종말과 함께 그에게는 정치의 종말도 확실하다. 정치를 국민국가적 정치와 동일하게 보는 사람들에게 정치는 분명 끝났다. 그리고 공간을 국민국가의 공간, 그러니까 물리적 공간 내지 영토와 동일한 것으로 보는 사람들에게 공간은 시대에 뒤쳐져버렸다. 그런데 이 의미심장하고도 널리 확산되어 있는 동일시의 시각을 따르지 않는다면, 공간과 정치가 끝났다고 생각할 하등의 이유가 없다. 그보다는 오히려 새로운 공간적인 관계 속에서 견뎌내는 정치성의 새로운 형태를 결론짓기 위해 두 눈을 부릅떠야 할 것이다. 정치와 국가 정치의 동일시, 국민국가적 공간과 공간 자체를 동일시하는 것을 그만두면 국민국가의 단계 위에서나 또 아래에서 정치성의 새로운 공간들이 구성되는 것을 보는 시각이 예리해진다.

탈영토화이론이 간과하고 있는 것은 세계가 탈경계화 상황에서 가만히 머물러 있지 않는다는 사실이다. 이전부터 있어왔던 공간의 점진적 붕괴로서 지구화를 이해하는 것은 동전의 한 면일 뿐이다. 한 곳에서의 경계 붕괴는 다른 곳에서의 경계 만들기를 동반한다는 사실도 같이 보아야 한다. 이러한 과정을 통해 옛 공간들은 해체되고 새로운 공간들이 만들어진다. 공간의 재조직화, 그리고 정치적 공간들의 다양화가 이루어질 것이며, 이러한 정치적 공간들은 국민국가의 옆과 아래, 그리고 위에 자리 잡을 것이다.

1.3 정치성의 재영토화, 새로운 정치적 공간의 발명

이미 보았듯이 탈영토화 명제는 경계의 해체, 공간의 중요성의 감소라는 기본 전제가 있기 때문에 가능하다. 그런데 새로운 경계, 장벽, 적어도 거리의 시뮬레이션을 불러내는 간격 확대와 차단의 가능성이 시도되는 것은 바로 탈경계화, 커뮤니케이션에 의한 전 세계적 접근 가능성, 이와 함께 하나의 근세계의 형성이라는 경험이 있기 때문이다. 탈영토화를 뒤쫓아서 **재영토화**가, 탈공간화를 뒤쫓아서 새로운 공간화가 나타난다. 재화, 상품, 서비스, 자본, 정보 그리고 인간이 국민국가 공간으로부터 해체되고 나면 이런 것들은 자유롭게 이리저리 떼지어 돌아다니지 않고 새로이 형성되는 공간 속에 재정박하게 된다. 이 경우 우리는 두 개의 공간 모델을 구별하게 된다. 한편으로는 용기라는 전통모델에 따라 세워진 공간이다. 이런 공간범주에 들어가는 것은 **유럽이라는 요새, 공격적 지역주의**, 그리고 **사적 안전공간**이다. 다른 한편에서는 이 용기모델과는 더 이상 맞지 않는 공간들이 생겨나고 있다. **글로벌 시티, 초국가적이며 가상적인 공간**이 이러한 새 공간범주에 들어간다.

1.3.1 용기-모델과의 작별인가

1.3.1.1 글로벌 시티

'글로벌 시티'의 형성은 공간의 무의미성, 도시의 종말에 대한 명제와 모순된다. 대도시 공간이 경제적으로 점점 중요하지 않게 된다는 생각과는 달리 사스키아 사센(Saskia Sassen 1994:72)은 "정보경제의 중요한 부분들은 장소와 결부되어 있다"는 명제를 내놓고 있다. 그러니까 지구화의 과정 속에서 더 이상은 장소에 묶여 있지 않은 금융 흐름, 상품 흐름, 정보 흐름, 재화 흐름이 생겨나고, 그 속에서 도시가 그냥 사라져버리는 것은 아니다. 오히려 완전히 새로운 도시유형이 형성되는데 이 새로운 도시유형은 도시가 가진 전통적인 이미지, 구조, 기능과 공통점이 많지는 않다. 세계화의 과정 속에서 국가적 조종으로부터 점점 벗어나는 새로운 전 세계적 금융시장이 형성되긴 했지만 이 새로운 중심지들은 예나 지금이나 국민국가의 공간 내부에 있다. 글로벌 시티는 다른 도시와 협력하여 하나의 네트워크를 만드는데, 전 세계적으로 분산되어 활동하는 다국적 기업은 국민국가적 정치의 명령을 받을 필요 없이 이 네트워크 속에 정박해 있다. 글로벌 도시는 "전략적 장소"(같은 책, 74)로서 여기에서부터 국제적 금융시장의 중요한 거래가 조직되고 통제될 수 있다. 글로벌 도시는 초공간적으로 행위하는 가상 경제 속의 개별적인 공간 정거장과 같은 어떤 것을 형성하기도 한다. "경제가 지구화되면 될수록, 글로벌 도시 내의 핵심 기능은 하나로 뭉쳐진다. 이런 도시들의 업무지구에서 볼 수 있는 극단적인 건축 밀집 현상은 이를 공간적으로 표현해주고 있다"(같은 책, 76).

업무지구에 대한 지적이 이미 가리키고 있듯이 전체 도시가 지구적 도시가 되는 것이 아니라 그 도시의 일부만 그렇게 된다. 이에 반해 도시의 다른 지대들은 무의미해지고 그 주민들은 불필요한 사람들이 된다. 이런 한에서 언제나 글로벌 시티는 중산층이 없어진 '듀얼 시티'이기도 하다. 글로벌 시티의 발생은 몇 년 전부터 대도시에서 관찰되는 주택 고급화과정과 인종차별적 격리과정을 촉진시키고 있다. 따라서 대도시는 갈수록 서로 겹쳐지지 않는 여러 상이한 지대들로 나뉘고, 이들 상이한 지대에서는 매우 상이한 삶의 방식들이 나타난다. 이 서로 다른 '사회환경대'의 거주자들은 그렇게 서로 상이한 세상에서 살고 있으므로, 더 이상 서로에 대해 인식하지 않는다(Albrow 1997:310 이하 참조). 한쪽에서는 글로벌 도시의 호화아파트에서 또 다른 호화아파트로 이사하는 사이에 인도양의 환상(環狀) 산호군도에서 휴가를 보내는가 하면, 도시의 다른 한쪽에서는 비참한 생활에 매여 그 일상의 장소를 떠나지 못한다.[12] 사센은 이러한 관점에서 글로벌 도시가 하나의 긍정적인 효과가 있다고 말한다. "글로벌 도시는 권력을 가지지 못한 사람들이 간단하게 무시될 수 없는 그런 장소다. 이 사람들은 어떤 뭔가를 획득하는데 그것은 현존이다. 그들은 미디어에게는 보여지는 존재며, 다른 사람들과 정치가들에게는 간과할 수 없는 존재다. 가령 노숙자들에게 숙식이 제공되거나 혹은 소수자들이 자신의 목소리를 내게 될 때, 이것은 매우 긍정적인 결과를 가져올 수 있다"(Sassen 1998:24).[13]

그렇지만 이러한 사회적 양극화에서 정치적 갈등이 생겨날 수 있다는 것은 의심할 여지가 없다. 세계사회가 공간 거주자들과 시간 거주자들로 분열되는 현상(Bauman 1997 참조)은 마치 집광렌즈에 빛이 모여들 듯 글로벌 시티에 집중되는 것이다.

1.3.1.2 초국가적 사회적 공간

국제적 이동물결은 양적으로 질적으로 새로운 차원에 도달했다. 지금까지는 이주라는 것을 하나의 용기에서 다른 용기로 몇몇 사람들을 옮겨넣는 것으로 생각했고 그럼으로써 도착지역과 출신지역에 생기게 되는 변화에 특별히 관심을 기울였다. 그러나 최근에는 입국나라/출국나라의 이분법 너머 제3의, 초국가적 사회적 공간이 생겨나고 있는 것을 우리는 본다.

초국가적 이주는 "출국지역과 도착지역이 가지고 있던 이전의 사회적 결합 맥락을 질적으로 변형시키고, 이 결합 맥락들 사이, 혹은 그 위에서 새로운 사회공간으로 펼쳐지는"(Pries 1998:63) 새로운 사회적 현실의 탄생을 의미한다. 이주자는 한편으로는 지리적-공간적으로 새로운 나라에 갔지만, 다른 한편으로 그는 자기의 출신국과의 강한 문화적 연결을 유지하고, 이 연결이 그 이주자를 근본적으로 두 나라의 구성원이 되게 한다. 초이주자는 여기와 저기서(Beck 1997:58) 벌어지는 삶을 영위한다.

이러한 초국가적 사회적 공간에 대한 예로서 미국과 멕시코 사이 국경에 인접하여 이루어지는 이주를 들 수 있다(Pries 1998; Albert 1998 참조). 여기서 일어나는 것은 "출발, 도착, 그리고 (최소한 제2세대에서의) 도착지역에서의 통합"(Pries 1998:63)이라는 의미의 전형적인 이주로 간단하게 부를 수 없다. 남쪽에서 북쪽으로 길을 떠나는 노동이주자들은 출신국으로의 귀향을 계획할 뿐 아니라, 실제로―그것도 일회적이 아니라 일정한 간격을 두고 반복한다. 초국가적 공간은 지속적인 월경을 통해서 생겨나는 공간이다. 수많은 이주자들은 특정한 계기로 자신들의 이전 집으로 돌아가서 일정 시간을 다시 그들의 옛 사회적 관계 속에서 산다. 거꾸로 수용국에서의 거주 기간 동안 '고향세계'와의 접촉과 연결은 절대로 끊어지지 않는다. 새로운 이주자들은 모든 게 다 갖추어진 지원그룹 네트워크를 통해 목표지역에서 받아들여진다. 이 네트워크는 이주민이 일자리나 집을 찾을 때, 또 관청에 가는 것을 도와준다. 자체적인 레스토랑이 있고 스포츠동호회도 있어 자기네들끼리만 어울릴 수 있고, 귀향하는 이주민의 미제 자동차에는 필요한 부품지원체계도, 또 그에 맞는 자동차 보수 노 하우도 다 갖춰져 있다.

정보, 재화, 인간의 이러한 지속적인 교환은 옛 커뮤니케이션미디어와 새 커뮤니케이션, 또 새로운 운송미디어 없이는 불가능하다(Pries 1998:77 참조). 신문이 고향지역 소식을 알려주듯이 위성TV가 친숙한 세계를 집안으로 가져다준다. 인터넷과 전화도 여행국으로 연결되는 수많은 연결고리를 유지 가능하게 해준다. 이렇게 미디어는 소식과 이미지의 확산을 통해서 수백만 사람들이 자신의 고향을 떠나 부유한 북쪽 나라로 도

망치고 싶은 욕망을 키우는 데 일조할 뿐 아니라, 떠나온 출신지역과 남겨진 사람들, 그 전통, 그리고 그 문화적 가치에 대한 끊을 수 없는 유대감을 만들어낸다. 미디어는 그러니까 새로운 공간이 탄생하는 데 일조하므로 공간**극복자**일 뿐 아니라 공간**설립자**이기도 하다.[14]

초국가적 사회적 공간을 연구할 때 전체적으로 중요한 것은, 출신지역의 일부가 도착지역 안으로 수입된다는 것을 증명하는 것이 아니라, 집중적인 교환을 통해서 **제3의 공간**이 형성된다는 것, 그리고 이 공간이 어느 정도는 출신공간과 도착공간의 요소들로 구성되고, 그럼으로써 무언가 새로운 것을 나타낸다는 것이다. 중요한 것은 단순히 출신사회의 관습과 생활습관이 재생산되는 것도, 도착사회의 지배적 생활양식에 점진적으로 동화되는 것도 아니다. 오히려 하나의 잡종적 생활방식의 형성이 중요한데, 이 잡종적 생활방식에는 고향의 단편으로서 식습관, 거주설비와 축제가 새로운 세계 속으로 이식되어 있듯이 수용사회의 문화도 일부 받아들여지고 있다. 그 결과 이주자는 어느 한 문화에 완전히 속하지 않은 채 두 세계에 동시에 참여한다. 이주자가 벗어던지거나 혹은 새로 받아들인 문화적 방법 때문에 도착국, 혹은 출신국의 주민들로부터 그를 따로 떼어놓을 수는 없다.

1.3.1.3 가상공간

국민국가의 내부에 있는 공간이 아니면서, 국민국가의 경계를 훨씬 넘어서는 또 다른 새로운 공간은 사이버스페이스다. 새로운 시대의 초창기에 네트 열광주의자들이 말하던 것과는 달리, 사이버스페이스는 현실세계에서 완전히 빠져나간 공간, 더 이상 금지, 권력, 강제 등등이 나타나지 않는 그런 공간이 아니다. 오히려 우리는 네트 안에서 우리가 '실제'세계에서 너무나 잘 알고 있는 것들과 만난다. 사이버스페이스는 '실제'세계의 법칙이 그 유효성을 상실하는 완전히 새로운 현실을 제공하겠다는 것도, 또 실제 세계의 단순한 모상도 아니다. 우리의 익숙한 환경 속에 있는 것들 중 데이터망에서 그 가상적인 대응물을 찾을 수 없는 그런 뭔가는 더 이상 존재하지 않는다. 그런 한에서 우리는 이중존재의 증가현상, 실제 세계와 동등하게 존재하는 하나의 평행세계의 건설을 맞이하고 있는 것이다. 이 새로운 세계 속에서는 예컨대 아고라와 포럼과 같은 정치적 공공성에 대한 지형학적 표상이 크게 붐을 타고 있다. 그러나 데이터망과 함께 실제공간에서는 가질 수 없는 경험을 가능하게 해주고 가능성을 제공해주는 새로운 지각 공간, 커뮤니케이션 공간 그리고 행위 공간이 생겨난다. 특히 커뮤니케이션 파트너가 접속되어 있고 또 영어를 할 줄 안다면 전 세계적으로 연락이 용이하게 된 것이다. 네트 속 사용자가 어떤 행위를 하고 싶어 하든지 간에 이 행위는 지리적 공간과 완전히 분리되어 일어나지 않으며, 사용자는 결코 무법의 공간에서 움직이고 있는 것도 아니다. 가상공간은 '실제' 공간과 다양한 방식으로 결합되어 있다. 그래서 데이터망으로의 여행에 필수적인 물적 자원을 대기시키는 것도 필요하고, '실제'와 '가상' 공간 사이의 연결부로서 기능하는 신체도 필요하다. 이를 넘어서서 실제와 가상공간은 서로서로 영향을 끼치고 상호적으로 변화시킨다. 예컨대 법적 처분에 근거해서, 어떤 특정의 이제 막 개설된 네트 상의 어떤 공간이 다시 폐쇄되어야 하기도 한다. 또 이와 반대로, 가령 인터넷뱅킹이 증가함으로써 지점이 폐쇄되는 경우 네트 상의 특정 서비스 제공이 도시이미지에 직접적인 영향을 줄 수도 있다. 물론 극소수의 경우 단순 대체도 있겠지만 말이다. 문화비판적인 목소리들이 짜증어린 투로 말하는 것과는 달리 인터넷은 다른 미디어, 예컨대 영화관, TV, 혹은 책 등을 밀어내지 않았다. 오히려 인터넷은 자주 매스미디어 생산물의 생산자와 그 잠재적 소비자 사이의 중재자로 기능한다. 기업, 호텔, 레스토랑, 박물관 등이 네트 상에 등장하는 것은 '실제' 방문할 가치가 있는지가 문제될 때 소비자의 결정을 도와줄 것이다. 만약 방문할 가치가 없을 때는 여행 내지는 방문을 완전히 포기하는 것이 아니라 다른 목표를 추구하게 된다. 가상 세계를 환영받는 대안으로 볼 것인가, 아니면 '실제' 세계에 대한 창백한 모사로 볼 것이냐하는 선택에서 실제로 중요한 것은 점점 심화되어 가고 있는 실제현실과 가상현실의 중첩과 교차에 있다(Schroer 2000, 2001 참조).

여기서 소개된 초국가적 공간, 글로벌 도시, 그리고 가상공간, 이 세 공간의 공통점은 이들이 국민국가의 용기-모델에 더 이상 억지로 구겨넣을 수 없다는 것이다. 이 공간들은 우리가 공간이 사라진다, 공간이 중요하지 않게 되었다 하는 따위의 생각에서 출발하는 대신 새로운 조직화, 새로운 공간의 발명에서 출발해야만 하는 것을 보여준다. 이 새로운 공간들은 그 길이, 너비, 그리고 높이를 정확하게 잴 수 없을 것이다. 또 이 공간들은 국민국가적 공간을 생각할 때와 같은 명확성과 동질성에서도 벗어난다. 이 공간들은 이것이냐 저것이냐는 양단 논리에 따라 기능하지 않고 이것도 저것도 다 가능하다는 논리에 따른다. 이 공간들은 지역적으로 위치해 있으면서도 지구적으로 연계되어 있고, 특정 국민국가속에 자리 잡고 있으면서도 그 활동성에 있어서는 국민국가를 넘어선다. 이 공간들은 이러한 결합관계로 인해서 잡종적인 공간인데, 이들 공간 내에서는 지역적 관계들과 지구적 관계들이 중첩되기 때문이다. 그렇지만 특히 문제가 되는 것은 이 공간들은 언제나 '존재하고' 있으면서, 그래서 여러 다양한 방식으로 사용될 수 있는 그런 공간들이 아니라는 것이다. 공간들은 오히려 사회적인 조작과 활동을 통해서 비로소 구성되어져 온 것이다. 행위와 커뮤니케이션 없이는 이 공간들은 존재하지 않을 것이다. **초국가적 공간**은 지속적으로 이루어지는 이동을 통해 만들어지며, **글로벌 시티**는 전 세계에 걸친 금융거래가 세계적인 망의 특정 결체점에서 집중화됨으로써 생기고, **가상공간**은 네트 사용자들 간의 커뮤니케이션을 통해서 생겨나고 또 유지되기 때문에 이 네트 사용자들이 없다면 가상공간은 스크린에서 즉시 사라져버리고 말 것이다. 이 공간들은 지도에서 쉽게 그려질 수 없는 공간들이다. 이 공간들 역시 하나의 영토적인 정박을 필요로 하지만 이 정박이 이들 공간을 특징짓는 것은 아니다. 이 공간들은 오히려 사이 공간으로서 탄생하며 지구적이냐 지역적이냐, 여기냐 저기냐, 좁으냐 넓으냐 하는 이분법을 빠져나가는 '제3의 공간'으로 탄생한다. 왜냐하면 이 공간들은 언제나 양쪽 다이기 때문에, 즉 지구적이면서도 지역적이고, 여기에 있으면서도 또 저기에 있고, 좁으면서도 동시에 넓기 때문이다. 이 공간들은 그 '주민'의 활동과 함께 자라나고, 또 이들의 활동이 줄어듦으로써 다시 쪼그라든다. 그런 한에서 이 공간들의 경계는 엄청나게 늘릴 수 있으며, 한 번으로 영원히 고정되는 것이 아니다.

이러한 공간의 발전은 정치의 새로운 형태를 가져오며, 망각되었다고 여겨지던 정치구상들을 부활시켜 국가적 정치에 대한 하나의 도전을 의미하게 된다. 초국가적 공간, 글로벌 시티와 사이버스페이스에서는 가령 소속의 문제가 나타나는데, 이 문제는 정체성 정책이라는 꼬리표를 붙여 협상할 수 있다. 사이버스페이스에서는 고대 아고라를 본 뜬 공론장을 역설하는 생각들이 다시 활성화되기도 하고, 참여의 새로운 가능성이 시험되기도 한다. 그런데 예컨대 폭력을 찬양하는 영화를 네트 상에서 마음대로 교환하는 것을 처벌하는 새로운 법률이 정해진다든가 하면서 국가적 정치는 자신의 영향권과 조종 권력으로부터 빠져나오고자 시도하는, 새롭게 탄생하는 이런 공간들을 지배하려 한다.

1.3.2 용기-모델의 르네상스인가

이들 새로운 공간은 용기-모델에서 벗어나긴 하지만 정치란 국민국가적 테두리 속에서 이루어진다는 생각을 확인시켜주고 있다. 이런 새로운 공간과 함께 우리가 다루어야 할 것은 용기-공간을 계속 유지하거나 혹은 새롭게 구성하려는 시도들이다. 지구화, 상품과 서비스의 전 지구적 교환, 이방적인 것, 다른 사람들, 다른 생각들과의 대치-이런 상황은 경계선 긋기와 차단에 대한 욕구를 키운다. 이는 한편으로는 좀더 큰 공간적 해결을 계획하게 만든다. 개별 국가들은 자기 위에 있는, 자신의 주권을 넘어서는 심급을 인정하고, 자기들 간의 내적 차이를 없애고, 자신들의 외부경계를 더 강화시키기 위해서 (예컨대 '유럽 요새') 서로 뭉치게 된다. 다른 한편으로는 작은 공간 상의 해결책을 시도하게 되는데, 특정 지역들이 스스로 하나의 국민국가를 세우기 위해서(분리운동) 국민적 테두리를 벗어나려고 하는 경우다. 국민국가를 상실하는 데 대한 대응으로 국민국가를 넘어서는 슈퍼국민국가 아이디어만 있는 것이 아니라 지역성과 지방성도 르네상스를 맞고 있다.

그러나 내가 보기에 이 두 가지 운동만으로 공간과 정치의 미래 문제가 다 해소되는 것은 아닌 듯하다. 지구화로 인한 공간 관계의 불확실화 경향은 겉보기로는 사적인 것에까지 영향을 미쳐서, 국가적 통제 너머 작은 공간적인 해결책을 불러일으키고 있다. 불확실해진 국가 경계를 보니 일정 영토에 대한 통제가 중요해진 것이다. 외부라는 것이 더 이상 분명하게 제시될 수 없기 때문에, 위협이 바로 안으로부터 나오기 때문에 통제 가능하고 폐쇄된 작은 공간에 대한 욕구가 커진다.[15] 그리하여 게이티드 커뮤니티와 같은 포스트모던한 보루가 지어지고, "자기의 영토"(Goffman 1982:54 이하)로서 육체를 외부의 침입자들로부터 지키고자 한다.

1.3.2.1 유럽이라는 요새

국민국가의 건설이 이때 모범이 되는 것은 유럽의 예에서 아주 명확하게 관찰할 수 있다. 사회적 통합의 초기 근대적 형식의 자리에 한때 국민국가가 등장했다면, 미해결의 문제들이 국민국가의 내부에서 더 이상 풀리지 않는 시대는 초국민국가를 위한 시대다. 지금까지 국민국가에 대해서 알려진 모든 것을 유럽 공간에 연장시킬 수 있다! 민주적 과정이 지금까지 오직 민족국가적 맥락에서 실현되었다는 사실은 국민국가 너머의 민주적 정치의 가능성을 가릴 뿐이다(Habermas 1998b:95 참조).[16] 이러한 관점은, 항상 낯선 사람들과의 연대(Beck 1998:14 참조)가 지금까지는 국민적 정원울타리까지만 미치던 것이 이제 초국민국가적 구성체로서의 유럽의 구축과 함께 유럽의 정원울타리에까지 이르게 되었다는 뜻이다. "지금까지 국민국가에 제한되었던 국가시민적 연대는 예를 들어 스웨덴과 포르투갈이 **서로** 옹호하는 식으로 유럽연합의 시민들에게 확장되어야 한다(Habermas 1998:150). 나머지 다른 사람들한테는, 정육점 입구에 개를 염두에 두고 써붙인 표지판인 '**우리는 밖에 있어야 한다!**'가 그대로 적용된다. 유럽 사람들은 현재 유럽의 내적 결속을 외부에 대한 더 강력한 폐쇄를 통해 확립하려고 한다.

1.3.2.2 공격적 지역주의

지구화에 대한 반작용으로 보여지는 지역에 대한 고려는 지구화의 파도 밑에서 잠수하여 헤쳐나가려는 시도, 지구적 영향 앞에서 자기를 보호하고 차단시키려고 하는 시도와 같다. 먼 것과 낯선 것의 대결에 직면하여 가까운 것, 기지의 것, 낯익은 것에 대한 불안한 회상이 나타난다. 이런 점에서 지구화는 관망 가능한 공동체에 대한 동경을 불러일으키는데, 이 선망을 공동체사상(Kommunitarismus)이 열정적으로 지원하고 있다. 이러한 차단전략은 여러 가지 형태로 표현되고 있다. 그러나 그 모든 변주들에서 지역성, 지역, 근원적인 정체성과 연관을 짓고 있는데 이런 것들은 이미 오래 전부터 더 이상 존재하지도 않으며 오히려 인위적으로 만들어져야 한다. 이런 것은 전혀 그곳에서는 살지 않으면서 멀리서 동질적 공동체에 대한 자신들의 꿈을 키우며 재정적으로 지원하는 사람들이 만들어내는 경우가 많다(Anderson 1998:182 참조). 유럽에서 나타나고 있는 분리운동의 경우, 국민국가나 혹은 유럽이라는 연대감을 거부할 뿐 아니라, 예를 들어 부유한 북부 이탈리아가 가난한 남부 이탈리아를 옹호해주는 것도 받아들이지 않는다. 그러니까 슈퍼국민국가의 경우에는 용기-확대가 문제고, 승승장구하는 분리운동의 경우에는 마치 천막이 찢어지는 것과 비슷하게 하나의 용기가 두 개의 용기로 분리되는 것이다.

1.3.2.3 사적 안전공간

한 영토의 소유 내지 통제가 이 영토 내에서 움직이는 사람에 대해 권력을 행사하거나 내지는 영향을 주는 수단을 의미하는 것이라면(Lacoste 1990:29 참조), 국가는 현재 자신의 영토에서 공공 공간을 오직 자신만 처분권을 가진 사적 공간으로 바꾸고 있는 (국가 외) 다른 행위자들을 점점 더 용인하고 있다. 이렇게 해서, 지구 공간이 국가에 의해 독점되는 현상은 외부적으로나 내부적으로나 해체되고 있다. 국가는 다른 나머지 주민들과의 결합도 풀려 있고, 국가적 제도로부터도 갈수록 해방되는 게이티드 커뮤니티들이 세워지는 것을 용인하고 있기 때문이다. 동질적인 공동체가 이방인들과의 통제 불가능한 만남을 피해 도망칠 수 있는 **은신공간과 도피공간**이 생겨나고 있다.

더 이상 그 존속을 믿기 힘들어진 전체 국민(Nation)에 대한 연대 의무는 이제 관망 가능하고 동질적인 공동체에 대한 연대의식으로 축소되고 있다. 국가가 제공해주는 보호가 부족하다고 느끼는 시민들은 스스로 자기 영토를 확보하고, 잠재적인 침입자로부터 방어하는 식으로 반응하고 있다.[17] 오직 **자신들만이** 그 공간으로의 입장을 허용하거나 거부할 수 있는 영토, 오직 **자신들만이** 입구와 출구를 지키는 영토인 것이다. 이 공간이 아무리 작더라도 이 영토에서는 개인적인 자율권이 지배하고 있다. 그것이 자신의 주택이 됐건 혹은 자신의 자동차가 됐건, 내부는 편안하고 가능하면 다기능적으로 갖추어져 있고, 외부로부터의 간섭에 다중적으로 보호되어 있는 공간들이 개발되고 있다는 것이다. 이렇게 정치적으로 의미가 담겨 있는 공간들 중 최후의 공간으로서 어떤 개인이든 그 경계에서 스스로 엄격하게 배출과 공급에 대해서 감시하려고 하는 것은 자기 몸이라고 볼 수 있다. 더러운 공기, 불결한 물, 그리고 오염된 음식에 대한 경계라는 점에서 볼 때, 몸을 건드리거나 혹은 몸 안으로 들어올 수 있는 것은 정치문제가 된다(본서 2부 4장 참조).

차단공간을 설치하려는 시도, 그리고 그것과 함께 가는 차단정치는 갈수록 서로 얽히고 중첩되어가는 세계 속에서는 만만찮은 수고를 들여야 하는 일이라는 것쯤 누구나 쉽게 알 수 있다. 유럽 경계의 군비 확장 경험이 보여주는 것은 유럽에서 이상향을 찾을 거라고 희망하는 이주자들을 결국 말리지 못한다는 사실이다. 그도 그럴 것이 결국에는 국경을 물샐틈없이 지키려는 노력만 커지는 것이 아니고, 어떤 반대도 무릅쓰고 이 국경을 뚫고 넘어갈 수 있는 과감한 실행력과 끈기도 마찬가지로 커지기 때문이다. 이렇게 해서 오랫동안 지켜져온 '비이민국' 독일이라는 이미지와 마찬가지로 '요새 유럽'이라는 이미지도 현실을 통해 그것이 거짓이었음이 점점 더 알려질 것이다. 이것은 슈퍼국민국가적 모델이 국민국가의 자리에 그냥 밀고 들어올 수 있다는 말이 절대 아니다. 지역, 국민국가, 유럽, 세계사회에 대한 공간적 다중관계가 형성되어 있는 현재의 취약한 상태가 그 모든, 다시, 또 다시 싹터오르는 저항에도 불구하고 자리 잡게 될 가능성이 크다.

사적 안전공간 역시 범위가 정해진 영토에 대한 자기가 원하는 만큼의 자율성을 가지지는 못할 것이다. 오히려 양보를 해야 할 것이고, 개별적인 일탈이 허락되어야 하고, 환경과의 어떤 교환이 이루어져야 할 것이다. 환경과의 이러한 교환은 이질적인 것이 동질적 단일체를 위협하는 위험스러운 현상을 자꾸 동반할 것이다. 맨 먼저 신체가 바람직하지 못한 환경영향에서 지속적으로 지켜지지 못한다. 전적인 차단뿐 아니라, 무엇은 섭취해도 되고 무엇은 안 되는가에 대한 처분 역시 개인들의 의지에만 달려 있는 것이 절대 아니다. 이런 결정은 전혀 충분하지 않은 정보상태에서 일어난다. 정보가 있다 하더라도 대부분은 훨씬 후에, 어떤 때는 너무 늦게, 자기가 진짜 뭘 먹었는지, 어떤 물질에 노출되어 있었는가를 알게 된다.

그러나 중요한 것은 차단 시도가 성공할까 아닐까 하는 전망이 아니라 그러한 차단 시도가 이루어지고 있다는 사실이다. 차단정책은 용기 원칙에 따라 사유된 공간들을 만들어낸다. 이런 공간들이 비록 상호간에 심하게 얽혀 있는 이 세계의 현실에 부딪쳐서 실패하게 되더라도 이 공간들은 재차 다시 설치될 것이다. 협상의 대상이 아닌 지구화에 대한 저항으로서 말이다. 인위적으로 만들어지거나 혹은 유지되는 제약이나 경계들 역시 이런 공간들의 목적을 채워준다.

1.3.3 국민국가의 미래에 대해서: 용기-모델의 차안과 피안

그런데 국민국가는? 새로이 형성되는 공간질서의 특징은 더 이상 하나의 통일적인 원칙이 관철되는 것이 아니라, 여러 상이한 공간 원칙들의 공존인데, 국민국가는 예전과 마찬가지로 이 공간 속에 자기 자리를 가지고 있다. 국민국가는 결코 몰락할 운명이 아니다. 그보다도 국민국가는 정치성의 단독 심급으로서의 배타적 지위를 상실하게 된다. 증가하는 결합으로 인해서 실제로 두드러지게 나타나는 것은 국가의 단독대표권의 해체다. 늘어나는 것은 국가적 정치의 **상대적** 관점들이다. 국민국가 외에도 사회운동, 비정부기구(NGO), 인권기구와 같이 다른 정치적 행위자와 심급들이 정치무대에 올라오고, 국민국가 정치는 이들과 씨름해야 할 것이다. 국민국가적 영토 외에도 새로운 공간이 탄생하는데, 예컨대 정치적 조직들이 국민국가적 통제 바깥에서 등장하고 행위하는 사이버스페이스가 있다. 이렇게 해서 국민국가의 현재 입장은 국민국가가 그 초기에 처했던 상황, 즉 도시국가, 무역결사체, 그리고 제국과 같은 일련의 경쟁자들에게 노출되어 있던 때와 똑같은 처지에 점점 **빠지게** 된다.

　현재의 논쟁에서 사람들이 국가의 주권 상실, 그리고 정치의 영향력상실이라고 개탄하는 것은 정치의 우선성이라는 사상에 기반하고 있다. 정치 우선성을 다시 만들어내는 것에서 출발할 때, 오직 그런 경우에만 국민국가를 대체할 수 있는 정치적 심급을 찾는 시도가 의미 있다. "정치성의 우선성이라는 낡은 이념은 정치적 심급이 어디에 있느냐는 질문에 대해서 도시와 국가라는 대답이 역사적으로 주어졌다는 걸 너무 믿고 있다. 그렇지만 오늘날 중요한 것은 정치적 심급이 자리할 그 어디라는 곳이 도시와 지역 그리고 유럽과 세계에 걸친 여러 다양한 수준의 장소들 사이를 번갈아 오가는 변화를 조직하는 일인데 말이다"(Schwengel 1999:103).

가족, 계급 그리고 민족이라든가 하는 것들과 작별해야 할 때면 자주 나타나는 일이지만, 사람들은 이러한 제도의 확고함과 동질성을 가면 갈수록 과장하게 된다. 오늘날 현재의 주권 상실을 지나치게 과대평가하지 않도록 자주하는 설명이지만 국민국가의 경우는 국가의 주권이 무제한이었던 적은 결코 없었다는 사실(Bernauer 2000:64 이하; Brock 2002:23 이하 참조)을 분명히 하는 것으로도 충분하다. 많은 영역에서 국가가 퇴진하고 있다는 말도 결코 할 수 없다. 국가는 오랫동안 개인사로 간주되던 영역에 관여하여 법적인 규정을 만드는 과제를 앞두고 있다(Mann 1997:136 참조). 가정 폭력이 문제되든, 어린이가 맞는 문제든, 공공장소에서의 흡연이든, 국민국가적 정치는 이런 경우의 문제들에 대한 책임에서 결코 면제되지 않았다. 이를 넘어서서 국가의 정보조사, 정보집적의 가능성과 감시 가능성이 오늘날처럼 이렇게 발전한 적이 없었다. 그 외에도 예나 지금이나 마찬가지로 지리정치적 관점에서 이해해야 하는 갈등이 존재하고 있다. '좀더 부드러운' 새로운 정치형태 외에도 왕왕 전쟁으로 표현되는 '딱딱한' 지리정치도 여전히 유지되고 있다. 이 전쟁들은 20세기 말, 21세기 초 정치적 세계무대에서 결코 사라지지 않고 있다(Münkler 2002 참조).

물론 중요한 사실은, 계속해서 국가에 짐 지워진 이 모든 과제들이 초국가적 심급에 의해 말하자면 몰수당하지 않고 남은 국가 정치의 잔고는 아니다. 전 지구적으로 관찰되는 과제들이 예나 지금이나 (국민)국가적 경계에서, 어떤 특정 장소에서, 그러니까 지역적으로 결정되고 있다는 사실이 중요하다. 비록 이런 결정들이 국내적으로 제한되어 있는 것처럼 보이지만 이들은 지구적 조건에서 나타난 것이며 그 영향은 자국의 영토를 넘어선다.

　국민국가는 그러니까 전혀 종말에 이르지 않았다. 국민국가에 대한 대담무쌍한 작별이라든가, 혹은 그보다 더 용감한 국민국가 옹호와 같은 조잡한 그물 눈금 너머에서 다음과 같은 본격적인 질문이 시작된다. 국민국가는 지금까지의 형태를 유지할 것인가 아니면 변화시킬 것인가. 그러니까 국민국가는 계속해서 용기로서 자기를 연출할 것인가, 혹은 국민국가는 새로이 형성되는 공간 구조에 적응하여 그 속에서 다른 나머지 심급과 나란히 하나의 심급에 불과한 것으로 머무를지, 그리고 이들 심급들에 대적하지 않고 이들과 함께 얽혀 있을 것인가. 이러한 질문과 관련해서 고전적인 국민국가와 지금 설립되려고 하는 새로운 국민국가 사이에는 뚜렷한 간극이 있다. 그 모든 저항에도 불구하고 국민국가적 공간이 수많은 정치적 공간들 중 하나에 불과하게 되는 그런 새로운 공간 질서를 향해 고전적 국민국가가 나아가고 있는 것처럼 보인다. 이와 동시에 국민국가를, 가령 이스라엘에서 지금 일어나고 있듯이 고전적인 국민국가의 모델에 따라 만들려고 하는 시도도 보인다. 여기에는 21세기와 19세기의 만남만이 아니라 두 개의 공간 모델 사이의 충돌도 나타난다. 한 공간 모델은 서로 엄격하게 분리된 국민국가들로 이루어진다. 여기서 국민국가는 용기로서 내부냐 외부냐, 소속이냐 이방이냐를 선명하게 구분한다. 해당 국민국가에 속하는 것으로 인정된 사람에게는 일정한 자리가 지정되고, 그 인정을 받지 못한 자는 이방인으로서 배제된다. 또 하나의 다른 공간 모델은 다중 이용과 마찬가지로 다중 소속을 허용하는 서로 중첩된 공간들로 이루어진다. 이스라엘과 팔레스타인 사이의 영토 갈등의 해결을 위한 정치적 제안 속에 새로운 공간 이해가 이미 나타나 있을 수 있다. 랍비 푸르만의 생각에 따르면 이스라엘사람과 팔레스타인사람들 사이에 있는 땅을 조각내는 대신에 "두 개의 국가가 동일한 영토에 존재할 수 있다. 이스라엘은 팔레스타인에, 팔레스타인은 이스라엘에 존재한다. 두 개의 국기, 두 개의 국가, 두 개의 국회, 두 대통령, 두 정부가 존재하는 것이다"(Broder 2000에 따름). 이렇게 함으로써 정치적 갈등이 더 이상 땅의 분할, 점령지구화, 그리고 분리를 통해서가 아니라 최초로 공간의 다중이용, 다중코드화를 통해 해결될 수 있다.

실제 사건들은 물론, 우리가 이러한 공간 구상의 실현에서 얼마나 멀리 떨어져 있는가 하는 것만 보여주지 않는다. 실제 사건은 많은 시의적인 정치, 문화 그리고 사회적 갈등이 두 개의 서로 모순되는 공간질서의 대립에서 나온다는 것을 보여준다. 극단적인 양단 결정 논리에 굴복하지 않고 이도저도 모두 가능하게 해주는 공간 개념이 관철될 수 없는 것은 옛 공간사유가 가진 고집스러움 때문이다. 수많은 시의적인 갈등 속에는 '공간이용갈등'(Hammerich/Schaffrath 1999:393)이 문제된다. 이미 점령된 공간은 이중사용이라는 위협에 대항하여 배타적 사용권이라는 이름으로 방어된다. 우리는 용기-모델과 참으로 자주, 그리고 웅변적으로 작별하곤 하지만 시의적인 정치적 사건들은 여전히 이러한 공간 개념의 논리에 따라 사람들이 행동하고 있음을 보여준다.[18] 공간의 문제, 즉 어디서 거하는지, 어디서 왔는지, 어디로 가는지, 어디서 입장권을 얻는지,

어디서 또 누구에게 입장권이 거부되는지 하는 문제는 지구화의 시대에 그 의미가 줄어드는 것이 아니라 오히려 더 커지고 있다.

1.4 하나의 공간이 아니라 공간들이다: 공간 관계의 다양화에 대하여

앞의 단원은 공간과 정치의 종말이라는 명제가 실상을 제대로 파악하지 못하고 있음을 보여주었을 것이다. 탈영토화이론가들과 지구화 열광자들은 국경이 사라지고 있다는 소식에 머물러 있다. 그들은 그곳이 어디건 경계가 없어지는 곳의 다른 자리에 또 하나의 경계가 세워진다는 사실을 점차 머릿속에서 지워가고 있다. 경계 역시 엔트로피법칙에 따르는 듯하다. 경계는 사라지지 않는다. 다만 그 장소와 모습을 바꿀 뿐이며, 다른 곳에서 다시 떠오르기 위해서 어떤 한 장소에서 사라지고, 선명하게 보이던 경계선이 덜 분명하고, 보이지 않는 경계로 변신하는 것이다. 탈영토화이론의 관점에서 보면 낡은 좌표가 포착하지 못하는 공간의 재배치는 간과되고 만다. 경계, 그리고 공간의 범위는 더 이상 확정되어 있지 않고, 지속적인 대결과 과정의 대상물이다. 이렇게 경계와 그리고 공간의 범위는 그 유효성을 결코 상실하지 않는다. 우리가 현재 체험하는 것은 공간의 종말이 아니라 공간 관계의 **다양화**다. 다양한 활동을 위한 공간과 장소는 더 이상 절대불변도, 또 사전에 정해져 있지도 않으며, 갈수록 하나의 옵션이 되고 있다. 사회학이 다루어온 것은 소공간적이며 관망 가능한 맥락에서 대공간적이고 관망 불가능한 맥락으로 이동하는 가운데 나타나는 사회적 관계의 변화들이다. 지금까지 사회학은 공간 자체가 스스로 변하는 것이라는 사실은 다루지 않았다. 사회학은 이제 더 이상 그 '안'에서 일어나는 것만을 다루지 않을 것이다.

만일 지리학적인 거리의 의미가 갈수록 작아진다면, 장소의 선택 가능성은 상승하게 된다. 여기에서 공간이 더 이상 중요하지 않다는 결론을 끌어내는 것은 이미 개인화 논의에서 중요한 역할을 했던 주장을 반복하는 것일 뿐이다(Schroer 2001 참조). 어떤 것이 선택의 문제가 되면 그것은 가치를 잃는 듯하다. 하지만 공간에 대해 좀더 가능성이 커진다는 것과 공간의 무의미성이 반드시 연결될 필요는 없다. 공간은 오히려 다른 공간과의 비교 가능성을 통해서 그 중요성을 얻게 된다. 기업은 가장 적당한 입지와 정부, 국가에 대해서 논쟁하고, 도시는 자신의 입지가 가진 특별한 유용성을 강조하며, 여행을 많이 하는 유목민들은 많은 장소들을 서로 비교하며 한 장소가 가진 상세한 특징과 그 장소의 특별한 점에 대한 안목을 키운다(Harvey 1994:60, 63 참조; Castells 1999:52; Narr/Schubert 1994). 이런 식으로 **공간의 특수화와 다양화**가 진행된다.

여기에 또 덧붙여, 공간적 관계에 대한 더 큰 선택 가능성, 그리고 공간 규정에서 공간선택으로의 변동, 확대된 유동성, 공간으로부터 더욱 해방된 상태, 그리고 월경 가능성, 이런 것들은 누구에게나 다 똑같은 정도로 적용되는 것이 아니라는 사실이다. 경계가 어떻게 인지되는가는 그 사람이 어떤 상황에 있느냐 그리고 어떤 지위를 가지고 있는가에 결정적으로 달려 있다. 이주민으로서, 혹은 난민으로서, 혹은 일국의 대사로서 혹은 관광객으로서 경계를 대면하는 것은 커다란 차이가 있다. 어떤 사람에게 경계는 자기를 가로막고 있는 장벽이 되고, 또 어떤 사람에게는 그와 반대로 경계가 아니라 그것을 넘어가는 것은 순전히 형식적인 일에 불과한 하나의 문턱으로 보일 수 있다(여기에 대해서는 Balibar 1997, Vobruba

1998 참조).

그러나 사람들이 경계를 아무리 서로 다르게 인식한다 하더라도 경계는 공간과 마찬가지로 사라지지 않는다. 공간의 종말이라는 명제는 현재의 변혁을 두고 한쪽의 이득은 언제나 다른 한쪽의 부담이 되는 제로섬게임처럼 보고 있다. 거리라는 것은 갈수록 더 잘 극복되기 때문에, 그리고 시간은 갈수록 더 중요해지기 때문에 공간이 더 이상 역할을 하지 않는 것인데 말이다. 이런 맥락에서 공간은 그저 교통기술과 커뮤니케이션기술이 이겨낸 장애물이며 저항으로 나타난다. 그러나 만일 우리가 제로섬게임 대신에 **상호상승과 관계하고 있다면 어떻게 될까?** 우리는 전 세계적으로 커뮤니케이션할 수 있는 상태에 있기 때문에 우리가 어디서 커뮤니케이션하는지 그 장소는 오히려 더 중요하게 되었다. 이제야 비로소 자신이 있는 장소를 정해야 할 필연성이 등장하는 것이다. '**임석한 사람들 사이의 커뮤니케이션**'(Kieserling 1999)은 장소를 제시하지 않을 수 있는데 왜냐하면 누구나 다른 사람이 어디서 이야기하고 있는지 보고 있기 때문이다. '**임석하지 않는 사람들 사이의 커뮤니케이션**'(Berger 1995) 역시 장소 제시를 포기할 수 있는데 왜냐하면 가령 유선을 통한 전화통화의 경우, 상대방이 수화기를 들면 그 사람이 어디에 있는가를 알기 때문이다. 그에 반해, 어디서나 가능하니까 어디에서 전화를 하건 상관이 없다는 명제의 증거로 제시되는 모바일 전화통화의 경우는 장소 제시가 반드시 필요하다. 모바일 전화통화마다 첫 마디는 "너 어디 있는 거야?"이다. 통화내용을 좀더 잘 정리할 수 있기 위해 장소를 제시할 것을 요구하는 것이다. 상대방이 어디를 가고 있는 중인지 아니면 집에 있는 건가? 혼자 있는가 아니면 다른 사람도 같이 듣고 있는가? 이 정보를 알고 나면 그 다음 대화가 달라진다.[19] 그 외에도 대화당사자들 사이에는 그 속으로 다른 3자가 들어올 수 없는 하나의 **사회적 공간**이 펼쳐진다. 공공 공간에서 휴대전화로 전화하는 사람은 자기 주위에 하나의 말붙이기 불가능함의 영역을 만드는데, 왜냐하면 그는 **그 자리에 있는 비존재자**로서 마찬가지로 **그 자리에 없는 존재자**와 대화하고 있기 때문이다. 공공장소에서 휴대전화로 통화하는 행인은 마치 그 자리에 존재하는 대화 파트너처럼 그를 다른 행인들로부터 차단시키는 하나의 보호공간으로 둘러싸이게 된다.

그러나 장소 제시뿐 아니라, 출신의 문제 역시 결코 덜 중요하지 않다. 지구화 열광주의자와 다문화주의 추종자들의 말로는 출신의 문제는 앞으로 더 이상 아무 역할을 안 하게 된다고 하지만 그것은 우리가 '자국민'과 관계하고 있다고 전제할 수 있는 한에서만 그렇다. 우리가 어디서나 이방인들을 더 자주 만날 수 있게 되면 될수록 어디서 왔느냐의 문제는 다시금 의미를 가지게 된다. 우리의 일상 인식으로는 누구나 여기에 또는 저기에 살 수 있고, 세상 어디 출신이라도 괜찮다는 생각이 적용될지 모른다(Schulze 1993:196 참조). 하지만 바로 이것이 어디냐, 또 어디에서 왔느냐는 질문을 불러일으키게 된다. 출신에 대한 질문은 앞으로 절대 불필요해지지 않을 것이며, 갈수록 장황한 형태를 띠게 될 것이다. 출신은 갈수록 분명하게 규정하기 어려워지며, 바로 그 때문에 더욱 중요한 커뮤니케이션 대상이 되는 것이다!

따라서 공간이 한물간 이야기라는 생각에서 출발하기보다는 공간적 관계가 가지는 다층성과 복수성을 염두에 두어야 할 것이다. 사람이건 정치적 경제적 조직이건 간에 문제는 다음과 같다. 즉, 근공간 속에 아니면 원공간 속에 장소화하느냐는 것은 당연하게 주어진 것도 아니고, 동심원적으로 확장되는 것도 아니다. 장소화는 모든 단계에서 매번 이루어져야 한다.

그러니까 우리는 공간의 종말이 아니라 공간의 지속적인 발명, 재발명과 상관하게 된다. 국민국가의 종말에 대해 널리 유포된 명제는 하나의 사고 도식 속에 붙잡혀 있다. 이 도식에 따르면 한 시대의 구성요소는 그 다음 시대를 통해서 남김없이 몽땅 대체된다는 식이다. 바로 이런 사고 속에 국민국가의 종말명제가 가진 순전히 근대적인 특징이 들어 있다. 왜냐하면 근대는 언제나 시간, 간단 없는 혹은 충동적인 전진을, 한 시대를 통한 다른 한 시대의 극복을 믿기 때문이다. 공간의 시대를 산다는 것, 그럼으로써 더 이상 통시론이 아니라 공시론 속에서 산다는 것은 무엇을 의미하는가. 우리는 하나의 상태가 다른 하나의 상태로 선명하게 교체되는 것보다는 여러 상이한 문화, 정권, 생활양식, 가치, 유행의 동시 공존과 더 많이 상관한다는 것에서 그 의미를 알게 된다. 이 상이한 문화, 정권, 생활양식 등은 민족, 국가 혹은 세계사회라고 불리는 하나의 그릇에 담겨 있지 않고 스스로 공간들을 만들어낸다. 그리고 이 공간들은 서로 다른 폭과 길이를 가지고 있으면서, 서로 다층적으로 얽히고 겹쳐지고, 그리고 단일화시키는 어떤 쥠틀로도 더 이상 같이 묶이지 않고, 그저 서로 나란히 공존한다. 이렇게 해서 평행공존이라는 공간원칙은 더 이상 단수가 아닌 오로지 복수로서만 생각될 수 있는 공간 자체를 어느 정도 포착하고 있는 것이다.

도시적
공간

2

지금 위기 진단이 웅성거리는 곳은 도시 연구 영역이다. 지난 10년 동안 몰락 예언이 다시 호황을 누려왔다. "도시의 종말"(Touraine 1996), "도시의 소멸"(Krämer-Badoni/Petrowsky 1997), "도시성의 파탄"(Keim 1997), 혹은 최소한 "문명 도시의 종말"(Eisner 1997)에 대해서 말들을 한다. 이런 경우, 사회학적 기술과 현재의 도시에 대한 보편적인 이미지가 얼마나 일치하는지 가히 놀라울 따름이다. 사회학은 신문의 문예란, 영화, 문학에 편재한, 널리 유포되어 있는 몰락 장면들에 맞서는 다른 관찰 사실들을 내놓는 것이 아니라, 오히려 이들을 확인시키거나 또는 스스로 이런 장면들을 생산해내고 있다. 그런데—제2차 시선의 학설로서(Luhmann)—사회학의 과제는 도시의 명멸에 대한 일반적인 인상의 배후를 캐묻는 것이라 하겠다. 하지만 이런 식으로 깊이 있게 파헤치는 대신에 일반적인 "드라마틱하게 만드는 경향"(Lindner 2004:196)에 오히려 사회학마저 사로잡혀 있다. 그렇지만 어디서나 들려오는 이 작별의 노래가 결코 현재의 일시적인 현상이 아니고, 오히려 멀리까지 거슬러 올라가는 전통이라는 사실은 한 번 생각해볼 여지가 있다. 도시만큼 당장 종말이 올 것이라고 예언되었던 대상도 별로 없다. 뿌리깊이 진행되는 사회 변화는 모두 도시의 소멸이라는 진단을 초래했던 것처럼 보인다. 현재 또 다시 도시에 대한 종말론적 노래가 울려퍼지게 만든 근본적인 변화를 우리는 목도하고 있다. 여기서 시종일관 '도시'라는 말을 하고 있지만, 대부분의 경우에는 '사회'를 의미하고 있다. 도시기획은 사회기획이라는 말이며, 도시계획은 사회계획, 도시비판은 사회비판을 의미한다. "도시분석은 사회분석이며, 사회분석은 도시분석이기도 하다"고 위르겐 프리드리히스(Jürgen Friedrichs 1980:14)도 주장한다. 도시에서 읽히는 위기 발전은 언제나 사회 전체에 대한 의미로 받아들여지며, "도시의 위기"(Heitmeyer/Dollase/Backes 1998)는 결국 도시에서 특별히 더 잘 나타나 보이는 사회의 위기로 이해된다.

나는 다음에서, 현재의 위기 서술은 도시와 도시성의 특정 대표 이미지와 이상성에서 나온 것임을 보여주고자 한다. 이 이미지와 이상성은 우리가 오늘날의 도시 현실을 볼 때면 머리에 떠오를 뿐 아니라 이러한 도시현실을 함께 만들어내고 있는 이것은 특히 18~19세기 시민 유럽 도시에 대한 대단히 이상화된 이미지인데, 이 이미지는 시의적인 발전을 판단하는 잣대로 언제나 동원된다. 이러한 비교 잣대에서 본 근대 도시와 도시발전에 대한 판단은 거의 한 목소리로 부정적이다. 도시 연구와 도시성 연구는 과거를 변용된 시선으로 바라보고 있으며, 현재와 미래에 대해서는 재난을 바라보는 듯한 시선으로 기울어져 있다.

현재의 발전에 대한 명철한 시각을 흐리는 핵심적인 도시이미지는 여러 가지 주요 차이점에 근거해 있는데, 이런 차이점들은 그때그때 플러스, 마이너스로 표시된다. 우리 시대의 위기진단은 부정적인 면이 갈수록 긍정적인 면보다 우위를 차지하고 그럼으로써 긍정적인 면을 소멸시킨다는 가정에서 나온 것이다. 주요 차이점들은 모두 하나의 공간적인 목록을 가지고 있으며 그 내용은 다음과 같은데, 긍정적인 내포 의미부터 먼저 언급하고 그 반대 의미를 언급할 것이다. 도시성 대 야만성(2.1), 공공성 대 내밀성(2.2), 단일성 대 다양성(2.3), 중심 대 주변(2.4), 혼합 대 분리 내지 이질성 대 동질성(2.5)이 그것이다. 여기서 유추되는 위기 진단은 야만화, 사영화, 파편화, 주변화, 분리 내지 동질화다. 한쪽 면의 발전은 다른 한쪽 면의 희생이라고 주장하는 이러한 해석과는 달리 나는 아래에서 각 긍정적인 측면은 결코 사라지지 않으며, 우리는 이제 수많은 영역에서 명백히 정리하기 힘든 혼합 상황을 다루게 되었기에 경직된 분리와 구분은 오히려 그 자체로서 문제가 되었음을 보여주고자 한다. 여기서 결정적인 것은 지금까지 유효했던 주요 차이점들이 중심과 주변 등의 공간 이미지가 만들어낸 본질주의적 공간관의 표현이기도 하다는 점이다. 맨 마지막 관점으로서 내가 보여주게 될 것은, 행위자들의 활동에서 시작되는 구성주의적이며 행위 정향된 공간 개념을 취한다면 우리는 수많은 위기적 발전들을 다른 모습으로 바라보게 된다는 것이다. 이것은 경험적 도시 연구에 적잖은 영향을 주게 된다(2.6).

2.1 도시: 문명의 장소인가 야만의 장소인가

도시성은 도시의 현재와 미래를 둘러싼 논의에서 핵심용어 중 하나다.

특히 '도시성의 상실'에 대해서는 많이들 개탄한다. 그런데 대체 도시성
이란 무엇인가? 중립적으로 표현하자면 일단은 도시적 생활방식으로,
도시거주자를 시골거주자와 구분짓는 것이다. 여기에 덧붙이자면 상식
백과사전에서 도시성은 학문적인 맥락에서와 마찬가지로 규범적으로
사용되기 일쑤다. 어떤 사전을 들추어보든지, 또 어떤 도시사회학, 도시
성 연구 작업을 찾아보든지 간에 도시성은 언제나 좋은 몸가짐, 교양, 시
민적 사교형태, 도덕적 행동, 자유, 계몽된 정신태도, 세계에 대한 열린
마음과 정치적 참여와 같은 것들과 동일시되고 있다(Salin 1960, Siebel 2000
참조).[1] 이런 한에서 도시성 개념은 지방성의 반대말일 뿐 아니라, 그보다
더 야만성의 반대말처럼 보인다. 이와 상응하여 아리스토텔레스에게서
이미 다음과 같은 말을 읽을 수 있다. "인간이 그저 경제적 존재로 있는
야만상태의 단계 너머로 인간을 끌어올려 주는 것, 야만상태 속에서 그
저 희미하게 잠자고 있기만 하는 인간의 모든 드높은 능력들을 발전시킬
수 있게끔 해주는 것, 즉 단지 사는 것이 아니라 잘, 그리고 제대로 살도
록 해주는 것은 도시에 참여하는 것, 도시 구성원으로서 존재하는 것이
다"(Hotzan 1997:25에 의거해 인용). 도시는 선하고 옳은 삶의 자리다. 비록
도시가 오늘날까지 도시성이라는 개념과 결부되어 있는 능력의 배양을
보장해 주지는 않았지만 이런 능력들은 오로지 한 도시의 참여자 혹은
구성원으로서만 획득할 수 있는 것이었다. 그렇기 때문에 도시거주자로
서의 바람직한 행동에 덧붙여서 도시성의 핵심은 공간적 규정들과 매번
연결된다.

　도시적 삶에 대해 말하는 사람은 다양성과 혼합, 밀집성 그리고 시끌
벅적한 번화가와 도시행인들 그리고 낯선 사람들과의 만남의 장소로서
의 탁트인 광장과 노상카페, 즉 맥박 뛰는 장소, 활기찬 움직임이 벌어지

는 장소를 생각한다. 이때 파리를 떠올리든지 런던을 떠올리든지, 아니면 베를린이나 뮌헨을 생각하든지 간에, 도시의 이미지는 예외 없이 "우리의 가슴속에 남아 있는 도시의 옛 컨셉트"(Habermas 1981:72)에서 나온 것이다. 공공장소가 있고, 중세에 근원을 두고, 조망 가능한 도시에 대한 이러한 선망을 관광산업은 오래전부터 이용하고 있다. 관광으로 살아가는 도시들은 원래의 도시이미지를 지키거나 혹은 다시 만들어내어 방문자들이 과거의 위대한 시절의 배경 속에서 이리저리 돌아다닐 수 있도록 최선을 다한다. 건축가, 도시계획가, 도시사회학자와 같은 전문적인 관찰자들 역시 북이탈리아 도시와 그 도시들의 수많은 공공 광장 속에서 자신들이 도시라고 이해하고 싶어 하는 것의 정수를 발견한다.

이러한 도시의 이상과 비교해볼 때 오늘날의 도시는 몰락과 야만의 장소로 보인다. 특권화된 소수가 차단되고 경비된 주택단지로 피신하는 것을 두고 마누엘 카스텔스(Manuel Castells 1991:205)가 다음과 같이 논평하는 것은 우연이 아니다.

"도시는 야만인들에게 넘겨주고, 사람들은 주거 엔클레이브(enclave, 여기서는 야만적으로 변한 대도시 안에 성처럼 분리, 보호된 부유한 소수 도시민의 거주단지를 치외법권령인 엔클레이브에 비유하고 있다—옮긴이)의 안락함 속으로 퇴진한 것이다." 아리스토텔레스의 생각과는 반대로 오늘날 도시는 폭력이 다반사가 되고 전쟁이 난무하는 야만의 장소가 된 듯하다. 도시는 경쟁하는 집단들, 서로 다른 인종들, 대적하는 갱단, 여러 상이한 생활양식들끼리의 대립 장소다. 범죄율은 높고, 공기는 나쁘고, 쇼핑가는 황량하다. 능력이 되는 사람은 누구라도 여기에서 빠져나간다. 도시행인들이 미지의 것을 만나기 위해 갈구하며 언제나 흥미로운 경험을 찾고 있었던 예전의 도시들, 그 휘황찬란함에서 남은 것이란 아무것도 없는 듯하다.

이런 식으로 노스탤지어에 젖은 도시적 삶의 이미지로 현재의 삶에 대한 시선을 더 이상 망가뜨리고 싶지 않다면, 도시에 대한 찬미자나 종말론자나 모두 거부하면 된다. 찬미자와 종말론자의 시선은 일견 모순적이긴 하지만 둘 다 자신의 이상을 옛 도시에 두고 있다는 점에서 하나의 공통된 뿌리를 가지고 있다. 이제 이런 태도를 계속 끌고 나갈 것이 아니라 현재의 조건에 걸맞는 도시성이라는 개념을 발전시켜야 할 때가 되었다. 많은 교통량, 그만큼 나쁜 공기와 주차공간 부족, 그리고 얼마 안되는 기존의 주차공간을 차지하기 위해 벌이는 처절한 전쟁, 그리고 참을성 없고, 빵빵거리며, 밀치고, 종종대는 행인들과 함께 벌어지는 여유 없는 바쁨, 이런 것을 타락이 아닌 도시성의 한 표시로서 받아들이는 것이 새로운 도시성 개념을 발전시키는 작업에 속한다. 시골로 남고 싶어 하는 그곳에서만 고층건물의 건설을 저주할 수 있고, 상점과 레스토랑, 바와 맥주가든, 디스코테크와 도서관, 박물관의 개장시간을 제한시킬 수 있다. 도시적 삶이란 낮/밤―구분이 없어지는 것도 의미하기 때문이다. 그뿐 아니라 도시성은 이제 더 이상 도시의 막대한 교통량 증가와 무관하게 정의될 수 없다. 대부분 자동차는 소유하지 않고 걸어다니기 좋아하면서 공공 광장이 제공되는가 하는 문제가 공공적 사안에 참여할 유일한 가능성이라는 것처럼 구는 주민에서부터 우리 생각을 출발시킬 필요는 없다. 이렇게 말한다고 해서 우리가 현명한 도시건축적, 교통계획적인 구상들을 그냥 포기할 수 있다는 뜻은 아니다. 그렇지만 도시성이라는 개념이 지나간 시대의 생활여건에 과도하게 연결되어 있는 것은 아주 놀라운 일이다. 현재에 적절한 도시성 개념을 창출하기 위해 정치적, 경제적, 문화적, 기술적 발전에 적응하지 않고 말이다. 도시성에서 과거의 이미지만을 생각하는 사람은 한편으로는 도시성 역시 전혀 예상하지 못하는 곳으로 이동을 해서 자기를 드러낼 수도 있다는 것을 간과하고 있다(Schroer 2001 참조). 이런 사람은 또 자기가 생각하는 의미에서 도시성이 나타나는 곳에서 도시성을 지각하지 못하기도 한다. 옛 유럽 도시의 원칙에 시선이 고정됨으로써 시야가 가리워진 것이다.[2]

2.2 공적 공간의 사적 공간화

도시성 개념과 밀접히 결부된 것이 공공성 개념이다. 도시적 공간은 언제나 공적 공간이기도 하다. 공공성에 대한 반대 개념으로서 친밀성의 개념이 사용된다. 공적/사적이라는 구분은 도시를 특징짓는 전형적인 구분법에 속한다. 이런 구분에서는 고대부터 '사적'이란 가정경제의 영역을 의미하고, '공적'이란 '정치성의 공간'을 의미한다(Arendt 2002:38). 그런 한에서 도시는—모든 공간처럼—하나의 경계 긋기의 결과물이다. 도시의 성벽 안에서 자유와 정치성의 공간이 존재하고, 그 바깥에서 사적 가정경제가 존재한다(Arendt 2003:99 참조). 오로지 도시의 성벽 안에서만 시민이, 그리하여 정치적 인간이 존재할 수 있었다. 고대적인 이해에 따르면 "개별 인간의 지위는 이렇게, 오로지 그가 움직이고 있는 공간에 달려 있어서 로마인 아버지를 둔 장성한 아들로서 '아버지 밑에 있으면서 (……) 시민으로서는 그 아버지에게 주인으로 명령하게 된다(될 수도 있다)'"(Arendt 2003, 100).

한스-파울 바르트(Hans-Paul Bahrdt)의 고전적 연구서인 《근대적 대도시》(Bahrdt 1998:83 이하)에서도 공공성과 친밀성의 양극화는 도시에 대한 사회학적 정의의 가장 중요한 특징으로 간주되고 있다. 도시사회학의 바깥에서 이루어지는 문화비판에서는 지속적으로 친근성이 위협받은 것으로 간주된다(Anders 1980a, b만 참조). 그에 반해 도시사회학의 관점에서는 공적 영역 속으로 사적 영역이 점진적으로 확장되고 공격해 옴으로써 공적 공간이 계속적으로 위험에 빠지고 있다고 논의된다(Sennett 1983 참조).

도시적인 것의 미래를 둘러싼 시의적 논쟁에서는 공공성의 사적 영역화 위험이 더욱 거세게 주장되고 있다. 공공성의 고전적인 장소인 거리, 광장, 공원, 기차역과 시장광장이 위험에 빠지는 것은 이전의 공공시설의 사적 공간화와 함께 자동차에 적합한 도시라는 방향설정 때문이다. 그리하여 점점 갈수록 더 많은 사적 공간들이 도시에 퍼져나가고 있는데 이들은 독자적인 출입 규칙과 행동 규칙을 세우고 예컨대 빈곤한 사람들, 알코올 및 마약중독자, 노숙자 등과 같은 주민집단에게는 출입거부권을 행사한다. 예를 들어 쇼핑몰과 함께 전통적인 공공 공간에 대한 대안이 되는 공적 공간이 탄생하는 것이다. 이 새로운 공적 공간은 갈수록 '위험해진 공간'이 되고 있는, 통제되지 않은 공공 공간에서는 보장받지 못하는 정숙과 질서를 사람들에게 보장함으로써 방해받지 않고 소비활동을 할 수 있도록 해준다(Schroer 2003 참조).

통제되지 않은 공간으로부터 퇴진함으로써 사적 공간화가 더욱 추진된다. 시민들은 점점 더 경비가 잘 된 안전공간으로 들어가거나 혹은 다른 낯선 것, 미지의 것과 대면하여 놀라는 일이 벌어지지 않을 듯한 "자기만의 네 벽"(Selle 1993) 속으로 물러나기 때문이다. 바르트(1998:141)는 이러한 발전을 두고 이미 다음과 같이 논평하고 있다. "사적 세계는 바리케이드 친 도피 요새가 되었다."[3] 그러나 고전적인 공적 공간이 어떤 주민집단에게는 금지된 사적 공간들과 점점 뒤섞이게 되었듯이, 거꾸로 사적공간 역시 오래 전부터 하나의 통제 가능한, 외부에 대해 완전히 폐쇄 가능한 공간, 공적 사안이 들이닥치지 못하는 공간이 더 이상 아니게 되었다. 여기에 대해서는 무엇보다도 미디어의 발전이 공헌한 바 크다. "지붕, 담, 창과 문이 있는 온전한 집은 오로지 동화책에서나 존재한다. 물질적 비물질적 케이블이 온 집을 마치 에멘탈 치즈처럼 숭숭 구멍 뚫어 놓고 있다. 지붕 위에는 안테나가, 담에는 전화선이, 창문 대신에 TV가, 문 대신에 자동차가 머무는 주차장이 있다. 온전한 집은 폐허가 되었으니 그 폐허의 뚫어진 틈새로 커뮤니케이션의 바람이 분다"(Flusser 1994:67).

공적 공간의 사적 공간화에 대한 개탄 속에서 자주 망각되는 것은 공적 공간이 어떤 경우든 공공성을 창출하지는 않는다는 사실만은 아니다. 고전적인 공적 공간 역시 결코 아무나, 그리고 어느 때나 출입할 수 있었던 것이 아니라는 사실도 망각되고 있다. 예컨대 여성들에게는 공공 공간의 출입은 언제나 거부되었기에 만인에게 열려 있는 공공성이라는 표상은 남성적 지각에서 나온 것이다. "누가 언제 어디서 어떻게 움직이는지는 대부분 그 사람의 성(性)으로 결정된다"(Hamm/Neumann 1996:251). 공적 공간의 이상화의 반대쪽에 있는 것이 사적 공간의 이상화인데, 이 사적 공간 속에서 여성과 아이들은 특히 거의 통제 불가능한 권력에 노출되어 있다(Schneider 1992:37 참조).

내가 보기에 현재 전형적인 것으로 나타나고 있는 경향은 공공성에 대한 친밀성의 완벽한 승리, 혹은 그 반대라는 의미에서 공적/사적이라는 개념쌍의 해체가 아니다. 이런 이분법보다 결정적으로 보이는 것은 여기에는 공적, 저기에는 사적이라는 엄격한 양극화가 의미를 잃었다는 것이다. 왜냐하면 공적, 사적 구분이 공적 공간, 사적 공간을 관통해 가거나 내지는 그런 공간들에서 반복되며, 그리고 사적인 것과 공적인 것이 상호침투하고, 그러면서 파생물을 남기기 때문이다. 사주택은 예컨대 전체적으로는 더 이상 사공간으로 간주될 수 없는데, 왜냐하면 때때로 공적 공간으로 변할 수도 있고, 그 사주택 속에서 거주자 개개인들에 의해 허락 없이 그냥 출입될 수 없는 그러한 엔클레이브가 따로 분화될 수도 있기 때문이다. 예컨대 부모님의 침실을 아이들이 마음대로 드나들 수 없고, 아이들의 방을 부모가 마음대로 드나들 수 없듯이 말이다. 다른 말로 하면 친밀성과 공공성은 그 엄격한 구분성과 견고성을 상실하고, 그럼으로써 그때그때 일시적으로 사적 혹은 공적으로 될 수 있다는 것이다. 이렇게 사적 공간은 TV를 켜고, 뉴스를 시청하는 공적 공간으로 뒤바뀌게 된다. 이와 반대로 공적 공간이 사적 공간으로 바뀔 수도 있는데, 예컨대 공적 광장에서 휴대전화를 사용하는 경우를 들 수 있다. 이럴 때 공공성의 한복판에서 하나의 작은 사적 섬이 탄생하는 것이다. 이것은 휴대전화 사용자가 다른 행인들에게 자신의 사생활을 어쩔 수 없이 듣게 만드는 경우에도 해당된다. 이런 의미에서 사적이라는 뜻은 일시적으로 자신을 보이지 않게 만들 수 있는 것, 타인의 눈과 귀로부터 최소한 잠깐 피할 수 있는 것을 말한다. 이에 반하여 공공성이란, 잠재적으로 아무에게나 보이고 들릴 수 있는 것을 의미한다. 이런 이유로 공공성의 파괴라는 명제를 뒷받침하기 위해 주장되는 공적 공간의 비디오경비(예컨대 철도역)는 공공성을 파괴하는 것이 아니라 보기에 따라서 공공성을 과장하고 배가시키는 것이다(Schroer 2005e 참조).

2.3 단일체로서 도시와 점증하는 파편화

오늘날 자주 듣게 되는 불평은, 도시는 더 이상 단일체를 구성하지 않고 많은 부분들로 파편화되며, 이 파편들은 서로 아무런 연관성이 없다는 것이다. "사회적 단일체로서의 도시는 깨지고 있다"(Häußermann 1998a:173). 기존의 전체성과 통일성이 분화과정을 통해서 파괴되었다는 이러한 불평은 긴 전통을 가지고 있다. 여기에서나 또 다른 예에서나 다시 한번 보이는 것은, 좀더 일반적인 차원에서도 논의되는 정형적 논술형식이 도시 담론 안에서 통용되고 있다는 사실이다. 이미 1794년에 예컨대 프리드리히 실러(Friedrich Schiller)는 다음과 같이 쓰고 있다. "이제 국가와 교회, 법률과 도덕은 갈기갈기 찢어졌다. 향락은 노동에서 분리되고, 도구는 목표에서 분리되고, 노력은 보수에서 분리되었다. 인간은 영원히 전체적인 것의 한 개별 부스러기에 묶인 채 스스로 하나의 편린을 구성하고 있을 뿐이다"(Schiller 1980:584). 근대성을 불러온 분화과정에 대한 비판에는 하나의 통일적인 전체를 수많은 통합되지 않은 부분들로 파열시킨다는 한탄을 처음부터 같이 달고 있었다. 이러한 의미에서 리처드 세넷은 이렇게 쓰고 있다(Sennett 1997:458).

사회적 불안정성과 개인적인 결함을 순전히 부정적으로만 이해하는 것은 근대적인 습관이다. 근대 개인의 발전은 일반적으로 말하자면, 개인을 자족적으로 '전체적'으로 만들려는 목표를 쫓고 있다. 심리학은 하나의 언어를 사용하고 있는데, 그 언어의 테두리 속에서 인간은 자신들의 중심을 찾고 자아의 통합과 전체성을 획득해야 한다. 근대적 사회 운동 역시, 마치 공동체가 개인처럼 통일적이고 전체적으로 되기라도 해야 할 것처럼 이 언어를 사용하고 있다.

이러한 이미지를 대신하여 오래 전부터 포스트모던 개인의 이미지가 등장했다. 이 포스트모던 개인은 전체성으로가 아니라 다양성으로서, 프로테우스 신적인(그리스신화 속의 바다의 신 프로테우스에서 온 말로서, 변화무쌍하며 매우 적응력이 강하고 다방면의 능력을 가지며 혼자서 여러 역할을 해내는 특징을 가리킨다—옮긴이) 자아를 경험하며 여러 상황을 위하여 여러 자아들을 만들어야 한다고 느낀다. 그리고 이 모든 멀티한 자아들이 시간이 지나면서 자기 자신과 동일한 하나의 단일체로 묶이지는 않는다(Schroer 2001:420 이하 참조). 그러나 정체성이론의 영역에서와 마찬가지로 도시를 주제화시키는 데서도 역시 단일체의 '파열'에 대립하는 "전체성이라는 핵심이미지"가 끈질기게 유지되고 있다(Sennett 1997:460).

전체성 이상에서 막대한 부분을 차지하고 있는 것은 그리스의 폴리스인데, 그리스의 폴리스는 개별자들의 생애보다 더 오래 살아남기 때문에 개별자들을 극복하는 단일체로 표상된다. 그리스 폴리스는 분명 그 속에서 시민이 행복하기도 하고 올바르기도 한 삶을 영위할 수 있는 좀더 높은 질서를 의미한다(Meier 1980 참조). 오늘날에도 주장되고 있는 도시와 정치 사이의 밀접한 연결은 이 그리스 폴리스의 전통으로 거슬러 올라간다. 도시는 이전에도 그리고 오늘날에도 많은 사람들에게는 여전히 '정치적 사회'와 동의어다. 폴리스는 하나의 집중된 정치력을 가진 시민연합으로서 구성된다. 하나의 전체적인 공동체라는 표상은 이때 그리스 도시의 건축적 구조 속에도 침전되어 있다. 플라톤의 이상도시부터 중앙집중적으로 만들어져 있다. 중심에 자리하고 있는, 다른 곳보다 좀더 높직이 위치한 아고라에는 정부청사, 신전, 김나지움, 연극장과 도서관이 있으며, 시민들의 집이 이를 빙 둘러 에워싸고 있다. 이에 반해서 수공업자는 그 너머에 살고 있다. 정시민 지위를 가진 사람은 도시 내부에서 살 뿐 아니라 정치적 삶의 일정과 대화에도 적극적으로 참여한다. 그러니까 도시민들은 하나의 특정 장소에 임석해 있는 것으로부터 자기를 특징지을 뿐 아니라, 특수한 행동을 통해서도 자기를 특징짓는데, 그 행동은 도시민이라는 요구에 근본적으로 들어맞는다.

사회적 정치적으로 동질적인 공동체로서의 폴리스는 아무리 늦어도 근대를 구성하는 정치, 경제, 가족 내 분화과정에 대한 헤겔의 서술에 의해 구시대적인 낡은 것이 되었다. 이렇게 해서 일반화되고 개개인들에게 짐 지워졌던 정치적 공동체에 대한 부담도 사라지긴 했지만, "도시 내의 절대적 시민성이라는 픽션은 오늘날까지도 여전히 작용하고 있다"(Bude 1998:16). 아렌트(Arendt 2002)에서 세넷(Sennett 1983)을 거쳐 바우만(Bauman 2000a)에 이르기까지 이 도시만은 도시시민이라는 폴리스 이상이 부활하고 또 재차 부활하는 데 소극적으로 행동할 수 있을 뿐 아니라 적극적으로 행위할 수도 있어야 한다.[4] 정치와 도시는 처음부터 서로 관련되어 있으며, 하나의 단일체로서 융합되어 당연히 하나의 몰락은 다른 하나의 몰락과 함께 간다. 이것은 예를 들어 "이러한 발전은 도시적 삶과 정치적 삶의 몰락을 가져다준다"(Touraine 1996)고 하는 알랭 투렌(Alain Touraine)의 시각에서 분명해진다.

도시를 단일체로 생각하는 습관은 최소한 지금은 갈수록 설득력이 떨어지고 있다. 도시의 개별 부분들은 각자 다른 방향으로 나아가기 위해 애쓰고 있으며 함께 끌어모으기가 갈수록 힘들다. 우리는 그 개별 구성요소들이 더 이상 그냥 하나의 통일적인 단일체로 모이지는 않는 일종의 패치워크-도시와 직면해 있다. "이런 식으로 계속 발전하게 되면, 미래에 우리는 하나의 도시라는 것을 말할 수 없게 된다. 하나의 동일한 영토 위에서 다수의 도시들이 형성될 것인데, 이런 도시들은 서로 적대적으로 대적하여 맞서지 않으면 서로 아무 상관도 없다"(Sieverts 2000:171).

도시의 글로벌화(Berking/Faber 2002 참조)와 개별 글로벌 도시의 형성 (Sassen 1996 참조)은 이러한 발전을 더욱 첨예하게 할 것 같다. 도시의 각 부분들만 전 세계적 네트워크에 속하고 그에 반해 다른 부분들은 참여하지 못하는 식의 도시 해체와 찢어짐에 대한 불평은 하나의 통일적인 전체라는 이상이 머릿속에 있다는 것을 폭로한다. 하나의 통일적인 전체는 전체적으로 함께 작용할 수 있거나 아니면 분화과정을 거치면서 가차 없이 해체되어버린 것이다. 이때 도시는 자신의 여러 수족들에 대한 조종능력을 상실하게 된 신체처럼 다루어진다. "도시발전을 어떤 맥락에 두든지 간에 언제나 우리는, 도시는 파편화되고 그 고유한 부분들을 더 이상 통제하지 못한다는 결론에 이른다"(Touraine 1996).

   이러한 예견이 설득력이 있는가 하는 질문과는 상관없이 우리의 맥락에서 중요한 것은 이러한 발전의 위기적 특징은 단일체라는 이념에 무조건 집착하는 데서 나온다는 사실이다. 도시가 하나의 단일체였다는 것을 도무지 확인할 수 없음에도 불구하고 단일체 이념에 집착했던 것이다(Krämer-Badoni 2002 참조).

   국민국가의 이념의 경우와 비슷하게, 개인과 그 상급의 전체의 동일시와 유대를 기대하고 있는 것이다. 개인은 단지 도시의 한 특정 부분에서 살고 있고 도시의 다른 부분과 그 거주자들을 보는 일이 아주 적은데도 말이다. 그런 한에서 아담 스미스가 지어낸 "방법론적 민족주의"(Smith 1979:191)라는 말과 나란히 **방법론적 도시주의**를 이야기해볼 수 있겠다. 이것은 도시가 더 큰 용기인 국민국가 속에 있는 하나의 용기와 같으며, 국민국가의 영토 위에 있는 국민국가의 한 하위 단일체를 형성하고 있다는 의미다. 사실 오랫동안 민족과 도시는 스스로 자신의 운명을 결정할 수 있다는 전제가 있어왔다(Sennett 1998:305 참조). 그런데 도시 논의에서는 오늘날에도 여전히 그런 것처럼 해왔다.[5] 하지만 도시는 이미 오래 전에 그들이 속한 민족적 맥락을 넘어서는 사건과 발전의 영향을 받고 있다. 이런 상황은 도시 몰락의 벌로서 각 도시가 지구적인 발전에 연결되기 위해 애써야 하는 도시 간 심한 경쟁으로 몰고간다. 도시들은 입지경쟁에 직통으로 노출되어, 투자와 일자리를 얻어내기 위해 경쟁한다. 2006년 독일 월드컵의 개최지가 되기 위한 경쟁이나, '유럽 문화도시' 타이틀을 건 도시 경쟁을 볼 때, 도시들이 관심을 끌기 위해 엄청난 노력을 한다는 것을 알 수 있다. 도시는 **그야말로 관심을 얻기 위한 전쟁** 속에 있다. 도시들은 개별화되어 있는 것과 마찬가지이며 일자리와 투자자 지원금을 얻기 위한 전 세계적 전쟁 속에서 독립적인 단위로서 자기를 주장해야 하는 것이다. 이런 중에 도시는 마치 브랜드처럼 거래된다. 도시 스스로도 자신을 브랜드로 확립시키는 것을 주저하지 않는다. 도시들은 자기들이 무엇을 가지고 있는지를 보여주며, 자기 도시의 이름을 들으면 특정 건물, 광장, 집, 역사적 사건, 일어난 일, 인물이 즉각 연상되기를 원한다. 규칙적인 간격을 두고 발표되는 도시 랭킹이 이 비슷한 목적을 가지고 있다. 이때 도시들의 임무는 자신들의 강점을 강조하고 가시화시키고, 부정적인 점은 가능하면 감추고 보이지 않게 하는 것이다. 감추고 싶은 부정적인 면에는 도시 이미지에서 지워버리고 싶은 주민계층도 속한다. 이 때문에 도시들은 "잉여인간"(Heinz Bude)들을 도시를 대표하는 공간에서 몰아내고, 중심에서 주변으로 밀어내고자 한다. 이렇게 해서 도시에는 갈수록 자기 스스로에게 내맡겨진 개별 지구가 생겨난다.[6]

보호를 보장해주는 국민국가의 껍질에서 도시가 벗어나옴으로써, 아주 조그만 공간에서 가장 거대한 대립관계가 서로 맞닥뜨릴 수 있는 상황이 되었다.

지구화의 영향은 통일성을 만들어내는 효과뿐 아니라 분리시키는 효과를 내기도 한다. 지구화는 계층화의 새로운 형태를 만들어내고 여러 상이한 지역에서나 혹은 장소에서 정반대의 결과를 초래한다. (……) 두 개의 직접적으로 이웃해 있는 지역 혹은 밀집된 공간 안에서 함께 살아가고 있는 집단들이 서로 완전히 상이한 지구화 체계에 속할 수도 있으므로 이때의 물리적인 공존은 매우 특이한 효과를 보여주게 된다. 길 한쪽에서는 사람들이 착취기업 안에서 열심히 일하고 있는 데 반해 길 다른 쪽에서는 강력한 힘을 가진 금융중심가가 생겨날 수 있다(Giddens 1994:120; 그리고 Albrow 1997:310 이하도 참조; Castells 1991:211).

공간적인 가까움과 이웃관계는 지구화의 시대에서는 결코 사회적 근접의 표식이 못된다. 서로 가까이 있는 지역들이 완전히 다른 질서에 속할 수도 있다는 생각은 도시사회학 연구에서 아직 조금도 문제가 안되고 있다. 이런 지역들의 연관성은 국민국가적 테두리에 위치한 같은 도시 지붕 아래에 있는 지역끼리의 가까움에서 오는 것이 아니다. 이러한 변화 발전에 근거해서 볼 때 우리는 결코 공간의 종말이 아니라 영토적 고정성으로부터의 사회 공간의 해방을 보고 있는 것이다(Schroer 2003 참조).

기든스에서 잠깐 언급되었던 직접적인 공간적 근접은 개별 도시구역들이 다른 도시와 비교 가능한 하나의 전체를 형성시키는 통일적인 도시라는 이미지를 고수할 때만 도시를 파괴시킨다. 그에 반하여 차이 나는 것들의 공존을 가능하게 하는 것, 서로 다른 개인들과 사회 그룹, 사물과 생활양식을 하나의 장소에 가까이 함께 끌어다놓는 것은 예나 지금이나 도시의 표식이다. "기획품과 생산물이 창고에 가득 적재되어 있고, 시장에는 산더미 같은 과일이, 걷고 있는 대중들, 다양한, 서로 나란히, 서로

다"(Lefèbvre 1990:126). 내가 보기에는 이 도시규정을 더 이상 설득력 없다고 볼 하등의 이유가 없다. 오히려 이렇게 보아야 할 가능성이 더 많은데, 왜냐하면 점증하는 지구화, 즉 한 장소에서 전 세계적인 영향과 대면하고 또 충돌하는 일이 점점 늘어나는 것을 볼 때 도시는 노골적인 모순, 차이 그리고 다양성의 자리이기 때문이다. 또한 현재의 도시에 적용되고 있는 개념들의 다양성에서도 이러한 상황은 표현되고 있다. 패치워크 시티, 네트워크 시티 그리고 버추얼 시티에서 엣지 시티, 듀얼 시티 그리고 디바이디드 시티를 너머 특징 없는 도시, 포스트모던 도시, 체험 도시 등 여러 도시 개념들이 풍부하게 제공되고 있다. 여기서 나는 이런 개념이나 또 다른 개념들 중에서 현재의 사회에 유일하게 들어맞는다고 할 하나를 콕 집어 결정해야만 한다고는 보지 않는다. 오히려 이 개념들의 총합이 우리가 현재 '도시의 현실'이라고 이해해야만 하는 것을 만들어주고 있다. 이것은 우리 동시대 사회에 대한 수많은 부호들이 함께 뭉쳐서 현재 사회라는 포괄적인 이미지가 나오는 것과도 비슷하다. 여러 다양한 개념들이 있는 것을 문제라고 보는 대신에 오히려 그 속에서 여러 상이한 트렌드와 발전 선상이 공존하고 있는 상황에 대한 해결책을 인식해야 한다는 것이 내 생각이다. 그 반대로 도시가 겪어왔던 그 수많은 변화들을 두고 볼 때 "도시라는 개념 자체가 시대에 뒤떨어진 것이 아닌지"(Habermas 1981:71), 그런 한에서 도시는 더 이상 아무런 현실을 마주하고 있지 않는 "괴물개념"(Ulrich Beck)에 속하는 것은 아닌지라고 묻는다면, 그것은 마치 개념으로 표시되는 사물들에는 아무런 내재적인 변화도 아무런 형태변화도 인정될 수 없다는 식의 곤란한 태도라고 본다. 이런 경우 도시가 언제나 도시적 형태의 다양성을 위한 집합개념으로서 기능한다는 사실은 덮어버린다(Lichtenberger 2002:40 참조). 중요한 것은 도시 안에서는 그때마다 옛 것과 새 것이 뒤섞이며 안전성과 변화, 지속성과 비지속성이 동시적으로 존재하며, 이것이 도시적인 것의 특징임을 이해하는 것이다. 우리가 관찰할 수 있는 것은 모든 발전단계와 변화층을 넘어 그래도 도시로서 인식 가능하게 남는, 그러한 도시의 지속적 변화이다. 이를 더 잘 표현해본다면 다음과 같을 것이다. '도시'라는 용어를 사용함으로써 우리는 변화를 넘어선 지속성을 인식할 수 있게 되는 것이라고. 변화는 도시라는 개념에 부가된 특정의 형용사를 통해서 표현될 수 있다.[7]

2.4 도시의 탈중심화와 주변의 가치절상

유럽도시의 또 하나의 두드러진 특징은 중심과 주변의 구분이다. 중심과 주변 내지 중앙과 변두리는 하나의 사태의 중립적인 표현으로 볼 수 없다. 오히려 이 두 개념에는 명백한 가치평가가 들어 있다. 여기에는 분명한 공식이 적용되는데 중심은 긍정적이고 주변은 부정적인 의미다. **중심적**이라고 불리는 어떤 것이 또한 의미 있고 중요한 것이라면, 의미 없고 중요하지 않은 어떤 것은 **주변적**이라고 불린다. 중심에 서 있지 않은 것은 주변에 존재하며 간과되어도 좋다. 정상을 벗어나 움직이고 있는 집단이 **주변**집단이라고 불리는 것은 우연이 아니다. **주변**성은 비참여성과 배제성을 의미하며 그럼으로써 적극적 도시민이라는 이상과 대각선을 이루며 마주서 있다. 완전히 바깥에 있지 않아서 제외된 것은 아니지만, 또한 사건의 중심에 있는 것도 아니다. 그래서 난외 주석은 그야말로 난외의 **주변적**인 언급이지 진짜 핵심은 아니므로 중요하지 않다. 더 안 좋은 것은 주변이 자기 자리에 있지 않고 확장되어 안으로, 중심이라는 보호해야 할 가치가 있는 자산, 그런 가치 있는 것이 된 듯 보이는 중심 속으로 밀려들 때다. 그럴 때면 사람들은 지금처럼 주변화를 말하는데, 주변이 마치 암종양처럼 중심 안으로 자라 들어와서 중심을 파괴시키고 말기 때문에 중심과 주변의 구분을 파괴시키는 것이 주변화이다. "주변은 어디에나 있다"(Prigge 1998)는 것이다.

중심은 언제나 '가운데'에 있으며, 이 가운데와 거의 동일하다. 내적인 균형 속에 있는 사람을 두고 자신의 **중심**을 찾았다고 하는데, 왜냐하면 중심은 결국 중심화, 그리스어로는 **소프로시네**(sophrosyne)를 가리키며, '품위' 혹은 '여유'라고 번역될 수 있다(Sennett 1991:303 참조). 도시 방문의 관광은 수순에 맞추어 도시중심부를 찾는 것으로 시작되는데, 그도 그럴 것이 도시중심에는 사람들이 보고 싶어 하는 명물거리가 모여 있기 때문이다. 사람들은 도시를 그 도시답게 만들어주는 것, 그 도시를 독특하게 구별 짓는 특징을 부여해주는 것이 도시중심에 있다고 생각한다. 주변에는 불필요한 잉여적인 것이 모여 있는 반면에, 중심에서는 본질적인 것을 찾게 된다. 중심에 있다는 것은 참여하고, 소속된다는 것을 의미한다. 어떤 사람의 강한 공동체 소속감을 상기시키고 싶을 때면 사람들은 그가 '우리 가운데서 나온' 사람이라는 말을 한다.

서유럽 역사 속에 깊이 뿌리박혀 있는 이러한 중심—개념의 내포 의미는, 모든 서양 도시는—이미 플라톤에서 나온 생각이지만—'중앙집중적으로 만들어져' 있어, 예를 들어 로스엔젤레스와 같은 정사각형의 그물망 형태 도시와는 반대인데, 이런 그물망 형태의 도시들은 "우리에게 (……) 깊은 불편함"을 준다고 지적한 롤랑 바르트(Roland Barthe 1981:47)도

떠오른다.

이를 넘어서서 우리 도시의 중심은, 중심이 진실의 장소가 되는 서구의 형이상학의 기본적 흐름과 일치하면서 풍요로움이라는 특징을 가진다. 이 특별한 장소에 문명의 전체 가치가 모여들고 응축된다. 영혼성(교회), 권력(사무실), 돈(은행), 상품(백화점), 언어(카페와 산책로)가 모여 있는 것이다. 시내 중심가로 가는 것은 사회적 '진실'을 만나는 것이며, '현실'의 멋진 풍요로움에 참여하는 것이다.

중심과 주변, 중심과 변두리가 가진 이 내포 의미는 원하건 원하지 않건, 의식하건 혹은 자기도 모르건 간에 도시를 다루는 우리의 태도를 규정하고 있다. 현재로서는 중심이 위험에 처해 있다는 말들을 많이 한다. 자주 들리는 불평은 우리 동시대의 도시는 교외의 "죽같이 걸죽한 주택단지"(Häußermann 1998b:76), 아무런 경계선 없이 증식하여 갈수록 점점 큰 면적으로 번져가는 그런 주택단지로 변해버린 탓에 도시로서 인식하기가 점점 힘들다는 것이다. 여기에는 사람과 기능, 건물의 집중과 밀집이 보이지 않고, 자연을 파괴하는 산업현실, 쇼핑센터, 주거단지라는 언제나 동일한 풍경만 있다는 것이다.[8]
건축가, 도시계획자 그리고 도시사회학자들 사이에는 도시공간의 이러한 변화에 대하여 두 가지 반응이 있다. 한편에서는 옛 도시의 이상에 연결되어 있는 도시중심에 대한 분명한 변호론자(Kollhoff 1999 참조)가 있다. 다른 한편에는 갈수록 변화, 전복, 개혁의 장소로 선포되면서 때로는 그렇게 이상화되기도 하는 주변과의 화해를 주장하는 입장이 있다. "기능 변화로 인해 중간도시의 내부에서도 역시 언제나 새로 (……) 생겨나는 것은 아직은 그리 구조화되지 못한 내외부 도시 변두리인데 이곳에서 는 새로운 것이 생겨날 수 있고 사회적, 경제적 국외자와 사회적 실험도 이 속에서 자리를 찾을 수 있다. 이러한 영역은 그 어느 사회나 필요로 하는, 절대 없어서는 안되는 관용—구획이며, 실험과 모험을 위한 구획인 것이다"(Sieverts 2004:87). 비록 그것이 자신의 의도에 맞지는 않다 하더라 도 지베르트는 중심의 신화를 주변부에 적용시키는 위험에서 빠져나가 지 못하고 있다. 이는 핵심이미지의 핵심 차이 내에서 또 다른 한쪽으로 자리만 바꾸면서 그 핵심 차이는 그대로 생산해낼 수 있다는 것을 보여 주는 좋은 예라 할 수 있다. 물론 실제로 주변부를 거의 자동적이다시피 "죽같이 걸죽한 주택단지"라든가 그 비슷하게 폄하하지 않을 이유도 충 분히 있다. 교외에서 볼 수 있는 구조들이 더 이상 되돌이킬 수 없는 하 나의 사회적 변화에 대한 공간적 가시적인 결과가 된다고 해서 미학적으 로 반드시 어필할 필요는 없다. 비록 어떤 사람들은 그런 미학적으로도 성공적인 해결을 간살부리기도 하지만 말이다(Hoffmann-Axthelm 1993 참 조, 여기에 대해서는 Mönninger 1999). 중요한 것은 중심과 주변은 이전에 그 랬던 것처럼 더 이상은 그렇게 서로 경계지을 수 없다는 사실이다. 차이 는 갈수록 흐려지며 여러 유형의 주변부를 가진 다중심 도시를 만들어 내고 있다.

2.5 도시 내 이방인—만남인가 도피인가

처음부터 오늘날에 이르기까지 사회학의 도시는 이방인들이 서로 만나 는 장소로 간주된다. 그러나 막스 베버, 베르너 좀바르트(Werner Sombart),

게오르크 짐멜, 리처드 세넷, 한스-파울 바르트, 하르트무트 호이서만(Hartmut Häußermann)과 발터 지벨(Walter Siebel)에게서 처음으로 도시가 미지인들의 상호 만남이 있는 장소는 아니다. 이미 아리스토텔레스 때부터 "하나의 도시는 여러 종류의 인간들로 구성된다. 비슷비슷한 인간들은 도시를 이루어내지 못한다"(Sennett 1997에 의거해 인용)고 말했다. 그러나 도시가 이방인들끼리의 만남만 제공해주는 것은 아니다. 그보다는 익숙한 것과 익숙하지 않은 것, 기지의 것과 미지의 것, 고유의 것과 낯선 것 사이의 이행을 도시는 조직한다. 도시가 양쪽 중 어느 한쪽으로만 치우쳐서, 즉 완전히 익숙한 것의 장소로만, 혹은 완전히 익숙하지 않은 것의 장소로만 여겨질 경우 도시는 위협받고 있는 것처럼 보인다. 낯선 것과의 만남을 위해서는 전적으로 낯선 것의 충격을 어느 정도 완충할 수 있는 최소한의 고유성이 필요하다. 도시와 함께 비로소 접촉의 수용과 접촉의 기피가 동시 공존하는 상태가 생겨난다. "도시는 우리가 미지의 것과 대화할 수 있으면서 또한 그것을 그대로 내버려 둘 수 있는 사회적 장소다"(Baecker 2004:207). 도시는 도시의 거주자와 이용자를 이처럼 선택의 기로에 서게 한다. 도시성의 규범적 이론에서는 이와 반대로 종종 한쪽 부분만으로 사태를 일방화시키고 있다. 이런 경우에는 언제나 접촉 가능성을 강조하고, 접촉을 선전하고, 이러한 만남을 가능하게 하는 공적 장소를 도시 안에 만들어내는 노력을 하는 방향으로 주장이 흘러간다. 도시 안에서 지속 존재하는 긍정이냐 부정이냐의 입장표명은 긍정적인 답변을 위해 지양되고 만남의 **가능성**은 만남의 **강요**로 정의가 바뀐다. 이럴 때 만나지 않음, 접촉이 생겨나지 않음은 상실과 타락의 과정으로 생각된다. 도시성에 대한 규범적 이론은, 너희들은 만나려 해야만 하느니라!는 명령문을 적어주고, 너희는 이질성의 경험을 위협으로써가 아니라 너희의 삶을 풍부히 해주는 것으로 체험해야 하느니라고 요구한다(Sennett 1991:14 참조). 이렇게 해서 만남과 똑같이 **실패한 만남**〔Vergegnung, Martin Buber, 독일의 신학자 마르틴 부버의 철학에서 중요한 키워드는 만남(Begegnung)과 인간 사이의 진정한 만남의 부재 혹은 실패한 만남을 뜻하는 Vergegnung이다—옮긴이〕의 장소, 관심과 똑같이 무관심의 장소로서의 도시의 기회는 어쩔 수 없이 일방화된다. 왜냐하면 접촉의 불가피성은 도시가 아닌 시골마을에 전형적이기 때문이다. 접촉 불가피성은 곧 "시골마을 생활의 공동체 테러"(Luhmann 1997a:813)와 같은 것이다. 시골 마을에서 접촉은 피할 수 없다. 도시성의 변호자를 자처하는 바로 그 사람들은 **이방인들의 공동체**라는 이념을 위해서 도시생활의 익명성과 무관심을 해체시켜 버리는 위험을 안고 있다. **이방인들의 공동체**라는 생각은 거리두기와 관용에서 나온 도시인의 **예의상의 무관심**(Goffman)을 사랑과 동정심으로 뒤바꾸려 한다. 그래서 예컨대 세넷은 이렇게 묻고 있다. "무엇이 현대인들로 하여금 다른 사람에 대해 더 많은 관심을 갖도록 할 수 있을까?"(Sennett 1997:23). 그러나 참여가 원칙이 되고, 부정, 일탈, 접촉 기피가 어렵게 되면 도시성은 위험에 빠진다. 도시성의 변호자라고 스스로 생각하고, 이질적인 것 사이의 만남을 시골마을과 다른 도시의 특징이라고 강조하는 많은 사람들을 자세히 들여다보면, 그들이 무관심을 벌하고 만남을 강행하려고 하는 공동체 추종자라는 사실이 드러날 때가 왕왕 있다. 만일 예를 들어, 시민들이 "상호간에 기껏해야 방해요소로서"(Offe 1999:55) 서로 마주친다는 불평이 있다면, 바로 이것이야말로 도시를 도시로 만든다는 사실을 그 사람들은 간과하고 있는 것이다. 매일같이 도시에서 서로 마주치는 사람들에게 자기 외의 다른 시민의 존재는 움직임의 흐름 속에서 좀더 빨리 앞으로 나가고, 좀더 빨리 목적지에 도달하는 것을 방해하는 장애물로 나타난다. 그런 한에서 행인으로서의 시민은 일단은 **짜증나는 사실**에 불과하다. 그러나 중요한 것은 모든 장애요소가 장애요소로 계속 머물러 있어야 하는 것이 아니라는 사실이다. 그 장애 요소 자체가 다른 사람이 찾는 타인 혹은 나의 고유한 자신을 대도시적으로 연출할 때 그것을 지켜봐주는 관객으로 승격되면서, 대도시의 시민은 장애요소로서의 그 잠재적 부정성으로부터 벗어나기도 한다.

또 도시성의 규범적 이론이 말해주지 않는 것은, 낯선 것과의 만남을 삶을 풍부하게 해주는 것으로 체험하는 기대에 맞추려면 특수한 자원이 필요하다는 사실이다. 그렇지 않아도 이미 달리 피할 수 있는 가능성도 없이 계속해서 낯선 것과 대치하고 있는 사람은 낯선 것을 삶의 풍부함으로서가 아니라, 회의적인 경우에는 위협으로서 체험할 것이다. 낯선 것과의 무방비한 만남에 대항하여 이방의 영향으로부터 집단을 순수하게 유지하는 것을 보장해주는 보호처는 언제나 공동체구성 속에서 찾기 마련이다. 이런 한에서 도시는 언제나 도시의 부정을 내용으로 하고 있다. 도시는 낯선 것과의 만남의 가능성을 만들어주는 동시에 언제나 이러한 미지의 제국으로부터 익숙함의 엔클레이브 속으로 도피하는 시도들을 낳고 또 낳는다.[9] 이것은 게이티드 커뮤니티까지 갈 수도 있고 그보다 덜 극단적인 경우에는 격리현상으로 나타나기도 한다. 격리는 언제나 위기현상으로 읽혀야 하는 것이 아니라 대부분의 사람들이 자신들과 생활양식을 공유하는 사람들과 함께 산다는, 매우 확산되어 있고 경험적으로 증빙할 수 있는 하나의 경향으로 이해할 수 있다. "사람들은 그들 자신과 같은 사람들과 살고 싶어 한다"(Sennett 1970:70 참조). **자발적인** 격리와 **비자발적인** 격리를 구분하는 것은 도시사회학이라는 넓은 영역 내의 규범적 연구경향에 있어서 전형적이다. 이 말은 오로지 특권이 있는 사람들끼리 비슷한 생활양식의 결합을 추구한다면, 특권화되지 못한 사람들은 자기와 비슷한 사람들과 함께 살 수밖에 없다는 뜻이다. 그러니까 한쪽에는 스스로 택한 운명이 있고 다른 한쪽에는 외부에 의한 결정이 있는데, 대충 "부자는 자기가 원하는 곳에 살고, 가난한 사람은 자신이 살아야 하는 곳에 산다"(A. Hoyt, Herlyn 1993:251에 따름)는 좌우명을 따르고 있다. 비록 이러한 관용어는 모든 관용어가 그렇듯이 복잡한 사태를 단순하게 만들어준다는 매력은 있지만 바로 그, 복잡한 것을 단순화시킨다는 이유 때문에 우리는 이런 관용어를 믿어서는 안된다. 좀더 자세히 관찰해보면 이런 명료한 관용어는 사태를 짧게 줄이는 과정에서 흔히 그릇되게, 혹은 사실에 전혀 못 미치는 표현을 하고 있다는 것이다. 사실 이런 명제는, 예컨대 이주자들 역시 격리에 관심 있을 수 있다는 사실을 고려하지 않는다. 이주자들은 자신의 의지와 반대로 무엇보다도 이주국가의 논리에서 볼 때 자신들과 출신지와 생활방식이 같아 보이는 다른 이주자들과 함께 단순히 억지로 특정 지역에 할당되는 것은 아니라는 것이다. 이런 관점은 이주민들을 행위자로 인지하지 않고, 이주민들을 오직 행정적인 결정의 수동적인 희생자로서만 다루고 있다. 격리의 이러한 현상 때문에 혼합이라는 이상상과는 모순되는 동질적 도시지구 탄생의 위험성에 대해 말하게 되는 것이다. 이러한 위험성과 관련하여서는, 원하는 이질성을 다시 생산하기 위한 요량으로 혼합된 도시지구를 만들 것을 추천하는 경우가 많다. 그런데 어쨌건 "사회적으로 혼합된 지구의 장점을 칭찬하는 것은 대부분 자유주의적이며 교육받고 상황이 좋은 중산층 사람들"(Häußermann/Siebel 2002:49)이라는 것은 사실이다.

대부분의 경우 격리는 위기현상으로 간주되는데, 왜냐하면 서로 다른 삶의 방식의 정면대결을 방해하기 때문이다. "우리 시구(市區)는 (……)

더 이상 교환의 장소, 대결의 장소, 낯선 것과 낯선 사람들과의 시민적 교류의 장소가 아니다. 시구는 청결하게 경계 지어진 섬으로서 구상되고, 그 섬에서 각각의 서로 다른 이해관계는 침해당하는 일도 없고, 끈덕지게 조르는 일도 없이 가능한 한 완벽하게 보호받는다"(Feldtkeller 1998, Heitmeyer 등 1998:450에 의거해 인용). 사회적으로 혼합된 시구의 이상에서 보면 격리를 인지하는 것이 곧 위기를 말하는 것이 된다. 하지만 그러한 이상을 머리에 넣고 언제나 격리를 한탄하는 것보다 사회학적 관점에서 더 결실이 있는 것은 인종차별적 격리가 개개인들에게 가지는 기능을 지적하는 일이다. 예컨대 호프만-악스텔름(Hoffmann-Axthelm 1999:58)이 다음과 같은 도발적인 발언을 한 것처럼 말이다. "인종차별적 격리는 재미있다. 인종차별적 격리는 사람들의 부당한 추측을 피하게 해주며, 일상적인 이 경력들을 더욱 안락하게 만들어주고, 사회를 사회로 만들어주는 전체성에 대해서 생각 안 해도 되게 해준다. 그렇기 때문에 누구라도 그렇게 할 만한 능력이 되는 사람은 이런 식의 유사성에 쏠리는 경향이 있다."

이러한 경향과는 반대로, 낯선 것끼리의 관용적인 조우를 가능하게 하고 이를 활성화시키려는 사람은 이런 것들이 다시 가능해지는 만남의 공간을 세워야만 하는 것은 아니다.[10] 단지 지식인만이 아니라 많은 사람들이 낯선 것과의 대면을 삶을 풍부하게 만들어주고 유익함으로 체험할 수 있는 사회경제적 조건들을 조성해 나가야 할 것이다. 그런데 이 조건에 속하는 것은 자기에게 묻지 않고 아무때나 타인이 점령하는 일은 절대 없는 '자신의 공간'에 대한 처분권이다. 울리히 벡(Ulrich Beck)의 다음과 같은 지적은 옳다. "자기 고유의 삶—자기고유의 공간. 이것이 우리네 전후 건축을 본질적으로 각인하고 있는 공식이다. '자신의 공간'을 차지하기 위한 노력에서 문제가 되는 것은 일상생활의 공간적 구분 그 이상이다. 퇴진, 자기통제, 전복, 그리고 외적, 내적 강제 떨쳐내기가 문제다"(Beck 1995:123). 이런 퇴진 가능성 없이는 낯선 것과의 끊임없는 대면을 견뎌내기란 어렵다. 낯선 것에 둘러싸인 힘겹고 도전적인 삶을 이겨내기 위해서는 이러한 삶을 가능하게 만드는 원천이 규칙적으로 재생산될 필요가 있다.

2.6 다른 눈으로: 과정으로서 도시에 대하여
─경험적 도시 연구에 미치는 결과

앞의 페이지들에서 나온 여러 생각들을 읽고 나면 파편화, 사적 공간화, 격리 등등은 그냥 **존재**하는 것이 아닌 것이 분명해진다. 오히려 이러한 용어로 증명되는 발전과정들이 도시 내부에서 관찰될 수 있다. 모든 개념들은 단지 **하나의** 의미만 전달하는 것이 아니라 내포 의미, 그러니까 모든 포괄 의미, 연상의 연속적 고리 전체를 다 불러일으키므로 개념이란 결코 순수하고 중립적이거나 혹은 자의적일 수 없는 것이다. 도시 연구 분야에서야말로 개념으로 어떻게 정치가 만들어질 수 있는지 볼 수 있다. 예컨대 게토와 보루와 같은 이러한 개념들 내지는 공간 이미지를 미국의 도시 연구로부터 아무 생각 없이 마구 받아들여 유럽 내지 독일의 상황에 일 대 일로 적용시킨 것이 그 하나다. "이러한 개념들이 그리고 있는 상황은 담론적으로 비로소 생산된 것, 즉 통상적으로 말하듯이 말로 이끌어낸 것이다"(Lindner 2004:196; Lindner 2000도 참조). 그것은 통합체, 중심, 혼합을 이상화하는 것이며 그리고 이러한 이상에서 벗어난 모든 것에는 위기진단을 하도록 만든다. 격리를 둘러싼 담론을 한번 정확하게 들여다본다면 마치 하나의 도시는 엄격하게 분리된 도시지구로 구성되어 있는 듯한 인상을 받게 된다. 서로 다른 환경과 생활양식의 조우를 불가능하게 만들고 그렇게 해서 한 장소상에 이질성의 밀집이라는 도시이미지를 **불합리한 것**으로 증명하는 그런 시구들 말이다. 격리, 차단된 주택구, 게이티드 커뮤니티에 대한 수많은 설명들은 공적 공간이 보편적으로 사적 공간화되고 있는 것에 경고할 수 있도록, 하나의 부분발전을 전체를 대표하여 말하고 있는 것이 분명하다. 이렇게 주문처럼 되뇐 동질화의 위험은 만들어진 단일체 뒤에 존재하고 있는 다양성을 인지하지 못하는 투박한 시선에 시달린다. "격리에 대한 분석은 도시의 부분 혹은 행정적으로 사전에 정해진 단위의 차원에서 움직일 때가 왕왕 있다. 이렇게 해서 여러 상이한 이웃들 속이나 심지어 블럭과 거리의 차원에서 전개되는 사회적 삶의 주요한 구분이 사라져버린다"(Eckardt 2004:36). 도시 부분들의 통일성, 동질성 그리고 표준화와 같은 것들에 대한 인상은 그러니까 무엇보다도 이런 현상들을 관찰하는 방법에 달려 있다. 도시의 지구들이 가진 동질성은 외부로부터의 시선에 의해서 생겨나는데, 외부 시선에는 내적 차별화가 포착되지 않는 법이다. "이분법적 사회표상은 이질성이라는 (이) 현실을 덮어두기 때문에 그래서 미심쩍은 것이다"(Paugam 2004:74). 동질성 주장은 동질적인 도시지구라는 일반적 이미지 뒤에 가려져 있는 개인적 운명과 차이들을 보지 못하게 한다. 만약 우리가 더 자세히 쳐다보는 수고를 아끼지 않는다면 여건이 불리한 거주지역, 게토, 파벨라, 방리외(Banlieu, 시외 위성도시—옮긴이)에 대해 우리가 상상하는 이미지가 사실은 그 주민들의 현실과 얼마나 다른지 알 수 있다. 그러므로 흥미로운 것은 모든 사람들이 공유하고 있는 듯 보이는 이미지들이 어떻게 해서 생겨나느냐 하는 문제다. 데이비드 리스먼(David Riesman)은 이 질문을 이미 1950년대 말에, 자신이 연구했던 교외도시를 교외도시 일반의 이미지와 일치시키는 데 어려움을 느낀 한 박사학위논문 연구자의 이야기를 통해 제기한 적이 있다(Riesman 1973:206 참조). 그 연구자의 문제는, 자신은 동질성을 찾았지만 발견한 것은 이질성이라는 것이었다. 그는 지배적인 이미지를 확인한 것이 아니라 놀라운 사실에 직면하게 된 것이다. 모든 사람들이 공유한 이미지의 탄생에 관한 질문에 대해서 리스먼이 내놓았던 답변은 오늘날에도 그 시의성이 결코 작아지지 않았다. "전원도시의 해석"(같은 곳)은 결국 학문과 매스미디어의 상호작용의 결과물인데, 학문과 매스미디어는 일종의 축적과정 속에서 언제나 동일한 이미지가 재생산되도록 하고 있다. 우리가 이용하는 매스미디어의 수효로 미루어 본다면, 이러한 과정은 리스먼이 이야기했던 것보다 오늘날에는 몇 배나 더 심해졌다고 할 수 있다. 현재 진행되고 있는 세계의 변두리지역에 대한 논의에서는 비록 아주 상이한 대상에 연결되긴 하지만 바로 이런 동일불변의 이미지들을 불러내고 있다. 이른바 '불리한 거주지역'에 대한 상세한 비교분석은 오늘날 어떤 경험적 사회연구자에게나, 한때 리스먼에게 조언을 찾던 전원도시 연구서의 저자가 해결해야 했던 것과 비슷한 문제를 제기할 것이다. 이전부터 있어왔던 이미지를 지속적으로 확인하는 위험에서 벗어나려면 시구에 대한 민속지적 분석의 의미로 이 '문제적 도시지구'의 주민들이 자신들이 살고 있는 공간에 대해 어떤 이미지를 가지고 있는지 조사하는 것이다. 왜냐하면 "빈민지구의 거주자들은 비록 경제의 위험에 의해 특히 노골적으로 지배되고 있긴 하지만, 그렇다고 해서 그들이 자기가 살고 있는 사회적 조건을 전유하는 과정 속에서 스스로 형상화시키기를 멈추는 것은 아니기"(Neckel 1997:79) 때문이다. 그러나 그 형상화 과정에 대해서 우리는 통상 알 수가 없다. 거주자들의 벗어날 길 없는 상황을 기술하고 이를 정책적 실패에 대한 불만과 결합시키는 것—그리고 그것을 있는 그대로 내버려두는 것이 게토, 슬럼, 방리외와 파벨라에 대해 쓴 사회학적 텍스트들의 특징이다. 행위자를 해석하는 것은 포기하고 원인규정으로 만족하는 사회학은 실제로 거주자들이 어떻게 자신들의 공간을 지각하고, 전유하고 또 형상화시키는지, 그리고 이때 그들이—자신들의 거주장소를 훌쩍 넘어서서—통상의 공간적 분할을 거스르면서 어떤 관계를 만들어내는지에 대해서는 말하지 않는다.[11] 그럼으로써 불리한 상황의 사람들은 자신들의 상황을 수동적으로 그냥 견디고 있는 사람으로 되어버리는데, 이것은 너무나 자주 매스미디어의 보도와 일치하는 사회과학적 서술을 통해서 계속 견고화된다.[12] 그 대신에 그 사람들의 활동, 공간에 대한 그들의 해석과 전유, 그리고 단절에 대한 그들의 투쟁을 상세하게 연구해야 할 것이다. 이를 위해 우리가 꼭 해야만 하는 것은 다음과 같은 일반적인 인식을 널리 확산시키는 것이다. 즉, "도시는 하나의 과정이라는 것, 그리고 장소는 과정이지 유일한 단 하나의 변경 불가한 정체성을 가지고 있지 않다는 것이다. 공간은 정태적인 현실을 나타내는 것이 아니라 여러 상이한 집단들의 상호작용, 경험, 이야기, 이미지와 표현을 통해서 적극적으로 생산되고 또 변화되는 현실을 나타낸다"(Featherstone 1999:182).

가상
공간

3

1980년대 이래로 학문적 맥락에서 논의된 **지구화**는 전 세계적 사회 관계들의 강화와 밀집화를 의미한다. 정보가 지리적 정치적 문화적 경계와 상관없이 아무 장소에서 아무 시점에서 수용될 수 있는 데는 무엇보다도 새로운 기술들이 크게 기여했다. 이러한 맥락에서 인터넷이 열쇠 역할을 한다고 하겠다. 미디어에 대해서는 공간적인 거리를 수월하게 극복하게 해주기 때문에 경계를 사라지게 할 것이라는 심증이 예전부터 있었는데, 이런 심증은 특히 인터넷에 해당한다. 네트 상의 커뮤니케이션은 실제로 지리학적 경계와는 완전히 무관하게 이루어지는 것처럼 보인다. 하지만 지리적 경계만이 사이버스페이스를 통해 점점 덜 중요하게 된 유일한 경계는 아니다. 성과 연령, 그리고 자신의 고유한 정체성이라는 경계 역시 네트 상의 커뮤니케이션에서 쉽게 극복된다. 분명한 것은 우리가 탈공간화와 탈영토화하고만 직면한 것이 아니라 사회의 탈경계화와도 직면하고 있다는 것이다. 사이버스페이스는 우리를 무경계 사회(Honegger 외 1998, Schroer 1998 참조) 가까이 성큼 데려다놓는 듯하다.

그런데 이런 관점이 간과하는 것은 사이버스페이스에서는 수많은 새로운 경계 설정이 이루어질 뿐 아니라 이러한 겉보기로는 무경계한 공간이 하나의 경계 설치를 통해서 구성된다는 사실이다. 즉 가상과 실제라는 경계는 인터넷을 둘러싼 논의 속에서 다시 부활되기 전 이미 오래전부터 의혹시되던(Ellrich 1999 참조) 경계다(Schütz/Luckmann 1975; 47 이하 참조). 이러한 경계를 그음으로써 첫 번째 사회와 나란히 두 번째 사회가 생겨난 셈이다. 지금까지 존재해왔던 모든 것들은 '가상의'라는 첨가어를 통해서 배가되었다. 가상경제의 성립, 가상사업, 가상공동체, 가상도시, 가상공간에 대한 말을 하고 있듯이 가상체험과 가상 세계 속의 경험에 대한 이야기를 한다. 이러한 "사회의 이중화"(Paetau 1999) 경향은 실제공간에서는 유효한 수많은 경계들이 불필요하게 되는 하나의 전혀 다른 더 나은 세계가 인터넷에 구축될 수 있다는 네트파이어니어들의 기대 덕분에 더욱 강화되었다. 이러한 사고방식에 따르면, 네트 상의 활동은 실제 세계에서 이미 존재하는 것이 단지 배가되기만 하는 그러한 하나의 평행세계의 구축이 아니다. 그것은 우리에게 알려진 사회와는 공통되는 것이라곤 없는 하나의 새로운 사회라는 유토피아를 만드는 시도여야 하며, 실제공간에 대립하는 하나의 반공간, 반세계를 만들어내는 시도여야 한다.

이 새로이 만들어져야 하는 가상 세계에 대한 설명을 쫓아가다 보면, 실제/가상의 구분과 관련하여 과거 몇 세기 동안 적용되어왔던 땅과 바다의 대립구도를 반복하고 있는 것을 뚜렷하게 느끼게 된다(Schmitt 1981, Blumenberg 1979 참조). 인간에게 적합한 요소인 땅이 실제의 영역으로 간주될 수 있었던 반면 바다는 미지의 것, 단지 가능성에 의거하여 존재하는 것과 같은 의미를 가지고 있었다. 이 낯설고 그리고 미지의 것에 대한 호기심이 바로 익숙한 세계로부터 새로운 세계로 나아가는 추동력이었다. 온갖 탐험과 온갖 탐사여행은 한때 인간의 환상에 날개를 달아주었던 것, 전에는 뚫고 들어갈 수 없었던 것, 허락되지 않았던 것, 낯선 것과 비밀에 찬 것들의 저장고를 축소시켰다. 처음에는 열려 있던 바다 역시 가면 갈수록 완벽하게 측정되고 여러 국가들 별로 분할된 공간으로 변해왔다.

내가 앞으로 다루고 싶은 문제는 현재 인터넷의 발전 속에서 이러한 과정이 또다시 반복되고 있지 않느냐는 것이다. 가상 세계 역시 실제 세계에 가면 갈수록 점점 더 가까워지고 있다. 실제와 가상 사이의 대립 역시 그 옛날 땅과 바다 사이의 대립이 그랬듯이 갈수록 사라지고 있다. 그렇다고는 하지만 그래도 이 상황은 여러 가지 방식으로 해석될 수 있다. 실제와 가상 구분의 경우는 첫째, 우리가 실제를 완벽하게 가상화한다는 식으로 볼 수도 있고, 둘째, 가상적인 것이 실제에 의해 완벽하게 식민화되고 있는 것일 수도 있다. 셋째, 가능성은 가상공간과 실제공간 사이의 상호적인 영향 관계로서, 나는 이것을 상호침투(Interpenetration)[1]라고 명명하고자 한다. 그러나 문제는 하나의 지속적인 상호침투라는 이 이미지 역시 실제와 가상의 다층적인 관계를 파악하기에는 덜 복합적이라는 것이다.

3.1 '정보고속도로'에서 '정보의 바다'로
—사이버스페이스에 대한 은유

지구적 커뮤니케이션미디어인 인터넷의 구축 및 일반적인 확산은 눈에 띄는 은유화와 함께 같이 가, 사람들은 '정보고속도로', '정보하이웨이',

그리고 '사이버스페이스' '지구촌', '디지털 도시'에 대한 말을 한다. 아무튼 이런 현상은 다른 미디어와 기술이 처음 도입될 때와 별로 다르지 않다. 자동차를 표현하기 위해 '마차', 혹은 '배'라는 말을 사용했고, 자전거를 표현하기 위해 '바퀴살 달린 당나귀'라는 말을 썼던 것을 기억하라. 이미 알려져 있고 익숙한 지식분야의 개념을 새로운 지식영역에 옮겨 사용하는 것은 분명히 새로운 영역에서 길을 찾으려는 목적에 부합하는 것이다. 뭔가 알려져 있지 않고 익숙하지 않은 것은 이러한 방식으로 알려지고 익숙한 것으로 바뀐다. 은유의 사용을 보통은 불필요하고 또 부적합한 것, 혹은 비생산적이라고 여길 수도 있다. 왜냐하면 은유는 새로운 미디어를 그 새로운 가능성 속에서 인지하고 그에 맞추어 이용하는 것을 방해하기 때문이다(Münker 1997:121 참조).[2] 하지만 더 결정적인 것은 은유 자체보다도 어떤 은유가 누구에 의해 그리고 어떻게 사용되는가 하는 문제다. 왜냐하면 은유의 사용은 여러 다양한 측면에서 인터넷과 연결되어진 각각의 사유들에 대해서 뭔가를 말해주고 있기 때문이다. 은유는 결코 우연히 선택되는 것이 아니기에 은유의 사용은 현실구성적인 특징을 가지고 있다.

정보고속도로: 정보고속도로라는 은유는 미국의 클린턴 정부의 부대통령이었던 앨 고어(Al Gore)로 거슬러 올라가는데, 고어는 1993년 정부회견에서 처음으로 이 표현을 사용했다. 이 표현은 그 뒤를 이어 다른 정치인들과 여러 기업가들에 의해 사용되었다. 이 말로 표현하고자 했던 것은 경제행위의 새로운 영역이 더 이상 익숙한 산업사회의 공간에서가 아니라 데이터와 정보로 이루어진 새롭고 속도 빠른 세계, 전통적인 노동계 및 사회적인 관계 총체를 완전히 다 뒤엎게 될 하나의 새로운 세계 속에

서 벌어질 것이라는 전망이었다. 하지만 이 새로운 고속사회에 대한 불안감을 누그러뜨리기 위해서, 또 이 새로운 기술에 자신을 맞추어야 할 시민들의 신뢰를 얻기 위해서, (거의) 누구나가 알고 있고 또 할 줄 아는 자동차운전, 자동차교통의 세계와의 유사성으로부터 도움을 받고 있다. 정보고속도로는 사람들이 빨리 접근하고 빨리 목적지에 도착하게 되는 고정된 루트를 환기시킨다. 이것은 실제의 삶에서는 고도의 교통 밀집도 때문에 더 이상은 다다를 수 없는 속도에 대한 새로운 기대를 품게 한다. 정보고속도로는 방향 감각을 잃는다든가 주어진 길에서 다른 데로 빠진다든가 하는 일이 거의 불가능할 것 같은 잘 정리된 교통을 약속해 준다. 하지만 바로 이러한 외연 탓에 정보고속도로라는 은유는 "지식시대의 마그나카르타"(Dyson 외 1996:102 참조)의 작가들이나 혹은 빌 게이츠(Bill Gates 1995:21)로부터 비판을 받는다.

이런 경우에는 풍경, 지리, 두 개의 점 사이의 거리를 생각하는데, 여기에는 사람이 하나의 장소에서 다른 장소로 가기 위해서는 꼭 여행을 해야만 한다는 생각이 숨겨져 있다. 그러나 이 새로운 커뮤니케이션기술이 가진 주목할 만한 관점 중 하나는 이 기술은 거리를 지양한다는 것이다. (……) 하이웨이라는 개념을 들으면 모두가 똑같은 경로 위에서 길을 가고 있다는 상상을 한다. 이 네트워크는 누구라도 주위를 두리번거리거나 자신의 개인적인 관심을 쫓을 수 있는 그런 복수의 국도를 연상시킨다. 여기에는 더 나아가 국가가 이를 건설할 의무가 있다는 생각이 숨겨져 있다. 네트워크에 대해 이렇게 생각하는 것은 내가 보기에 대부분의 나라의 경우에는 오류다.

지구촌: '지구촌' 은유는 캐나다의 미디어연구가 마셜 매클루언(Marshall

McLuhan)에게서 유래한 것이다. 1960년대 월드-와이드-웹이 탄생하기 이미 오래 전에 매클루언은 현대 전자 미디어에 의한 거리와 간격의 소멸현상을 지적했다. 매클루언에 따르면 미디어는 우리가 거의 실시간으로 2킬로미터 떨어진 곳에서 일어난 사건을 마치 바로 우리 가까이에서 진행되는 것처럼 접하게 해준다는 것이다.

전기적으로 함께 뭉쳐 있는 세계는 차라리 하나의 마을이다. 모든 사회적 정치적 기능들이 갑작스런 내부폭발 속에서 전기적 속도로 조정되는 것은 인간의 책임에 대해 극도로 의식하도록 만들어 주었다. 내부폭발이라는 이 요소는 흑인, 틴에이저 그리고 몇몇 다른 집단들의 입지를 변화시켰다. 공동체에 제한적으로만 연결된다는 의미에서 이들은 이제 더 이상 억제할 수 없게 되었다. 전자 미디어의 덕분으로 우리가 그들의 삶에 엮여 들어가듯이 이들 역시 우리들의 삶에 같이 엮여 들어온다(McLuhan 1995:17).

이는 기든스(Giddens 1995a:85)가 서로 멀리 떨어져 있는 장소 간의 상호 영향을 가리켜 지구화 시대의 핵심이라고 강조하는 것과 비슷하게 들린다. 그런 의미로 매클루언의 진술은 일찌감치 선보인 지구화 정의라고 할 수 있겠다. 아무리 멀리 떨어져 있는 것일지라도 인식하지 않을 수 없으므로, 그들에 대한 무시란 불가능하기 때문에 그래서 글로벌화 담론에서는 주변화되었던 사람들의 포함에 대한 희망이 거듭된다(Albrow 1998a:421 참조, 매클루언과 직접적인 연관성을 가진다; Albrow 1998b 134 이하; Sassen 1998:24; Castells 2001; 458). 매클루언이 지구촌이라는 은유를 사용했을 때, 실제로는 인터넷이 아닌 전혀 다른 미디어를 염두에 두고 있었다. 이것은 인터넷이 그 이전의 미디어와 완전히 다른 미디어가 아니라는 것을 말해준다. 어쩌면 예외 없이 모든 미디어가 지리적 공간을 극복하고 거리를 무의미하게 만드는 데 기여했던 미디어의 긴 역사 속에 인터넷도 끼어 들어간다. 이러한 거리 소멸로 인해서 여러 다양한 사회적 집단끼리 사회적 접근을 하게 된다는 주장은 딱히 그 진위를 증명하기 어려운 매클루언의 이상주의적인 희망에서 나온다.

디지털 도시: 네트에 대해서 가장 많이 사용된 은유가 도시은유다. '텔레폴리스', '인포시티'. '버추얼 시티', '비트의 도시', 혹은 '사이버시티'에 대해서 사람들은 말한다(Mitchell 1996, Rötzer 1995, Maar/ Rötzer 1997 참조). 도시은유를 사용하게 만드는 것은 도시적 삶에 특징적이라 할 많은 구조, 기능 그리고 행위들이 네트 상에서 반복되는 듯이 보이기 때문이다. 실제 도시에서는 노숙자, 빈민 그리고 마약중독자와 같은 위험한 유랑집단에 대한 불안 때문에 사람들은 잘 보호된 공동체구역 속으로 퇴진해 들어오지만, 인터넷에서 도시라는 이념은 낯선 사람들끼리의 만남의 공간으로 부활된다. 그러한 한에서 도시와 도시성은 네트 상에서 새로운 장소를 발견한 듯하다. 실제의 도시에서와 마찬가지로 디지털 상에서 우리는 반짝이는 궁전 옆에서 다 무너져가는 집을 발견하고 아무렇게나 내팽개쳐진 골목 옆에서 화려한 상가 거리를, 놀이터 옆에서 홍등가를 발견한다. 그 외에도 인터넷에는 삼차원 공간을 통해 움직이는 것과 그러면서 실제의 체험을 단지 기억시키는 것 이상으로 감각적 인상을 시뮬레이션하는 것이 가능하다. 장소를 거닐고, 문턱을 넘어서고, 여기저기 어슬렁거리고, 매력적인 사람을 정신없이 쳐다보고, 끔찍한 사람들을 피해서 달아나고, 막다른 골목에 빠져들었다가 되돌아오기도 하고, 그러다가 내가 없는 동안에 얼마나 많은 방문자들이 나의 집, 네 홈페이지를 찾

있는지를 보기 위해 맨 처음의 출발점으로 돌아온다.

그리고 이런 식으로 네트공간은 실제 도시에서는 자꾸만 사라지고 있는 수많은 것들을 제공해준다. 그것은 여러 가지 다양한 생활양식의 뒤섞임, 미지의 것과의 만남, 낯선 사람과의 접촉, 지금까지 보지 못했던 사물과의 정면대결, 그리고 자기 자신에 대한 지속적인 새로운 발견의 가능성들이다.

위의 세 은유[3]에서 눈에 띄는 것은 모두가 공간지향 은유라는 것이다. 그렇지만 인터넷의 공간적 성격은 여러 관찰자들 사이에서 논란이 되고 있는 사안이다. 예컨대 슈테판 뮌커(Stefan Münker)의 경우는 이렇게 쓰고 있다. "사이버스페이스에서는 확고한 기초 혹은 잣대 없이 지속적으로 변화와 발전 그리고 확대가 일어나고 있으므로, 근본적으로는 이를 하나의 공간—하나의 선명하게 규정된 지역적 구조, 하나의 견고한 장소라는 의미에서—이라고 하는 것은 정당하지 않다"(Münker 1997:123). 한스 게제르(Hans Geser) 역시 "컴퓨터 네트 상의 디지털 세계를 공간의 은유로 구상하는 것은 원칙적으로 잘못되었다"(Geser 1999:204)고 말한다. 인터넷에 대한 은유로서 공간 개념을 거부하는 이 두 사람에게는 분명히 전통적인 유클리드식의 공간 개념이 깔려 있다. 여기서는 어떤 것이 일정 불변의 경계를 가지고 있지 않으면, 그리고 위와 아래, 왼쪽과 오른쪽으로 뻗어나가는 지속적인 분할을 보여주지 않으면, 이것은 더 이상 공간이 아니라는 것이 지배적이다. 비록 상대적 공간 이해가 아인슈타인의 상대성이론과 함께 초석이 놓여졌다고는 하더라도 두 사람의 발언은 본질주의적 공간 개념으로부터 떠난다는 것이 얼마나 오래 걸리는지 잘 보여주고 있다.

그런데 내가 보기에는, 사이버스페이스에서 실제로 공간이 문제되는가 하는 문제보다도 더 결정적인 것은 실제로 사람들이 인터넷을 공간으로 이해하고, 인터넷을 공간으로 꾸미려고 시도한다는 사실이다. 강한 공간 관련성은 여기저기서 계속 마주치는 것처럼 항해영역에 대한 눈에 띄게 빈번한 은유이다.[4] 가장 영향력이 큰 것은, 사람들이 그 파도를 타고 '서핑'한다는 '정보의 바다'라는 은유인데, 서핑은 바람으로 바다를 건너는 개인화된 형태라고 할 수 있기에 바다 건너기에 대한 이미 발전된 방식을 나타내고 있는 것이다. 내가 아는 한에서, 정보의 바다를 노를 저어 조정으로 건너갈 수 있다는 생각을 가진 사람은 아무도 없다.[5] 서핑은 정보의 바다에서 거의 힘들지 않은 중력 없는 움직임의 방식으로서 육체적으로 힘들고 땀나는 조정보다 훨씬 더 잘 어울린다. 그렇지만 서핑은 사람이 넘어지고 싶지 않거나 정보의 밀물에 빠져 죽고 싶지 않으면 많은 요령과 때로는 몹시 위험한 균형 잡기가 필요한 법이다. 서핑이라는 운동 은유는 행동할 수 있기 위해서는 특정 조건이 요구된다는 것도 가리킨다. 물, 바다, 그리고 파도 없이 보드만 든 서퍼는 브라우저, 프로바이더 그리고 서버 없이 PC만 가지고 있는 네트-유저와 같다. 그러나 기술적 조건이 주어졌을 때조차도 서핑은 우연히가 아니라, '항해술'이 있어야, 즉 항해와 조종(=cyber는 그리스어로 kybernetike)을 할 줄 알아야 목표에 맞게 이루어지는 것이다. '사이버스페이스'[6]에서 뒤에 붙은 첨가어 스페이스(space)의 경우 무한 너비의 공간(라틴어로 spatium), 한때 모험가와 발견가가 늘상 즐겨 선택하던 영역이던 실재의 바다처럼 아직은 발견하고 탐구해야 하는 공간과 상관 있다는 것을 가리킨다(Bühl 1997:23 참조). 바다로 떠나는 사람은 멀리 밖으로 나가는 것을 감행하고, 난파를 겪을 위험을 무릅쓰기 때문이다(Blumenberg 1979 참조). 해안에서 멀리 떨어지는 것, 조상 전래의 익숙한 경계를 넘어서는 것, 그리고 뻥 뚫린 바다를 가로지르는 것에 결부된 위험을 감수하는 것은 낯설고 먼 나라의 발견이 자신의 삶을 만들어가는 데 전혀 예상하지 못했던 가능성을 가져다주기 때문이었다.

바다의 이러한 특징에 맞추어 빌렘 플루서(Vilém Flusser)는 인터넷에 적용하기 위해 가능성의 큰 바다라는 이미지(Bühl 1997:77 참조)를 그렸다. 이로써 플루서는 사이버('가능성으로 존재하는')라는 단어의 의미를 바다의 은유와 결합시키고, 그리하여 우리는 정보의 바다와 사이버스페이스에서는 **현실공간**과는 전적으로 다른 **가능성의 공간**을 다루게 되었다. 가상 세계, 사이버스페이스 속에서는 '실재의' 삶이 제공해주는 것을 넘어서는 사물들이 가능해야 한다. 인터넷 열광자들은 인터넷이 누구나 접근할 수 있어야 하는 하나의 새로운 세계라고 제시한다. 이 새로운 세계 속에서는 실제 세계에서는 더 이상 존재하지 않거나 혹은 존재했던 적이 없는 자유가 존재해야 한다. 이 세계 속에서는 강제와 사회적 통제는 낯선 외국어여야만 한다. 이 세계 속에서는 전 세계의 사람들과 의사소통할 수 있어야 한다. 이 세계 속에서는 평범한 생활에서 벗어나 정치적으로 활동할 수 있어야 하며, 성차가 어떤 역할을 해서는 안되며, 자의적으로 정체성을 가졌다가 또 그로부터 다시 벗어날 수 있어야 한다. 출신이 중요해서는 안되며, 주변적으로 밀려난 집단이 자신들의 이해관계를 이 세계에서는 펼칠 수 있어야 한다. 그러나 가상공간은 무엇보다도 국가의 간섭과 국가의 통제에서 벗어난 공간이어야 한다. 존 페리 바를로(John Perry Barlow 1996:110)의 **사이버스페이스 독립선언문**에는 다음과 같이 쓰여 있다.

산업 세계의 정부여, 살과 철로 이루어진 너희 피곤한 거인들아, 나는 정신의 새 고향에서 왔노라. 나는 미래의 이름으로 너희, 지난 시간의 대표자들에게 부탁하노니, 우리를 내버려둬 달라구! 너희들은 우리에게 환영받지 못해. 우리가 집회하는 곳에서 너희들은 더 이상 아무런 권력도 가지지 못해. 우리는 선거로 뽑힌 정부를 가지고 있지 않고, 앞으로도 그런 정부를 가지지 않을 거야. 그래서 나는 자유가 스스로 권위를 가지고 말할 때, 그만큼의 권위로 너희에게 말하고 있어. 나는 우리가 세우는 지구적 사회적 공간을 선포하지. 마치 그것이 너희가 우리에게 애써 부리려는 독재로부터 전적으로 독립되어 있는 듯 말이지. 이곳에서 너희는 우리를 지배할 어떤 도덕적 권리도 가지고 있지 않고, 또 억지로 그것을 강제할까 우리가 두려워할, 그런 지배의 방법도 가지고 있지 못해. (……) 우리는 너희를 초대하지 않았어. 너희는 우리도, 또 우리의 세계도 알지 못해. 사이버스페이스는 너희의 통치권역 안에 있지 않아. 사이버스페이스가 공공 프로젝트인 것처럼 너희들이 사이버스페이스를 만들 수 있다고는 생각하지 마. 사이버스페이스는 자연적인 구성체이고, 우리의 집단 행위를 통해 자라나는 거라고.

많은 것을 알려주는 몇 안되는 이 문장들에서 이미 다음의 사실이 분명해진다. 모든 국가 활동의 명백한 배제, 그리고 '너희'과 '우리' 사이의 엄격한 경계 긋기와 함께 출입제한이 없는 세계를 의미하는 사이버스페이스의 건설이 시작되고 있다는 것이다. 이때 국가는 물질적, 육체적 그리고 견고한이라는 형용사가 붙여지고, 그에 반해 사이버스페이스는 비물질적, 정신적 그리고 유동적이라고 상상된다. 실재의 세계는 국가들로 분할되어 있는데 반해, 사이버스페이스는 무국가의 공간으로 남아 있어야 한다. 플로리안 뢰처(Florian Rötzer 1999:22)도 이와 비슷하게 인터넷의 특징을 규정한다. "이 세계 속에는 존재하지 않고 (아직까지는) 중심의, 영토적으로 정박된 정치적 혹은 경제적 권력에 의해 지배당하고 있지 않은 전 지구적 구조로서 사이버스페이스는 충분히 자유공간을 제공하고 있다." 바를로에게나 뢰처에게나 실제 현실은 국가적으로 정복된

권력의 공간으로 치부되는데, 이 공간의 반대쪽에 정보의 바다 가상현실이 **자유 공간**으로서 존재한다.[7] 이러한 대치관계 속에서는 몇 세기에 걸쳐 **땅과 바다**의 구분을 통해서 표현되어왔던 대립이 반복되고 있다. 카를 슈미트는 역사를 점거의 역사로 볼 수 있다면, 그러한 역사의 중간 결산으로서 다음과 같이 말하고 있다. "견고한 육지의 질서는 국가의 영토로 분할된다는 것이다. 그에 비하여 바다는 자유롭다. 즉 비국가적이며, 어떤 국가적 영토주권에도 속해 있지 않다는 것이다"(Schmitt 1981:86).

슈미트의 논리를 따라가자면, 자유 제국으로서의 바다의 역사는 영국 항해의 확장으로 인하여 바다도 정복된 영역으로 변함으로써 끝장나고 만다. 슈미트는 인간이 원래 인간에게는 이질적인 요소—왜냐하면 슈미트에게 인간은 "육지의 존재"이며 "착지자"(着地者, Schmitt 1981:7)니까—를 수세기에 걸쳐 점진적으로 정복해나간 과정을 추적했다. 순전히 무경계의 바다 공간에서 방향잡기가 가능해지기까지 수많은 탐사여행과 발견여행이 이루어져야 했다. 항로술과 콤파스의 발견이 없었다면, 해안 저 너머의 공간은 절대로 완전하게 측량되지 못했을 것이다. "이제야 비로소 모든 대양의 가장 멀리 동떨어진 지대들도 서로 접근할 수 있게 되어 이렇게 하여 지구가 열렸다"(같은 책, 25). 카를 슈미트에게는 콤파스와 더불어 "어떤 정신적인 것이 탄생하게"(같은 책, 25) 되었다. 그리고 존 페리 바를로에게는 네비게이션 체계 없이는 흔히 말하듯 그 속에서 침몰하고 마는 인터넷이라는 정보의 바다는 "정신의 고향"(같은 책, 110)을 의미하는 것이다. 가상공간의 특징에 대한 바를로의 선언이 다른 세계의 목소리처럼 들리는 것은 우연이 아니다. 바를로는 비전문가로서 (정보의) 바다라는 비밀에 가득하고 아직 낯선 세계를 바라보고 있는 것이 아니다. 그는 이미 (정보의) 바다로부터, 비록 아직까지는 자기의 세계에 대한 접근통로를 가지고 있지 못하지만, 그러나 이 세계 속으로 밀고 들어오려고 하는 사람들의 세상을 바라보고 있는 것이다. 이것은 슈미트의 소연구를 다시 떠올리게 한다. "'토착'의, 즉 육지에서 태어난 민족 외에도 '아우토탈라소적인[autothalassisch, 그리스어 Thalasso는 thalassogen(바다에 의해 태어난), Thalassographie(바다지리학), thalassokrat(바다에 의해 지배된) 등의 형태에서 나타나며 바다를 의미한다―옮긴이)', 즉 순수하게 바다에 의해 규정된 민족들도 존재했다. 이들은 한 번도 땅을 밟는 인간으로 존재한 적이 없고, 육지에 대해서는 자신들의 순수한 해양 실존의 마지막 경계라는 것 말고는 더 이상 알려고 하지 않았다(Schmitt 1981:10 참조). 바를로의 글에서는, 정보의 바다의 산물인 이런 민족이야말로 자기가 이끌려 들어간 네트가 자신의 '자연적인' 생활공간이라고 간주하고 비트와 바이트 외에 세상 다른 것은 전혀 상관하지 않는 네트 사용자와 '네티즌'이라는 민족을 창시한 것이나 다름 없다.

이 새로운 정보의 세계를 발견한 사람들에 대해 묻는다면 여기서도 역시 저 미지의 '실제' 바다의 발견자들과 똑같은 현상을 말할 수 있다. 실제 바다의 경우에 대해서 슈미트는 다음과 같이 설명하고 있다. "나라의 화려한 배 위에 올라탄 우아한 공화국 총독이 아니라 거친 모험가와 바다의 호언 장담꾼들, 대양을 누비는 대담한 고래잡이들과 위험을 무릅쓴 요트꾼들이 새로운 해양 실존의 첫 영웅들이다"(Schmitt 1981:29). 전자 바다의 탐사에서도 역시 선구자는 연금 수령권을 가진 관료나 혹은 가는 줄무늬의 정장을 입은 고위직 관료가 아니었다. 한때 콜럼버스가 그랬던 것처럼 새로운 대륙을 발견했다는 사람들은 대담한 발견자들과 그리고 겁 없는 해적들이었다. 바를로는 이렇게 말한다. "아마 콜럼버스는 가상 항해사들이 발견했듯이 그렇게 많은, 쓸 만한데도 주인 없이 버려진 대지를 …… 보았던 최후의 인간이었을 것이다"(John Perry Barlow, Wertheim 2000:329에 의거해 인용).

가상공간과 바다 사이의 이러한 평행관계의 예는 얼마든지 더 찾을 수 있겠지만 한 가지는 분명하다. 인터넷에 바다 은유법의 사용이 결코 우연의 산물이 아니라는 사실이다. 발견자의 의미론은 한때 실재계에서 일어났던 발견이 이제는 불가능해졌고 지금은 여기 네트에서 벌어지고 있다는 것을 가리킨다. 슈미트의 말을 쫓아서 점거의 역사로 생각할 수 있는 세계사(Schmitt 1981:73)는 이제 거의 '자연스러운' 종말에 도달했다. 이렇게 해서 정복, 점거, 그리고 공간개방의 역사는 오늘날 네트 상에서 계속되고 있다. "**가상현실**—이것은 또한 묘한 공간번식"(Guggenberger 2000:56)도 의미한다. TV와 PC는 여행하기의 가능성 외에, 이전에 알려지지 않았던 **공간소비**를 가능하게 해준다. 이 공간소비는 겉보기에 점점 작아지고 있는 지구라는 배경 덕분에 생겨난 "공간에 대한 욕구"(Augé 1994a:40, Augé 1994b도 참조)에서 터져나온 것으로 보인다. "이것은 대중이 주말이면 거리로, 저녁이면 TV 앞으로 몰려드는 것과 똑같은, 공간에 대한(실제 공간과 상상적 공간에 대한) 욕구다"(Augé 1994a:40).[8]

육지와 바다, 그리고 마지막으로 공기의 정복은 슈미트가 옳게 지적해주었듯이, 언제나 전투적인 사건 내지는 군사적인 사건이었다. 인터넷의 발전 역시 군사적인 관심에서 착수된 것임을 잊어서는 안된다.[9] 이런 한에서 비릴리오(Virilio 2000:110)가 전자 공간의 건설은 실제공간의 위기에서 결과한 것이라고 가정한 것은 아마도 옳은 지적일 것이다. 그도 그럴 것이, 실제공간에서는 낯선 것과 미지의 것이 모습을 감추어버린 듯하지만 가상공간과 함께 낯선 것, 미지의 것과의 조우가 다시 가능하게 될 하나의 공간이 탄생하기 때문이다. 인터넷 속으로의 여행은 이것이

한때 미지의 지역으로의 여행과 결합되었던 그 모험이 될 수도 있다는 약속을 우리에게 해준다. 여기서도 역시 경계를 넘어서고 새로운 지평선을 정복하기 위해서 네트 이용자가 출발한다. 이 탐색여행은 단지 상상적이기만 한 것 그 이상이다. 우리가 어떤 다른 장소에 가서 꿈만 꾸는 것이 결코 아니다. 우리는 비록 여기에도 있지만 어떤 식으로는 진짜 어디 다른 데 있기도 한데, 거의 이중 장소성이라는 의미다. "가상공간은 아주 근본적인 방식으로 하나의 **다른** 장소다. 내가 인터넷에서 길을 가는 도중이라면, 나의 '입지'는 더 이상 순수히 물리적인 공간 속에서만 정해질 수 없다. (……) 내가 가상공간 속에서 '가고 있으면', 나의 육체는 의자에 앉아 있지만, '나는'—혹은 나의 한 측면은—이 시간 동안만큼은—나는 이것을 분명히 느끼는데—자기의 고유한 논리와 지리학을 가지고 있는 하나의 다른 맥락 속으로 자리를 옮아간 것이다. 물론 이것은 내가 물리적인 세계 속에서 경험하는 것과는 다른 종류의 지리학이지만, 그것이 물질적이 아니라고 해서 그렇다고 덜 실제적인 것은 아니다" (Wertheim 2000:252). 가상공간에서는 발견자 투어에 나서기 위해서 장기적이고 번거로운 여행이 더 이상 필요하지 않다. 인터넷에서는 정말로 "한 모퉁이 돌아서면 바로"(Bruckner/Finkielkraut 1981) 모험이 시작된다.

3.2 유동적인 것의 고정화
—사이버스페이스 속의 점거인가

이전에는 고정되지 않고, 통제되지 않은 것으로 상상되던 공간이 갈수록 점점 하나의 고정된 공간으로 변화되었다는 표시가 그동안 많이 생겨났다. 처음에는 경계가 없던 사이버스페이스가 특수한 패스워드, 입장권 혹은 여과 소프트웨어 형태를 한 수많은 경계선과 장벽이 있는, 분필(分筆)된 공간이 된 듯하다. 우리는 실제공간에서처럼 네트에서도 역시 공간의 점증하는 분할과 게이티드 커뮤니티, 출입금지구역의 탄생을 구경할 수 있다(Rötzer 1999 참조). 네트에서도 역시 갈수록 캡슐화되고 차단되며, 여기서도 역시 불청객으로부터 자기를 보호할 수 있는 방어력을 갖춘 공동체가 쑤욱쑥 땅에서 올라오고 있다. 기업은 원하지 않은 방문객에 대해서 자기를 더욱 강하게 무장하고 방어한다. 방화벽과 인트라넷의 설치는 바로 이러한 목적을 위해서다(Sassen 1997 참조). 사람들은 접촉하기 전에 상대방이 어떤 사람인지를 확인하려는 경향이 갈수록 커진다. 입장이 허용되기 전에 채워주어야 하는 소정의 요건들을 요구하는 일이 점점 늘어나고 있다. 한 장소에 들어설 수 있기 전에 돈부터 지불해야 하는 일이 갈수록 늘어나고 있다. 루돌프 마레슈(Rudolp Maresch 1997:209)는 이로부터 다음과 같은 사실을 끌어내고 있다.

사이버스페이스에서 대부분의 창문이나 성문은 네트 사용자에게 잠겨져 있다. 적절한 디지털 열쇠를 가지지 않으면 이런 문은 열리지 않으며, 필요한 동전 없이는 통과가 안 된다. 법을 지키는 카프카의 수문장처럼 오늘날에는 코콤(Cocom) 리스트와 기술적 노하우, 네트화 정도와 통행요금이 가상 세계에의 접근을 가로막고 있다. '전자 경계'는 가상성의 가장자리를 두르고 표시하며, 네트 내의 분할, 계층제 그리고 헤게모니를 만들어낸다.

외부에 대한 폐쇄가 요새건설과 곧장 동일시될 수는 없다. '실제'의 공간에서도 아무 장소나 다 들어가고, 아무 집이나 허락 없이 들어갈 수 있는 것이 아니다. 많은 경우, 공적-사적 구분이 사이버스페이스에—더욱 더 단순하게—도입된다고 봐야 한다. 어떤 장소는 누구에게든 다 출입 가능하고, 또 어떤 장소는 사적이라서 그 안으로 들어갈 수 있는 열쇠를 가지고 있다 하더라도 출입이 불가능하다. 그러나 이러한 발전 경향을 넘어서서 갈수록 출입금지구역의 수가 증가하고 있고, 가상공간은 들어갈 수 없는 다수의 지대들로 분열되는 현상을 만나게 된다. 출입 불가능한 다수의 지대들 때문에 사이버스페이스에서는 사이버스페이스가 처음에 의미했던 것, 그리고 사이버스페이스를 도시성의 고전적 이념과 결합시켰던 것, 즉 미지의, 규정되지 않은, 낯선 것과의 조우, 그리고 계획되지 않았던 놀라운 만남의 가능성이 점점 사라지고 있다.

여기에는 단지 가상공간에 영향을 미치려고 하는 국가의 시도만 있는 것이 아니고, 또 방화벽, 그리고 열린 미디어를 닫힌 공간으로 바꾸려는 기업의 인트라넷의 탓만도 아니다. 사용자 자신의 활동이 있는 것이다. 즉 자신의 공간을 네트 속에 장착하고, 외부, 가령 국가 측으로부터의 추측상 혹은 실제상의 간섭에서 빠져나오려고 하면서 미지의 넓은 공간을 갈수록 기지의, 조망 가능한 공간으로 바꾸어가는 것은 사용자 자신의 활동이다.

이렇게 해서 정보의 바다의 발전은 또 한번 '자연적인' 바다의 발전, 즉 슈미트가 설명했던 바다의 발전을 그대로 뒤쫓아가고 있다. 현대의 교통수단과 정보전달수단은 예전의 야생의 요소를 이제 육지처럼 완벽하게 측량 그리고 계산 가능한 공간으로 만들었다. 자유의 은유와 움직임의 은유가 붙어 있던 영토, 한때는 누구나 자유롭게 취하던 영토로부터 분필되고 분할되고, 이리저리 경계 지어진 영토가 생겨나고, 그 영토는 '자연적이며' 지리학적인 공간에 점점 더 자기를 적응시켜 나간다(Schmitt

1981:106 참조). 그리고 이 경우에도 역시 점증하는 지도화 작업과 여러 해양 주권영역으로의 분할을 이루어낸 것은 국가의 감독 아래 바다의 탐사를 원래 목적으로 파견되었던 군대가 아니었다. 오히려 고래잡이들과 어부가 "인류에게 대양을 계시하고", "대양의 지대와 대양의 도로를 발견해냈다"(같은 책, 34). 자신들의 활동을 통해서 공간에 대한 점거와 국가의 영향 증대에 기여했던 것은 두 경우 다 비국가적 행위 주체자들로서 이들 일부는 전복적이라 할 정도로 대양의 발견에 집착하기도 했다. 어떤 의미로는 이 사람들이 먼저 길을 인도해주었던 셈이다.

슈미트는 바다가 육지와 마찬가지로 국가들에 의해 정복된다는 사실을 관찰했고 그는 이 사실로부터 몇 세기 동안 유지되어온 육지와 바다의 차이가 더 이상 지켜지지 않는다는 결론을 끌어낸다. 바다와 육지가 서로 너무 접근하는 바람에 인류는 또 하나의 다른 원소인 공기를 정복함으로써만 균형을 발견할 수 있게 되었다는 것이다. 공기라는 원소를 인터넷의 은유로는 아직 사용하지 않고 있는데, 이상하게도 공기가 은유적으로 사용되지 않는 것에 대해서는 설명이 좀 필요하다.

지금 당장은 물론, 육지와 바다의 접근, 그러니까 실제와 가상의 접근이 뭘 의미하는지가 더 중요한 질문이다. 전자 장벽과 방화벽과 인트라넷의 건설은 유동적인 것에 대항해 견고한 것이 승리하고 통제가 운동의 자유에 승리했다는 것을 말하는가? 가상공간은 완전하게 측정되고 점령된 공간인가? 가능성의 공간은 실제공간 때문에 상실되고 만 것인가? 이제는 새로운 공간의 기슭을 향해 자신을 열어둘 시간이 되었는가? 많은 것들이 이런 질문들에 대해 일단은 그렇다는 긍정적인 대답을 하게 한다. 새로운 미디어는 처음에는 정반대의 대립으로 구상되었지만 갈수록 실제의 경향을 반복하는 공간이 되고, 이것은 네트의 가능성에 대해 확고한 각성을 할 계기를 자꾸 준다. 이러한 각성이 어디서 오느냐 하면, 네트 열광주의자들이 소망했던 것과는 달리, 전자 공간에서 사회와 완전히 다른 것을 찾을 수 있는 것이 아니라는 인식에서 나온다. 실제공간을 살고 있는 사람들과 똑같은 바로 그 사람들에 의해 전자 공간이 만들어지고, 그들로 붐비고, 또 실제공간의 얼굴을 만드는 것과 동일한 사회적 구조에 의해 전자 공간이 형태지어지고 각인되는 것이다. 특히 실제 삶에서도 목소리를 내는 그 사람들이 여기서도 다시 나타나, 그저 겉보기에만 무한의 네트 속에서 점점 더 많은 공간을 정복해 간다(Sassen 1997:231 이하). 어차피 실제 삶에서도 외부에 서 있는 사람들은 여기서도 역시 대부분은 바깥에 머물러 있어야 한다. "네트 연결이 아무것도 없다는 것— 주파수대의 폭 제로—은 당신을 디지털 은자, 사이버스페이스의 추방자로 만든다. 네트는 새로운 가능성을 열어주지만, 네트로부터 절단된 상태는 주변화의 새로운 형태다"(Mitchell 1996:23). 네트 마이스터의 선언과는 정반대로 사이버스페이스는 결과적으로 사회적 불평등을 무너뜨리지 않는다. 오히려 네트와 함께 새로운 사회적 불평등이 확립되는데 이 불평등은 벌써 광대역 주파수 케이블에의 접근 차이에서부터 시작된다.

주파수 폭에서 불리한 상황의 사람들은 오늘날의 무산자다. 아주 간단한 일이다. 충분한 양의 비츠를 끌어들이고 내보내지 못하는 사람은 직접적으로 네트로부터 이득을 취할 수 없다. 그 결과는 폭력적이리만큼 선명하다. (……) 당신이 광대역 주파수—정보고속도로에 바로 연결될 수 있다면 당신은 거의 주도로에 서 있는 셈이다. 연결이 부실하면 이 정보고속도로는 가장 암흑 짙은 변방으로 쫓겨난다. 그곳에는 정보의 흐름이 그저 물방울처럼 똑똑 흐르고, 거기에서 당신은 연결을 많이 만들 수 없으며 그곳에서는 밀접한 상호작용도 일어나지 않는다. 광대역 주파수의 폭정은 거리의 폭정을 대체하고 있다. 새로운 경지사용 및 운송경제가 등장했으니 이것은 광대역 망건설이 갈수록 결정적인 역할을 하는 경제다(Mitchell 1996:21).[10]

그런데 물론 새로운 형태의 사회적 불평등을 이끄는 것은 여러 지방의 서로 차이나는 광대역 케이블 장치만은 아니다. 이를 넘어서서 네트에는 우리가 "살과 돌"(Sennett 1997)의 세계에서 이미 알고 있는 좋은 주소와 나쁜 주소에 대한 차별화도 존재하고 있다. '실제' 삶에서 특정의 주소는 그 주소에 살고 있는 개인을 찾아낼 수 있는 열쇠가 된다. 맨해튼 혹은 브롱스, 베를린-마르찬 혹은 뮌헨-님펜부르크, 프랑크푸르트 안 데어 오더 혹은 프랑크푸르트 암 마인—이 주소들은 각각 일정한 기대치를 일깨우고, 어떤 가능성은 열어주고 어떤 가능성은 배제시킨다. 고정된 주소가 아예 없으면 일자리를 얻지 못한다. 노숙자 시설 혹은 '사회적 연소점', 게토 혹은 방리외의 빈민가 주소는 구직을 대단히 어렵게 만들 것이다. 그에 반해 고급주택가의 주소지는 고급 생활양식을 장식하는 환호 받는 액세서리일 뿐 아니라 어쩌면 이런저런 편의제공을 받기 위한 열쇠가 되기도 하고 혹은 그저 좋은 취급을 받을 수 있는 보증이기도 할 것이다.

그런데 네트에서 우리는 장소, 그러니까 '지리코드'의 폭정에서 해방되어 있다는 것이 미첼의 명제다. "네트를 통한 상호작용의 탈공간화로 지리코드가 무효하게 된다. 고급한 주소 같은 것은 여기서 존재하지도 않으며, 제대로 된 사회, 제대로 된 장소에 있는 것이 사람들에게 목격되어 자기 이미지가 개선될 가망성이 여기에는 없다"(Mitchell 1996:14 참조). 그렇지만 미첼의 이러한 가정이 간과하고 있는 것은 네트에서도 당연히 나타나는 현상, 즉 짐멜에서 엘리아스를 거쳐 부르디외가 강조했던, 구별과 차별을 향한 개인의 의지다. 좋은 주소 나쁜 주소가 있느냐가 결정적인 것이 아니다. '보통의' 혹은 나쁜 주소와 비교되는 차별화의 이점을 약속 해주는 좋은 주소를 가려낼 수 있다는 사실이 중요하다. 마거릿 버트하임 (Margaret Wertheim)은 바로 이것을 관찰했다. "유명한 .edu 주소(harvard.edu 혹은 mit.edu 같은)는 온라인에서 컴퓨서브(Compuserve)─혹은 아메리카온라 인(America-Onliene) 주소보다 훨씬 많은 것을 가져다준다(Wertheim 2000:318; Schmitz 2001:67도 참조). 그리고 미첼 자신도─물론 주석 속에 살짝 감추어 두긴 했지만─다음과 같이 인정하고 있다. "가끔 특정 집단과 밀접하게 결합되어 있는─예컨대 media@unit─도메인은 웬만큼의 특권을 가져다 주기도 한다"(Mitchell 1996:186). 네트 열광주의자들의 비전과는 반대로, 우 리는 전체적으로 네트에서 개별 집단과 환경으로 나누어지는 강한 분절 화와 분리 그리고 겉보기로만 탈공간화된 세계 속으로의 지리코드의 도 입을 관찰할 수 있다.

그러니까 사이버스페이스는 '실제 사회'의 조건에서 해방된 자율적이 며, 자기논리적인 세계로서 파악될 수 없다. 사이버스페이스에서 수행 된 모든 행위들은 사이버스페이스의 차원에 머무르지 않고 '실제 세계' 속으로 연장되는 영향력을 가진다.

- 기업은 완전한 네트 현존을 영위하지 않고, 네트 상에서 그리고 네트 바 깥에서도 존재함을 보여준다. 기업은 국민적 맥락에 깊이 들어 있음을 입각(체중이 실린 쪽 다리─옮긴이)처럼 이용하고 전자적 현존을 프리레그 (체중이 실리지 않은 다리─옮긴이)로 사용해서 자신의 가능성을 확장시켜 나간다.
- 대학에서도 점점 "온라인상의 '원격학습'과 장소와 위치를 가진 교육의

결합"(Castells 2001:453), 그러니까 직접적인 **대면**(interface) 수업과 가상 수업의 혼합으로 나아가고 있다(같은 책, 412).

- 쇼핑은 네트를 통해서 처리될 수 있긴 하지만, 온라인-쇼핑의 확장이 쇼핑센터와 쇼핑몰과 경쟁하는 것이 아니라 이들을 지원해준다.

- 네트 상에서는 새로운 사회적 관계만 수용되는 것이 아니라, 이미 존재하는 관계들도 정비되고 유지된다. 공간적인 유동성에도 불구하고 이렇게 인터넷은 고사할지 모르는 기존의 사회적 결합이 유지되게끔 한다.

- 네트 상에서 새로 수용된 관계들은 대면 만남에 대한 욕구가 명백히 생겨나는 지점에 도달하게 된다(Turkle 1999:334 참조). 이런 관계들은 보편적으로 곧잘 2급으로 취급되는데, **단지** "느슨한 끈"(Granovetter 1973), 관계의 저급한 형태와 같다는 말을 할 수 있겠다. 여기에 대해서는 네트 밖에서도 역시 "느슨한 끈"이 증가한다고 말할 수 있다. "약한 결합이 존재하지 않으면 한 사회는 서로 단절된 도당들로 나누어질 것이다"(Buchanan 2002:56). 우리가 보았듯이 기든스(1995a:103 이하)는 기본적으로 비대면 관계들이 작동하기 위해서는 언제나 대면 만남에 물려져야 한다는 사실에서 출발한다. 이때 중요한 것은 그것이 어떤 종류의 관계냐를 정확히 제시하는 것이다. 내 추측으로는 순수한 네트 접촉도 있고, 네트와 네트 바깥이 결합된 접촉도 있고 또 순수한 대면 접촉도 있다.

- 개인은 자신의 물리적 실존에 묶여 있다. 신체는 가상공간과 실제공간 사이의 경계지점이 된다. 신체는 한 부분은 의자에 앉아 있지만 동시에 다른 한 부분은 네트 상에 있다. 신체는 네트의 장소를 통해서 상상으로 움직이며, 그때 갑자기 누가 문을 열고 들어오면 네트 외부의 자기 실존을 떠올리게 되고 또 귀는 간지럽고 등은 쑤신다(Castells 2001:408에서 Turkle 참조).

• 안에 있는 사람과 밖에 있는 사람들 사이의 구분이 새로운 공간적 패턴을 만든다. 새로운 패턴은 정보도시의 공간적 구조에서 자기를 드러내는데, 정보도시는 **이중적 도시**이기도 하다(Wenzel 2001:159 참조).

바로 이러한 상호작용을 연구할 수 있기 위해서는 예컨대 플루서가 인터넷은 독자적인 고유한 세계지만 그러나 자율적인 세계는 아니라고 하듯이, 두 차원을 하나의 세계로 합치기보다는 두 세계를 서로 구분시키는 것이 의미 있다. 이 때문에 근본적으로 이런 결합은 실제로 우리를 놀래키지는 못한다. 과연 네트의 가능성이 '실제 세계'의 가능성을 대체하느냐는 문제는,[11] 재차 제기되는 질문이지만 내가 보기에 생산적이지 않은, 좀더 중요하고 좀더 생산적인 경험적 문제가 있다. 그것은 어떤 상황에서 원거리 커뮤니케이션이 채택되고, 어떤 상황에서 임석 커뮤니케이션이 채택되는가 하는 문제다. 처음에는 자리에 없는 사람들끼리 이루어졌던 커뮤니케이션이 공간적으로 같이 있는 사람들 사이에 계속되는 커뮤니케이션으로 변하는 것은 어느 지점에서인가? 가상 커뮤니케이션으로는 더 이상 충분하지 않아 얼굴과 얼굴을 마주하는 커뮤니케이션이 되었으면 하고 원하게 되는 변환위치에 도달하는 것은 정확히 어느 지점인가? 이 변환위치에 도달하는 것은 경제적, 정치적, 학문적 혹은 친밀한 커뮤니케이션에 따라 매우 다양한 지점/시점일 것으로 추정된다. 내 추측으로는 어쨌든 특정 장소에서 임석한 사람들 사이의 커뮤니케이션은 공간을 함께 하지 않는 커뮤니케이션이 증가함으로써 그 가치가 더욱 높아질 것이다. 커뮤니케이션이 항상 직접 만남을 의미했던 시대와는 달리 오늘날에는 많은 것들이 온라인으로도 정해질 수 있기 때문에 직접적인 만남은 그만큼 더 큰 의미를 얻게 될 수 있다. 현장에 있다는 것, 그 자리에 참석해 있다는 것은 이제 정치가가 위기지역으로 차를 타고 가서 홍수 피해자들 앞에 몸소 나타나는 식으로 정치적으로 이용할 수 있는 가치를 가지게 된다. 저널리즘에서는 이러한 사건 현장에의 현존이 언제나 중요했지만, 이제는 그 저널리즘에서도 위기지역에 직접 가는 것이 가상적 참여의 가능성과 비교해서 추가적으로 더 가치 절상된다. 이것은 이라크전쟁에 '깊숙이 들어간' 저널리스트들의 전략에서 분명해졌을 것이다. 장소와 공간에 대한 우리 인간의 처분권이 커져서 스크린 상에 옮겨올 수도 있고, 그 속에서 사람이 가상적으로 움직일 수도 있지만, 이 확대된 처분권 역시 우리가 이 장소와 공간을 방문하는 것을 포기하게 만들지 않는다. 그 정반대다. 그런데 변한 것이 있다면 직접 몸으로 알아보기 전에 이미 가상적으로 방문할 수 있는 이런 공간을 우리가 지각하는 방식이다. 그래서 실제 세계에게는 가상 세계가 약속했던 것을 실제로 지켜줄 수 있는가가 더 요구된다.

전체적으로 볼 때, 가상 세계가 실제 세계의 대안이 아니라는 것은 너무나 분명하다. 분명 실제의 세계는 가상의 세계 속에서 반복되고 있다. 모든 것으로 미루어 보아 물질적 실제는 갈수록 네트의 가상 세계 속으로 들어가고 있다. 그럼으로써 실제와 가상이라는 고정된 구분은 육지와 바다의 구분처럼 무너지는 듯하다. 하지만 하나가 다른 하나에 의해 남김없이 흡수된다는 식으로 이 구분이 무너지는 것은 아니다. 슈미트에서와는 달리, 육지와 바다를 서로 비슷하게 만들어서 결국에는 구분할 수 없게 하는 방식으로 점점 바다가 육지에 의해 탈취되어 가는 그런 식은 아니라는 것이 나의 명제다. 실제의 것이 가상적인 것 속으로 들어가는 것과 마찬가지로 점점 더 가상적인 것이 실제적인 것 속으로 영향을 끼치기 때문이다. 네트에서 시험된 여러 상이한 프로그램 컨텐츠 사이의 '서핑'을 떠올리면 된다. 이런 서핑은 머무르기보다는 지속적으로 움직임 속에 있으면서, 어떤 때는 빠르게 또 어떤 때는 느리게 프로그램 사이를 미끄러지며, 결국에는 단번에 다음 경로에 도달한다. 이것은 다른 미디어들을 다루는 우리의 방식, 예컨대 책이나 신문을 읽는 것에도 적용되지 않는가? 누가 하나의 칼럼을 연대기적으로 읽는가? 전체를 읽을 가치가 있는지 결정하기 위해서 중간 혹은 끝부분을 맛보기로 시험하여 읽지 않는가? 실제의 도시와 도시 이미지와는 또 어떤가? 네트에서 기획된 수많은 디지털 도시들이 오래 전에 실제 도시 속의 쇼핑몰 풍경을 위한 모델이 되어 있지 않은가? 정보의 바다의 유동성은 오래 전에 우리 동시대의 건축물을 위한 주도 이미지가 되지 않았는가? 사회학이—존 우리(John Urry 2000)와 함께—유동적 사회개념을 개발하고 **"흐름의 공간"**(Castells 1999)을 이야기한다면, 사회학 역시 이 주도 이미지를 따르고 있는 것은 아닌가? 우리가 어디를 쳐다보든지 간에 과거에는 부동적이고 고정적이었던 것이 원대하고 장기적으로 유연화, 유동화되는 현상을 우리가 다루게 되는 것 같다.

3.3 사이버스페이스의 발전—공간혁명인가

그러니까 이것이 결과인가? 명확한 경계 긋기 대신 가상과 실제 사이의 지속적인 뒤섞임, 활발한 경계 왕래라는 것인가? 적어도 이것을 미래상이라고 생각하게 하는 수많은 증거들이 있고 그중 몇 가지를 나는 위에서 보여주었다. 그러나 전체적으로 보자면, 이렇게 생각하는 것은 실재와 가상의 관계를 너무 단순하게만 보는 것이다. 땅과 바다, 실제와 가상, 견고한 것과 유동적인 것 사이의 대립이라는 것이 미디어 그 자체에서 다시 한번 반복된다는 것, 말하자면 이러한 대립관계가 **재등장**하고 있다는 말이 더 설득력 있을 것이다. 가상공간은 실제공간과 마찬가지로 하나의 통일적인 공간이 아니다. 가상공간 속에서는 실제공간에서처럼 여러 다양한 경계들이 교차하고 공간들이 겹쳐진다. 가상과 실제 사이의 경계가 재차 바뀔 뿐 아니라, 이 경계가 오히려 가상적인 것 자체 속으로 들어오고 있다. 그 결과 네트는 한편으로는 매우 잘 알려진 실제 삶의 양태를 반복하면서, 다른 한편으로는 미지 세계의 유혹을 자꾸 확보해두고 있는 것이다. 우리는 슈미트에 의한 땅과 바다 사이의 구분과 나란히 네트 내에서의 견고한 것, 유동적인 것의 구분과 관계하게 된다. 네트 상에서는 준비하고 정돈하기, 공간 점령, 집 짓기('홈페이지'), 그렇게 해서 친근한 근세계의 건설을 관찰할 수 있다. 이 근세계는 점점 한계지어지고 울타리 쳐진 공간으로 구성되는 하나의 독자적인 지리학을 탄생시킨다. "이렇게 해서 전형적인 네트-사용자는 자신의 입맛에 맞는 '포털사이트'에서 WWW를 통해 자기의 행보를 출발하고, 브라우저 내에 책읽기 표시를 해두고, 메일리스트에 올려두게 하거나 혹은 개인맞춤 뉴스서비스(customized news)를 구독신청하는 식으로 하나의 친근한 가상적인 근세계에 둘러싸이게 된다"(Geser 1999:208).[12] 컴퓨터기술의 등장으로 파괴되었다고 사람들이 말하는 친근함은 네트 그 자체 속에서 다시 생산된다. "전자 공간 안, 전자 풍경 속에서 자주 '만나는' 집단들의 자기서술에 따르면 그들 사이의 관계는 가설적이고 가상적인 근공간성, 이웃, 시장광장, 술집, 마을 등이다. 이것들이 분할된 의사소통 조건이 만들어낸 잠재적으로 전 지구적인 네트워크 속의 장소, 지역성이다"(Faßler 1996:178). 이제부터는 쉽게 연락 가능한 사람이 가까운 사람이고, 잘 연락이 닿지 않는 사람은 먼 사람이다. 인터넷에서의 가까움과 멂이 중요한 구분기준이 되느냐는 물음과는 별도로, 이 가까움과 멂은 모든 사용자 스스로에 의해 구성된다는 사실이 분명해진다. 모든 사용자 스스로 자기 나름의 고유한 지형학을 만들어내는 셈이다.

고유함과 사적이라는 안정된 영역에서 벗어나와, 가능성의 공간, 유동적 데이터 공간 속으로의 탐사가 이루어진다. 그러나 새 공간들은 재차 추가되는 것이기에 인터넷 공간은 그 '거주자'들의 활동으로 인하여 자꾸 확장되며, 따라서 미지의 지대와 그에 대한 탐색이라는 생각도 계속 살아 있다. 다른 한편으로, 이 전자적 공간의 지속적인 확장은 관망 불가능성, 관조 불가능성에 다시 관망 가능성, 관조 가능성을 부여해주기 위하여 지도화, 경계긋기를 늘려나갈 수밖에 없다.

이렇게 해서 우리는 결국 경계이탈과 경계 짓기, 경계설정과 경계해체, 탈공간화와 공간화라는 지속적인 운동과 관계하게 된다. 우리의 "공간의 시대"(Foucault 1990:34)에 결정적이면서 전형적인 것은 단단하고 유동적인 것, 땅과 바다, 실제와 가상, 인터넷과 인트라넷이 더 이상은 상호 교체적인 상태로 생각되는 것이 아니라 동시적으로, 또 공존하여 존재한다는 사실이다. 그래서 실제적 공간과 가상적 공간만 공존하는 것이 아니고, 이 각각의 공간들 속에서도 서로 간에 가상과 실제의 경계가 다양한 방식으로 겹쳐진 다른 수많은 공간들이 공존하고 있다. 우리가 관계하는 것은 갈수록 서로 겹쳐지기 때문에 이들을 뚜렷이 갈라놓기가 점점 힘들어지는 그러한 잡종적 공간들이다. 이 공간들은 경계를 가지고는 있지만 이 경계들은 지속적으로 해체되고, 또 다른 지점에서 새로 생겨난다. 이 경계들은 더 이상 하나의 장소에서 고정적으로 발견되지 않는 **유랑하는 경계**들이다.

공간에 대한 우리 시대의 이해에 인터넷이 결정적으로 기여한 것은 내가 보기에는 다음의 사실이다. 즉, 이제 우리는 언젠가 한때 완벽하게 측정되고 지도에서 그려졌던 공간, 이전에 주어졌던 그런 공간이 아니라 네트-사용자의 활동에 의해 지속적으로 성장하고 확장해 가는 공간과 관계한다는 사실이다. 이것은 우리로 하여금 공간을 둘러싼 사회학적 논의에서 자꾸 또 나타나는 온갖 종류의 공간결정론으로 빠져들지 못하도록 한다. 네트의 어떤 사용자라도 가끔 하게 되는 중요한 경험은 자신의 활동을 통해서 공간이 생겨나고, 활동 부족으로 공간이 다시 사라질 수 있다는 사실이다. 이렇게 해서 인터넷은 완전히 새로운 공간관을 확고하게 세워주지는 않지만, 이미 준비되어진 공간 개념을 설득력 있게 도와준다. 인터넷의 발달이 기여한 바는 우리가 더 이상 공간을 주어진 절대항으로, 그 속에서 사회적인 것이 벌어지는 용기나 테두리로 이해하지 않고 사회적 실천을 통하여 비로소 생산된 것으로서 이해하고, 그럼으로써 언제나 이미 존재하고 있는 것이 아니라 행위와 의사소통을 통하여 비로소 만들어진다는 생각에서 출발하게 한 것이다. 이러한 공간 이해는 모든 사회적 단계에서 대단한 결과를 가져오게 되는데, 여기서 정치적 공간 역시 제외되지 않는 바, 이런 새로운 공간관은 적어도 하나의 동일한 장소에서 참으로 다양한 공간들이 있을 수 있다는 생각을 허용해 주기 때문이다. 이러한 공간관과 함께 일어나는 변화를 보면 그것은 내가 보기에는 슈미트의 의미에서의 공간혁명이라고 말할 수 있다. 그도 그럴 것이 하나의 공간혁명이라는 것은 단순히 신대륙의 발견에서만 생기는 것이 아니라 이러한 발견에 근거하여 한 시대가 가진 공간관의 전반적인 변화가 일어나는 것이기도 하기 때문이다(Schmitt 1981:68 참조). 분명 우리는 지금 현재 이러한 전반적인 공간관의 변화를 겪고 있다.

신체
공간

4

공간과 신체의 공통점은 둘 다 오랫동안 사회학이 소홀히 해온 주제라는 점, 그리고 최근에 들어서야 좀더 많은 관심을 받게 되었다는 것이다. 공간과 신체는 최근 관심의 중심에 서게 되었는데, 벌써 사회과학의 "지리학적 전환"(Berking 1998:383) 내지는 "신체적 사회"(Turner 1996:6)라는 말들을 하고 있다. 신체와 공간의 무의미성, 신체와 공간의 소멸과 종말이라는 대중적 명제(Guggenberger 2000, Moravec 1990, Virilio 1980, Willke 2001)와는 달리 신체와 공간, 이 두 개념들은 사실상 성찰의 중심에 서 있다.

사회학적 연구에서 이 두 주제가 오랫동안 주변적인 역할을 해왔다는 것은 근대화가 체계적으로 이들의 무의미성을 만들어왔다는 사실과도 관계 있다. 기술적 의학적 진보사상은 인간을 그들의 직접적인 환경의 족쇄로부터 해방시킴과 동시에 그들 신체의 불완전성으로부터도 해방시키는 것을 지향하고 있었다. 플라톤에서 벌써 그러하지만 이후 독일의 관념주의에서도 우리는 몸을 대가로 한 정신의 축제, 순수하고 위조되지 않은—즉 경험적 신체에서 해방된—쉽게 변화하고 제재 받지 않고 한 장소에서 다른 장소로 움직일 수 있는 오성이라는 이념의 축제와 마주친다. 이것은 사이버스페이스라는 시의적인 비전에서 다시 포착되는 이념이다. 공간과의 관계 역시 비슷하다. 공간 역시 순전히 극복 가능한 단위로서 등장한다. 공간은 발전과 진보를 대변하는 시간의 반대자로 나타난다. 공간은 제한되지 않은 이동성과 접근성의 세계로 가는 길 위에서 마주치는 장애물에 불과하다. 거리가 더 이상 아무런 역할을 하지 않는 곳에서 공간은 영원히 제 역할을 다하고 무의미해졌다.

다른 말로 해보면, 근대에서 공간과 신체는 위협받은 개념들의 리스트에 올라 있다. 세련된 근대화이론에서조차 공간의 의미는 이미 극복된 사회발전 단계에 속한다는 데서 출발하고 있는 것(Luhmann 1997:145 이하, 314 이하 참조)은 우연이 아니다. 그리고 "그 어느 다른 곳에서도 더 이상 찾지 않는 신체"(Luhmann 1984:337)를 위해서 스포츠가 특수 체계로 분화되어 신체의 무의미성을 보완하게 되었다는 말도 괜히 나온 것이 아니다. 그런데도 신체와 공간이 다시 주제로 떠오르는 것은, 이제 시급하게 필요한 것은 신체와 공간의 점증하는 의미 혹은 무의미에 대한 양적인 자료를 제시하는 것이 아니라 공간과 신체에 대한 표상의 변화를 좀더 다루는 것임을 보여준다. 그러한 양적인 자료들은 우리를 호도하여 흔히들 말하는 공간과 신체의 소멸 혹은 이들의 갑작스러운 재등장 따위의, 학문적으로 별로 쓸모없는 미디어용 진술로 이끌어갈 뿐이다.

신체와 공간 주제가 현재 누리고 있는 이러한 호경기와는 상관없이, 현상학적 사회학에서 공간과 신체의 연관성은 공간이 신체 없이는 도무지 경험 불가능하다는 가정에서 나온다. "나의 신체는 공간 속의 한 대

상물이 아니라, 생활세계의 공간적인 분절에 대한 내 모든 경험의 조건
이다. 어떤 상황에서든 나의 신체는 위아래, 좌우, 앞뒤를 가지고 있는,
세계 내 하나의 조합 중심으로서 작동한다"고 쉬츠는 모리스 메를로퐁
티의 이론을 따르며 말한다(Schütz 2003:152, 같은 책, 71도 참조). 이렇게 해서
신체는 공간 속에서 개인이 정향을 하기 위해 필요한 출발점을 제공한
다. 각각의 '여기'에서부터 다른 모든 신체들이 각각 특수한 간격을 두
고 '저기'에 집단화되는 것이다. 그러한 한에서 한 대상물의 객관적으로
규정할 수 있는 위치란 존재하지 않으며, 항상 지각하는 자의 위치를 통
해 규정될 수 있는 각각의 특수한 장소로부터의 그 대상에 대한 지각이
존재할 뿐이다.

　나는 공간과 신체의 관계를 세 단계로 나누어 다루고 싶은데, 여기서
나에게 특히 중요한 것은 신체표상과 공간 표상이 몇 세기 동안 겪어왔
던 변화들이다. 일단, 신체로서의 공간이 중요하다(1). 나는 오늘날 거듭
해서 비판받고 있는 생각, 즉 사회를 용기-공간으로 구상하는 생각의 근
원이 사회를 신체로서 생각하는 데 있다는 것을 보여줄 것이다. '공간으
로서 신체'라고 제목을 단 두 번째 단락(2)에서 중요한 것은, 이러한 생각
이 어떻게 발전해왔느냐 하는 문제인데 이때 특히 주시해야 하는 것은
신체는 그것이 갈수록 스스로 위협받는 존재가 되기 전에 먼저 위험으로
서 나타났다는 사실이다. 세 번째 단락(3)에서는 공간과 신체가 근대화
가 진행되는 속에서, 안과 밖이라는 선명한 경계를 가지고 있는 용기로
서 생각되었음을 보여줄 것이다. 이 안과 밖이라는 경계는 다른 여타의
구분―예컨대 속하는/안 속하는, 익숙한/낯선 등―이 여기에 고정되어
지는 것인만큼 경계와 경계 긋기의 출발점을 이루는 것이다. 하지만 이
것으로 끝이 아니다. 최근에는 이런 것이 문제로 제기되고 있기 때문이

다. 우리는 최근 명백한 경계 대신에 다중적인 포개짐, 겹침과 관계하게 되었다. 이러한 발전은 또한 그 반대적 발전을 불러일으키기도 한다. 경계해체에 이어 여러 다양한 차원에서는 경계의 방어, 바깥을 향한 폐쇄와 새로운 경계 세우기가 나타나고 있다. 나는 이러한 경계가 거대 포맷(표제어: 유럽이라는 요새)으로서뿐 아니라 작은 포맷으로도 등장하고 있다는 것을 보여줄 것이다. 갈수록 점점 작아지는 공간단위들이 외부로부터 들어오는 수많은 영향에 대항하는 퇴각 영토로서만 사용되고 있다. 이때 신체는 입출구에 대해서 삼엄하게 경계가 이루어지고 있는, 어쩌면 마지막 퇴진 영토로서 연출되고 있다.

4.1 신체로서 공간

신체와 공간은 가시성의 질서에 속하며, 그 때문에 우리로 하여금 신체와 공간을 문제가 되지 않는 당연한 것으로 전제하도록 호도한다.

그런데 신체는 공간과 마찬가지로 처음부터 주어진 것이 아니다. 자신만의 개인적인 신체를 가지고 있다는 의식이 존재하는 것은 당연한 것이 아니라, 몇 세기에 걸쳐 이루어진 신체 관련 담론(Sarasin 2001 참조)의 생산물이다. 각 상이한 시대마다 서로 다른 공간상과 서로 다른 신체상이 존재한다. 여기서 공간상과 신체상은 서로 무관하게 생겨나는 것이 아니라 상호 밀접하게 연관된다는 것이 나타난다. 이 밀접한 연관성은 우선 공간이 재차 신체메타포를 이용해서 기술되고, 신체는 공간메타포를 이용해서 기술된다는 사실에서 나타난다.

공간이 신체로서 생각된다는 증거는 많다. 원시부족의 사고방식에서부터 여러 다양한 도시상, 그리고 사회에 대한 현재의 이미지에 걸쳐 이런 증거는 널려 있다. 지암바티스타 비코(Giambattista Vico)는 원시부족들이 자신들의 신체를 이용해서 세계를 표상했다는 사실을 지적했다. "모든 언어 속에 있는 무생명의 사물에 대한 수많은 표현들이 인간의 신체와 그 부분에서 원용된 것이라는 사실은 매우 의미심장하다. (……) 예를 들어 머리는 산 정상 혹은 시작을 의미한다. (……) 바다의 혀, 강의 팔, 바다의 가슴이 있는가 하면, 중심의 뜻으로서 심장이 있고 로마인들은 이를 **움빌리쿠스**(umbilicus, 배꼽)라고 불렀다. (……) 바람은 휘파람을 불고, 파도는 웅얼거린다. (……) 모든 언어들 속에는 이런 예가 수없이 많다"(Vico 1924; 171).

어원학의 연구 결과물까지 덧붙인다면—예컨대 레비스트로스(Lévi-Strauss 1968)와 메리 더글러스(Mary Douglas 1081)의 연구—인간이 신체 개념들을 세계에 전이시키는 장구한 역사에 대한 예는 더욱 늘어난다. 신체 개념을 이용한 설명이 "자신에 맞추어 세상을 판단하는"(같은 곳) 무지한 인간에 전형적인 것이라는 비코의 지적은 이런 개념의식이 가지고 있는 생산적인 기능을 간과하고 있다. 이런 개념의식은 알려진 어떤 것—자신의 신체—을 이용해서 낯선 것을 이해하고자 한다. 아무리 이러한 인간중심주의가 근대 학문의 이성주의에 의해 밀려나 버렸을지라도, 언어 속에서는 오늘날까지도 여전히 보존되고 있다.[1]

신체와 공간 사이의 유추는 부족사회에서만 발견되는 것이 아니다. 이 유추는 도시건축의 모습으로 근대 속에서도 영향을 미치고 있다. 리처드 세넷은 방대한 한 저술 속에서 몇 세기에 걸쳐 변화하고 있는 신체상을 도시건축의 변화 원인으로서 연구하였다. 세넷의 주요 명제는 "도시적 공간은 인간이 자신의 신체를 경험하는 방법 속에서 그 모습을 가지게 되었다"(Sennett 1997:456)는 것이다. 실제로 신체경험, 건축 그리고 도시발전 사이의 연관성에 대해서는 수많은 증거가 발견되는데, 이들 사이의 연관성은 세넷이 그의 공적 공간의 몰락사에서 썼던 것 이상이다. 그래서 가령 조각가이자 건축가, 화가인 프란체스코 디 조르조 마르티니 (Francesco di Giorgio Martini, 1439~1501)는 도시의 각 개별 부분들은 신체부분과 같으며 여러 건물들과 도시부분들은 서로 딱딱 맞아야 하고 건물과 도시의 부분들은 신체부위들이 함께 신체를 이루듯이 전체를 이룰 것을 요구했다.

신체의 모든 부위들과 사지들은 완벽한 비율과 범위를 가지고 있음을 생각해야 한다. 마찬가지로 도시의 경우와 다른 건물들에서도 이것을 유념해야 한다. 한 도시에 요새를 짓지 않을 경우, 앞쪽의 광장을 통해 시청과 연결되는 대성당에 도시의 광장을 내주어야 한다. 맞은 편, 배꼽의 만곡에는 중앙광장이 (자리하고) 있다. 다른 교회와 광장은 손과 발처럼 위치시켜야 한다. 이런 식으로 눈, 코, 귀, 입, 대장, 그리고 다른 내장과 부위들이 그 필요와 소용에 따라 신체의 내부에 정돈되어 있듯이 도시의 경우에도 이와 같이 해야 한다(Reudenbach 1992:175 인용).

몇백 년 동안 외적인 경계, 내적인 질서와 중심을 가진 통합체로서의 신체의 이미지에 맞추어 도시 내부의 위치가 정해졌다. 이것이 결정적으로 바뀌는 것은 혈액의 순환체계를 발견하면서부터다. 윌리엄 하비(William Harvey)는 1628년 펌프로서의 심장과 함께 동맥과 정맥의 혈액로를 발견했다. 그 이후로 신체, 도시, 사회는 피 내지 인간, 상품, 아이디어, 돈의 자유로운 흐름이 일어날 때라야 건강한 것으로 간주되었다. 하비의 인식은 공적 건강에 대한 새로운 생각을 가져다주었다. "도시설계자들은 도시를 인간들이 자유롭게 움직이고 자유롭게 숨 쉴 수 있는 장소, 건강한 혈액체처럼 인간이 그 속을 물밀 듯 밀려다니는, 흐르는 동맥과 정맥의 도시로 만들고자 했다"(Sennett 1997:320). 혈액순환과 동맥, 정맥 그리고 폐를 통해 생명을 유지하고 있는 살아 있는 신체로서의 도시라는 이러한 표상은 19세기 도시설계자에 이르기까지, 하우스만의 파리 도로의 변경과 런던지하철 건설에 이르기까지 찾아볼 수 있다.

그러나 신체의 모델을 따라 건설된 것이 도시만은 아니다. 건물을 지을 때도 인간의 신체는 언제나 쫓아야 할 이상이다. 머리와 발, 얼굴과 등과 같은 일반적인 신체 개념들이 건물에 있어서 위와 아래, 앞과 뒤의 구분으로서 지붕과 지하층, 전면과 측면으로 다시 등장한다. 그리고 건물의 피부에 대해서 이야기하는 것이 시의적인 건축이론에서 매우 널리 퍼져 있다. 보들보들함, 유기적 특징, 환경에 대한 적응력과 같은 특징들이 인간의 피부와 직접적인 연관성 속에서 유추된다(Benthien 2001:34 참조). 그러나 무엇보다도, 거주를 위해서 엄청난 의미를 가지는 안과 밖의 차이가 신체라는 도식에 직접 따르는 것이다. 자기 신체와 타인의 신체가 서로 분리되는 것처럼 건축에서도 역시 고유한 영역과 낯선 영역이, 친밀성의 영역과 공공성이 구분된다. 그리고 두 경우 모두 입구로서 열리거나 닫힐 수 있는 안과 밖 사이의 경계가 큰 의미를 가진다. 첫 번째 자기공간인 신체는 환경과의 완전히 무방비한 접촉으로부터 지켜주는 다른 많은 자기공간들을 자기 자신의 둘레에 만들어낸다. 베른하르트 발덴펠스(Bernhard Waldenfels 1999:207)가 여기에 대해서 눈으로 보듯이 아주 선명하게 기술하고 있다. "우리가 머무는 공간은 여러 상이한 유의미성의 지대들을 보여주는데, 이 유의미성의 지대들은 신체의 기관들과 신체의 성감대가 가지고 있는 다양성과 동일하다."

그러나 지어진 공간뿐 아니라 정치적 경제적 공간의 경우에서도 신체는 이미지로서 또 모델로서 추구된다. 특히 국가의 여러 상이한 형태들을 위해서 신체의 상징학이 이용되었다. 토머스 홉스(Thomas Hobbes)의 《리바이어던(Leviathan)》(1984)에서는, 예를 들어 국가의 여러 상이한 지지대들이 바로 신체의 개별적인 기능체로 비유되고 있다. 홉스에 따르면 판사는 "자연적 신체의 목소리기관의 과제"를 가지고 있다. 대리인, 부국왕과 통치자는 "자연적 신체의 여러 사지들을 움직이게 하는 힘줄과 같다". 공공 관료의 업무는 "자연적 신체의 손의 일에 해당된다". 외교관은 국가의 심부름꾼이며 "자연적인 신체의 눈과 비교될 수 있다". "국가의 섭생"(같은 책, 186 이하)에 대해 이야기를 하고, 국가가 걸릴 수 있는 병에서조차 홉스는 끊임없이 인간의 신체에서 알고 있는 것과 비슷한 것을 찾고 있다.

국가와 신체 사이의 비교는 군단이다. 사회가 문제 되는 경우에도 역시 신체에 대한 유추를 즐겨 찾았다. 예컨대 게오르크 짐멜은 사회학의 대상영역에 대해 설명하면서, 신체 발견의 과정은 처음에는 개별 기관들에 집중되었다가 나중에야 비로소—현미경의 발견을 통해서—개별 세포와 그리고 기관들 사이에 존재하는 조직으로 향했다. 짐멜에 따르면 국가, 가족 등등의 사회적 형성물을 다루는 대신에 더 작은, 일견 덜 중요한 관계형태와 인간들 사이의 상호작용에 집중한다는 것이다. 이 더 작고, 덜 중요하게 보이는 관계형태와 상호작용이 비로소 사회를 완성한다는 것이다. "그러한 것들(그러니까 국가, 가족 등)에 제한하는 점은 인간 내부의 신체에 대한 이전의 학문과 동일하다 할 것이다. 이 이전의 학문들은 심장, 간, 폐와 위 등과 같이 커다란 장기에 제한되어 있었고, 수많은 다른, 대중적으로 이름 불리지 않거나 대중적으로 알려지지 않은 조직들은 소홀히 했다. 그러나 이 조직들 없이는 예의 더 뚜렷한 장기들이 결코 살아 있는 몸을 만들어내지 못한다"(Simmel 1992a:32).

결정적인 문제는 과연 이러한 비유법을 사용함으로써 무엇을 얻었는가 하는 것이다. 이러한 은유법은 어떤 기능을 했는가? 이는 물리적인 신체처럼 작동하는 사회적 신체에 대한 표상이 분명하다. 개별 요소들의 생명 필수적 결집과 공동작용을 조직하는 하나의 살아 있는 건강한 유기체로서의 국가 내지 사회라는 생각이다. 전체로부터 부분의 탈락이나 제거는 전체 유기체를 훼손시키게 된다. "오늘날 한 나라에서 하나의 지방을 떼내는 것은 한 유기체에서 하나의 기관이나 다수의 기관들을 절단시키는 것이다. 강탈당한 지방은 그것이 종속되어 있는 기관들로부터 분리되었기 때문에 그 지방의 생명은 심하게 파괴된다. 이러한 파편화와 훼손은 필연적으로 지속적 고통을 가져오게 되는데, 이 고통에 대한 기억은 씻어질 수 없다"(Durkheim 1988:203). 모든 개인들이 자기 자리를 차지하게 되는 하나의 전체가 사회라는 생각 역시 신체, 즉 장기들이 각 특정의, 혼동 불가의 위치를 가지고 있고, 그 위치에서 그 장기들이 특수한 기능을 하고 있는 신체라는 모델로부터 나온 것이다(같은 책, 473 참조).[2] 살아 있는 유기체로서의 사회라는 생각은 그 유기체의 그때그때 상태에 대한 질문도 가능하게 한다. 우리의 사회가 병든 사회인지, 건강한 사회인지, 나쁜 사회인지, 좋은 사회인지에 대해서 질문할 수 있는 것이다.

사회학은 공연히 **사회진단**이라는 임무를 지는 것이 아니다. 그런데 위기 진단이 나오면, **치유** 가능성을 약속해주는 위기에 걸맞는 **치료**를 추천하게 된다.

이러한 유추가 문제점들을 정리하는 것을 쉽게 만들어주기도 하는 것 같다. 미디어적으로 영향을 끼치는 사회적 문제가 등장할 때마다 그에 대한 해결책이 '그' 사회에 제공된다. 마치 이 사회라는 이름을 가진 하나의 실재가 존재하고 있고, 그 실재에 탄원하고, 문제해결책을 기대할 수 있는 것처럼 말이다. 오늘날 그렇게 자주 비판받고 있는 성향, 즉 사회를 용기 내지 컨테이너로서 생각하고 싶어 하는 태도는 사회를 **사회적 신체**로서, 외부를 향해 뚜렷하게 차단되어진 하나의 유기체로서 여기고 싶어 하는 데 그 근원을 두고 있다. **사회는 공간으로 보인다는 것이며, 이 공간은 하나의 신체라는 것이다.** 두 가지 표상이 이미 오래 전에 극복해낸 것처럼 여겨지지만 오늘날까지도 이런 생각은 여전히 새로운 모습으로 다시 발견된다. 그렇게 해서 피터 그로스(Peter Gross 1999:172)는 1990년대 말에 이렇게 쓰고 있다. "세계사회는 무방비의 귀를 가진, 스스로 열고 닫히는 거대 신체다." 이 말은 전통적인 사회 이해를 떠올리는데, 전통적인 사회 이해란 사회를 개별적인 신체 다수에 의해 구성된 하나의 살아 있는 유기체, 하나의 초대형 집단 신체로서 표상한다.

그러나 사회가 더 이상은 모든 개별자들에게 그 속에 특정한 자리가 부여되는 하나의 유기적인 전체성으로서 생각될 수 없으면, 이것은 개별 신체에 엄청난 영향을 미친다.

4.2 공간으로서 신체

공간으로서 신체라는 표상도 오래 전부터 있어왔다는 증거는 있다. 프톨레마이오스가 지구 표면을 개별 지방들로 구획한 것을 차용하여 신체를 사지와 단편 조각, 실(室)로 조각냈던(Schreiner/Schnitzler 1992:9 참조) 레오

나르도 다빈치(Leonardo da Vinci)에서부터, 신체를 무엇보다도 신체 개방에 집중되어 있는(구순적, 항문적, 생식기적 성감대, Bernard 1980:26 참조) 성감대의 합계로서 표현한 지그문트 프로이트(Sigmund Freud)를 거쳐, 신체 부위에 대한 문화 특수한 평가에 주목하여 예컨대 미국의 중산층 사회에서는 "일반적 신체 개방에 대해서는 특별히 주의를 하면서도 팔꿈치가 닿지 않으려고" 노력하지는 않는다고 지적하는 어빙 고프먼에까지 이른다. 고프먼은 이러한 지적에 이어서 "물론 신체는 문화마다 의례적인 관점에서 볼 때 서로 다르게 분리된다"(Goffman 1982:67)고 확인하고 있다.

공간으로서의 신체 표상에 대해 특별히 주의할 만한 자료는 14세기 앙리 드 몽데빌(Henri de Mondeville)이 쓴 《외과 소고》인데 시대적으로 훨씬 뒤에야 나타나게 되는 여러 가지 관찰들을 이미 보여주고 있다. 이 글에 대해서 조르주 뒤비(Georges Duby 1999:486)는 다음과 같이 전하고 있다.

신체의 내부는 사실 마당과 흡사하다. 신체 자체는 모든 수도원이나 요새처럼 적잖이 널찍하며 복합적인 하나의 집이다. 그리고 신체 내부는 공간들의 위계로 이루어져 있으니 고상한 부분, 경제부, 그리고 둘 사이의 벽인 횡경막으로 이루어진다. 횡경막은 봉건사회에서 노동자들과 다른 사람들을 갈라놓는 장벽과도 같다. 횡경막 아래에는 몸의 아랫 부분들이 있다. 이 부분들은 원래의 그 본성에 맞게 지배되고 제어되어야 한다. 몸의 비천한 부분 속 저 아래, 불필요하고 해로운 것이 배설되는 곳에서는 반항적인 힘들이 들끓는다. (……) 육체는 당연히 악에 의해 간단없이 위협당하고 악에 둘러싸인 요새요, 진리를 찾아 황야로 떠났던 이스라엘 옛 은자들의 피난처 같은 은둔자의 처소다. 그러므로 육체를 감시하는 것, 특히 적이 기어들어올 수 있는 구멍들을 지키는 것은 피할 도리가 없다.

비록 우리가 여기서 대면하는 것이 신체를 동등하지 않은 두 부분으로 나누는 위계적 신체 이미지이긴 하지만, 그 속에서는 외부에서 오는 위험에 대항하여 방어되고 보호되어야만 하는 용기-공간으로서의 신체 이념이 있다. 이것은 계몽주의 세기에 이루어진 합리화 과정을 거치면서 비로소 관철될 신체 이미지다(Benthien 2001:39 참조). 그렇게 본격적으로 되기 전에 여러 가지 의학적 발견과 사회적 변화들이 필요로 했던 것이다. 환경에 대하여 선명하게 경계 짓는 독립된 실제로서 신체가 이해되기까지는 기나긴 과정이었다. 이것은 우리가 고대 그리스에서는 전체로서의 신체에 대한 어떤 개념도 존재하지 않았다는 사실을 분명히 한다면 똑똑히 알 수 있다. 신체의 여러 부분들에 대한 여러 가지 명칭들이나 신체성의 여러 측면들을 가리키는 여러 가지 명칭들은 존재했다. 'Démas'는 형상 혹은 체격의 뜻이고 'eidos'는 가시적인 측면을 말하며 'chros'는 외적인 둘러싸기, 피부를 부르는 말이었다. 그러나 'sôma'는 신체의 전체성을 의미하는데, 원래는 죽은 신체인 시체를 말한다. 이런 탓에 신체를 "하나의 또 다른 체계로서 의식, 사고 혹은 정신에 마주 서 있는"(Hahn 1988:666) 통합체로서 파악하는 것은 결코 당연한 일이 아니었다.[3]

근대적 신체 이미지의 발전에서 결정적인 부분을 차지했던 것은 피부에 대한 연구였을 것이다. 의학의 역사로부터 피부 관련하여 커다란 의미 변화를 찾아볼 수 있다. 처음에 피부는 "오늘날과는 달리 다수의 가능한 틈새들이 존재하고 있는 다공성의 층"(Benthien 2001:51)으로 이해되었다. 그러나 피부는 갈수록 점점 더 환경과의 교환을 조직하는 역할이 아닌, 신체를 경계 짓고 외부에 대해 폐쇄하는 역할을 하는 신체의 경계가 되고 있다. 신체 표면은 더 이상 "투과성의 장소"(같은 곳)가 아니라 외부에서 오는 위험에 대한 방패다. 물질적인 피부는 벌써 젖먹이 아이에게는 어디서 시작하고 어디서 끝날지를 배우게 되는 "경계면"(Anzieu 1992)이라고 볼 수 있다. 그러나 피부는 포괄적인 의미에서 경계이다. 피부는 단지 바깥을 향하여 경계 짓는 역할을 할 뿐 아니라 환경과의 교환의 장소이기도 하기 때문이다.

피부에게 일어난 이러한 의미 변화의 원인은 최초의 사체부검과 과학적 해부학의 탄생으로 보인다. 해부학은 1543년 《**인체구조에 관한 7권의 책**(De humani corporis fabrica libri septem)》이라는 제명으로 출간되었던 안드레아스 베살리우스(Andreas Vesalius)의 유명한 책이 처음 개시했다(Jütte 1998 참조). 그때까지 피하(皮下)는 시선에 감추어져 있었다가 이제 가시적이 되었던 것이다. 신체는 글자 그대로 해체되고, 낱낱의 부분으로 나누어지고 파편화되었다. 오랫동안 인간 신체의 내부를 향한 경계는 넘어설 수 없는 것으로 간주되었다면, 이제 이 경계는 통과지대가 되었다. 이 시간부터 점점 새로운 시각화 기술들(뢴트겐, 초음파, 자기공명)의 힘을 빌어서 신체 내부는 가장 섬세한 수수께끼에 이르기까지 가시화되어졌다.[4] 이와 동시에 신체는 그 구조와 기능을 이미지화시키기 위해 갈수록 더 작은 부분들로 해체된다. 인간은 외부의 공간과 미지의 지대만 열심히 지치지 않고 발견해 나갔던 것이 아니라, 아직 발견하지 못한 신체 부분의 발견에도 열심이었다. 신체는 피부 뒤에 무엇인가를 가리고 있는 듯하고, 인간은 그 다음의 산등성이줄기 뒤에 무엇이 있는지 알고 싶어 하듯이, 피부경계 뒤에서 일어나고 있는 것도 알고 싶은 것이다. 바깥으로 보이는 피부로부터 내부에서 일어나고 있는 과정을 끌어내고 그에 대한 추측을 함으로써 만족하여 마음이 다 채워지는 것은 아니다. 그것은 저 산 너머에서 무슨 일이 일어나고 있는가에 대한 이야기를 듣는 것과 같기 때문이다. 처음에는 '해체술'이라는 이름으로 불렸던 신체의 해부학적 분해의 시작은 위대한 발견의 시대에 일어난다. 아직 연구되지 않은 세계와 미지의 신체지대 속으로의 진입은 교과서와 지도에서 그림으로 나타나는 지식을 만들어낸다. 지리학적 세계의 지도화와 해부학적 세계의 지도화, 개별 지역들과 지방들의 국소화가 시작된다. 그도 그럴 것이 외적, 내적 적(신체의 내, 외부 적들까지)을 이기기 위해서는 이 적들이 어디에 있으며, 또 자기 자신은 어디에 있는지 알아야 하기 때문이다.

신체내부를 보여주는 것이 불러일으킨 관심은 공개적인 사체 해부가 르네상스시대에 증가한 데서, 그리고 1930년경의 '투명한 인간'의 예와 그리고 우리의 현재 시대의 전시회 "신체세계"(Hirschauer 2002 참조)에서 볼 수 있다. 그리고 매번 다시 부활하는 살인마 잭(Jacke-the-Ripper) 전설과 그의 수많은 모방자 역시 몸의 열림과 파편화에 대한 사람들의 지속적인 열광을 말해주고 있다. 가끔씩 법의학자의 손작업을 보여주면서 신체 내부를 세밀하게 비쳐주는 병리학적 장면을 빼고는 범죄영화가 불가능하다.

이러한 경계 넘어서기, 신체 내부에 대한 의사의 시선(Foucault 1988 참조)은 패러독스한 결과를 가져왔다. 피부가 아직은 폐쇄된 것으로 간주되고, 신체를 여는 일이 의료적 일상이 아니었을 때 피부는 다공성이 있는 것으로 여겨졌다. 피부를 외과적으로 구멍 내고 자르고 절개하면서, 피부는 단단한, 다공성이 없는 것으로서 구성된다.

이러한 변화와 함께 질병의 정의도 달라지는데, 사람들은 질병을 오랫동안 내부의 오작동에 원인이 있는 것으로 보고 외부에서부터 거기에 영향을 주려고 해왔다. 신체 개복에 대한 감시는 무엇보다도 내부 물질을 신체에서 제거할 수 있다는 가능성과 연관되어 있었다. 그러나 신체를 여는 일이 의료 일과에 속하게 되고 체계화되고 나서 질병의 원인은 외부의 영향, 즉 병원균과 바이러스의 형태로 피부를 통하여 신체 내부로 침투하여 그 속에서 해를 입히는 외부의 영향에서 찾게 되었다. 그 전까지는 피부를 여는 일은 병인을 바깥으로 드러내기 위해서였지만, 이제 모든 노력은 신체를 봉쇄해두는 것으로 향했다. "차단을 통한 건강보호"(Benthien 2001:55)가 모토가 된 것이다. 이제는 신체 내부에서 병원균과 싸워 이기는 약이 외부에서 신체 속으로 투약된다. 미셸 드 세르토(Michel de Certeau)는 이러한 의학적 변화를 **모종의 해로운 것의 제거**로부터 **모종의 결핍된 것의 부가**로서 바뀌어진 의료적 치료 개념이라고 설명했다(Benthien 2001:54 참조).

물질적 신체가 오랫동안 사회적 신체를 위협할 수 있다는 의심을 받아왔다면, 이제는 개인들의 신체가 외부로부터 위협받고 있다는 걱정이 커지고 있다. **위험한 신체**는 보살피고 아끼고 보호해야만 하는 **위험에 처한 신체**로 바뀌고 있다. 신체에 대한 이 두 생각이 오늘날까지 신체에 대한 다양한 담론에 각인되어 있으며, 신체를 다루는 여러 형태들을 불러왔다. 신체가 위험하다고 간주된 곳에서는 신체를 문명화시키고 훈육하고 통제하고 감시한다면, 신체가 위험에 처한 것으로 나타나는 곳에서는 신체는 보호되고 손질되며 아껴지고 소중한 자산으로 연출된다. 두 번째의 경우, 신체 가꾸기와 신체 개선의 새로운 가능성은 너무나 자주 다음과 같이 해석되고 있다. 즉, 이 새로운 가능성은 훈육과 사회적 통제와는 아무 관계가 없고 신체는 갑자기 외적인 간섭에서 빠져나와 단지 개인적인 처분권에 놓여 있다는 식으로 말이다. 그러나 현재의 새로운 분망함, 즉 '건강하게 즐겁게'라는 원칙 역시 새로운 규칙을 수반하고 있는데, 그 새로운 규칙의 모토는 "옷 벗어라 …… 그러나 날씬하고, 아름답고, 선탠해서!"(Foucault 1976:107)다.

사람들이 추구하는 신체 조절과 신체 조작의 형태에서 중요한 것은 이것이 사회에 대한 이전의 낙관적인 조절 판타지의 축소형이라는 사실이다. 다른 아무것도 조종하고 만들어낼 수 없으면, 최소한 자기 자신의 몸이라도 그렇게 할 수 있다는 것이 새로운 논리인 듯하다. 물론 이 조종 노력 역시 하나의 판타지에 불과하다. 그도 그럴 것이 "신체는 의식에게나 사회에게나 결코 완전히 고분고분하지 않다"(Hahn 1988:678). 우리가 제아무리 신체를 단련하고 완벽하게 만든다 해도 신체는 우리의 행위와는 완전히 무관하게 변화하고, 늙어가고, 죽어가며, 그런 신체와 함께 우리도 늙고 죽는다. 이와는 별도로 마르셀 마우스(Marcel Mauss 1975b)가 이미 보여주었듯이 신체는 절대 그 신체 안에 침전되어 있는 사회 문화적으로 조건지어진 영향들로부터 자유롭지 않다.[5]

　이때 특정 신체활동을 위해 특정 공간 지정이 중요한 역할을 한다. 문명의 역사는 신체에 맞추어진 공간의 역사이기도 하다. 신체와 공간은 갈수록 더 뚜렷이 서로에게 맞추고 있다. 문명의 과정은 신체 작용 수행의 "장소화" 내지 "가택화"(Gleichmann 2000:276)로 이끌어간다. 가면 갈수록 신체 작용 수행 그 자체를 비문명적으로 보는 것이 아니라 그 신체 작용 수행을 위한 것으로 정해져 있지 않은 장소에서 그 행위를 하는 것을 비문명적으로 바라본다. 이름을 붙일 만한 모든 신체적 행위를 위해 각각 특수한 공간이 자꾸 생겨난다. 부엌에서 먹고, 침실에서 자고, 욕실에서 씻는 등등이다. 이에 대한 위반 행동은 '일탈적 행동'으로 간주되고, 시민적 질서에 대한 저항이라고 생각된다.

　지어진 공간은 공적 영역과 사적 영역으로 나뉜다. 작업공간과 여가 공간인 것이다. 두 영역에서 각각 해당되는 신체활동은 하되, 해당되지 않는 다른 신체활동은 하지 않도록 되어 있다. 그 외에도 스포츠 행사나 파티를 위한 특별공간이 있다. 이러한 특별공간의 건축은 특정 활동을 그 용도를 위한 공간에서 배출시키는 기능과 함께 그 외 다른 장소와 자리에서는 이 활동을 억제하고 최소화하는 기능을 가진다. 흡연실에서는 흡연하고, 지하실 파티장에서는 파티를 하고, 실내체육실에서는 체조를 하지만, 식당, '거실', 현관 앞 정원에서는 이런 활동을 하지 않는다.

근대에 특징적으로 나타나는 공간의 엄격한 기능 분화는 현재로서는 퇴진하는 듯하다. 우리는 특정 활동을 위한 특별공간〔피트니스-스튜디오, 미용실, '마약카페(Druckräume, 음지에서 마약을 하는 것을 양지로 끌어내어 그 양을 조절하여 적절하게 사용하게 하려는 시도에서 생긴 합법적인 마약투여실. 1986년 스위스의 베른과 취리히에 처음 설치된 후 유럽 대도시와 밴쿠버 등에도 도입되었다—옮긴이)', 체험공간〕이 세워지는 것을 재차 경험하지만, 전체적으로 보면 개별 기능에 확정된 공간들은 분명 더 유연하게 사용될 수 있고, 대안적인 개조도 가능해 보인다. 사적 실내에서의 기능적 분화는 공간 사용을 점점 덜 고정시키는 실내건축에 밀려나고 있다. 쇼핑몰이나 공항 혹은 주유소는 단 하나의 유일한 기능만이 아닌 매우 다양한 공간들을 하나로 모은다. 노동과 여가, 문화적 소비는 더 이상 공간적으로 분리된 영역에서 일어나는 것이 아니라 한 장소로 모여진다. 공공 건물, 공제조합, 은행 그리고 관청에서는 투명성을 제고하고, 업무역할과 관찰역할의 차별을 적어도 시각적으로 최소화시키기 위하여 분리벽이 제거되고 문은 사라지며 장벽은 철거된다. 그리고 공공 공간에서는 이 공간으로부터 오래 전에 축출되었던 활동—특히 조깅, 인라인스케이팅 등의 스포츠 활동이 다시 돌아오고 있다(Bette 1999 참조). 문제는 공간질서의 이러한 상대적인 완화가 신체에 어떤 영향을 미치는가이다. 신체는 그 안에서 신체가 움직이고 있는 공간과 마찬가지로 규정 불가능한가? 신체는 특정 기능과 치수에 고정되어 있지 않은가? 다양하기 짝이 없는 과제와 기능을 처리하기 위해서 신체는 가능한 규정되지 않고 개방적이며 유동적으로 유지되고 있는가?

이 모든 변화발전들이 국민국가들 사이의 경계가 무너져가는 가운데서 일어나고 있다는 것을 감안한다면, 모든 것은 '개방'을 가리키고 있는 듯하다. 물론 이것이 "개방성으로의 이전"(Fecht/Kamper 2000)에 머무르는 것인지, 아니면 수많은 개방에 새로운 폐쇄 메커니즘이 마주 서 있는 것은 아닌지가 문제다. 경계 철거를 새로운 경계의 설정으로 맞받아치는 그런 새로운 폐쇄 메커니즘이 있는 게 아닌가 말이다.

4.3 신체와 공간―경계의 위치이동

기나긴 발전의 마지막은 공간 이미지와 신체 이미지가 서로 너무 포개어져서 하나의 용기라는 표상 속에서 용해되어버린 상태다. 신체도 공간도 그 속에서 생명이 일어나는 용기로 나타나고 있다. 신체는 그것이 비록 구멍이 숭숭 나 있긴 하지만 그래도 단단하고 규정 가능한 경계를 가지고 있기 때문에 공간으로 나타난다. 모든 기관과 근육, 뼈와 핏줄 등을 감싸고 있는 껍질로서의 피부와 함께, 뭔가가 빠져나올 수 있고 또 그 속으로 뭔가가 주어질 수 있는 통으로서의 신체에 대한 표상이 일어섰다가 또 넘어진다. 그것은 '경계면'으로서 안과 밖을 서로 나누는 피부다. 피부는 환경과의―매우 위험하고 최대한 통제된―교환이 일어나고 있는 무대인 셈이다.

신체 이미지와 공간 이미지의 변천사에서 읽어낼 수 있는 바, 처음에는 개방되어 있던 신체표상과 공간 표상으로부터 폐쇄된 신체표상과 공간 표상으로의 발전은 정치적 공간으로서의 국민국가의 형성과 나란히 전개된다. 상대적으로 개방된 경계를 가지고 있고 서로 독립적으로 존재하는 정치적 섬에서부터 점점 하나의 폐쇄된 경계를 가진 국가 구성물이 나온다. 이러한 발전의 마지막에는 지구가 국가 공간에 의해 남김없이 점령되는 것이다(Breuer 1998:167 참조).

그러나 선명하고도 뚜렷한 것으로 사유되어졌던 신체 공간의 경계는 현재 국민국가의 경계와 마찬가지로 의문시되고 있다(본서 2부 1장 참조). 자신을 에워싸서 외부세계로부터 분리시켜주는 피부를 가진 자연적인 유기체로서의 신체에 대한 표상은 현재 시대착오적인 것이 되었다. 서로 엄격히 나뉜 국민국가의 경계가 정치적 공간의 정상 이미지로서는 현재 시대착오적이 된 것과 마찬가지다. 근대적 신체의 확고부동한 경계는 해체되고 유동화되고 있는 듯하다. 이미 **흐름의 공간**(space of flows, Castells 2001:431 이하)에 대해 이야기했던 것처럼, 이제는 **흐름의 몸**(body of flows)을 이야기해야 될지도 모르겠다. 경계의 불명확성, 그리고 공간 관계의 증가는 장소화를 어렵게 만들고, 기존의 공간적 배치와 갈수록 들어맞지 않는 신체가 적응하기 힘들게 한다.

이것을 최종적인 진단으로 여기면서 여기서 결론 지을 수 있을 것이다. 우리가 당면한 변화 발전은, 공간은 미결합의 공존에서 견고한 단일체의 형성으로, 그리고 신체는 "결코 완전히 서로 맞추지 않은 힘과 영향력의 앙상블"(Hahn 1988:667)에서 견고한 단일체의 형성으로 나아가는 것이다. 그런데 이 견고한 단일체들이 현재 다시 해체되려고 하는 것처럼 보인다. 공간과 신체는 현재 파편화되고 조각난 것으로 기술되고 있다. **신체의 경계해체**, 신체의 파편화나 그 와해와의 유희는 데이비드 크로

넨버그(David Cronenberg)의 영화, 사라 케인(Sarah Kane)의 연극작품, 신디 서먼(Cindy Sherman) 혹은 레베카 호른(Rebecca Horn)의 작업만이 아니다. 장기이식을 통한 **신체조정**, 인공장비 삽입을 통한 **신체확장**, 혹은 **낙인의 신체실천**도 신체—자아가 가지고 있던, 겉으로 보아 자연적으로 주어진 경계는 의문스럽게 만들고 있다. **공간의 경계해체**는 지구화 논의에서와 마찬가지로 건축에서도 역시 이슈가 되고 있는데, 건축에서는 한 집 내부의 공간들의 엄격한 구획과 외부—내부의 구분도 해체되기 시작했다. 지구화 논의에서나 건축에서 한때의 구분선들은 퇴진하고 수많은 이행과 겹침에 자리를 내주는 중이다. 그 속에서 확인되는 것은 다음과 같은 메리 더글러스의 가정이다. "신체는 하나의 모델을 제공해주는 바, 이 모델은 경계 지어진 체계라면 어떤 체계든지 다 끌어 쓸 수 있는 모델이다. 신체에 가해지는 경계 짓기는 위협받고 불확실한 모든 경계 짓기들을 다 대표할 수 있다"(Douglas 1985:152).

무경계성에서 경계 **짓기**를 거쳐 경계 **해체**에 이르는 이러한 발전은 어렵지 않게 시대 구분할 수 있다. 그러니까 전근대적, 근대적, 그리고 포스트 근대적 공간 이해 내지 신체 이해로 나눌 수 있는데, 이렇게 보도록 하는 데는 몇 가지 이유가 있다. 그러나 다른 한편으로 경계 해체의 특징을 오해하게 되는 것은 수많은 사람들이 말하고 있는 경계의 몰락, 경계의 유동화에 새로운 경계 **짓기**, 새로운 경계 설정이 따르기 때문이다. 우리는 분명 경계 해체—무엇보다도 글로벌화가 이것을 대표하고 있지만 (Rademacher/Schroer/Wiechens 1999 참조)—에 대한 답변으로서 경계 세우기의 욕구가 더 강해지는 것을 관찰할 수 있는데, 이 욕구가 가장 정점에 달하는 것은 공간 환경이나 특정 신체 실천에서 보여지는 캡슐화, 칩거, 누에고치화의 경향이다.

전통적으로 전해 내려온 단일체의 탈경계화로 생긴 세계사회가 이제 한 점에 도달한 듯하다. 선명한 경계 없이는 이 세계사회가 더 이상은 불가능하다는 것이 분명해진 것이다. 외부를 향해 더 이상 밀어낼 수 없는 경계들이 안에서 내부 폭발하고 있는 것이 분명하고, 그 경계들은 이제 외부에서 안을 향해 새로운 경계를 세우고 있다. 모든 발견 과정과 정복 과정을 동행해왔던 외부를 향한 경계밀어내기 운동이 이제 방향을 돌리고 있다. 그 운동은 더 이상 아무런 외부라는 것을 모르는 듯, 이제는 내부공간이 되어버린 세계사회 안에 작은 한 구역의 토지와 지대를 만들어내고 있다. 이 작은 공간의 필지와 지대는 틀림없이 내부와 외부, 안과 밖, 고유한과 낯선 등등의 인위적 차이를 만들어내게 된다. 이방인은 더 이상 어느 미지의 지방에 있는 사람, 자신의 사회 외부에서 존재하는 사람으로 여겨질 수 없다. 이방인은 이제 자기 고유한 영역 내부에서 생겨나야 하므로 이제 이방인은 일종의 **유사-외부**로서 자리매김된다. 이방인은 비록 공간적으로는 우리들 속에 있지만 이데올로기적-정치적-윤리적으로는 다른 세계에 속하는 것으로 분류된다.[6]

  이러한 새로운 상황에 대한 반작용으로 나타나는 것은 이전의 경계처럼 안에서 밖으로 확장되는 것이 아니라, 그 반대로 밖에서 안으로, 갈수록 작은 단위를 포섭하면서 진행되는 새로운 경계 수립이다. 민족 다음에는 지역, 그 다음에는 도시, 마지막으로 개별 구역, 그 다음에는 자신의 집이다. 무엇이 친근함의 영역 속으로 들어와도 되는지 혹은 안되는지를 구분하는 실제 결정적인 경계는 이제 내 집 문지방이다. 자기의 고유한 영토를 방어하는 행위 속에는 바깥으로부터의 영향이나 혹은 공격에 무력하게 노출되지 않으려는 시도도 나타난다. 이러한 맥락에 대해서는 베른트 함(Bernd Hamm)과 잉고 노이만(Ingo Neumann)도 지적하고 있다(1996:236).

"권력은 다른 사람이 자신의 고유한 영역으로 들어오는 것을 저지할 수 있는 가능성을 의미한다. 내가 다른 사람을 '나의 영역'으로 들어오게 해서 거기서 내 통제하에, 내 이익을 위해, 그리고 나에게 유리하도록, 노동하도록 강제할 수 있을 때, 그런 때도 나는 권력을 가지고 있는 것이다(일자리). 아무리 자신의 영토가 작을지라도 그 영토를 방어하지 못하거나 혹은 자신의 의지대로 만들지 못하고 다른 사람들에게 접근을 허용해야 하는 사람은 무력하다."

이 때문에 집이 '침입'당한 사람은 사후에 심리치료의 도움이 필요할 경우가 종종 있을 정도로 그것은 악몽적인 경험이다. 이러한 새로운 경계 통치는 다음과 같은 기치로 작동하는 듯하다. 국가 경계가 허술하다면 적어도 자신의 고유한 경계만은 치밀하다는 것이다. 이런 이유에서 자신의 고유한 경계는 외부로부터 불청객의 침입을 막을 만큼 여러 개의 안전장치 열쇠로 채워져야 한다. 게이티드 커뮤니티의 성공은 국가에 의해 경비되는 경계에 대한 신뢰상실과 함께 안전이라는 이슈의 보편적 부상과 안전산업의 활황을 대변해준다.

접촉 차단하기, 문 잠궈 걸기, 벙커 속에 들어가기—이런 것들은 지금까지는 (……) '저기 바깥'(문 앞)에서 일어나고 있는 것, 여러 가지 가면으로 우리를 위협하는 듯한 것들에 대해 반응하는 불안심의 가장 널리 퍼져 있는 방식이다. 문고리, 맹꽁이자물쇠, 다중안전장치, 경보장치와 CCTV가 상류층—빌라에서 소시민—주택에까지 만연하고 있다. 슈퍼보안기술과 잠금

전자장치의 담 뒤에서 거주하는 것이다. 경보 호루라기, 후추스프레이, 눈물가스총, 전기충격막대기는 도시에서의 개인적 서바이벌-장비에 속한다(Hitzler 1994:59).

그러나 마지막 경계심급은 자신의 신체다. 자신의 신체 안으로 들어가도 되는 것이 무엇이며 들어가면 안되는 것이 무엇인지가 삼엄하게 경비된다. 그 때문에 상하고, 독성이 있고, 조작된 음식물의 경우는 쉽게 정치화되고 스캔들이 될 수 있다. "신체 가꾸기는 자기 구성의 중심을 이루므로 사람들이 가장 두려워하는 해악은 피부 속으로 침입해 들어오거나 또는 피부와의 접촉을 통해서 신체가 중독되거나 절단되는 일이 생길지 모르는 것이다"(Bauman 1995:235). 오직 국민만이 다른 나라로 무제한 입국할 수 있는 것처럼, 서구세계 주민의 몸속으로 들어갈 수 있는 것은 안전하다고 증명해주는 통행증, 상표인증서가 부착된 생산품뿐이다. 모르고 먹은 광우병소고기는 원치 않게 흡입해버린 다이옥신처럼 신체의 불법 이주자가 된다. 지구화의 배경에서 신체는 이전 그 어느 때보다도, 후설(Husserl 1950:286)이 표현했던 "돌변점"으로 읽혀질 수밖에 없는 것이다. 우리가 전 세계 어디에서나 대치하게 되는 병원체, 병원균, 바이러스, 독을 극복해야만 하는 마지막 심급은 신체다. "신체에 대한 불안"(Goffman 1986:192)은 전 세계적 식량고리의 환경 속에서 더욱 커지고 있다. 이러한 종류의 불안은 이미 고대에서도 그 전례를 찾아볼 수 있긴 하다. 그러나 우리가 보이지도 않고, 감각적으로 지각할 수도 없는 위험과 수시로 상관하고 있다는 것을 알고 나서부터 신체경계는 더 '뜨거운' 경계가 되어버리지 않았는가? 경계로서의 피부는 국가 경계와 마찬가지로 다공적이며 특수한 것으로 드러났다고 할 수 있다. 아직 피하 주사기구를 도입할 것인지가 결정되지 않았는데 벌써 슬그머니 들어오고 있다. 이러한 원치 않는 수용을 어디까지 허용할 것인가 하는 문제는 **위험으로서의 신체**라는 생각에 새로운 불쏘시개를 던져주고 있다. 우리 신체를 통과하는 생산품이 우리 몸 안에서 이미 어떤 일을 벌여 놓았는지 누가 알겠는가 말이다. 얼마나 많은 병인들이 이미 신체내부에 잠복해 있으면서 발병할 순간을 기다리고 있는 것일까?

현재로서 너무나 많이 이야기되고 있는 신체 실천은 경계와 관련된 불안감을 보여준다. 신체의 경계는 어디에 걸쳐 있는가? 누가 이 경계를 감시하는가? 신체 실천이 낙인, 문신, 피어싱의 경우처럼 첫 번째로 먼저 피부와 관련된다는 것은 그저 우연일까?[7] 피어싱과 그리고 다른 신체 장식 형태들은 신체에 장치된 빗장, 차단기 역할을 하는 것이 아닐까? 입술에 매달려 있는 줄장치와 금속장치는 무단침입을 금지하는 자물쇠처럼 작용하지 않는가? 오늘날 목도되는 여러 신체기술과 신체훈육은 출입을 통제 결정할 수 있는 피신 요새, 마지막 영토로서의 신체를 증언해주고 있는 듯하다. 만약 신체가 수많은 위협에 노출되어 있지 않다면 이렇게 신체를 가꾸고, 보호하고, 방어막으로 가릴 필요도 없을 것이다. 신체는 사방도처에서 탈취될 위험을 안고 있기 때문에 사람들은 이 탈취에 대항하여 신체에 장치시킨 온갖 경계강화장치로 자신을 지킬 수 있다고 희망하기에 신체를 너무나 고유한 것으로 연출하는 것이다.

하지만 자기-차단, 은거하기, 진지고수의 움직임도 일방적으로 강조되어서는 안된다. 이러한 움직임의 반대편에는 급진적인 개방이 마주서 있기에 우리는 공간과 신체와 관련해서 볼 때, **개방과 폐쇄**, 경계해체와 경계철거와 경계건설의 **동시적 움직임**을 앞두고 있다. 신체와 관련된 개방과 폐쇄의 이러한 동시적 움직임은 우리 시대의 두 가지 전형적인 질병인 섭식장애와 거식증으로 나타난다. 신체도 오로지 외부로부터의 영향에 자기를 방어하려고만 하는 것은 아니다. 오히려 신체 스스로 공간을 파고들어 활동하며, 온갖 종류의 인공장기의 도움으로 더 이상 운명적이지 않은 한계를 넘어서고 있다. 새로운 기술은 인공장기를 통한 확장 속에서 멀리 펼쳐진 공간을 우리에게 열어줄 수 있다. 우리는 전화하고, 이메일을 보내고, TV를 시청하고 정보를 받아들이고 그럼으로써 여러 장소에 현존하고, 원래는 우리의 영역권 밖에 놓여 있는 사건들에 관여할 수 있다.[8]

그러니까 우리는 언제나 새로운 개방과정, 폐쇄과정과 관계한다는 것이다. 이 과정들은 우리가 공간과 신체에 대한 대중적인 작별인사로, 또 신체와 공간이 가진 기껏해야 주변적인 역할에 대해 지적하는 것으로 문제를 다 이해했다고 안심할 수 없다는 것을 말해준다. 사회적 발전이 아무리 추상성을 가지고 있고, 또 전 세계적인 교환과정이 아무리 겉보기로는 공간 없이 또 신체 없이 작동하고 있는 것 같아도 인간은 공간과 신체에 붙들려 있을 뿐 아니라 오히려 가면 갈수록 더 심하게 공간과 신체로 되던져지는 듯하다.

주

1부 공간 이론

1 사회학의 공간 망각에 대하여

1. 어쨌건 사회현상학은 몸을 주제화함으로써 공간에 대한 접근 통로를 스스로에게 열어주고 있다. 알프레트 쉬츠(Alfred Schütz), 헬무트 플레스너(Helmuth Plessner), 어빙 고프먼, 피에르 부르디외와 미셸 푸코에서처럼 몸이 고려되는 곳에서는 어디서나 공간도 주제화되듯이 말이다(본서 2부 4장 참조). 그렇다고 해서 전통적인 사회학에서 공간이라는 범주가 높은 위상을 가지지 않았다는 사실이 달라지지는 않는다.

2. 1926년 출판된 한스 그림(Hans Grimm)의 소설 《공간 없는 민족(Volk ohne Raum)》은 1300페이지 분량에 걸쳐 "독일은 공간이 더 필요하다"는 하나의 메시지를 반복해서 전달하고 있다. 1935년까지 31만 5천 부가 판매되었다는 사실을 볼 때 작가는 당시대인들에게 깊이 자리 잡은 감정을 표현했거나 시대의 뇌관을 정통으로 맞춘 듯하다(Baier 1990 참조).

3. 스튜어트 홀(Stuart Hall, 1959:147)은 공간적 태도를 문화의 "소리 없는 언어"로 천명했다. "우리는 공간을 마치 섹스처럼 취급한다. 존재하지만 그것에 대해서 말하지는 않는다."

4. 이매뉴얼 윌러스타인(Immanuel Wallerstein)은 공간주제에 대한 소홀한 처리를 역사학에 의해 주로 다루어졌다는 시간주제에까지 확장시키면서, "시간과 공간, 그리고 특별히 그와 결부된, 내가 시공간이라고 부르는 현실은 몇백 년 전부터 사회

적 분석 속에서 부재하는 요소다"고 주장한다. 이를 선명하게 해보자면 다음과 같은 의미다. 시간과 공간은 그것들이 자주 분명히 언급되는 그러한 표면적인 차원에서 부재하지는 않는다. 그러나 시간과 공간은 아주 본질적인 의미에서 부재했는데, 왜냐하면 이들은 언제나 사회 분석의 외재적 요소로서 다루어졌지 결코 내재적 요소로서 다루어지지 않았기 때문이다. 시간과 공간은 마치 '그냥 있는' 것처럼, 그러니까 우연적 열거(列舉, zufällige Spezifikationen)로 다루어졌지만, 시공간은 그 반대로 실제로는 언제나 시의적으로 구성된 하나의 사회적 현실을 나타내며, 이 현실은 각각의 시의적인 사회 분석의 내재적 구성부분이다"(Wallerstein 2000:93). 지리학에 대한, 그리고 역사학자들에 대한 사회학의 학제적 경계구분을 두고 기든스는 "사회학 내에서의 공간과 시간에 대한 억압의 구체적 표현형태"(Giddens 1992:413)로 본다.

5. 볼노브(Bollnow, 1989:13)는 철학에 대해 다음과 같은 결론에 도달한다. "인간 현존의 시간적 문제는 지난 몇십 년 동안 철학이 대단히 열심히 다루어왔기 때문에 이 문제를 현재 철학의 기본문제라고 표현할 수 있을 정도다. (……) 인간 현존의 공간적 문제, 혹은 좀 더 간단하게 말해서 구체적인 공간, 인간이 체험하고 사는 공간의 문제는 이와는 달리 완전히 뒷전이다. 이는 전통적으로 내려오고 있는 거의 속담이다시피 된 공간과 시간에 대한 물음을 결합시킨 표현들을 볼 때 놀라운 일이다." 페터 슬로터다이크(Peter Sloterdijk)가 자신의 기념비적인 영역-프로젝트(Sphären-Projekt, Sloterdijk 1998, 1999, 2004)가 하이데거의 《존재와 시간(Sein und Zeit)》(1986)을 뒷받침하는 일종의 '존재와 공간'을 제시한 것으로 생각한다. 슬로터다이크는 하이데거의 초기작 속에 '존재와 공간'이 단초로 놓여져 있다고 한다(Sloterdijk 1998:345).

6. 따라서 특별히 독일 사회학에서 공간주제의 소홀한 취급과 몸주제에 대한 소홀한 취급이 겹친다는 것은 우연이 아니다(Trotha 1997:27 이하 참조). 두 주제의 재발견이 동시적으로 진행되는 것 역시 논리적으로 필연적이다(Schroer 2005a와 본서의 2부 4장 참조).

7. 이와 유사한 내용이 푸코에게서도 나온다(1980:70). "공간은 죽은 것, 고정된 것, 비변증법적인 것, 부동의 것으로서 취급되었다. 그와 반대로 시간은 풍요로움, 생명, 변증법이다. 카를 슈미트에서는 공간과 시간의 내포의미는 끊임없이 변천한다는 지적이 나온다. 슈미트(Schmitt 1997:44)에 따르면 공간-시간은 오래되고 통속적이며 자의적인 반대 항인데 이는 앙리 베르그송(Henri Bergson)의 철학에서 시간은 '구체적인 지속'으로, 공간은 무언가 '지적인 것'으로 다루어지는 형태로 나타난

다. 1939년 이래 독일에서는 "공간이 구체적-존재자로서, 그 반대로 시간은 지적-추상적인 것으로서 나타나면서"(같은 곳), "이러한 반대 명제의 단순한 가치-전도"가 생겨난다. 폴 틸리히(Paul Tillich 1963)는 '시간과 공간의 논박'에 대해 말하면서, 최근 공간이 시간에 대해 승리했다는 결론에 도달하고 있다. "공간이 시간을 지배하고 있는 현재의 형식은 근대적 민족주의다. (……) 어떤 사람도 자발적으로 자신의 민족이 자신에게 의미하는 물리적 심리적 공간을 포기하지 않을 것이다. (……) 다른 한편으로 우리 세대는 공간집중인 권력들의 무시무시한 상호파괴를 반복해서 경험했다. 어느 임의의 공간이 신적인 경외를 요구하는 그 순간에 '서로 나란히 함께'는 '서로 적대하는'으로 되는 것이다. 이것은 민족주의에도 적용된다"(같은 책, 142). 현재에 대해서는 베른하르트 발덴펠스(Waldenfels 2001)와 마찬가지로 마르크 오제(Marc Augé)는 공간에 대한 관계가 "오늘날 우위를 차지하게 되었다"(Augé 1994a:34)는 데서 출발한다.

8. "최대한 늦게 잡아도 19세기부터는 공간의 인류학적 의미에 대해서 깊이 연구했던 사람들은 반동적이지 않으면 최소한 보수적이라고 간주되었다. 미래적인 발전, 그리고 보편적인 상황의 개선은 공간을 극복하는 편에 있었다. 그것이 멀리 떨어진 지역의 정복으로서든, 프롤레타리아 국제연대로서든, 자유주의적 자유보호지대로서든, 상품, 인간 그리고 서비스의 세계적으로 가속화된 교류에서든 간에 말이다. 공간은 언제나 재차 자기가 다시 돌아왔다고 알려준다. 공간의 경계를 둘러싼 전쟁으로서, 정치적 슬로건으로, 자기의 환경으로부터의 소외라고 하는 고통스런 경험으로, 혹은 정처 없는, 이리저리 사방으로 쫓긴 인간들의 혼란과 병리학으로서(Heidenreich 1993:224 이하).

9. 지도 위의 하얀 자국들을 사라지게 하는 '제국적 추구'에 대해서는 사이드(Said 1994:232)를 참조할 것.

10. 유토피아 역시 공간의 정복이 완료된 후에야 비로소 시간화되었다. "근세 시대 속 깊숙이까지, 르네상스 동안에, 유토피아는—그 당시 처음으로 그렇게 이름 붙여졌는데—공간적인 위상을 가지고 있었다. 즉 유토피아는 하나의 더 나은 세계의 이미지를 다른, 먼 공간 속에서 현실화된 세계로서 보여주었던 것이다. 공간의 정복은 종국적으로는 지구상에 그 어떤 추측된 매력적 미지의 지역을 더 이상 남겨두지 않을 것인데, 이러한 이유에서 공간정복과 함께, 우리 자신의 세계와 반대되는 더 나은 세계를 다른 공간 어딘가에 있는 것으로 추측해보는 가능성도 상실되고 말았다. 공간정복은 우리가 추측하는 매력을 가진 어떤 미지의 지역도 지상에

서 그대로 남겨두지 않을 것이다(Lübbe 1995:64).

11. 역사학은 스스로 공간을 역사학적 연구의 범주로서 발견하기 시작하고 있다. Koselleck(2000)과 Schlögel(2002) 참조.

12. 문예학자 지그리트 바이겔(Sigrid Weigel 2002)은 "위상학적 전환"을 말한다.

13. 지리학과 역사학 사이에도 역시 아무런 논리적 방법론적 차이가 없다. 기든스는 사회학을 역사학과 지리학으로부터 분리시키는 것을 비판하고 있고, 엘리아스와 비슷하게 사회과학에 대해 더 포괄적인 이해를 확립시키고자 한다. 독일의 학문 풍토에서는 그러한 발언은 놀라움과 거부감에 부딪칠 수도 있지만 앵글로색슨 쪽에서는 분과 학문의 경계가 여기서처럼 그렇게 좁고 엄격하게 그어지는 것 같지 않다. Kramer 2003 참조.

14. 리처드 세넷(Sennett 1983)은 '가까움은 그 동안 그 자체로서 하나의 윤리적인 가치가 되었다'고 하는 명제를 내놓고 있다. 세넷은 여기에 대하여, 즉 하나의 윤리적 가치로서의 가까움에 대하여 예리한 비판을 한다(Schroer 1997:23 이하 참조; 2005b).

15. 앙리 베르그송(Bergson 1989:104)에게도 역시 공간은 "공동사회생활(Gemeinschaftsleben)"의 보증이다.

2 철학과 물리학의 공간 개념

1. 절대공간을 신과 동등한 위치에 두는 것은 그의 삶의 말기에 와서야 전면적으로 드러난다. Jammer 1960:119 참조.

2. 절대공간을 모든 몸의 관성 수용의 조건으로 만들려는 그 이후의 시도가 있었다. 이를 테면 레온하르트 오일러(Leonard Euler, 1701~1783. 처음에는 신학공부를 하였고, 이후 수학으로 학문 영역을 바꿈. 순수 및 응용 물리, 수학, 천문학 등을 아우르는 학문 업적을 남김-옮긴이)의 경우이다. Jammer 1960:140 이하 참조.

3. 스티븐 호킹(Stephen Hawking, 1991:31)은 이에 대해 간결하게 말한다. "사람들이 말했듯이, 절대장소나 절대공간의 부재는 뉴턴의 활동을 어렵게 만들었다. 왜냐하면 그것은 어떤 절대적 신에 대한 그의 표상과 일치되지 않았기 때문이다."

4. 시간의 사회정치적 맥락 속에서 자연과학적-철학적 개념을 해석하려는 방대한 시도는 기디언 프로이덴탈(Gideon Freudenthal)에 의해 이루어졌다(1982).

5. 오일러는 다른 경우일 것이다. Jammer 1960:140 참조.

3 사회학의 공간 개념

1. 그렇게 그는 프리드리히 라첼에 대해 여러 서평을 썼을 뿐 아니라, 라첼의 '정치적 지리학'을 '사회적 형태론'이라는 자신의 표상으로 통합시키려고 시도하기도 했다 (Köster 2002:89 이하 참조).

2. 내 생각으로는, '섬세한 차이'에 대한 부르디외의 연구(Bourdieu 1987a)는 통상적으로 일어나는 원시적 분류체계로의 이런 도피 대신 종국적으로—엄청나게 복잡성에도 불구하고—근대적인 분류체계로 향하는 시도를 보여준다.

3. 파슨스도 비슷하게 유목 정신의 극복과 영토의 경계설정을 원시적 사회와 좀 더 나아간 원시 사회를 구분하게 해주는 기준으로 제시하고 있다. "하지만 마찬가지로 확실한 것은, 비교적 명확히 나눠진 경계를 발전시키지 않고서는 어떤 사회도 우리가 표기한 사회발전의 '진보된 원시' 등급에 도달할 수 없다는 것이다. 경계설정이 없다는 것은 한 사회의 원시성에 대한 중요한 표식인 듯하다"(Parsons 1975:65).

4. 비슷한 발전 모델을 아놀드 반 즈네프(Arnold van Gennep 1999:34)도 가지고 있다. 그에게는 단순한 사회에 대해 진보된 사회는 개방성이라는 특징을 나타낸다. "사회를 방과 복도로 나눠진 집과 비교할 수 있을 것이다. 사회가 문명형식에서 우리의 것과 비슷하면 할수록 방을 나누는 벽이 더 얇어지며 소통의 문이 더 넓게 열릴 것이다. 이에 반해 반쯤 문명화된 사회에서는 개별적 공간이 세심하게 서로 분리되어 있다. 한 공간에서 다른 공간으로 가기 위해서는 형식성과 예식이 요구된다."

5. 다른 곳에서도 다음과 같이 말하고 있다. "경계가 무너지고 국가들이 수월해진 소통으로 인해 그들에게 없는 물건들을 다른 나라에서 들여오는 가능성을 가진 이후부터, 사실 더 이상 가능하지 않았던 일반적 기근이 사라지는 것은 경제주의에 여러모로 참작이 되고 있다"(Durkheim 1991:30).

6. 그렇기 때문에 국가의 임무란 역시 내부로 통합하는 것이지 외부로 확장하는 것이 아니다. "모든 국가는 성장하여 경계를 넘어 확장하는 것을 중심 과제로 삼아서는 안 되고, 국가의 자율성을 공고히 하고 가능한 많은 국민이 항상 도덕적인 삶을 살도록 하는 것을 중심 과제로 삼아야 한다"(Durkheim 1991:109). 이로써 뒤르켕은 라첼의 지리 정치적 이념과 분명히 대치된다.

7. 이로써 뒤르켕은 역시 라첼의 생각과는 명확히 다르다. 뒤르켕은 다음과 같이 강조한다. "라첼이 말한 것과는 반대로, 민중들의 도덕적, 정신적 삶 속에서의 영토주의 역할은 커지고 있는 것이 아니라 줄어들고 있다. 사회는 개인과 마찬가지로 스스로 영화(靈化)한다. 즉, 물질적 기반에 대한 사회의 예속성은 점점 약화되고 있다"

(Köster 2003:93에 따른 인용).

8. 여기서는 무엇보다 이미 언급한 라첼의 작업을 생각할 수 있다. 지리정치학의 범주에서 정치적 개념으로서의 공간을 분석하기 위해 자료가 풍부하고 시사하는 바도 큰 베르너 쾨스터(Werner Köster)의 작업을 보라(Köster 2002).

9. 하지만 이러한 생각은 지리정치학의 새로운 발견의 의미에서 다시 관찰할 수 있다. 페르디낭 브로델이나 옌스 디아몬트(Jens Diamond)의 연구를 인용함으로써 물리적-물질적 공간 여건이 사회 발전에 미치는 영향을 기술하고 있는 슈티히베(Stichweh 2003)의 연구를 참조하라(본서 1부 3.5 참조).

10. 이러한 생각은 짐멜이 칸트를 인용하면서 수용기-공간 개념에 대해서 명백하게 거리를 두고 있는 것도 간과한다. "통상의 표상에서 공간이란 우리의 외부에 존재하는 용기로서의 공간, 그 속에서 우리의 자아가 다른 모든 사물들과 나란히 자신의 자리를 가지는 공간으로 나타난다. (……) 공간이 절대적 의미로 우리 바깥에 존재하는 객관적 상태라고 하는 거친 선입관에서부터 자유롭게 놓여나서야 비로소 공간이 관(觀)의 형식이라는 것을 생각할 수 있다"(Simmel 1992b:73). 용기의 형태로 이미 존재하는 공간이라는 생각에서 출발하는 대신, "관조의 과정이 자신의 내적 법칙을 따라 (……) 우리가 공간이라 부르는 바로 그런 것을 생산한다는 것을 차라리 보여주어야 한다"(같은 곳). 공간과 관련된 인식론적 상태는 칸트 이후의 시대에는 다음과 같다. "공간과 시간—더 이상 이것은 여러 사물들이 방안에 가구처럼 서 있는 엄청나게 큰 텅 빈 용기가 아니며, 우리 인식이 어떻게 이것을 자기 속에 받아들이고 자신 속에서 반영할 수 있는지 이해할 수 없는 것이 아니다. 시간과 공간은 정신이 감각 지각으로부터 하나의 세계를 만들어내기 위하여 감각 지각 상에서 실행하는 살아 있는 형식화다"(Simmel 1992c:156).

11. 지리학에도 일정한 발전이 분명히 있었다고 보는 짐멜의 진술이 물론 있다. "바다는 가장 내밀하게 우리 종(種)의 운명과 발전 속으로 들어왔다. 바다는 수없이 많이, 나라들 사이의 분리가 아닌 연결이 되어왔다. 산은 인류의 역사 안에서 그 높이에 따라 본질적으로 부정적인 작용을 하여, 삶과 삶 사이를 분리시켰고 그 상호 간의 운동을 방해했지만, 바다는 삶과 삶을 중재했다"(Simmel 1996:301). 헤겔도 비슷하게 기록하고 있다. "하나의 국가가 지속적 삶의 터전을 가지고 있는 땅의 전체적인 상태의〔……〕불변성은 바로 그 국가 특성의 불변성에 기여한다. 사막, 연해 혹은 대양에서 멀리 떨어져 있는 것—이 모든 주변사정은 그 국민국가에 영향을 미친다"(Hegel 1970:64, §394).

12. 이 점에서 짐멜은 신교보다 구교가 더 우위에 있다고 본다. "디아스포라 상황에서 가톨릭교회는 신도가 다 모여들기를 기다렸다가 공간적으로 교구를 구축하지 않는다. 교회는 가장 작은 핵을 둘러싸고 그 핵과 함께 시작하는데, 이 장소 확정이 내적으로나 수적으로나 성장하는 교구생활의 결정화점(結晶化點)이 된 적은 이루 다 헤아릴 수가 없다"(같은 책, 708). 고정성 내지 장소국한이 가지는 이러한 의미로부터 새로 발생하는 시민사회적 공공성의 역사도 이야기될 수 있는데, 시민사회적 공공성은 살롱이나 카페에서의 장소결정 없이는 상상하기가 어렵다. 교류의 회전축인 교통과 도시에 대해서도 짐멜은 이들 역시 공간적인 지지점을 필요로 한다고 생각한다.

13. 디르크 베커(Dirk Baecker)는 다음과 같이 기록함으로써 이러한 생각에 계속 연결되어 있다. "수십 년 전부터 중고등학교와 대학 교육의 위기는 공공적인 공간에서 이 위기를 위한 장소가 거의 없다는 것(그리고 사적인 차원에서는 이 위기를 TV가 추방시켰다)과 상관이 있다. 과연 누가 이 상관 가능성을 배제하겠는가? 그리고 또 그 반대로, 여러 번 죽었다고 선포되었던 종교가 재차 성공적으로 살아나는 것은 교회가 도시지도에 떡하니 나와 있다는 것과 상관 있다는 사실, 그리고 아무리 작은 혼란이라 할지라도 최소한 마음의 짐을 덜어주는 순간에는 교회공간이 도움이 된다는 것과 상관 있다는 사실, 이를 그 누가 아니라 하리요?"(Baecker 2004:202).

14. 실제로 요즘 넓게 퍼진 수용 중 하나는 다음과 같다. 예를 들어 볼프-디터 나르(Wolf-Dieter Naar)와 알렉산더 슈베르트(Alexander Schubert 1994:264)가 썼듯이 "직접 민주주의는 비교적 작은 사회적 공간에서나 가능하다. 정치적 공간이 어떤 사회와 멀리 떨어져 있고 어떤 경우는 세상 반대쪽에 있다면, 위의 경우는 훨씬 더 검토해볼 수 있고 검토해보아야 한다. 사회적 이해나 행동이 넓은 물리적 공간을 연결해주고 다양한 사회적 공간에서도 발생할 수 있는 한, 직관하는 역할(감각적 인식), 직접적 사회 접촉의 역할, 한 장소에서 공동적으로 행동하는 역할을 가치절하하는 것은 잘못된 일일 것이다." 이로써 이들은 필요할 때는 공간적으로 좁은 직접 민주주의의 경계에 대한 짐멜의 테제를 공유하고 있을 뿐 아니라, 이러한 테제의 생리적 규명도 공유하고 있다.

15. 본서의 1부 1장을 참조하라.

16. 부르디외는 사회가 사회적 집단과 그들의 상호간의 관련과 관계로만 이루어지는 것이 아니라, 사물도 사회를 같이 만든다는 원칙적인 신념에서도 뒤르켕과 함께 한다. 2차문헌에서는 뒤르켕이 부르디외의 저서에 미친 영향은 전체적으로 과소평가

되어 있다. 부르디외를 마르크스주의 이론의 개혁자로 읽는 독법이 지배적이다.

17. 부르디외의 장이론에서 루만의 체계이론과의 몇 가지 평행들이 나오지만, 이러한 장들의 예에서 분명해진 것은, 부르디외가 한편에는 기능체계, 다른 한편에는 조직으로 분리하지 않는다는 사실이다. 체계이론과 장이론이라는 이 두 분화이론에 대한 체계적인 비교에 대해서는 크니르(Kneer, 2004)를 참조하라.

18. 소로킨(Sorokin 1959)에 따르면 데카르트, 홉스, 라이프니츠, E. 바이겔 이후 F. 라첼, 짐멜, 뒤르켕, 로버트 E. 파크, 에모리 S. 보가더스(Emory S. Bogardus), 레오폴트 폰 비제와 그 자신이 사회적 공간 문제를 깊이 취급한 사람들일 것이다(같은 책 참조).

19. 사회적 공간을 추론하는 것 역시 부르디외와 비슷하다. "'상, 하 계층', '사회적 승진', 'N. N.은 출세주의자다', '그의 사회적 위치는 매우 높다', '그들은 사회적으로 굉장히 가깝다', '여야 당(黨)', '사회적 거리가 있다' 등과 같은 표현들은 경제, 정치, 사회 작업에서뿐 아니라 일상 대화에서도 흔히 사용된다. 이런 모든 표현들은 '사회적 공간'으로 문체화될 수 있는 어떤 것이 있다는 것을 가리키고 있다."

20. 그리고 이 경우 프란츠 카프카(Franz Kafka)의 단편 《유형지에서》를 생각하지 않을 수 있을까? 여기서는 기계가 한 범죄자에게 그가 내세우는 상품의 모든 활자를 피부에 새겨 넣는다.

21. 나르/슈베르트(Narr/Schubert 1994:261)의 다음 관점을 비교하라. "사회란 어쨌든 공간으로 형성된 한 사건이다. 사회적 불평등은 도시 및 집 건축에 이르기까지 거주 조건 종류와 공간의 차이에서 표출된다. 여기서는 자명하게도 자연적으로 특정지어지는 그러한 공간이 중요한 게 아니다. 하지만 그러한 조건은 어떤 역할을 한다. 오히려 그것은 공간적으로 물질화되는 사회적 관계인 것이다. 전체 지배층은 공간 획득, 공간 소외, 공간 권력화의 역사로 기록될 수 있다. 지배의 역사와 건축사 간에 어떤 연관 관계가 존립한다는 것은 우연이 아니다."

22. 공간과 계층 소속의 밀접한 관계에 대해서는, 여태까지 거의 주목 받지 못한 공간의 사회학 내용을 포함하고 있는 지크프리트 크라카우어(Siegfried Kracauer)의 다음 진술을 참조하라. "모든 사회 층은 그에 종속된 공간을 갖고 있다. 영화에서나 알고 있지 원래의 것에는 아무도 도달하지 못한, 바로 그 새로운 작업실은 총재의 것이다. (……) 항상 실종되기 쉬운 중간층에 속하는 작고 종속적인 존재의 특징적 장소로서 주택지가 만들어진다. 라디오로도 확장될 수 없는 옹색한 거주만이 허락된 몇 평짜리 주택은 이 계층의 좁은 생활공간과 정확히 상응한다. 실업자에게 전

형적인 공간은 충분히 크게 측정된, 그대신 집과는 정반대의 것으로서 그것은 분명히 실업자의 삶의 공간이 아니다. 그것은 노동증명의 공간이다. 그것은 실업자가 다시 취업 존재가 되기 위해 통과해야 하는 좁은 통로다"(Kracauer 1980:12).

23. 돈 드릴로(Don DeLillo, 1936~ . 미국 작가. 뉴욕에 거주하면서 《지하세계》등의 작품을 남겼고, 당대 비평가들이 선정한 미국의 4대 소설가로 손꼽힘—옮긴이) 의 소설 《국제도시(Cosmopolis)》는 자동차의 이러한 기능을 적절하게 기술하고 있다.

24. 부르디외는 사회적 위치가 공간을 다루는 데 영향을 미친다는 데서 출발하는 반면, 짐멜은 사람의 제스처는 그들이 움직이기 좋아하는 공간으로 소급된다고 주장한다. "한 인간의 몸짓은 그가 어떤 공간에서 움직일 수 있는가에 완전히 종속되어 있다. 15세기 독일 그림들의 제스처를 동시대의 이탈리아의 그것과 비교하고, 이탈리아 궁전 옆의 뉘른베르크 귀족 저택을 살펴보라. 소심해하고, 주름살지고, 당황해하는 행동 같은 것은 (⋯⋯) 좁은 공간 내에서만 움직이는 데 익숙해진 인간의 방식이다"(Simmel 1996:441). 마찬가지로 "여성의 움직임의 한계"는 여성이 주로 사면 벽이 있는 실내 생활을 하는 데서 연유한다. 이에 비해 남자에게는 특별히 여성적 우아함을 만들어내는, "완결됨, 마찰 없는 매끄러움, 조용한 평형"이 결핍되어 있다. 왜냐하면 남자는 "변화하고, 조망 불가능하고, 덜 지배적인 공간 속에서 움직이기 때문이다."(같은 책, 441).

25. 이러한 장면을 어빙 고프먼의 범주로 다룬다면, 여기서 "자신의 영토"(Goffman 1982) 전체에 차례로 상처 받는 결과가 나온다. 고프먼은 개인적인 공간, 칸막이, 사용 공간, 연립 위치, 보호막, 소유영토, 정보 보호구역과 대화 보호구역으로 나눈다. 부르디외 식의 범주와 실례가 간과할 수 없을 정도로 고프먼의 유형에 근접해 있음에도 불구하고 부르디외는 고프먼과 관계하지 않는다. 고프먼 식 표기와 비교해서, 부르디외에게서는 경제적으로 각인되는 의미론이 더 두드러진다.—그의 전 연구서를 관통하는 **공간이득**과 **공간이윤**이 중요하다. 이에 대해서는 Kieserling(2000)을 참조하라.

26. 사이버스페이스에서 좋은 주소와 나쁜 주소 간의 차이점을 증명하려는 시도가 본서 2부 3장에 나와 있으니 참조 바람.

27. 공간의 사회적 불평등은 개인이 처리할 수 있도록 놓여 있는, 다양하게 구비된 행동공간으로부터 생겨난다(Friedrich/Blasius 2000:165 참조). 어떤 사람들은 어떤 활동을 하기 위해 긴 여행을 감수해야 하고, 또 어떤 사람들은 모든 것을 "바로 근처에서" 할 수 있다.

28. 알브바슈(Halbwachs 1985:136)는 다음과 같은 사실을 명확히 언급했다. "왜냐하면 공간적으로 서로 가까이 있다는 사실만으로 그들 구성원들 간 사회적 관계가 생겨나도록 한다. (……) 한 도시나 한 도시 부분의 주민이 한 작은 사회를 형성한다면 그 공간적 영역 내부에서 그들은 하나가 된다." 어쨌든 알브바슈는 짐멜을 상기시키는 방식으로 어느 정도로 그 그룹이 공간에서 느슨해지느냐에 따라 다양한 그룹으로 나누는데, 무엇보다 그에게는 경제적 그룹과 종교적 그룹이 중요하다. 반면 공간적으로 가족은 서로 결합되어 있다. 이에 대해서는 뒤르켕(Durkheim 1991:65)이 다음과 같이 시작한다. "가족이란 적어도 큰 민족 수에 비해 어떤 한 조각의 땅에 더 밀접하게 〔민족보다(슈뢰르가 덧붙인 말이다)〕 연결되어 있다. 가족 또한 그 영역을 가지고 있다. 그리고 그들이 땅에 매어 있음이 해체되지 않는 것은 땅은 매각할 수 없는 것이기 때문이다."

29. 부르디외는 여기서 하이데거—하이데거에 대해 부르디외는 별도의 연구를 했다 (Bourdieu 1988)—의 영향을 받았음을 보여준다. 하이데거는 인간은 "(지상에서—옮긴이) **거주하는 것을 제일 먼저 배워야 한다**"는 데서 출발한다(Heidegger 1951:156).

30. 지그하르트 네켈(Sighard Neckel)의 "잘못된 주점에서" 연구를 비교하라(Neckel 1991:235 이하).

31. 이것은 페터 푹스(Peter Fuchs/Schneider 1995:210)가 들었다고 하는 한 쌍의 부부를 상기시킨다. "나는 비교적 괜찮게 살지만 사회적 불평등에 유난히 예민했던 한 부부가 오랜 기간 동안 사회구호금으로 살아가려고 했다는 것을 들은 기억이 난다. 결과는 이랬다. 이 부부는 살아남았지만 (살아남을 수 있었다가 더 확실할 것이다) 실험이 사회적 소외로 이끌었다고 실토했다. (말할 것도 없이 정보를 주는) 신문을 볼 수 있는 것 이상의 돈도 없었고, 극장, 미술전람회 참여나 박물관 여행도 가지 못했고, 수집품이나 자동차를 살 돈도 없었고, 돈이나 옷이 필요한 사교모임도 피하게 되며, 가정 리셉션, 시민대학 등에 갈 돈도 없었다." 부르디외 식 이해에 따르면 이 사람은 존재는 했지만 사회적, 문화적 생활 참여라는 의미에서 실제 **살았던** 것은 아니었다.

32. 그러한 배타적 구역의 "문-지기"로서 세를 받는 집주인 및 중개인의 역할을 한번 시도해보고, 이때 이 사람들이 라이프스타일공동체의 대리인으로서 특정계급의 배타성을 유지시키는 데 얼마나 기여할 것인가를 한번 물어보는 것은 생각해볼 만하다. 바로 부르디외의 개념도구가 경제적 자본만이 진입을 보장해주지 않는다

는 것을 입증해 보이고 있다.

33. 엘리아스는 부르디외에 의해 가장 많이 언급된, 부르디외가 드러내 자신과 연관을 짓는 사회학자에 속한다. 그의 작업에 미친 엘리아스의 영향은 이때까지 2차 문헌에서는 분석은 고사하고 거의 인지되지도 않았다.

34. 이와 비슷한 해석을 보드리야르도 보여주고 있다(Baudrillard 1991:120 이하). "이러한 상황에서는 일단, '나는 존재하고, 나는 누구누구이고, 나는 어느어느 거리에 살고 있고, 나는 여기에 지금 살고 있다'고 말하는 데에 과격한 반란이 있다"(같은 책, 123).

35. 이 제도화는 교과과정이나 교과서 안에만 있는 것이 아니라 교원의 명칭에도 들어 있다. 이러한 분류를 극복하는 기획을 말한다는 점에서 기든스와 부르디외는 의견이 같은데, 이 때문에 문헌에서는 이 두 사람을 '극복이론가'로 소개하고 있다. 그런데 이런 기획의 경우에는 그런 이분법의 존속에서 출발해야만 한다는 것이 하나의 문제다. 이런 이분법의 존속은 바로 그것의 극복을 통해 재차 새로이 고착화되는 것이다. 두 이론가들이 빠진 이 문제는 그러나 여기서는 더 자세히 다룰 수 없다. 여기에 대해서는 Schroer 2005d를 참조하라.

36. 경력연구와 전기연구는 사회학과 조화를 이루면서 전체적으로는 완전히 시간만을 고집해왔을 뿐 공간은 거의 주제화시키지 않았다. 여기서 명료한 사실은, 매번 신분변화와 함께 일단은 공간변화가 연결되어 있다는 것이다. 벤켄 등(Behnken 외 1989:14)이 다음과 같이 강조하는 것은 참으로 옳은 일이다. "신분통행로는 곧 공간-통행로다." 그것은 이렇게 상상된다. "사정이 좋으면 우리는 유년시절은 정원에서, 총각시절은 아파트에서, 신혼시절, 그러니까 첫 아이 두 살까지는 주택에서, 부모로서의 시절은 단독주택에서, 그리고 노후는 다시 아파트에서 보내게 된다"(Posener 1966:774). 이런 생각이 그 자체로서 아직 유효할 수 있는가, 아니면 당연한 것이지만 개인화의 조건에서는 위와 같은 전통적인 생각이 삶의 과정에 대해서 암시하는 것과는 완전히 다른 공간 형세를 맞고 있는가 하는 의문은 의미심장하다. 선택 전기의 경향과 함께 분명히 선택지리학의 경향도 같이 맞물려 있다.

37. 그리고 어떤 사람에게 여기가 적절하지 않은 경우 저기로 가면 된다고 하는 지적도 마찬가지로 상기할 수 있겠다.

38. 미국작가 돈 드릴로는 이를 표현하기 위해 "방행동"이라는 개념을 사용한다. "방행동. 방에서 결정적인 것은 그것이 실내라는 것이다. 이걸 이해 못하면 절대로 방으로 들어가면 안된다. 인간은 방에서 취하는 행동이 다르고, 길, 광장, 그리고

비행장에서 취하는 행동이 다르다. 방에 발을 들인다는 것은 특정한 행위를 한다는 것을 의미한다. 이것은 방에서 일어나는 행동이라는 말이 된다. 이것은 공원과 해변과는 반대의 표준이다. 이것이 방에 있어서 결정적인 것이다. 이러한 결정적인 점을 알지 못하는 사람은 방에 발을 들어서는 안된다. 방에 들어서는 사람, 그리고 그 들어서는 방의 주인 사이에는 야외극장, 야외수영장과는 반대로 하나의 불문화된 합의가 존재한다. 방의 목적은 그 방의 특수한 특징에서부터 추론된다. 방은 실내다"(Don DeLillo, *Weißes Rauchen*, München 1987).

39. 이 맥락에 대해서는 '공공성의 구조변동'에 대한 하버마스의 연구(Habermas 1990:108 이하, 244 이하)와 Rössler 2001:255 이하도 참조하라.

40. 개인성의 발전과 관련하여 루만은 동일한 맥락을 지적해주고 있다. "가족들 집에서는 문자 그대로의 의미에서, 그리고 은유적인 의미에서 개인성의 개진을 위한 공간은 없다"(Luhmann 1993:166). 개인성과 내밀성이 발전하기 위해서는 공간, 정확히 말해서 퇴진공간이 필수적이다. 여기에 대해서는 "자신의 삶"은 언제나 "자신의 공간"을 의미하기도 한다는 울리히 벡의 지적도 있다(Beck 1995).

41. 신체가 각각 다른 지대로 분화되는 것을 기든스는 다른 맥락 속에서 재차 발견한다. 몸에 전면과 뒷면의 지대가 있듯이, 집 역시 바깥을 향하는 지대가 있고 숨겨진 구석을 가지고 있다. 마찬가지로 도시에서는 도시공간기획자가 어떤 영역은 자랑스럽게 드러내보이고, 반면에 다른 지역은 보이지 않게 만들려는 노력이 있다(Giddens 1992:183 참조). 집과 도시에서는 이럴 때도 역시 또 다른 분화가 나타나는 바, 즉 중심과 주변 사이의 분화가 그것이다. 개인행위자가 자신의 일상을 거쳐가는 길 옆에 중심이 발전하게 되듯이 한 집안의 장소에서도 사정은 마찬가지다. 어떤 공간은 지속적으로 사용되고, 또 어떤 공간은 주변적으로만 사용되는 것이다. 이것은 무엇을 의미하느냐 하면, 중심과 주변은 기든스에게 있어서 한 지대에서의 핵심에 중심이, 그리고 그 지대의 변두리에 주변이 있다고 보는 특정 공간질서하고는 상관이 없다는 것이다. 중심과 주변은 오히려 행위자에 의한 공간 사용의 빈도수에서 결과하는 것이다.

42. 판에 박힌 일상의 찬미는 기든스의 이론적 단초가 가지고 있는 특징을 전체적으로 잘 설명할 수 있는 말이다. "(보기에는) 시시한 매일의 일상생활이 판에 박힌 듯이 처리된다는 예견 가능성은 신체적인 안정성의 감정과 깊이 얽혀 있다. 그러한 판에 박힌 과정들이 (……) 피해를 입으면, 불안감이 흘러나온다"(Giddens 1995a:124; Giddens 1993:83 참조). 위기실험에서 나타나듯이 인습이 무너지는 것에 대한 사

람들의 격렬한 반응을 기든스는 자신이 재차 강조하는 바, 개인들이 일상 통제에
걸고 있는 의미에 대한 또 하나의 증거라고 본다.

43. 이러한 현상은 기든스가 확인하고 있듯이 강제수용소에서 일 년 미만의 시간을 보
낸 수감자들에게만 적용된다. 다른 수감자들의 경우에는 이와 반대로 외부세계에
대한 정향이 완전히 상실되고, "억압하는 자와의 동일시"(같은 책, 115) 현상이 나
타난다. 살아 있는 시체라는 의미에서 이들 "회교도들"의 특징에 대해서는 Sofsky,
1993:229 이하를 참조하라.

44. 기든스는 "푸코의 몸에는 얼굴이 없다"(같은 책, 212)고 몸의 훈육에 대한 푸코의
연구를 결론적으로 판단내리고 있다. 기든스의 비난은, 배제현상과 격리현상에
대한 푸코의 관심은 "배제된 사람들 자체"(같은 곳)에 대한 관심과 같이 가지 않
는다는 것이다. 기든스와는 달리, 푸코의 분석의 진정한 업적은 기든스가 은근히
요구하고 있는 그러한 인간주의적 관점의 부재에 있다고 할 수 있다. 푸코의 분석
은 훈육되는 사람, 감시되는 사람, 그리고 통제되는 사람이 아니고, 훈육, 감시, 통
제에 집중되어 있다(Schroer 2001:81 이하 참조).

45. 이것은 루만 역시 비슷하게 설명하고 있다. "상호작용은 폐쇄된, 공공적으로 접근
가능한 공간에서 일어나지 않아서 외부에 의해 관심 돌리게 되는 일이 최소화될
수 있다(……). 그러나 수업의 공간적 격리는 무엇보다도 수업체계가 자신의 고유
한 주제를 통제하고, 각 주제들을 시작하고, 주제를 바꾸고, 또 주제를 마치는 것
을 스스로 정할 수 있다는 것을 보장해준다." 차이점은 그럼에도 분명해진다. 기
든스가 외부로부터의 통제의 부족 문제를 제기하는 곳에서 루만에게는 환경이 사
전에 정해주는 기준으로부터의 자립이라는 의미에서 수업의 자율화가 중요하다
(Luhmann 2002a:107).

46. 이 명제를 우리는 루만(Luhmann 1982:13)에게서도 발견한다. 루만 역시, "더 오
래된 사회구성체와 비교해볼 때 근대 사회는 이중의 관점에서의 상승으로 특징지
워진다. 하나는 비개인적 관계에 대한 가능성이 더 많아졌다는 점이고, 다른 하나
는 더 강화된 개인적 관계라는 점이다".

47. 사회학은 현재의 사회 현실을 파악할 줄 모르는 괴물적인 개념을 수단으로 사유
하고 있다고 드러내어 말하는 울리히 벡은 아마도 제외해야 할 것이다. 다른 점
에서는 매우 다른 이 두 개의 이론적 출발점들이 가진 유사성에 대해서는 Schroer
20001:381 이하 참조.

48. 그런 사회개념을 발견한 이는 테오도어 가이거(Theodor Geiger 1931/1959)인데,

가이거에게 사회는 "공간적으로 합쳐져 살고 있거나 혹은 잠정적으로 하나의 공간 상으로 합쳐진 사람들의 정수"이다. 마르셀 마우스(Mauss 1975a:113)에게 있어서도 1939년 출처의 한 단편에 이렇게 쓰고 있다. "사회는 더 많은 다수의 하위 그룹을 자기 안에 통합시킬 만큼 충분히 지속적이고 그리고 충분히 큰, 사람들의 집단이다. 사회는—보통—확정된 하나의 영토 위에서 산다."

49. 루만은 이미 자신의 이론 초기 버전에서(Luhmann 1971b:72 이하) "물리적 그리고 유기적 체계의 영역"에서 근거하고 "그리고 거기서부터 너무나 속 편하게 의미체계로 전이된" "경계-표상의 명료성"을 비판한다. 경계라는 개념은 루만에게 있어서 문제적인데, 왜냐하면 경계개념은 더 구체적이고 물리적으로 나타나는 소여성을 생각나게 하기 때문에 체계이론적으로 논증하는 사회학이 보기에는 너무 추상적이지가 않은 것이다. "공간적 경계에 대해 우리가 당연한 듯이 가지고 있는 이미지는 경계를 넘어서 일대일 연관성을 암시함으로써 우리의 상상을 오도한다. 가령 집이 멈추는 곳에서 정원은 시작된다는 식이다 . 여기서 경계는 다른 사물에 대한 가까움 내지 멂의 관계, 우리가 그때그때 일정한 것으로서 상상하고 있는 그 가까움 내지 멂의 관계를 질서지운다. 그에 반해서 의미경계,—공간적 경계는 당연히 의미경계를 상징하지만—복잡성 속의 격차를 질서짓는다. 의미경계는 여러 가지 복잡성을 가진 가능성 영역으로서의 환경과 경계를 분리시킨다. (……) '부서'라는 체계는 바로 다음의 체계로서 '가족'이, '극장'이, '교회'가, '학문'이, '야간클럽'이, 혹은 자체의 구조를 가진 또 다른 무엇이 우리의 체험과 행위를 붙잡을 지에 대해 아무런 규칙을 가지고 있지 않다. '저쪽'은 체계에 의해 특화되지 않는 것이다. 체계경계는 이러한 의미에서 바깥을 향해 '열려 있다'. 루만은 여기에서, 그리고 또 다른 곳에서 사회학적으로 내용이 풍부한 경계 개념이 없다고 하소연한다(Luhmann 1984:52). 내가 보기에는 오늘날까지도 이 문제는 여전한데 이 연구의 틈을 채우는 것은 공간사회학의 시급한 과제이기도 하다.

50. 이렇게 보면 사회개념 자체는 진화의 한 결과물인데 이 진화에 대해서 사회학은 자신의 개념성의 쇄신으로 반응해야 할 것이다.

51. 이것은 이 사회단계에 대한 다른 설명에서도 역시 강조된다. "이웃의 얼굴을 바라보는 사람은 그와 꼭 닮은 자기 자신의 모습을 보고 있는 것이다"(Mumford 1984:20).

52. 루만은 소련이 수많은 결합들을 막을 수 없었던 것처럼 다른 국가와 그들의 삶의 조건과의 비교도 막을 수 없기 때문에 세계사회의 기능적 분화에 좌초한 제국의 잠정적인 마지막 경우로서 본다(Luhmann 1997a:809 이하 참조).

53. 이런 한에서는 대제국은 여러 분화형태들의 조합을 구사할 수 있고, 이때 "조합의 이득"(같은 책, 674)을 얻을 수 있다.

54. 이 부분을 전부 인용하자면 다음과 같다. "분명 공간은, 모든 기술적인 성취에도 불구하고 상호작용기반으로서의 자기 의미를 계속 가지고 있다. 하지만 공간이 계속해서 사회현실의 일차적 분화도식이 될 수 있을지, 또 그와 함께 사회형성의 경계원칙이 될 수 있을지, 혹은 공간이 기능맥락에 따라 덜 혹은 더 중요해질 수 있는, 그러니까 사회적 부분체계의 차원에서 다양하게 제도화되어야만 하는 하나의 특수한 분화 관점으로 돌아갈지도 의문스럽다. 또, 공간원칙을 포기할 때 사회경계가 설득력 있게 상징화될 수 있는지, 된다면 어떻게 되어야 할지도 의문스럽다. (……) 체계경계의 제도화란 사람이 일상의 교류에서 다른 사람들도 같은 경계를—비록 그 경계가 더 이상 공간적으로 형성되지 않더라도, 그리고 바로 그런 경우에!—받아들이고 있는지에 대해 충분히 확실하게 가정할 수 있다는 뜻이다(Luhmann 1982:61). 그러나 바로 이 점이 갈수록 전제하기 어려우므로, 나의 추측으로는 공간적 경계의 필연성이 다시 등장하는 것이다. 비공간적 경계는 복잡하고도 불명확한 행동기대와 행동요구와 맞물려 있고, 그 반대로 공간적 경계는 명확한 경계선을 통해서 부담을 덜어준다.

55. 이러한 인지공간 내에서는 경우에 따라 더 좁은 경계가 그어질 수 있다. "레스토랑에서는 각 테이블이 하나씩 체계를 형성하고, 종업원은 '외부로부터' 이 각 체계에 다가간다"(같은 곳).

56. 여기에 대해서는 Drepper 2003을 참조하라.

57. 이것은 루만이 공간을 위치와 대상에 대한 관찰의 미디어로서 도입할 때도 바뀌지 않는다. 그도 그럴 것이 이런 경우 역시 공간에 대한 영토적 표상으로 나아가기 때문이다. "공간은 하나의 위치가 오직 하나의 사물에 의해 차지될 수 있다는 것에 그 원칙이 있다. (……) 공간의 (……) 견고성은 그러니까, 모든 대상은 거기 있는 곳에 있으며 움직이지 않으면 거기 계속 머물러 있다는 데 있다"(Luhmann 1997b:182).

58. 다음과 같은 표현을 참조하라. "다른 하나의 문제는 오늘날 모든 중요한 기능체계들이 하나의 세계사회체계로 뭉쳐지고 있는 지구화다"(Luhmann 1999:117). 그런데 이 말을 하면서도 루만은 다른 수많은 이론가들이 했던 것처럼 세계사회라는 명제를 전 세계적 네트워크, 전 세계적 접촉수용의 가능성과 연결시키고 있다. "사회경계가 이를 방해하지 않고 상호작용의 의미로 볼 때 이것이 바람직한 것이라면, 모든 사람들 중에서 파트너를 선택하는 것이 가능한 경우, 그럴 때 전 세계

적 상호작용이 가능하다. 아르헨티나 남자가 자기가 사랑하면 에티오피아 여자와
도 결혼할 수 있고, 네덜란드 남서부 사람이 그것이 경제적으로 합리적이기만 하
면 뉴질랜드에서 신용대출을 받을 수 있고, 러시아 사람이 일본에서 시도한 기술
구성을 신뢰할 수 있다. 프랑스 작가는 이집트에서 동성연애 관계를 찾을 수 있고,
베를린 사람은 그것이 휴식의 기분을 느끼게 해준다면 바하마 해변에서 일광욕을
할 수 있다"(Luhmann 1975:53). 루만은 "전 세계적 여론"과 "광대한, 그리고 일정
부분에서는 전 세계적인 경제 결합"(같은책, 54)을 지적하는데, 이렇게 해서 루만
은 가령 기든스의 지구화에 대한 기술에 본질적으로 더 근접한다. 루만 자신이 인
상을 주려고 했던 것보다 더 많이 말이다.

59. 이 명제는 이미 라첼과 다른 지리정치가들에게서 발견되며, 그 결과 수많은 미디
어 이론가들에 의해 수용된다. 귄터 안데르스건, 마르틴 하이데거건, 폴 비릴리오
건, 장 보드리야르건 혹은 니클라스 루만이건, 이들은 모두 수송기술과 커뮤니케
이션기술의 발견이 공간으로부터 인류가 갈수록 해방되는 이유로 보고 있다. 미
디어연구에서는 공간의 말소는 확고한 토포스다. 매클루언(McLuhan 1995:150)에
게서도 "공간의 폐지"에 대한 이야기가 나온다. 이를 넘어서 매클루언이 "오늘날
가속이 거의 전면적이라 사회질서의 주요 요인으로서의 공간을 종결시키고 있
다"(같은 책, 149)고 쓰고 있다면, 가속과 속도에 의한 공간의 소멸에서 출발하는
비릴리오의 명제는 매클루언의 사고에 대한—마찬가지로 극단적이고, 사진의 음
화처럼 반대면으로 돌려진—메아리로 들린다. "이 일반적인 가까움, 모든 것이 닿
을 수 있는 지척 거리에 있는 이 지구, 모든 것이 억지로 함께 뭉쳐 몰려 있고,
(……) 여러 다른 벡터의 속도에서 나오는 그 포화—이 모든 것은 우리에게 완전히
낯선 것이다. 그렇다, 낯설다. 미지의 것, 낯선 것, 우리에게 이런 것은 더 이상은
멀리서 오는 사람이 아니라 바로 내 옆에서 살고 있는 사람이다"(Virillio 1978:45).

60. 다른 곳에는 다음과 같이 쓰여 있다. "문자와 서적인쇄와 함께 이미, 그 뒤로는 점
점 증가하는 여행활동과 상층부의 구성원에 대한 외부의 연구와 함께 (……) 공간
거리와 공간경계는 그 규제적 성격을 상실한다"(Luhmann 1997a:315). "텔레커뮤니
케이션이 공간의 의미를 제로에 가깝게 만들고 있다는 것을 우리는 안다"(Luhmann
1992:166).

61. 그래도 정치적 체계와 법체계는 예외다. "국가라는 형태로 지역적으로 분화 가능
한 것은 오로지 정치체계, 그와 함께 근대사회의 법체계뿐이다. 모든 다른 체계들
은 공간경계로부터 독립적으로 작동한다. 공간경계의 명확성이야 말로 진실도,

병도, 교육도 또 TV도, 돈도 (……) 또 사랑도 공간경계를 존중해주지 않는다는 사실을 분명히 해준다. 다르게 말하자면, 사회라는 포괄적인 체계의 전체현상은 대우주 안에서 소우주가 반복되는 것처럼 그렇게 공간경계에서 반복되지 않는다는 것이다"(Luhmann 1997a:166 이하).

62. 이것은 "사실상의 기회 불평등"에서는 물론 전혀 무관한 것으로 이 사실상의 기회 불평등은 분화도식에 의해서 그것이 더 이상 사전에 정해질 수 없는 바로 그 순간에 문제가 된다(Luhmann 1981:27 참조).

63. 근대에 대한 다른 이론들에서는 이와는 반대로 끊임없이 배제현상을 고려해왔으며 관심의 중심에 두어왔다. 사회를 하나로 묶는 것이 무어냐 하는 사회학의 고전적인 질문과는 반대로, 예컨대 푸코는 다음과 같이 묻고 있다. "하나의 사회는 어떠한 배제체계를 통해, 누구를 도태시킴으로써, 어떠한 구분선을 그음으로써, 부정과 배제의 어떤 게임을 통해서 기능하기 시작하는가?"(Foucault 1976:57). 바로 푸코는 나병환자, 범죄자, 광인에 대한 공간적 배제에 관심을 가졌다. 프랑수아 에발드(François Ewald 1995)가 푸코의 저작을 "배제의 분석"이라고 부른 것은 참으로 옳다. 내가 보기에는 '포스트모더니즘'이라는 전체 기획을 배제기제에 대한 뚜렷한 관심이라는 하나의 시각에서 읽을 수 있을 듯하다(Schroer 1994 참조).

64. 페터 푹스, 디터 부로브(Dieter Buhrow), 미하엘 크뤼거(Michael Krüger 1994)가 구동독에서의 장애인 취급에 대한 자신들의 연구에서 관찰한 바로는, "발육부진자들의 전적인 배제에는 심신적 기초인 몸으로의 환원이 동반한다는 사실이다. 배제의 정도가 커질수록 그에 동반하는 은유 속에는 동물화시키는 특징들이 나타나는데, 어떤 경우든 그에 해당하는 인간은 이미 그런 이유 때문에 더 이상 인간이 필요로 하는 교육체계의 모니터 위에는 더 이상 나타날 수 없는 방식으로 탈인격화되는 것이다. 배제된 사람을 단지 몸으로서만 다루는 또 다른 예는 멕시코/미국 국경선에서 나타난다. 가능한 모든 기술적 수단으로 감시되고 있는 2000마일 길이의 국경선에서는 국경공무원은 밤이면 밤마다 리모콘으로 작동하는 적외선카메라로 국경을 넘으려는 '몸(body)'이 또 있는가 하고 추적하고 있다. 그런 몸이 발견될 때 이렇게 말한다. "섹션 2의 주차장에 몸 세 개가 있다"(Häntzschel 2001 참조).

65. 이 명제는 루만 추종자들의 좁은 테두리에서도 지금까지 여기에 동감하는 사람을 발견하지 못한 듯하다.

66. 기능적 분화를 가로지르고 있는 공간과 민족지적 분화 그리고 계층화는 "기왕에

시작된 배제질주를 좀 더 개연성이 있게끔 관여할 수 있다"(같은 책, 97).

67. 이러한 시각에 대해서는 와캉(Wacquant 1997 그리고 1998)이 강력하게 경고한다.

68. 루만의 구성주의를 가로지르는 슈티히베의 공간 이해에 대한 자세한 비판은 게르하르트 하르트(Gerhard Hard 2002)에서 볼 수 있다. 하르트는 "체계이론의 전제에 기반한다면 (……) 사회극단성 내지는 의사소통적으로 '비구조화된 것'은 체계 속으로 들어올 수 없다"(같은 책, 285)는 사실을 상기시킨다. 사회 극단적으로 존재하는 공간에 대한 표상은 사회이론가를 "사회 (그리고 의식) 저편으로의 소풍을 기획하고, 그리고 자신의 귀환 후에 그 세계에 대해 말하는 영매로 만들어버린다. 그 영매는 자기가 사회 저편에서 공간을 만났는데, 공간이 두 개 (……) 있더라. 하나는 사회 속의 공간이고 다른 하나는 사회의 환경 속의 공간이더라. 하나는 커뮤니케이션 안의 공간이고, 다른 하나는 커뮤니케이션 바깥, 심지어 미디어 밖, 의미 밖에 있다고 말한다"(같은 책, 286). 하르트가 하고자 하는 말은 맞는 말이다. 체계이론가에게는 사회 바깥에 있는, 그러니까 의사소통적으로 생겨나지 않는 공간이란 존재할 수 없다는 것이다!

69. 가까운/먼의 구분은 루만의 미디어분석틀 안에서 중요한 역할을 한다. "더 나아가 지역적 연관은 하나의 정보에 비중을 실어주는데 아마 자기 지역에서는 너무나 잘 알고 있어서, 그 밖의 어떤 정보건 다 가치 있기 때문일 것이다. (……) 개가 우체부를 물었다는 이야기는 가까운 장소 연관이 있을 때 알려질 수 있다. 좀 더 멀리 떨어져 있는 곳에서는 한 무리 개떼가 우체부를 갈기갈기 물어뜯어야 그 소식이 알려질 것이고, 또 그렇다고 해도 그 일이 봄베이에서 일어났다면 베를린에서 그 소식을 누가 알리지는 않을 것이다. 거리적으로 먼 정보의 중요성이나, 혹은 희귀성, 이국성으로 보완되어야만 한다. 이러한 희귀성, 이국성은 여기 우리한테는 그런 일이 일어나지 않을 것이라는 정보를 전달해주고 있다"(Luhmann 1996a:60 이하).

4 잃어버린 공간을 찾아서: 우리는 비장소적 사회에서 살고 있는가

1. "시간과 공간 속의 모든 거리가 줄어들고 있다. 이전에는 몇 주, 몇 달을 걸려 가던 곳에 이제는 비행기를 타고 하룻밤 만에 도착한다. 이전에는 몇 년이 지나서 듣거나 혹은 아예 평생 듣지 못했던 소식을 오늘날에는 방송으로 매 시간마다 순식간에 알게 된다. 계절의 흐름 속에 묻혀 있던 식물의 발아와 성장을 이제는 영화가 분 단위로 보여준다. 영화가 오래된 문화의 현장을 마치 오늘날의 도로교통 위에 서 있는 것처럼 보여준다. 영화가 보여주는 오래된 문화의 머나 먼 현장은 마치 바로 현

재의 도로교통 흐름 속에 서 있는 듯하다. 영화는 촬영하는 도구와 그 도구를 사용하는 사람들의 작업 모습을 보여주면서 영화 자신이 보여준 것을 현실로서 증명하기까지 한다. 멂의 모든 가능성을 소멸시키는 최정점에 달한 것은 TV인데, TV가 곧 교류의 모든 수단과 장비를 다 몰아내고 지배하게 될 것이다. 인간은 가장 긴 길을 가장 빠른 시간에 달려왔다. 인간은 등 뒤에 가장 먼 길을 두고 있고, 이렇게 해서 모든 것을 가장 가까이 앞두고 있다. 그러나 거리를 급하게 제거한 것만으로 가까움이 만들어지는 것은 아니다. 가까움이란 거리의 작은 정도 속에 존재하는 것이 아니기 때문이다. 거리상으로 우리와 가장 가까이 있는 것, 가령 영화의 이미지를 통해서거나 방송의 소리를 통해서 우리에게 가까이 있는 것이 사실은 우리에게서 멀리 떨어져 있을 수 있다. 가까운 거리라고 해서 벌써 가까움인 것은 아니다. 먼 거리라고 해서 아직 멂은 아니다"(Heidegger 1950:157).

2. 비릴리오(Virilio 1996:59)에 따르면, 이 때문에 인간은 갈수록 더 몰려들어 더 이상은 빠져나가기와 도피의 가능성은 없고 오직 빡빡한 좁음만 있게 된다고 한다. "더이상 거리는 없다. 시한은 감소된다. 속도가 공간을 잡아먹는다. 세상은 더 작아지고, 두 세대가 지나지 않은 미래에 사람들은 갇혀 있다는 감정을 느끼게 될 것이다. 세상은 너무나 작아져서 마치 감옥처럼 느껴지게 될 것이다. 미래의 인간은 질식의 불안을 가지게 된다. 인구폭발이 이 끔찍한 밀착을 가져오는 것이 아니라 거리와 기한의 단축이 그 원인이다."

2부 사례 분석

1 정치적 공간

1. 한 민족의 집단정체성 형성에서 지식인의 역할에 대해서는 기젠(Giesen 1993)을 참조하라. 집단에 소속되는 자와 이방인의 구분과 연관된 내외부 분리와 함께 친구/적-도식, 그리고 낯선 것에 대한 증오가 생겨난다. 이는 이미 니체가 강조하고 있다. "하나의 유기적 단일체(예를 들면 교도신도들, 무리)가 의식을 확실하게 가지면 가질수록, 이들의 이방인에 대한 증오는 더욱 강해진다. 집단 소속자에 대한 호감과 낯선 것에 대한 증오는 함께 자라나게 된다(Nietzsche 1931:276 이하). 현재 제기되는 문제는 이러한 연관관계가 다중 소속성을 통해 약화되느냐 하는 것이다.

2. 여기에 대해서는 이미 게오르크 짐멜이 지적했는데, 이 책의 1부 3.2를 참조하라.

3. 국적과 관련하여, 예컨대 독일에서 오늘날까지 요구되는 것은 명백한 귀속으로서 이는 선택 불가능하고 지속적이며 배타적이어야 한다. 단일 국적이 요구되는 것이다(Nassehi/Schroer 1999 참조).

4. 앤더슨(Anderson 1998)에게는 면 대 면 접촉의 시골마을 공동체를 넘어서는 모든 공동체는 "상상의 공동체"다.

5. 이것을 미하엘 만(Michael Mann 1997:135 이하)은 사적인 것으로 간주되는 모든 영역에서 일단 손을 떼왔던 '국민국가'가 사적 영역의 모든 관점들마다 다 관여하는 복지국가로 발전하는 것, 그리고 갈수록 이러한 경향이 강해지는 것으로 해석한다. 복지국가의 전권한성(全權限性, Allzuständigkeit)에 대해서는 루만(Luhmann 1981)도 참조하라.

6. 경제적 지구화가 미친 듯이 빨리 확산되어가고 있는 반면, 정치는 이 뒤를 뒤뚱거리며 따라가는 듯이 보인다. 국민국가 너머의 정치 기구들은 매우 끈질기게 인내를 가지고 만들어져야 하는데, 이는 경제와는 달리 정치는 지구화를 이겨내기 위한 대책에 대한 동의를 유권자로부터 얻어내야 하기 때문만은 아니다. 이는 사람들이 슈퍼국민국가적 정치적 능력을 한편으로는 만들어내고 싶어하면서도, 다른 한편으로는 국민국가적 정치의 영향력을 잃게 되는 것을 두려워하기 때문이다. 국민국가적 정치에게 국민국가적 정치 자체의 제거 내지 최소한 그 약화를 함께 만들어낼 것이 요구되는 것이다. 이는 현재의 정치일정에서 유로파를 위해서는 너무나 강력하게, 그러나 '자신의' 국민국가를 위해서는 강력하게 자기를 주장하지 못하는 유로파 정치가에 대한 경고에서 표현된다.

7. 정치의 경우와는 달리 "자본의 영토적 제한은 결코 자본의 구조적 유동성과 일치하지 않았다. 자본의 영토적 제한은 유럽 내 시민사회의 특수한 역사적 조건 때문에 생겨난 것이다"(Knieper 1991:85). 이 명제는 특히 이매뉴얼 월러스타인(Wallerstein 1974)으로 거슬러 올라간다. "자본주의는 처음부터 세계경제의 사안이지 국민국가의 사안이 아니었다. (……) 자본은 자신의 노력이 국민적 경계로 정해지기를 허용한 적이 결코 없다"(Giddens 1995a:90 이하에 따라 인용; Brock 1998:275도 참조). 국민국가의 탄생은 자본의 행동반경을, 말하자면 잠깐 동안 정치적 조정을 통해 좁혀놓았다. 그런 한에서는 국민국가의 형성은 경제를 위해서는 나쁜 소식이었다. 국민국가와 복지국가는 경제를 규정의 좁은 코르셋에 가두어 넣었는데, 이제 그 코르셋에서 경제는 다시 자신을 해방시키고 있다.

8. 이렇게 해서 우리는 막스 셸러(Max Scheler)가 "균등의 세계시대"라고 불렀던 시대

에 진입하고 있다. 이는 "지금까지 모든 생활권들이 많건 적건 서로 폐쇄되어—각 집단들마다 자기 스스로와 자신의 사유세계를 절대시하면서—살다가 이런저런 형태로 서로 인접하여 서로 맞붙어 싸우기 시작하게 된 세계를 말한다. 동양과 서양뿐 아니라, 그리고 서양의 여러 민족들뿐 아니라 이 민족들의, 전에는 많건 적건 가만히 잘 지내고 있던 사회 계층도, 그리하여 마침내 이 계층들 내의 여러 직업군들도, 그리고 이 최고도로 분화된 세계의 정신적 집단들까지 모두가 오늘날에는 자신들의 자족의 당연스러움에서 자꾸만 바깥으로 쫓겨나오게 되어 이질적인 집단과 그들 정신의 생산물이 난무하는 가운데 자신을 주장하는 투쟁을 벌여야만 한다"(Mannheim 1995:239 이하). 이러한 사실은 우리의 현재에는 또 얼마나 더 적용되는 것인가! 여기서 aneinandergeraten이라는 말이 가진 이중적 의미(이 단어에는 '서로 인접하게 되어'라는 뜻과, '서로 맞붙어 싸우기 시작하는'이라는 뜻이 있다—옮긴이)는 매우 적절하게 사태를 표현하고 있다.

9. 내가 한 번 명시하고 싶은 것으로, 주시(注視)/무시 내지 가시성/불가시성의 구분은 한스 게제르(Geser 1992:648 이하)의 명제에 따르면 큰 나라, 작은 나라 구분과 같이 가는 것이다. 큰 나라들은 어차피 세계여론의 중심에 서 있으니까 국제적 공간에서 자신의 가시성을 위해 특별히 노력할 필요가 없는 데 반해 작은 나라들은 자신들이 이따금씩만 관찰될 뿐이라는 사실에서부터 출발할 수 있을 것이다. 이 명제가 설득력 있다는 것을 알려면, 덴마크 사람들이나 네덜란드 사람들이 2001년 9월 11일 사건에 대해 어떻게 반응했는지, 우리가 여기에 대해 들을 수 있었는가를 한 번 물어보면 알 수 있다.

10. 도이치보다 30년 뒤, 바우만은 도이치와 아주 비슷한 결론에 도달한다. 하지만 잣대가 어떻게 살짝 바뀌었는지 볼 수 있다. 핵전쟁이 일어날 경우 한 국가의 주민의 생명에 대한 아무런 안전보장이 없다는 것이, 도이치에게는 국민국가의 실패에 대한 증거를 의미하는 것이라면, 바우만에게는 국가가 주민에게 어떤 안전한 생존도 제시할 수 없다는 것은 국가가 자신을 실증하지 못한 것이 된다. 종국적으로 이 뒤에 숨어 있는 것은 하나의 강력한 국가라는 표상이다. 주민들을 요람에서 무덤까지 수행하고 보조하며, 주민의 몸과 생명의 안전을 위해서만이 아니라 그들의 물질적 안전을 책임지는 것이 국가이다. 하지만 바로 이러한 국가관으로부터 오늘날 작별을 고하고 있는 것이 비단 독일만은 아니다.

11. 그러나 여기서 항상 생각해야 할 것은 지구화의 희생양으로서의 국민국가가 가진 명백한 역할이 너무나도 국민국가 정부의 자기표현과 맞아떨어진다는 사실이다.

국민국가는 이렇게 해서 스스로의 태만으로부터 편안하게 관심을 딴 데로 돌려버릴 수 있다.

12. 우리는 브루디외 역시 이 맥락을 강조한다는 것을 기억하고 있다. "자본 부족은 좁게 제한되어 있다는 경험, 자본이 한 장소에 매여 있다는 것을 더욱 강화시킨다(Bourdieu 1997:164). 이와 비슷한 말을 카스텔스도 쓰고 있다. "엘리트는 코스모폴리탄적이고, 민중은 장소에 구속되어 있다"(Castells 1999:69).

13. 마누엘 카스텔스의 연구(Castells 2001:458) 역시 이 명제가 옳다고 말해주고 있다. "패러독스하게도 프랑크푸르트 암 마인이나 바르셀로나 같은 유럽 도시의 행정과 오락의 핵심지대에서 바로 도시적 주변집단들을 느낄 수 있다. 가장 활기찬 도로와 공공 교통체계의 교차점마다 반드시 이들이 존재하는 이유는 자신들이 목격되고 공공적인 관심을 받으려는 생존전략 때문이다." 그러나 이들의 존재는 그저 묵인될 뿐이고 대대적으로 이를 막으려는 시도가 자주 있다. Wehrheim 2002를 참조하라. 배제된 집단의 가시성을 둘러싼 투쟁에 대해서는 Funke/Schroer 1998:231 이하, Schroer 2001을 참조하라.

14. 하인리히 하이네로부터 마셜 매클루언을 거쳐 폴 비릴리오에 이르기까지 공간의 수축이 강조되긴 하지만, 사실은 "공간축소와 공간확장"(Schivelbusch 2000:37)의 동시적인 과정이 문제되는 듯하다. 미디어가 공간극복자로서는 자주 언급되지만, 인간의 활동공간의 엄청난 확장에 기여한 공간생산자로서는 놀랍게도 언급되지 않는다. 거기서 다시 한번 분명해지는 사실은, 공간이 지리학적 장소와 장소 사이의 간격으로 생각된다는 것, 그래서 그것이 수월하게 극복될 수 있는 그 순간에는 소홀하게 다루어지는 간격으로서 여겨진다는 것이다.

15. 사람들이 말하는 '패닉-룸'의 설치는 2001년 9월 11일 사건으로 더욱 심해지긴 했지만 일반적으로 널리 확산되고 있는 안전 망상의 한 극단이다. 패닉룸은 벽은 쇠로 되어 있고, 비상식량, 바깥으로 통하는 전화선, 감시카메라의 모니터가 있는 집의 공간이다. 데이비드 핀처(David Fincher)가 만든 〈패닉룸〉이라는 제목의 미국 영화는 이렇게 완벽하게 차단된 공간에서조차 절대적 안전은 불가능하다는 것을 이야기하고 있다.

16. 정치적 지구화 논의에서 활발하게 언급되고 있는 것은, 지금까지의 민주주의 모델들을 단순히 연장시킬 수 있을지 아니면 각 공간마다 각각 다른 민주주의 모델이 필요한지 하는 것이다(Beck 1997에 나오는 논문과 Münch 1998:408 이하 참조). 어떤 경우건 "이러한 민주주의 모델의 규범적인 사전(事前) 기준 자체는 이들

이 원천적으로 영토국가적 질서모델과 뒤섞여 함께 짜여져 있다는 점에 유념하여 자세히 살펴야 할 것이다"(Albert 1998:55). 바로 이 예에서 보이는 것은 공간적 사유의 중요성이다. 모델이 적용되어야 할 공간과 연관 없으면 이런 모델들은 결국 내용이 텅 빈 채로 있는 것이다.

17. 이러한 원진(圓陳, 고대와 중세 때 마차를 둥그렇게 이어 방벽을 대신한 진지―옮긴이) 심성을 목도하면서 한스 마그누스 엔첸스베르거(Hans Magnus Enzensberger 1996)는 몇 년 전에 이미 내전 비슷한 상태가 대도시에 들어왔음을 알아차렸다. 새로운 차단경향에 대해서는 Hitzler 1994도 참조하라.

18. 이런 경우에 두 공간 개념들에서 문제가 되는 것은 단순히 인간 판타지의 발명품이 아니다. 문제가 되는 것은 장기적으로 조망 불가능한 세계에 약간의 조망을 가져다주는 순수한 묘사 배경판이 아니라, 행위의 의미를 가지는 표상이다.

19. 이때 물론, '움직임 제시'가 앞으로 나올 수 있다. 그러니까 '내가 막 여기, 혹은 거기 있다'가 아니라 '내가 …로 가고 있는 중이다'인 것이다.

2 도시적 공간

1. 이런 이유로 한스 린데(Hans Linde)는 1970년에 이미, "오늘날 '도시성'이라는 단어 껍데기는 잡종적인 희망사항, 강력한 이해관계, 규범적인 원인규명을 넣어두는 통이 돼버렸다"(Linde 1970: 3478단락)고 한탄했는데, 이는 옳은 말이다.

2. 이때 그저 쳐다보는 것만으로도 충분할 때가 많다. "내 (동-)베를린 집 창문에서 마주보이는 것은 19세기 중반에 지어진 집들로 장식용 석회도료칠을 한 정면은 삭았고, 1945년 시가전 때 생긴 탄환 자국이 숭숭 뚫려 있었다. 사방에서 새로 건물을 짓고, 보수하고, 계획하고 있다. 정부에 의해, 정부를 위해, 자본에 의해, 자본을 위해, 그리고 그 한가운데 실제로 인간을 위한 예방시설지역도 만들어지고 있다. 포스트모던한 세련됨, 성켈적인 고전성, 빌헬름시대의 위엄 있는 표현 스타일, 알렉산더광장―황무지, 창고지대, 대사관들과 도로지대, 유대 문화의 흔적과 예술가협회, 박물관의 섬과 폐허의 미학, 호화 호텔과 백수 건달들의 술집, 국립극장, off극장(대안적 연극, 실험극을 상연하는 극장―옮긴이), 노점상과 훔볼트대학―여기 전방 1킬로미터 반경 안에 몰려서 어울리며, 단절을 만들어내고, 관점들을 일깨우는 것들―이것이 사회학자들의 담론과 건축가들의 대회마다 주문처럼 되뇌어지고 있는 도시성이요 도시문화다"(Böhme 1998:66).

3. 멈포드(Mumford 1984:597)에서도 비슷한 말이 나온다. "다른 사람들로부터의 이

러한 공간적인 단절의 대가는 사람들이 그 장점으로 추측하는 것과는 도무지 비교가 안된다. 최종 결과는, 갈수록 자동차 안이나 혹은 TV수신기 앞의 어두운 협소한 공간 속에서 보내는 칩거생활이다." 퇴각과 칩거로 해석된 사적 거주에 대한 호소는 도시사회학 내의 확고한 관용적 표현이며, 현재까지 여전하다. 이때 언제나 강조되는 것은, 개인들이 사적 공간 속으로 퇴진하는 것은 "정치적 소극주의"(Meurer 1994:33)를 가져온다는 것이다.

4. 독일 도시의 날에서 도시성에 대한 강연으로 주목 받았던 에드거 잘린(Edgar Salin 1960:33)의 글에서도 그러하다. "도시민을 거쳐서만 국민이 된다. (……) 결국 중요한 것은 적극적인 참여이며, 활동적인 정치적 삶이다."

5. 크뢰머-바도니(Krämer-Badoni 2003:74)는 통합논의에 직면하여, 도시는 이미 오래 전에 통합 문제에 대해 결정할 수 있는 결정적 심급이 더 이상 아니므로 '통합기계'로서 기능할 수 없다는 사실에 사람들이 주목하도록 했는데, 이는 옳은 태도다.

6. 미국에서는 이미 1970년대부터 관찰되는 과정이다(Marcuse 1998 참조).

7. 이것은 다른 사회학에서도 다르지 않다. 커다란 변화가 있었음에도 가족사회학에서도 역시 가족에 대해서 말하기를 그치지 않고 있다. 그러나 예컨대 '패치워크 패밀리(patchwork family, 서로 다른 가족의 구성원들이 모여 하나의 가족을 이룬 형태—옮긴이)'에 대해서 말하면서 가족에 대한 좀 더 상세한 규정을 시도하고 있다.

8. "물론 도시는 무역과 영업의 중심지였지만, 근대 자본주의적 거간 및 공장조직은 종종 도시성벽 바깥에서만 발전될 수 있었고, 도시 안에서는 길드와 시의회 의원이 전통과 특권을 고수하고 있었다"(Kocka 1999:100). 이를 곰곰 생각해보면 중세와 비교해서 어쩌면 그리 많이 변하지 않았다고 할 수 있다. 이 상황은 오늘날에도 여러 형태로 반복되고 있다.

9. 이러한 과정을 반도시적이라고 하는 것은, 이것 자체가 도시성의 산물이라는 사실을 너무 쉽게 망각하게 만들기 때문이다.

10. 사회공간적 배치만으로는 특정 행동을 독려할 수가 없다는 것이 오래 전에 잘 증명되었음에도 불구하고 세넷은 이를 끊임없이 주장하고 있다.

11. 이 때문에 와캉이 이 맥락에서 다음과 같이 주장하는 것은 참으로 옳은 일이다. "게토거주민들은 행위자로서 인식되고 더 상세히 기술되어야 한다. 그러면 그들의 습관과 생활형태가 강요의 결과물, 즉 구조적 조건을 보면 바로 '자동적으로' '읽히는' 그런 파생물로 보이지 않을 것이다. 그들의 습관과 생활형태는 그들의 세계를 종횡하고 또 형태 짓는 외적 · 내적 사회적 힘과 그들이 적극적으로 대

응한 결과로서도, 그 대응의 산물로서도 보일 것이다"(Wacquant 1998:203).

12. 도시성이 문제가 될 때는 미디어의 보도와 사회학적 진단 사이의 동일성이 특히
아주 커 보인다. 여기에 대해서는 마누엘 카스텔스(Castells 1991:199)의 다음과 같
은 말로 대응할 수 있다. "우리는 미디어가 우리 현실의 이미지로 전해주는 것에
머물러 있을 수 없다."

3 가상공간

1. Interpenetration은 잘 알려져 있다시피 탤컷 파슨스의 기원의 체계이론에서 상호적
인 영향 끼치기와 침투를 일컫는 것으로, 체계들 사이에서 상호적으로 포개지는 현
상을 의미한다.

2. 이 의의 속에는 '뭔가가 있긴' 있다. 하지만 이 반론은 새로운 미디어라는 표상, 그
러니까 이전의 개념성을 사용함으로써 어떤 부담을 주면 안 되는, 그런 완전히 새
로운 미디어의 표상을 너무 많이 기대고 있다. 예전의 맥락에 대한 개념을 새로운
맥락에 전이시키는 것은 언제나 다시 나타나는 문제지만, 이것은 우리가 근본적으
로 다른 가능성을 가지고 있지 못하다는 것을 보여준다. 익숙한 경험세계에 연결될
수 없는 완전히 새로운 개념들은 새로운 것을 이해하는 것을 오히려 더 어렵게 만
들지도 모른다.

3. 뷜(Bühl 1997:15 이하)은 이 은유들과 그밖의 다른 은유들에 대해 상세한 정보를 주
고 있다.

4. 어쩌면 공기공간에서 온 은유가 눈에 띌 만큼 없는 것은 네트 상의 공간들을 횡단
하는 것이 결코 저항없이 순순하지 않은 횡단이라는, 자기도 모르는 초기의 통찰
때문인지도 모른다. 네트 상에서 여러 공간들이 바뀔 때 가지게 되는 대기시간은
공기라는 원소보다 더 저항적인 원소를 상기시킨다.

5. 네트 접속과 기술적 장비에 따라서는 사람들마다 자신이 서핑을 하기보다는 정보
바다를 노 저어 가고 있다는 기분을 가질 수도 있을 것이다. 특별히 빠른 컴퓨터가
또 특별히 비싸다는 사실을 덧붙인다면, 이미 여기서부터 만인 평등의 네트 접근을
말할 수 없다는 것이 나타난다. 속도라는 요소가 정보를 찾는 데서는 핵심적인데
말이다.

6. 사이버스페이스(Cyberspace)라는 용어는 윌리엄 깁슨(Wiliam Gibson)의 과학소설
《뉴로맨서(Neuromancer)》(1984)에서 처음으로 등장했다.

7. 이러한 상황이 곧 바뀌리라는 이야기가 뢰처의 말 속에서 이미 울리고 있긴 하지만

말이다.

8. 크라카우어는 갈수록 세계화되는 세계를 보고 이미 다음과 같이 썼다. "공간을 마음대로 처리할 수 있는 능력이 우리를 매혹시켰다"(Kracauer 1977:49). 공간들은 어차피 갈수록 서로 비슷해지고 있기 때문에 크라카우어(같은 책, 41)는 오늘날의 지구화 비관주의자들의 입장을 선취하여, 이미 오래 전에 이 여행은 "낯선 공간의 센세이션을 즐기기 위해서가 아니라 (……), 여행 그 자체를 위해서 이루어진다"고 말한다. 이와 비슷하게 바우만(Bauman 1999:159)도 말하고 있다. "관광객들이 가장 애호하는 표제어는 '나는 공간이 더 많이 필요해'이다. 공간은 집에서는 절대로 찾을 수가 없는 것이라고 한다." 그리고 또 이렇게도 쓰고 있다. "관광객은 더 넓고 무엇보다 더 트인 공간의 맛을 알아차렸다"(같은 책, 164). 공간에 대한 요구는 이미 오래 전에 자동차산업 역시 발견해 냈는데, 차의 내부공간은 갈수록 사람이 그 안에서 편안하게 보호되어 공간을 통과할 수 있는 주거공간이 되어간다. 이렇게 해서 공간도 사치품처럼 되고 있다. 그래서 예컨대 자동차브랜드 르노(Renault)는 자동차모델 'Espace'(!)를 이렇게 광고한다. "어느날 공간에 대한 요구가 생깁니다 …… 처음에는 우리를 놀라게 합니다. 그리고는 더 이상 우리를 놓아주지 않습니다. 하나의 공간을 오로지 우리 것으로 한다는 거부할 수 없는 바람인 것입니다. 우리를 데리고 가는 움직이는 공간. 모든 것이 다 손닿을 만한 곳에 있고, 우리는 아무것도 포기할 필요가 없는 겁니다"(Augé 1994b:10에 의거 인용).

9. 인터넷의 전신은 냉전시대 동안에 설치되었던 아프라넷(Apranet)으로 간주된다. 미 국방부는 당시보다 신속한 병렬을 보장하기 위해서 연구센터들이 서로 밀접하게 연결될 수 있는 가능성을 생각하고 있었다(Rötzer 1999:17 이하 참조).

10. 네트에서의 재현에 대한 희망이 얼마나 강한지 관찰한다면, 사이버스페이스에서 나타나지 않는 것은 존재하지 않는다는 주장이 설득력 있을 것이다. 네트 실존을 구축하는 것은 기업, 조직, 도시, 회사, 가족, 그리고 독신들만이 아니다. 바로 주변적인 존재들이 네트에서 존재를 만들어내려고 한다. 가령 '슬럼 온라인'이라는 제목으로 네트매거진 〈텔레폴리스(telepolis)〉에 다음과 같이 등록된 것을 읽을 수 있다. "안녕하세요. 저의 마을에 오신 것을 환영합니다. 지금은 모리스, 피터의 집과 조이스의 집, 그리고 우리 교회를 방문하실 수 있습니다. 우리 마을은 'Mji Wa Hurumsa'라고 하며, 지도에는 나오지 않습니다. 수도 나이로비에서 약 40킬로미터 떨어진 곳이랍니다. 우리는 전기도 물도 상수도도 없지만, 홈페이지는 가지고 있습니다."

11. 하나의 미디어가 다른 미디어를 밀어내느냐, 자동차가 자전거를 밀어내느냐, 라디오가 책을 밀어내느냐, TV가 영화를 밀어내느냐, 인터넷이 TV를 밀어내느냐 등등의 문제가 언제나 제기되는 것과 같다. 이러한 논리에서 출발하여 각각 이전의 미디어를 낭만적으로 이상화시키는 문화 비판적인 텍스트들이 쓰여진다. 물론 이런 미디어들은 현재의 새로운 미디어처럼 그 전에 문화비판적인 개탄의 대상이었다. 미디어들은 비록 이전의 미디어의 사용과 내용, 형식이 새로운 미디어와의 경쟁 때문에 바뀌게 될지라도 다른 미디어로 교체되는 것이 아니라 서로 공존한다는 것을 이제 우리가 인식해야 할 때이며, 그런 시간이 올 것이다. 새로운 미디어를 바로 자신 속에 수용하는 것이 이전의 미디어의 생존전략에 속하는 듯하다. 그러니까 매클루언이 이전 시대는 그 다음 시대를 이미 포함하고 있다고 했던 마르크스의 주장을 명백하게 인용하면서 말했듯이, 이전의 미디어들마다 새로운 미디어의 핵심을 어떤 식으로든 자기 속에 가지고 있을 뿐만 아니라, 새로운 미디어 역시 옛 미디어에 역으로 영향력을 미치고 있는 것이다. 옛 미디어는 자신을 지켜나갈 수 있기 위해서 새로운 보기의 습관을 수용하고 이를 시뮬레이션한다. 이러한 사실에 대해서도 매클루언은 사람들을 주목하게 했는데 이는 옳은 일이었다. "새로운 미디어는 옛 미디어에 덧붙여진 첨가물이 결코 아니며, 또 새로운 미디어는 옛 미디어를 가만히 내버려두지도 않는다. 새 미디어는 옛 미디어들을 위한 새로운 형식과 사용 가능성을 찾을 때까지 옛 미디어들에 대한 폭정을 그치지 않는다" (McLuhan 1995:267).

12. 슈테그바우어(Stegbauer 1999:688)도 참조하라. "비록 가상적 장소들 사이에는 아무런 물리적 간격이 존재하지 않는다고 하더라도 가까움과 그리고 도달 가능성은 예나 지금이나 결코 과소평가할 수 없는 역할을 한다. 1. 모든 뉴스 서버가 모든 뉴스그룹을 각 참여자들에게 전달하지는 않는다. 도달 가능한 장소들의 우주는 그의 프로바이더, 그리고/혹은 대안적인 뉴스서버의 접근성의 일차선발에 달려 있다. 2. 장소와 장소 사이에는 이웃이 존재한다. SWF3-채팅채널은 SWF3-홈페이지를 통해서만 들어갈 수 있다. 즉, 가까이 있다는 것이다. IRC-서버 상에서는 명령을 주면 거기서 사용할 수 있는 채널을 요구할 수가 있다. 채널로 나타나 있는 장소는 그러니까 여러 서버 상의 채널들보다 더 '가깝다'. 3. 인터넷기반 교육프로그램에는 채팅채널의 형태, 뉴스그룹이나 메일링리스트의 형태를 띤 사회공간이 속하는 경우가 왕왕 있다. 여기서도 역시 도달 가능성의 의미에서 '가까움'을 이야기할 수 있을 것이다."

4 신체 공간

1. 피에르 부르디외(Bourdieu 1979:193 이하)는 여기에 대해 다음과 같이 쓰고 있다. "예를 들어 거의 보편적으로 발견할 수 있는 것은, 공간적 구분의 다수는 인간 신체에 대한 유추로 형성되며 인간 신체는 세계의 질서에 대한 기준 도식을 나타낸다는 사실이며, 신체 경험의 기본적인 구조는 안과 밖, 위와 아래, 앞과 뒤, 높음과 낮음, 왼쪽과 오른쪽이라는 객관적 공간의 구조화 원칙과 일치한다는 사실이다."

2. 뒤르켕은 사회와 신체의 유추를 허버트 스펜서를 좇아서 분명 인간 신체와 관련하여 시도하고 있다. 그것은 개구리나 뱀의 몸과는 달리 오직 인간의 신체에만, "하나의 기능을 떼어내면 다른 기능과 전체적인 생명이 위협받을 수밖에 없게 되는"(Durkheim 1988:461), 그러한 각 기관들 사이의 밀접한 연대성이 존재하고 있기 때문이다.

3. 의학 담론에 나오는 근대적인 신체 처리는 그 정반대의 전일적인 의학이 신체를 통일체로서 이해하려고 한 것과는 달리, 신체의 각 구성부분들을 분리해서 관찰하는 신체상을 매우 강하게 연상시킨다. 신체 컬트의 매력은 대부분 통일체의 마지막 암호로서의 신체 이해로부터 그 매력을 끌어낸다. 신체는 모든 분화과정에서 벗어난 통일체로 의미가 드높아졌다. Schroer 20005a 참조.

4. 여기서 특기할 만한 것은 이러한 시술들이 그 초창기에는 피할 수 없었지만, 더 이상은 "죽음을 너머 가는 길"(Foucault 1988:207)을 가지 않아도 되었다는 것이다.

5. 플레스너는 우리가 신체에 대한 지배를 순식간에 잃게 된다는 것을 웃거나 우는 것과 같이 무해한 신체활동을 계기로 보여주었다. "신체 과정이 스스로 해방된다. 인간은 신체 과정에 의해 흔들리고, 부딪히고, 숨막힌다. 인간은 자기의 신체적인 실존과의 관계를 상실했다. 신체적 실존은 인간에게서 빠져나가고, 신체적 실존은 인간을 데리고 신체적 실존 자신이 원하는 것을 하는 셈이다"(Plessner 1961:74).

6. 가령 '악의 축'과 같은 새로운 지리정치적인 범주는 동서와 남북이라는 이전의 세계구분과 교차하는 새로운 지리학을 만들어냄으로써 이러한 새로운 상황에 반응하고 있다.

7. 피부 리프팅, 지방 흡입, 선탠스튜디오 찾아가기, 주름방지크림도 역시 그렇다. 질병조차도 이러한 피부 중심성에 따르는 듯하다. 피부관리와 피부조작에 많은 심혈을 기울이듯이, 가시적으로 피부표면에 나타나는 피부암, 아토피, 건성 등도 많은 관심을 받게 되었다.

8. 이것은 귄터 안데르스가—문화비판적 성향을 띠고—이미 다음과 같이 기술하고 있다

(Anders 1980b:223). "오늘날 모두들 '거리의 축소'를 말하기는 한다. 그러나 그것의 철학적 의미, 즉 인간의 편재는 여전히 이 시대의 의식 속에 들어오지 않고 있다. (……) 최근까지만 해도 공간지점은 인간의 개인화 원칙이었으며, 그럼으로써 하나의 실용적인 역할을 했다. 이 말은, 이전에는 사람들은 자기가 있지 않은 곳에서는 영향력이 없었다는 것, '존재'는 언제나 '한 특정 지점에 존재하기'를 의미했지만 이제는 다수의 지점에 있을 수 있고, 가상적으로 여러 곳에 동시적으로 있을 수 있다는 것이다." 안데르스는 이를 새로운 자유로 보지 않고 오히려 자유 상실로 보고 있다. "내가 있지 않은 공간지점에 다른 사람들도 마찬가지로 똑같이, 그것도 알아차릴 수 없게 몰래 거할 수 있다면, 그렇다면 나는 내 공간지점의 독점권 소유자로서 존재하기를 중지한 것이고, 그럼으로써 내 자유의 마지막 형식적인 최소한을 잃어버린 셈이다"(같은 책, 224).

발간사

로컬리티의 인문학 연구단에서 번역총서를 내놓는다. 〈로컬리티 번역총서〉는 고전적·인문학적 사유를 비롯해서, 탈근대와 전 지구화의 관점에서 해석되는 로컬리티에 대한 동서양의 다양한 논의를 담고 있다. 로컬리티 연구는 동서양을 막론하고 학문적 교차점, 접점, 소통성을 확보하는 것이 중요한 과제다. 이러한 의미에서 본 연구단에서는 장기적인 계획 아래, 로컬리티 연구와 관련한 중요 저작과 최근의 논의를 담은 동서양의 관련 서적 번역을 기획했다. 이를 통하여 로컬리티와 인문학 연구를 심화하고 동시에 이를 외부에 확산시킴으로써 로컬리티 연구의 저변을 확대하고자 한다.

우리가 로컬리티에 천착하게 된 것은 그동안 국가 중심의 사고 속에 로컬을 주변부로 규정하며 소홀히 여긴 데 대한 반성적 성찰의 요구 때문이기도 하다. 오늘날 로컬은 초국적 자본과 전 지구적 문화의 위세에 짓눌려 제1세계라는 중심에 의해 또다시 소외당하거나 배제됨으로써 고유의 정체성을 잃어가고 있다. 반면에, 전 지구화 시대를 맞아 국가성이 약화되면서 로컬은 또 새롭게 거듭나고 있다. 그동안 국가 중심주의의 그늘에 가려졌던 로컬 고유의 특성을 재발견하고 전 지구화에 능동적으로 대처하는, 이른바 로컬 주체의 형성과 로컬 이니셔티브(local initiative)의 실현을 위해 부단한 노력을 기울이는 모습들이 속속 드러나고 있다.

이제 로컬의 현상들을 파악하기 위해 기존의 지역 논의와 다른 새로운 사고가 절실히 필요하다. 지금까지 지역과 지역성 논의는 장소가 지닌 다양성과 고유성을 기존의 개념적 범주에 맞춤으로써 로컬의 본질을 왜곡하거나 내재된 복합성을 단순화하는 오류를 범했다. 이에 우리는 로컬을 새로운 인식과 공간의 단위로서 재정립해야 할 필요성을 다시 확인하며, 로컬의 역동성과 고유성을 드러내줄 로컬리티 연구를 희망한다.

〈로컬리티 번역총서〉는 현재 공간, 장소, 인간, 로컬 지식, 글로벌, 로컬, 경계, 혼종성, 이동성 등 아젠다와 관련한 주제를 일차적으로 포함했다. 향후 로컬리티 연구가 진행되면서 번역총서의 폭과 깊이는 더욱 넓어지고 깊어질 것이다. 번역이 태생적으로 안고 있는 잡종성이야말로 로컬의 속성과 닮아 있다. 이 잡종성은 이곳과 저곳, 그때와 이때, 나와 너의 목소리가 소통하는 가운데 새로운 생성의 지대를 탄생시킬 것이다.

우리가 번역총서를 기획하면서 염두에 둔 것이 바로 소통과 창생의 지대이다. 우리는 〈로컬리티 번역총서〉가 연구자들에게 로컬리티 연구에 대한 기반을 제공해줌으로써 학제간의 경계를 넘나드는 심화된 통섭적 연구가 이루어지고, 나아가 '로컬리티의인문학(locality and humanities)'의 이념이 널리 확산되기를 바란다.

2010년 6월

부산대학교 한국민족문화연구소

(HK)로컬리티의인문학 연구단

참고문헌

Ahrens, Daniela 2001: *Grenzen der Enträumlichung. Weltstäe, Cyberspace und transnationale Räume in der globalisierten Moderne.* Opladen.

Albert, Matthias 1998: "Entgrenzung und Formierung neuer politischer Räume", in: Beate Kohler-Koch (Hg.): *Regieren in entgrenzten Räumen.* Opladen, Wiesbaden, 49-75.

Albrow, Martin 1997: "Auf Reisen jenseits der Heimat. Soziale Landschaften in einer globalen Stadt", in: Ulrich Beck (Hg.): *Kinder der Freiheit.* Frankfurt/M., 288-314.

____ 1998a: "Auf dem Weg zu einer globalen Gesellschaft?", in: Ulrich Beck (Hg.): *Perspektiven der Weltgesellschaft.* Frankfurt/M., 411-434.

____ 1998b: *Abschied vom Nationalstaat. Staat und Gesellschaft im Globalen Zeitalter.* Frankfurt/M.

Alpheis, Hannes 1990: "Erschwert die ethnische Konzentration die Eingliederung?", in: Hartmut Esser/Jürgen Friedrichs (Hg.): *Generation und Identität. Theoretische und empirische Beiträge zur Migrationssoziologie.* Opladen, 147-184.

Altvater, Elmar/Birgit Mahnkopf 1996: *Grenzen der Globalisierung. Ökonomie, Ökologie und Politik in der Weltgesellschaft.* Münster.

Anders, Günther 1980a: *Die Antiquiertheit des Menschen. Bd 1: Über die Seele im Zeitalter der zweiten industriellen Revolution.* München.

____ 1980b: *Die Antiquiertheit des Menschen. Bd. 2: Über die Zerstörung des Lebens* im Zeitalter der dritten industriellen Revolution. München.

Anderson, Benedict 1998: Die Erfindung der Nation. Zur Karriere eines folgenreichen Konzepts. Berlin. (베네딕트 앤더스 지음, 윤형숙 옮김, 《상상의 공동체: 민족주의의 기원과 전파에 대한 성찰》, 나남, 2002.)

Anzien, Didier 1992: Das Haut-Ich. Frankfurt/M.

Appudarei, Arjun 1998: "Globale ethnisch Räume". in: Ulrich Beck (Hg.): Perspektiven der Weltgesellschaft. Frankfurt/M., 11-40.

Arendt, Hannah 2002: Vita activa oder Vom tätigen Leben. München (Chicago 1958).

____ 2003: Was ist Politik? Fragmente aus dem Nachlaß. München.

Aristoteles 1995: Physik, Vorlesung aus über die Natur. Übersetzt von Hans Günter Zekl, in: ders.: Philosophische Schriften in 6 Bänden, Bd. 6, Hamburg, 1-258.

____ ⁷1996: Politik. München. (아리스토텔레스 지음, 천병희 옮김, 《정치학》, 도서출판 숲, 2009.)

Augé, Marc 1994a: "Die Sinnkrise der Gegenwart", in: Andreas Kuhlmann (Hg.): Ansichten der Kultur der Moderne. Frankfurt/M., 33-47.

____ 1994b: Orte und Nicht-Orte. Vorüberlegungen zu einer Ethnologie der Einsamkeit. Frankfurt/M. (Paris 1992).

Baecker, Dirk 1994: "Soziale Hilfe als Funktionssystem der Gesellschaft", in: Zeitschrift für Soziologie 23, 93-110.

____ 2004: "Platon, oder die Form der Stadt", in: ders. (Hg.): Wozu Soziologie? Berlin, 189-222.

Bahrdt, Hans-Paul 1998: Die moderne Großstadt, Soziologische Überlegungen zum Städtebau. Hg. von Ulfert Herlyn. Opladen. (zuerst: 1961).

Baier, Lothar 1990: "Volk ohne Raum", in: ders.: Volk ohne Zeit. Essay über das eilige Vaterland. Berlin, 30-42.

Balibar, Etienne 1997: "Grenzen und Gewalten. Asyl, Einwanderung, Illegalität und Sozialkontrolle des Staates", in: Lettre International 9, H. 37.

Balke, Friedrich 1992: "Die Figur des Fremden bei Carl Schmitt und Georg Simmel". in: Sociologia Internationalis 30, 35-59.

Barlow, John Perry 1996: "Unabhängigkeitserklärung des Cyberspace", in Stefan Bollmann/Christiane Heibach (Hg.): Kursbuch Internet. Anschlüsse an Wirtschaft *und Politik, Wissenschaft und Kultur.* Mannheim, 110-115.

Barthes, Roland 1981: *Das Reich der Zeichen.* Frankfurt/M. (롤랑 바르트 지음, 김주
환 · 한은경 옮김,《기호의 제국》, 산책자, 2008.)

Baudrillard, Jean 1986: *Subjekt und Objekt: fraktal.* Bern.

___ 1991: *Der symbolische Tausch und der Tod.* München.

Bauman, Zygmunt 1995: *Ansichten der Postmoderne.* Hamburg.

___ 1997: "Schwache Staaten. Globalisierung und die Spaltung der Weltgesellschaft",
in: Ulrich Beck (Hg.): *Kinder der Freiheit.* Frankfurt/M., 323-331.

___ 1999: *Unbehagen in der Postmoderne.* Hamburg.

___ 2000a: *Die Krise der Politik. Flucht und Chance einer neuen Öffentlichkeit.* Hamburg.

___ 2000b: "Völlig losgelöst", in: *Jahrbuch Arbeit.* Stuttgart, 23-37.

___ 2003: *Flüchtige Moderne.* Frankfurt/M.

Beck, Ulrich 1986: *Risikogesellschaft. Auf dem Weg in eine andere Moderne.* Frankfurt/M.
(울리히 벡 지음, 홍성태 옮김,《위험사회》, 새물결, 2006.)

___ 1995: "Die offene Stadt. Architektur in der reflexiven Moderne", in: ders.: *Die
feindlose Demokratie. Ausgewählte Aufsätze.* München, 121-130. (울리히 벡
지음, 정일준 옮김,《적이 사라진 민주주의》, 새물결, 2000.)

___ 1997: *Was ist Globalisierung? Irrtümer des Globalismus — Antworten auf
Globalisierung.* Frankfurt/M.

___ (Hg.) 1998: *Politik der Globalisierung.* Frankfurt/M.

___ 1998: "Wie wird Demokratie im Zeitalter der Globalisierung möglich? — Eine
Einleitung", in: Ulrich Beck (Hg.): *Politik der Globalisierung.* Frankfurt/M., 7-66.

Becker, Gerold, Johannes Bilstein, Eckart Liebau o. J.: *Räume bilden. Studien zur
pädagogischen Topologie und Topographie.* Seelze-Velber, 9-16.

Behnken, Imbke, Manuela Du Bois-Reymond, Jürgen Zinnecker 1988: *Raumerfahrung in
der Biographie. Das Beispiel Kindheit und Jugend* (Studienbrief der FernUniversität
Hagen).

Benthien, Claudia 2001: *Haut. Literaturgeschichte — Körperbilder — Granzdiskurse.*
Reinbeck bei Hamburg.

Berger, Peter A. 1995: "Anwesenheit und Abwesenheit. Raumbezüge sozialen Handelns",
in: *Berliner Journal für Soziologie* 5, H. 1, 99-111.

Berger Peter L./Thomas Luckmann 1980: *Die gesellschaftliche Konstruktion der Wirklichkeit. Eine Theorie der Wissenssoziologie.* Mit einer Einleitung zur deutschen Ausgabe von Helmuth Plessner. Frankfurt/M.

Bergson, Henri 1989: *Zeit und Freiheit.* Frankfurt/M. (Nachdruck der 2. Auflage, Jena 1920).

Berking, Helmuth 1998: "'Global Flows and Local Cultures': Über die Rekonfiguration sozialer Räume im Globalisierungsprozeß", in: *Berliner Journal für Sozialologie* 8, H. 3, 381-392.

_____ 2002: "Local Frames and Global Images—Nation State and New Urban Underclass: Über die Lokalisierung globaler Wissenbestände", in: Martina Löw (Hg.): *Differenzierungen des Städteischen.* Opladen, 107-123.

Berking, Helmuth/Richard Faber (Hg.) 2002: *Städte im Globalisierungsdiskurs.* Würzburg.

Bernard, Michel 1980: *Der menschliche Körper und seine gesellschaftliche Bedeutung.* Bad Homburg.

Bernauer, Thomas 2000: *Staaten im weltmarkt. Zur Handlungsfähigkeit von Staaten trotz wirtschaftlicher Globalisierung.* Opladen.

Bette, Karl-Heinz 1999: *Systemtheorie und Sport.* Frankfurt/M.

Bickenbach, Matthias/Harun Maye 1997: "Zwischen fest und flüssig. Das Medium Internet und die Entdeckung seiner Metaphern", in Lorenz Gräf/Markus Krajewski (Hg.): *Soziologie des Internet.* Frankfurt/M., New York, 80-98.

Blotevogel, Hans Heinrich 1999: "Sozialgeographischer Paradigmenwechsel? Eine Kritik des Projekts der handlungszentrierten Sozialgeographie von Benno Werlen", in: Peter Meusburger (Hg.): *Handlungszentrierte Sozialgeographie. Benno Werlens Entwurf in kritischer Diskussion.* Stuttgart, 1-33.

Blumenberg, Hans 1979: *Schiffbruch mit Zuschauer, Paradigma einer Daseinsmetapher.* Frankfurt/M.

Böhme, Hartmut 1998: "Mediale Projektionen. Von der Vernetzung zur Virtualisierung der Städte", in: *Neue Rundschau* 109, H. 2, 64-76.

Bollmann, Stefan 1995: "Einführung in den Cyberspace", in: Stefan Bollmann (Hg.): *Kursbuch Neue Medien. Trends in Wirtschaft und Politik, Wissenschaft und Kultur.*

Mannheim, 163-165.

Bollnow, Otto Friedrich ⁶1989: *Mensch und Raum*. Stuttgart, Berlin, Köln.

Bolz, Norbert 2001: *Weltkommunikation*. München. (노르베르트 볼츠 지음, 윤종석 옮김, 《세계를 만드는 커뮤니케이션》, 한울, 2009.)

Bourdieu, Pierre 1979: *Entwurf einer Theorie der Praxis auf der ethnologischen Grundlage der kabylischen Gesellschaft*. Frankfurt/M.

___ 1985: *Sozialer Raum und 'Klassen'. Leçon sur la leçon. Zwei Vorlesungen.* Frankfurt/M.

___ 1987a: *Die feinen Unterschiede. Kritik der gesellschaftlichen Urteilskraft.* Frankfurt/M.

___ 1987b: *Sozialer Sinn. Kritik der theoretischen Vernunft.* Frankfurt/M.

___ 1988: *Die politische Ontologie Martin Heideggers.* Frankfurt/M.

___ 1991: "Physischer, sozialer und angeeigneter physischer Raum", in: Martin Wentz (Hg.): *Stadt-Räume*. Frankfurt/M., New York, 25-34.

___ 1997: "Die männliche Herrschaft", in: Irene Dölling/Beate Krais (Hg.): *Ein alltägliches Spiel. Geschlechterkonstruktion in der sozialen Praxis.* Frankfurt/M., 153-217.

___ 1998: *Praktische Vernunft. Zur Theorie des Handelns.* Frankfurt/M. (피에르 부르디외 지음, 김웅권 옮김, 《실천이성》, 동문선, 2005.)

___ 2001: *Gegenfeuer 2. Für eine europäische soziale Bewegung.* Konstanz.

Bourdieu, Pierre/Loïc J. D. Wacquant 1996: *Reflexive Anthropologie.* Frankfurt/M.

Breidert, Wolfgang 1989: "'Raum'. Mittelalter bis zum Beginn des 18. Jahrhunderts", in: Joachim Ritter u. a. (Hg.): *Historisches Wörterbuch der Philosophie, Bd. 7*, Basel, 82-88.

Breuer, Stefan 1998: *Der Staat. Entstehung, Typen, Organisationsstadien.* Reinbek bei Hamburg.

Brock, Lothar 1998: "Die Grenzen der Demokratie. Selbstbestimmung im Kontext des globalen Strukturwandels und des sich wandelnden Verhältnisses von Staat und Markt", in: Beate Kohler-Koch (Hg.): *Regieren in entgrenzten Räumen.* Opladen, Wiesbaden, 271-292.

___ 2002: "'Staatenrecht' und 'Menschenrecht'. Schwierigkeit der Annäherung an eine weltbürgerliche Ordnung", in: Matthias Lutz-Bachmann/James Bohman

(Hg.): *Weltstaat oder Staatenwelt? Für und Wider die Idee einer Weltrepublik.*
Frankfurt/M., 201-225.

Broder, Henryk M. 2000: "Alles oder nichts", in: *Der Spiegel, Nr.* 52, 25. 12. 2000.

Bruckner, Pascal/Alain Finkielkraut 1981: *Das Abenteuer beginnt gleich um die Ecke.*
München, Wien.

Buchanan, Mark 2002: *Small Worlds. Spannende Einblicke in die Komplexitätstheorie.*
Frankfurt/M., New York.

Bude, Heinz 1998: "Die Stadt und ihr Preis. Über Abschiede von vertrauten Bildern
der Metropole", in: *Neue Rundschau* 109, H. 2, 11-23.

Bühl, Achim 1997: *Die virtuelle Gesellschaft. Ökonomie, Politik und Kultur im Zeichen
des Cyberspace.* Opladen, Wiesbaden.

Cairncross, Frances 1997: *Death of Distance. How the Communications Revolution
will change our Lives.* Boston. (프랜시스 케언크로스 지음, 홍석기 옮김, 《거리
의 소멸 디지털 혁명》, 세종서적, 1999.)

Cassirer, Ernst 1969: "Newton und Leibniz", in: ders.: *Philosophie und exakte
Wissenschaft. Kleine Schriften.* Frankfurt/M., 132-164.

Castells, Manuel 1991: "Die zweigeteilte Stadt—Arm und Reich in den Städten
Lateinamerikas, der USA und Europas", in: Tilo Schabert (Hg.): *Die Welt der
Stadt.* München, 199-216.

____ 1999: "Space flow—Raum der Ströme", in: Stefan Bollmann (Red.): *Kursbuch
Stadt. Stadtleben und Stadtkultur an der Jahrtausendwende.* Stuttgart, 39-81.

____ 2001: *Das Informationszeitalter.* Teil 1: *Der Aufstieg der Netzwerkgesellschaft.*
Opladen.

Castoriadis, Cornelius 1990: *Gesellschaft als imaginäre Institution. Entwurf einer
politischen Philosophie.* Frankfurt/M. (C. 카스토리아디스 지음, 양운덕 옮김,
《사회의 상상적 제도》, 문예출판사, 1994.)

Creveld, Martin van 1999: *Aufstieg und Untergang des Staates.* München.

Dahrendorf, Ralf 1979: *Lebenschancen.* Frankfurt/M.

Dangschat, Jens 1994: "Lebensstile in der Stadt. Raumbezug und konkreter Ort von
Lebensstilen und Lebensstilisierungen", in: Jens Dangschat/Jörg Blasius (Hg.):
Lebensstile in den Städten. Konzepte und Methoden. Opladen, 335-354.

_____ 1998: "Warum ziehen sich Gegensätze nicht an? Zu einer Mehrebenen-Theorie ethnischer und rassistischer Konflikte um den städtischen Raum", in: Wilhelm Heitmeyer/Rainer Dollhase/Otto Backes (Hg.): *Die Krise der Städte. Analysen zu den Folgen desintegrativer Stadtentwicklung für das ethnisch-kulturelle Zusammenleben.* Frankfurt/M., 21-96.

DeLillo, Don 1987: *Weißes Rauschen.* München. (돈 드릴로 지음, 강미숙 옮김, 《화이트 노이즈》, 창비, 2005.)

_____ 2003: *Cosmopolis*, Köln.

Deutsch, Karl W. 1972: *Nationenbildung, Nationalstaat, Integration.* Düsseldorf.

Dicken, P. 1986: *Global Shift. Industrial Change in a Turbulant World.* London.

Dodge, Martin/Rob Kitchin 2001: *Mapping Cyberspace.* London.

Dollhausen, Karin: "Neue Medien und Kommunikation: Medien- und kommunikations-theoretische Überlegungen zu einem Forschungsfeld", in: G. Günter Voß u. a. (Hg.): *Neue Medien im Alltag. Begriffsbestimmungen eines interdisziplinären Forschungsfeldes.* Opladen 2000, 107-126.

Douglas, Mary 1981: *Ritual, Tabu und Körpersymbolik. Sozialanthropologische Studien in Industriegesellschaft und Stammeskultur.* Frankfurt/M.

_____ 1985: *Reinheit und Gefährung. Ein Studie zu Vorstellungen von Verunreinigung und Tabu.* Berlin. (메리 더글라스 지음, 유제분 옮김, 《순수와 위험》, 현대미학사, 1997.)

Drepper, Thomas 2003: "Der Raum der Organisation—Annäherung an ein Thema", in: Thomas Krämer-Badoni/Klaus Kuhm (Hg.): *Die Gesellschaft und ihr Raum. Raum als Gegenstand der Soziologie.* Opladen, 103-130.

Dröge, Franz 2000: *Ort und Raum. Über Raumkonstruktionen und ihre Vermittlung.* Universität Bremen. ZWE Arbeit und Region, Arbeitspapiere 38. Bremen: ZWE.

Dubet, François/Didier Lapeyronnie 1994: *Im Aus der Vorstädte. Der Zerfall der demokratischen Gesellschaft.* Stuttgart.

Duby, Georges 1999: "Situationen der Einsamkeit: 11. bis 13. Jahrhundert", in: Philippe Ariès/Georges Duby (Hg.): *Geschichte des privaten Lebens, 2. Band: Vom Feudalzeitalter zur Renaissance.* Augsburg, 473-496.

Durkheim, Emile 1981: *Frühe Schriften zur Begründung der Sozialwissenschaft.*

Herausgegeben, eingeleitet und übersetzt von Lore Heisterberg. Darmstadt und Neuwied.

____ 1984: *Die elementaren Formen des religiösen Lebens*. Frankfurt/M.

____ 1988: *Über soziale Arbeitsteilung. Studien über die Organisation höherer Gesellschaften*. Frankfurt/M.

____ 1991: *Physik der Sitten und des Rechts. Vorlesungen zur Soziologie der Moral*. Frankfurt/M.

____ 1993: "Pragmatismus und Soziologie", in: ders.: Schriften zur *Soziologie der Erkenntnis*. Hg. von Hans Joas. Frankfurt/M., 11-168.

Durkheim, Emile/Marcel Mauss 1993: "Über einige primitive Formen von Klassifikation. Ein Beitrag zur Erforschung der kollektiven Vorstellungen", in: Emile Durkheim: *Schriften zur Soziologie der Erkenntnis*. Frankfurt/M., 171-256.

Dyson, Esther, George Gilder, George Keyworth und Alvin Toffler 1996: "Eine Magna Charta für das Zeitalter des Wissens", in: Stefan Bollmann/Christiane Heibach (Hg.): *Kursbuch Internet. Anschlüsse an Wirtschaft und Politik, Wissenschaft und Kultur*. Mannheim, 98-108.

Ecarius, Jutta/Martina Löw (Hg.) 1997: *Raumbildung—Bildungsräume. Über die Verräumlichung sozialer Prozesse*. Opladen.

Eckardt, Frank 2004: *Soziologie der Stadt*. Bielefeld.

Einstein, Albert 1960: "Vorwort", in: Max Jammer: *Das Problem des Raumes. Die Entwicklung der Raumtheorien*. Darmstadt, XII-XVII.

Eisner, Manuel 1997: *Das Ende der zivilisierten Stadt? Die Auswirkungen von Modernisierung und urbaner Krise auf Gewaltdelinquenz*. Frankfurt/M., New York.

Elias, Norbert 1976a: *Über den Prozeß der Zivilisation. Soziogenetische und psycho-genetische Untersuchungen, Bd. 1: Wandlungen des Verhaltens in den weltlichen Oberschichten des Abendlandes*. Frankfurt/M. (노베르트 엘리아스 지음, 박미애 옮김, 《문명화 과정》, 한길사, 1999.)

____ 1976b: *Über den Prozeß der Zivilisation. Soziogenetische und psychogenetische Untersuchungen, Bd. 2: Wandlungen der Gesellschaft. Entwurf zu einer Theorie der Zivilisation*. Frankfurt/M.

____ 1983: *Die höfische Gesellschaft. Untersuchungen zur Soziologie des Königtums und der höfischen Aristokratie.* Frankfurt/M.

____ 1987a: *Über die Zeit. Arbeiten zur Wissenssoziologie II.* Frankfurt/M.

____ 1987b: *Die Gesellschaft der Individuen.* Frankfurt/M.

Ellrich, Lutz 1999: "Zwischen 'wirklicher' und 'virtueller Realität'. Über die erstaunliche Wiederkehr des Realen im Virtuellen", in: Claudia Honegger, Stefan Hradil, Franz Traxler (Hg.): *Grenzenlose Gesellschaft?* Verhandlungen des 29. Kongresses der deutschen Gesellschaft für Soziologie, des 16. Kongresses der Österreichischen Gesellschaft für Soziologie, des 11. Kongresses der Schweizerischen Gesellschaft für Soziologie in Freiburg i. Br. 1998. Opladen, 397-411.

Enzensberger, Hans-Magnus 1996: *Aussichten auf den Bürgerkrieg.* Frankfurt/M.

Esser, Josef 2002: "Polyzentrische Stadtpolitik—Chancen für mehr Demokratie und soziale Gerechtigkeit", in: Martina Löw (Hg.): *Differenzierungen des Städtischen.* Opladen, 247-264.

Etzioni, Amitai 1998: *Die Entdeckung des Gemeinwesens. Ansprüche, Verantwortlichkeiten und des Programm des Kommunitarismus.* Frankfurt/M. (zuerst New York 1993)

Ewald, François 1995: "Analytique de l'exclusion", in: *Magazine littéraire*, H. 334, 22-24.

Faßler, Manfred 1996: "Privilegien der Ferne. Elektronische Landschaften, transkulturelle Kommunikation und Weltrhetorik" in: ders., Johanna Will, Marita Zimmermann (Hg.): *Gegen die Restauration der Geopolitik. Zum Verhältnis von Ethnie, Nation und Globalität.* Gießen, 166-202.

____ 1999: *Cyber-Moderne.* Wien, New York.

Featherstone Mike 1999: "Globale Stadt, Informationstechnologie und Öffentlichkeit", in: Claudia Rademacher, Markus Schroer, Peter Wiechens (Hg.): *Spiel ohne Grenzen? Ambivalenzen der Globalisierung.* Opladen, 169-201.

Featherstone, Mike/R. Burrows 1995: "Introduction", in: dies. (Hg.): *Cyberspace, Cyberbodies, Cyberpunk: Cultures of Technological Embodiment.* London.

Fecht, Tom/Dietmar Kamper (Hg.) 2000: *Umzug ins Offene. Vier Versuche über den Raum.* Wien, New York.

Feiner, Sabine, Karl G. Kick, Stefan Krauß (Hg.) 2001: *Raumdeutungen. Ein interdisziplinärer Blick auf das Phänomen Raum.* Münster, Hamburg, Berlin,

London.

Filippov, Alexander 1999: "Der Raum der Systeme und die großen Reiche. Über die Vieldeutigkeit des Raumes in der Soziologie", in: Claudia Honegger, Stefan Hradil, Franz Traxler (Hg.): *Grenzenlose Gesellscahft?* Verhandlungen des 29. Kongresses der Deutschen Gesellschaft für Soziologie, des 16. Kongresses der Österreichischen Gesellschaft für Soziologie, des 11. Kongresses der Schweizerischen Gesellschaft für Soziologie in Freiburg i. Br. 1998. Opladen, 344-358.

Flusser, Vilém 1994: *Von der Freiheit des Migranten. Einsprüche gegen den Nationalismus.* Bensheim.

____ 1995: "Verbündelung oder Vernetzung?" in: Stefan Bollmann (Hg.): *Kursbuch Neue Medien. Trends in Wirtschaft und Politik, Wissenschaft und Kultur.* Mannheim, 15-23.

Foucault, Michel 1976: *Mikrophysik der Macht. Über Strafjustiz, Psychiatrie und Medizin.* Berlin.

____ 1980: *Power, Knowledge. Selected Interviews and Other Writings 1972-1977.* Hg. von Colin Gordon. New York.

____ 1988: *Die Geburt der Klinik. Eine Archäologie des ärztlichen Blicks.* Frankfurt/M.

____ 1990: "Andere Räume", in: Karlheinz Barck u. a. (Hg.): *Aisthesis. Wahrnehmung heute oder Perspektiven einer anderen Ästbetik.* Leipzig, 34-46.

Freudenthal, Gideon 1982: *Atom und Individuum im Zeitalter Newtons. Zur Genese der mechanistischen Natur- und Sozialphilosophie.* Frankfurt/M.

Friedrichs, Jürgen 1980: *Stadtanalyse, Soziale und räumliche Organisation der Gesellschaft.* Opladen.

____ 1995: *Stadtsoziologie.* Opladen.

____ 2000: "Ethnische Segregation im Kontext allgemeiner Segregationsprozesse in der Stadt", in: Annette Harth, Gitta Scheller, Wulf Tessin (Hg.): *Stadt und soziale Ungleichheit.* Opladen, 174-196.

Friedrichs, Jürgen/Jörg Blasius 2000: *Leben in benachteiligten Wohngebieten.* Opladen.

Fuchs, Peter 1998: "Realität der Virtualität—Aufklärungen zur Mystik des Netzes", in: Andreas Brill/Michael de Vries (Hg.): *Virtuelle Wirtschaft. Virtuelle Unternehmen, virtuelle Produkte, virtuelles Geld und virtuelle Kommunikation.* Opladen, 301-322.

Fuchs, Peter, Dieter Buhrow, Michael Krüger 1994: "Die Widerständigkeit der Behinderten. Zu Problemen der Inklusion/Exklusion von Behinderten in der ehemaligen DDR", in: Peter Fuchs/Andreas Göbel (Hg.): *Der Mensch—das Medium der Gesellschaft?* Frankfurt/M., 239-263.

Fuchs, Peter/Dietrich Schneider 1995: "Das Hauptmann-von-Köpenick-Syndrom. Überlegungen zur Zukunft funktionaler Differenzierung", in: *Soziale Systeme*, H. 2, 203-224.

Fukuyama, Francis 1992: *Das Ende der Geschichte. Wo stehen wir?* München. (프랜시스 후쿠야마 지음, 이상훈 옮김, 《역사의 종말》, 한마음사, 1997.)

Funke, Harald/Markus Schroer 1998: "Lebensstilökonomie. Zur Balance zwischen subjektiver Wahl und objektiven Zwängen", in: Frank Hillebrand, Georg Kneer, Klaus Kraemer (Hg.): *Verlust der Sicherheit? Lebensstile zwischen Multioptionalität und Knappheit*. Opladen, 219-244.

Funken, Christiane/Martina Löw (Hg.) 2003: *Raum—Zeit—Medialität. Interdisziplinäre Studien zu neuen Kommunikationstechnologien.* Opladen.

Gates, Bill 1995: *Der Weg nach vorn. Die Zukunft der Industriegesellschaft.* Hamburg.

Geiger, Theodor 1959: Art. "Gesellschaft", in: A. Vierkandt (Hg.): *Handwörterbuch der Soziologie.* Stuttgart 1959 (Originalausgabe 1931).

Geißler, Rainer 2002: *Die Sozialstruktur Deutschlands.* Wiesbaden.

Gennep, Arnold van 1999: *Überganagsriten (Les rites de passage).* Frankfurt/M., New York. (Originalausgabe 1981). (A. 반 겐넵 지음, 전경수 옮김, 《통과의례》, 을유문화사. 2000.)

Geser, Hans 1992: "Kleinstaaten im internationalen System", in: *Kölner Zeitschrift für Soziologie und Sozialpsychologie* 44, 627-654.

____ 1999: "Metasoziologische Implikationen des 'Cyberspace'", in: Claudia Honegger, Stefan Hradil, Franz Traxler (Hg.): *Grenzenlose Gesellschaft?* Verhandlungen des 29. Kongresses der deutschen Gesellschaft für Soziologie, des 16. Kongresses der Österreichischen Gesellschaft für Soziologie, des 11. Kongresses der Schweizerischen Gesellschaft für Soziologie in Freiburg i. Br. 1998. Opladen. 202-219.

Gibson, William 1996: *Die Neuromancer-Trilogie.* Hamburg.

Giddens, Anthony 1979: *Central Problems in Social Theory. Action, Structure and Contradiction in Social Analysis*, London, Basingstoke. (앤서니 기든스 지음, 윤병철 · 박병래 옮김, 《사회이론의 주요 쟁점》, 문예출판사, 1998.)

___ 1981: *A Contemporary Critique of Historical Materialism, Bd. 1: Power, property and the state.* London. (앤서니 기든스 지음, 최병두 옮김, 《사적 유물론의 현대적 비판》, 나남, 1990.)

___ 1984: *Interpretative Soziologie. Eine kritische Einführung.* Frankfurt/M., New York.

___ 1985: *The Nation-State and violence. Volume Two of a Contemporary Critique of Historical Materialism.* Cambridge. (앤서니 기든스 지음, 진덕규 옮김, 《민족국가와 폭력》, 삼지원, 1993.)

___ 1992: *Die Konstitution der Gesellschaft. Grundzüge einer Theorie der Strukturierung.* Frankfurt/M., New York.

___ 1993: *Wandel der Intimität. Sexualität, Liebe und Erotik in modernen Gesellschaften.* Frankfurt/M. (앤서니 기든스 지음, 배은경 · 황정미 옮김, 《현대 사회의 성 · 사랑 · 에로티시즘》, 새물결, 1999.)

___ 1994: *Jenseits von Links und Rechts. Die Zukunft radikaler Demokratie.* Frankfurt/M. (앤서니 기든스 지음, 김현옥 옮김, 《좌파와 우파를 넘어서》, 한울, 2008.)

___ 1995a: *Konsequenzen der Moderne.* Frankfurt/M.

___ 1995b: "Strukturation und sozialer Wandel", in: Hans-Peter Müller/Michael Schmid (Hg.): *Sozialer Wandel. Modellbildung und theoretische Ansätze.* Frankfurt/M., 151-191.

___ 1995c: *Soziologie.* Graz, Wien. (앤서니 기든스 지음, 김미숙 외 옮김, 《현대 사회학》, 을유문화사, 2009.)

Giesen, Bernhard 1993: *Die Intellektuellen und die Nation. Eine deutsche Achsenzeit.* Frankfurt/M.

Gleichmann, Peter 2000: "Wohnen", in: Hartmut Häußermann (Hg.): *Großstadt. Soziologische Stichworte.* Opladen, 272-281.

Goffman, Erving 1982: *Das Individuum im öffentlichen Austausch. Mikrostudien zur öffentlichen Ordnung.* Frankfurt/M.

___ 1986: *Interaktionsrituale. Über Verhalten in direkter Kommunikation.* Frankfurt/M.

Granovetter, Mark 1973: "The Strength of Weak Ties", in: *American Journal of Sociology* 78, 1360-1380.

Großklaus, Götz 1995: *Medien-Zeit, Medien-Raum. Zum Wandel der raumzeitlichen Wahrnehmung in der Moderne.* Frankfurt/M.

Gross, Peter 1999: *Ich-Jagd. Im Unabhängigkeitsjahrhundert.* Frankfurt/M.

Guéhenno, Jean-Marie 1996: *Das Ende der Demokratie.* München.

Guggenberger, Bernd 1999: "Politik zwischen Talkshow und Teleshopping. Über die verhängnisvolle Wechselwirkung zwischen medialer Entwicklung und politischer Kultur", in: Elisabeth Anselm u. a. (Hg.): *Die neue Ordnung des Politischen. Die Herausforderungen der Demokratie am Beginn des 21. Jahrhunderts.* Frankfurt/M., New York, 187-206.

___ 2000: "Virtual City. Jetztzeitwesen in einer 'ortlosen' Stadt", in: Ursula Keller (Hg.): *Perspektiven metropolitaner Kultur.* Frankfurt/M., 37-59.

Gumbrecht, Hans-Ulrich 1991: "nachMODERNE ZEITENräume", in: ders./Robert Weimann (Hg.): *Postmoderne—globale Differenz.* Frankfurt/M., 54-70.

___ 1999: "Was sich nicht wegkommunizieren lässt", in: Rudolf Maresch/Niels Werber (Hg.): *Kommunikation, Medien, Macht.* Frankfurt/M., 329-341.

Habermas, Jürgen 1981: "Moderne und postmoderne Architektur", in: ders.: *Die Moderne—ein unvollendetes Projekt. Philosophisch- politische Aufsätze 1977-1990,* 55-74.

___ 1990: *Strukturwandel der Öffentlichkeit. Untersuchungen zu einer Kategorie der bürgerlichen Gesellschaft.* Frankfurt/M.

___ 1997: *Die Einbeziehung des Anderen. Studien zur politischen Theorie.* Frankfurt/M.

___ 1998a: "Jenseits des Nationalstaats? Bemerkungen zu Folgeproblemen der wirtschaftlichen Globalisierung", in: Ulrich Beck (Hg.): *Politik der Globalisierung.* Frankfurt/M., 67-84.

___ 1998b: *Die postnationale Konstellation. Politische Essays.* Frankfurt/M.

Häntzschel, Jörg 2001: "Die Macht hat tausend Augen", in: *Süddeutsche Zeitung* N. 93, 21. April 2001, 17.

Hahn, Alois 1988: "Kann der Körper ehrlich sein?", in: Hans-Ulrich Gumbrecht (Hg.): *Materialität der Kommunikation.* Frankfurt/M. 666-679

____ 1993: "Identität und Nation in Europa", in: *Berliner Journal für Soziologie*, 193-203.

Halbwachs, Maurice 1985: *Das kollektive Gedächtnis*. Frankfurt/M.

Hall, Edward. T. 1959: *The Silent Language*. Garden City, New York. (에드워드 홀 지음, 최효선 옮김, 《침묵의 언어》, 한길사, 2000.)

Hall, Stuart 1994: *Rassismus und kultureller Identität. Ausgewählte Schriften 2*. Hamburg.

____ 1999: "Kulturelle Identität und Globalisierung", in: Karl H. Hörning/Rainer Winter (Hg.): *Widerspenstige Kulturen. Cultural Studies als Herausforderung*. Frankfurt/M., 393-441.

Hamedinger, Alexander 1998: *Raum, Struktur und Handlung als Kategorien der Entwicklungstheorie. Eine Auseinandersetzung mit Giddens, Foucault und Lefebvre*. Frankfurt/M., New York.

Hamm, Bernd 1982: *Einführung in die Siedlungssoziologie*. München.

Hamm, Bernd/Ingo Neumann 1996: *Siedlungs-, Umwelt- und Planungssoziologie. Ökologische Soziologie, Bd. 2*. Opladen.

Hammerich, Kurt/Bettina Schaffrath 1999: "Freizeit—oder ein Beispiel für fast beliebige Problemzuschreibungen", in: Günter Albrecht, Axel Groenemeyer, Friedrich W. Stallberg (Hg.): *Handbuch soziale Probleme*. Opladen, Wiesbaden 373-401.

Hard, Gerhard 2002: "Raumfragen", in: ders.: *Landschaft und Raum. Aufsätze zur Theorie der Geographie*. Band 1 (Osnabrücker Studien zur Geographie 22), Osnabrück, 253-302.

Harth, Annette, Gitta Scheller, Wulf Tessin (Hg.) 2000: *Stadt und soziale Ungleichheit*. Opladen.

Hartke Wolfgang 1970: "Wirtschafts- und sozialgeographisches Arbeitsprogramm", in: Dietrich Bartels (Hg.): *Wirtschafts- und Sozialgeographie*. Köln, Berlin, 403-404.

Harvey, David 1985: "The Geopolitics of Capitalism", in: Derek Gregory/John Urry (Hg.): *Social Relations and Spatial Structures*. Houndsmills, Basingstoke, Hampshire, London, 128-163.

____ 1989: *The Condition of Postmodernity. An Enquiry into the origins of Cultural Change*. Oxford, Cambridge. (데이비드 하비 지음, 구동회 · 박영민 옮김, 《포스트 모더니티의 조건》, 한울, 2008.)

_____ 1994: "Die Postmoderne und die Verdichtung von Raum und Zeit", in: Andreas Kuhlmann (Hg.): *Philosophische Ansichten der Moderne*. Frankfurt/M., 48-78.

Häußermann, Hartmut/Ingrid Oswald 1997: "Zuwanderung und Stadtentwicklung", in: dies. (Hg.): *Zuwanderung und Stadtentwicklung, Leviathan*, Sonderheft 17, Opladen, 9-29.

_____ 1998a: "Zuwanderung und die Zukunft der Stadt. Neue ethnisch-kulturelle Konflikte durch die Entstehung einer neuen sozialen 'underclass'?", in: Wilhelm Heitmeyer, Rainer Dollase, Otto Backes (Hg.): *Krise der Städte. Analysen zu den Folgen desintegrativer Stadtentwicklung für das ethnisch-kulturelle Zusammenleben*. Frankfurt/M., 145-175.

_____ 1998b: "'Amerikanisierung' der deutschen Städte—Divergenz und Konvergenz", in: Walter Prigge (Hg.): *Peripherie ist überall*. Frankfurt/M., New York, 76-83.

Häußermann, Hartmut/Walter Siebel 1996: *Soziologie des Wohnens. Eine Einführung in Wandel und Ausdifferenzierung des Wohnens*. Weinheim, München.

_____ 2002: "Die Mühen der Differenzierung", in: Martina Löw (Hg.): *Differenzierungen des Städtischen*, Opladen 29-67.

Hawking, Stephan 1991: *Eine kurze Geschichte der Zeit*. Reinbek bei Hamburg.

Hegel, Georg Wilhelm Friedrich 1970: *Enzyklopädie der philosophischen Wissenschaften III, Werke in zwanzig Bänden, Bd. 10*, Frankfurt/M.

Heidegger, Martin 1950: "Das Ding", in: ders.: *Vorträge und Aufsätze*. Pfullingen 1954, 157-175.

_____ 1951: "Bauen, Wohnen, Denken", in: ders.: *Vorträge und Aufsätze*. Pfullingen 1954, 139-156.

_____ [16]1986: *Sein und Zeit*. Tübingen.

Heidenreich, Elisabeth 1993: "Leben in zwei Welten. Über Erfahrungen, Strategien und Aporien des Fremdseins. Ein Essay", in: *Leviathan* 21, H. 2, 222-237.

Heine, Heinrich 1974: "Lutetia", in: ders.: *Sämtliche Schriften, Bd. 5*. Hg. von K. Briegleb und K. H. Stahl. München.

Heitmeyer, Wilhelm, Rainer Dollase, Otto Backes (Hg.) 1998: *Die Krise der Städte. Analysen zu den Folgen desintegrativer Stadtentwicklung für das ethisch-kulturelle Zusammenleben*. Frankfurt/M.

Heitmeyer, Wilhelm/Reimund Anhut (Hg.) 2000: *Bedrohte Stadtgesellschaft. Soziale Desintegrationspozesse und ethnisch-kulturelle Konfliktkon-stellationen.* Weinheim, München.

Henckel, Dietrich/Mattias Eberling (Hg.) 2002: *Raumzeitpolitik.* Opladen.

Hennig, Eike 2001: "Einmauern. Die Zitadellengesellschaft und ihre gated communitis", in: Schader-Stifrung (Hg.): *wohn:wandel. Szenarien, Prognosen, Optionen zur Zukunft des Wohnens.* Darmstadt, 294-301.

Herlyn, Ulfert 1993: "Stadt- und Regionalsoziologie", in: Hermann Korte/Bernhard Schäfers (Hg.): *Einführung in Spezielle Soziologien.* Opladen, 245-263.

Herlyn, Ulfert/Bernd Hunger (Hg.) 1997: *Ostdeutsche Wohnmilieus im Wandel.* Basel, Boston, Berlin.

Hirschauer, Stefan 2002: "Scheinlebendige. Die Verkörperung des letzten Willens in einer anatomischen Ausstellung", in: *Soziale Welt* 53 (2002), H. 1, 5-29.

Hitzler, Ronald 1994: "Mobilisierte Bürger. Über einige Konsequenzen der Politisierung der Gesellschaft", in: *Im Dschungel der politisierten Gesellschaft. Ulrich Beck in der Diskussion. Ästhetik und Kommunikation* 23, H. 85/86, 55-62.

Hobbes, Thomas 1984: *Leviathan oder Stoff, Form und Gewalt eines kirchlichen und bürgerlichen Staates.* Hg. und eingeleitet von Iring Fetscher. Frankfurt/M. (토머스 홉스 지음, 진석용 옮김, 《리바이어던: 교회국가 및 시민국가의 재료와 형태 및 권력》, 나남, 2008.)

Hoffmann-Axthelm, Dieter 1993: *Die dritte Stadt. Bausteine eines neuen Gründungs-vertrages.* Frankfurt/M.

Hoffmann-Axthelm, Dieter 1999: "Kolloquium über Stadttheorie und Planungspraxis im Wissenschaftskolleg zu Berlin am 13. Dezember 1995", in: Michael Mönninger (Hg.): *Stadtgesellschaft.* Frankfurt/M., 29-71.

Honegger, Claudia, Stefan Hradil, Franz Traxler 1999 (Hg.): *Grenzenlose Gesellschaft?* Verhandlungen des 29. Kongresses der deutschen Gesellschaft für Soziologie, des 16. Kongresses der Österreichischen Gesellschaft für Soziologie, des 11. Kongresses der Schweizerischen Gesellschaft für Soziologie in Freiburg i. Br. 1998. Opladen.

Hotzan, Jürgen 1997: *dtv-atlas Stadt. Von den ersten Gründungen bis zur modernen*

Stadtplanung. München.

Hradil, Stefan 1999: *Soziale Ungleichheit in Deutschland.* Opladen.

Husserl, Edmund 1950ff.: *Husserliana*, Bd. IV. Den Haag, Dordrecht.

Jameson, Frederic 1986: "Postmoderne—zur Logik der Kultur im Spätkapitalismus", in: Andreas Huyssen/Klaus R. Scherpe (Hg.): *Postmoderne—Zeichen eines kulturellen Wandels.* Reinbek bei Hamburg, 45-102.

Jammer, Max 1960: *Das Problem des Raumes. Die Entwicklung der Raumtheorien.* Darmstadt.

Jellinek, Georg 1960: *Allgemeine Staatslehre.* 7. Neudruck der 3. Auflage, Darmstadt. (게오르그 옐리네크 지음, 김효전 옮김,《일반 국가학》, 법문사, 2005.)

Joas, Hans 1992: "Einführung. Eine soziologische Transformation der Praxis-philosophie—Giddens' Theorie der Strukturierung", in: Anthony Giddens: *Die Konstitution der Gesellschaft. Grudzüge einer Theorie der Strukturierung.* Frankfurt/M., New York, 9-23.

_____ 1993: "Durkheim und der Pragmatismus. Bewusstseinspsychologie und die soziale Konstitution der Kategorien", in: Emile Durkheim: *Schriften zur Soziologie der Erkenntnis. Hg. von Hans Joas.* Frankfurt/M., 257-288.

Jütte, Robert 1998: "Die Entdeckung des 'inneren' Menschen 1500-1800", in: Richard van Dülmen (Hg.): *Erfindung des Menschen. Schöpfungsträume und Körperbilder 1500-2000.* Wien, Köln, Weimar, 241-260.

Kamps, Klaus 1999 (Hg.): *Elektronische Demokratie? Perspektiven politischer Partizipation.* Opladen, Wiesbaden.

Kant, Immanuel 1905a: "Neuer Lehrbegriff von Bewegung und Ruhe und den damit verknüpften Folgerungen in den ersten Gründen der Naturwissenschaft" (1756), in: *Kants Werke. Gesammelte Schriften.* Hg. von der Königlich Preußischen Akademie der Wissenschaften, Bd. 2. Berlin, 13-26.

_____ 1905b: "Von dem ersten Grunde des Unterschiedes der Gegenden im Raume" (1769), in: *Kants Werke. Gesammelte Schriften.* Hg. von der Königlich Preußischen Akademie der Wissenschaften, Bd. 2. Berlin 1905, 375-384.

_____ 1974: *Kritik der reinen Vernunft, Bd. 2. Werkausgabe III und IV.* Hg. von Wilhelm Weischedel. Frankfurt/M. (임마누엘 칸트 지음, 이명성 옮김, 《순수이

성비판》, 홍신문화사, 2006.)

Keim, Karl-Dieter 1997: "Vom Zerfall des Urbanen", in: Wilhelm Heitmeyer (Hg.): *Bundesrepublik Deutschland. Auf dem Weg von der Konsens-zur Konflikt-gesellschaft, Bd. 1: Was treibt die Gesellschaft auseinander?* Frankfurt/M., 245-286.

Kießling, Bernd 1988: "Die 'Theorie der Strukturierung'. Ein Interview mit Anthony Giddens", in: *Zeitschrift für Soziologie* 17, H. 4, 286-295

Kieserling, André 1999: *Kommunikation unter Anwesenden: Studien über Kommunikations-systeme.* Frankfurt/M.

___ 2000: "Zwischen Wirtschaft und Kultur. Über Pierre Bourdieu", in: *Soziale System* 6, 369-387.

Kneer, Georg 2004: "Differenzierung bei Luhmann und Bourdieu. Ein Theorienvergleich", in: Armin Nassehi/Gerd Nollmann (Hg.): *Bourdieu und Luhmann. Ein Theorien-vergleich.* Frankfurt/M., 25-56.

Kneer, Georg, Armin Nassehi 1993: *Niklas Luhmanns Theorie sozialer Systeme. Ein Einführung.* München. (게오르그 크네어 · 아민 낫세이 지음, 정성훈 옮김, 《니클라스 루만으로의 초대》, 갈무리, 2008.)

Knieper, Rolf 1991: *Nationale Souveränität. Versuch über Ende und Anfang einer Weltordnung.* Frankfurt/M.

Knoke, William 1996: *Kühne neue Welt. Leben in der "Placeless society" des 21. Jahrhunderts.* Wien.

Kocka, Jürgen 1999: "Wider die Idealisierung der historischen Stadt", in: Michael Mönninger (Hg.): *Stadtgesellschaft.* Frankfurt/M., 97-100.

Köster, Werner 2002: *Die Rede über den "Raum". Zur semantischen Karriere eines deutschen Konzepts.* Heidelberg.

Kohler-Koch, Beate (Hg.) 1998: *Regieren in entgrenzten Räumen.* Opladen.

Kollhoff, Hans 1999: "Was ist eine Stadtgesellschaft?", in: Michael Mönninger (Hg.): *Stadtgesellschaft.* Frankfurt/M., 101-107.

Konau, Elisabeth 1973: *Raum und soziales Handeln. Studien zu einer vernachlässigten Dimension soziologischer Theoriebildung.* Diss. Erschienen Stuttgart 1977.

Koselleck, Reinhart 2000: "Raum und Geschichte", in: ders.: *Zeitschichten. Studien zur Historik.* Frankfurt/M., 78-96.

Kracauer, Siegfried 1977: *Das Ornament der Masse. Essays.* Frankfurt/M.

____ 1980: "Über Arbeitsnachweise. Konstruktion eines Raumes", in: *Text+Kritik* 68: *Siegfried Kracauer*, 12-17.

Krämer-Badoni, Thomas 2002: "Urbanität, Migration und gesellschaftliche Integration", in: Martina Löw (Hg.): *Differenzierungen des Städtischen.* Opladen, 69-86.

____ 2003: "Die Gesellschaft und ihr Raum—kleines verwundertes Nachwort zu einem großen Thema", in: ders./Klaus Kuhm (Hg.): *Die Gesellschaft und ihr Raum. Raum als Gegenstand der Soziologie.* Frankfurt/M., New York, 275-286.

____ 2004: "Die europäische Stadt und die alteuropäische Soziologie", in: Walter Siebel (Hg.): *Die europäische Stadt.* Frankfurt/M., 433-444.

Krämer-Badoni, Thomas/Klaus Kuhm (Hg.) 2003: *Die Gesellschaft und ihr Raum. Raum als Gegenstand der Soziologie.* Opladen.

Krämer-Badoni, Thomas/Werner Petrowsky 1997: *Das Verschwinden der Städte.* Dokumentation des 16. Bremer Wissenschaftsforums der Universität Bremen. Bremen.

Krätke, Stefan 1995: *Stadt, Raum, Ökonomie. Einführung in aktuelle Problemfelder der Stadtökonomie und Wirtschaftsgeographie.* Basel, Boston, Berlin.

Krais, Beate 1993: "Geschlechterverhältnis und symbolische Gewalt", in: Gunter Gebauer/ Christoph Wulf (Hg.): *Praxis und Ästhetik. Neue Perspektiven im Denken Pierre Bourdieus.* Frankfurt/M., 208-250.

Kramer, Caroline 2003: "Soziologie und Sozialgeographie. Auf dem Weg zur Transdisziplinarität? Eine Analyse der Selbst- und Fremdbilder der beiden Nachbardisziplinen", in: *Soziologie*, H. 3, 31-59.

Kruse, Lenelis und Carl F. Graumann 1978: "Sozialpsychologie des Raumes und der Bewegung", in: Kurt Hammerich/Michael Klein (Hg.): *Materialien zur Sozologie des Alltags.* Opladen 1978, 177-219.

Kuhm, Klaus 2000a: "Der Raum als Medium gesellschaftlicher Kommunikation", in: *Soziale Systeme* 6, H. 2, 321-348.

____ 2000b: "Exklusion und räumliche Differenzierung", in: *Zeitschrift für Soziologie* 29, H. 1, 60-77.

Lacoste, Yves 1990: *Geographie und politisches Handeln*. Berlin.

Läpple, Dieter 1991: "Essaz über den Raum. Für ein gesellschaftswissenschaftliches Raumkonzept", in: Hartmut Häußermann u. a. (Hg.): *Stadt und Raum. Soziologische Analysen*. Pfaffenweiler, 157-207.

Leibniz G. W. 1904: *Hauptschriften zur Grundlegung der Philosophie*. Hg. von Ernst Cassirer, Leipzig.

Lefèbvre, Henri 1990: *Die Revolution der Städte*. Frankfurt/M.

Le Goff, Jacques 1998: *Die Liebe zur Stadt. Eine Erkundung vom Mittelalter bis zur Jahrtausendwende*. Frankfurt/M., New York.

Lévi-Strauss, Clude 1968: *Das wilde Denken*. Frankfurt/M.

Lichtenberger, Elisabeth 2002: *Die Stadt. Von der Polis zur Metropolis*. Darmstadt.

Linde, Hans 1970: "Urbanität", in: *Handwörterbuch für Raumforschung und Raumordnung*. Hannover.

Lindner, Rolf 2000: "Das Verschwinden der konkreten Orte", in: Dirk Matejovski (Hg.): *Metropolen. Laboratorien der Moderne*. Frankfurt/M., 321-323.

____ 2004: *Walks on the Wild Side. Eine Geschichte der Stadtforschung*. Frankfurt/M., New York.

Litz, Stefan 2000: "Die Zitadellengesellschaft. Soziale Exklusion durch Privatisierung und Befestigung urbaner Lebenswelten", in: *Berliner Journal für Soziologie* 10, H. 4, 535-554.

Löw, Martina 1997: "Die Konstituierung sozialer Räume im Geschlechterverhältnis", in: Stefan Hradil (Hg.): *Differenz und Integration. Die Zukunft moderner Gesellschaften. Verhandlungen des 28. Kongresses der Deutschen Gesellschaft für Soziologie in Dresden 1996*, 451-463.

____ 2001: *Raumsoziologie*. Frankfurt/M.

____ (Hg.) 2002: *Differenzierungen des Städtischen*. Opladen.

Lübbe, Hermann 1995: "Schrumpft die Zeit? Zivilisationsdynamik und Zeitumgangsmoral. Verkürzter Aufenthalt in der Gegenwart", in: Kurt Weis (Hg.): *Was ist Zeit? Zeit und Veranwortung in Wissenschaft, Technik und Religion*. München, 53-79.

Lüscher, Kurt 1974: "Time. A Much Neglected Dimension in Social Theory and Research", in: *Sociological Analysis and Theory* 4, 101-117.

Luhmann, Niklas 1971a: "Moderne Systemtheorien als Form gesamtgesellschaftlicher Analyse", in: Jürgen Habermas/Niklas Luhmann: *Theorie der Gesellschaft oder Sozialtechnologie—Was leistet die Systemforschung?* Frankfurt/M. 1971, 7-24.

____ 1971b: "Sinn als Grundbegriff der Soziologie", in: Jürgen Habermas/Niklas Luhmann: *Theorie der Gesellschaft oder Sozialtechnologie—Was leistet die Systemforschung?* Frankfurt/M., 25-100.

____ 1973: *Vertrauen. Ein Mechanismus der Reduktion sozialer Komplexität.* 2. Auflage, Stuttgart.

____ 1975: *Soziologische Aufklärung 2. Aufsätze zur Theorie der Gesellschaft.* Opladen.

____ 1981: *Politische Theorie im Wohlfahrtsstaat.* München. (니클라스 루만 지음, 김종길 옮김, 《복지국가의 정치이론》, 일신사, 2001.)

____ 1982: *Liebe als Passion. Zur Codierung von Intimität.* Frankfurt/M. (니클라스 루만 지음, 권기돈 · 정성훈 · 조형준 옮김, 《열정으로서의 사랑》, 새물결, 2009.)

____ 1984: *Soziale Systeme. Grundriß einer allgemeinen Theorie.* Frankfurt/M. (니클라스 루만 지음, 박여성 옮김, 《사회체계이론》, 한길사, 2007.)

____ 1986: *Ökologische Kommunikation. Kann die moderne Gesellschaft sich auf ökologische Gefährdungen einstellen?* Opladen. (니클라스 루만 지음, 이남복 옮김, 《현대 사회는 생태학적 위협에 대처할 수 있는가》, 백의, 2002.)

____ 1991: "Interview am 13. 12. 1990 in Bielefeld", in: *Texte zur Kunst,* Bd. 1 (1991), No. 4, 121-133. (http://www.hgb-leipzig.de/ARTNINE/huber/aufsaetze/luhmann.html, Zugriff am 3. 1. 2004)

____ 1992: *Beobachtungen der Moderne.* Opladen.

____ 1993: *Gesellschaftsstruktur und Semantik. Studien zur Wissenssoziologie der modernen Gesellschaft, Bd. 3.* Frankfurt/M.

____ 1994: "Systemtheorie und Protestbewegungen. Ein Interview", in: ders.: *Protest. Systemtheorie und soziale Bewegungen.* Hg. von Kai-Uwe Hellmann. Frankfurt/M. 1996, 175-200.

____ 1995: "Inklusion und Exklusion", in: ders.: *Soziologische Aufklärung 6. Die Soziologie und der Mensch.* Opladen, 237-264.

____ 1996a: *Die Realität der Massenmedien.* Opladen.

____ 1996b: "Jenseits von Barbarei", in: Max Miller/Hans-Georg Soeffner (Hg.):

Modernität und Barbarei. Soziologische Zeitdiagnose am Ende des 20. Jahrhunderts.
Frankfurt/M., 219-230.

____ 1997a: *Die Gesellschaft der Gesellschaft.* Frankfurt/M.

____ 1997b: *Die Kunst der Gesellschaft.* Frankfurt/M.

____ 1999: "Metamorphosen des Staates", in: ders.: *Gesellschaftsstruktur und Semantik.*
Studien zur Wissenssoziologie der modernen Gesellschaft, Bd. 4. Frankfurt/M.,
101-137.

____ 2000a: *Die Politik der Gesellschaft.* Hg. von André Kieserling. Frankfurt/M.

____ 2000b: *Organisation und Entscheidung.* Opladen.

____ 2000c: *Die Religion der Gesellschaft.* Hg. von André Kieserling. Frankfurt/M.

____ 2002a: *Das Erziehungssystem der Gesellschaft.* Frankfrut/M.

____ 2002b: *Einführung in die Systemtheorie.* Hg. von Dirk Baecker. Heidelberg.

Lutz-Bachmann, Matthias 2002: *Weltstaat oder Staatenwelt? Für und wider die Idee*
einer Weltrepublik. Frankfurt/M.

Maar, Christa/Florian Rötzer (Hg.) 1997: *Virtual Cities. Die Neuerfindung der Stadt im*
Zeitalter der globalen Vernetzung. Basel.

Mann, Michael 1997: "Hat die Globalisierung den Siegezug des Nationalstaats beendet?",
in: *Prokla. Zeitschrift für kritische Sozialwissenschaft* 27, H. 106, 113-141.

Mannheim, Karl [8]1995: *Ideologie und Utopie.* Frankfurt/M.

Marcuse, Peter 1998: "Muster und gestaltende Kräfte der amerikanischen Städte", in:
Walter Prigge (Hg.): *Peripherie ist überall.* Frankfurt/M., New York, 42-51.

Maresch, Rudolf 1997: "Öffentlichkeit im Netz. Ein Phantasma schreibt sich fort", in:
Stefan Münker/Alexander Roesler (Hg.): *Mythos Internet.* Frankfurt/M., 193-
212.

Maresch, Rudolf/Niels Werber (Hg.) 2002: *Raum—Wissen—Macht.* Frankfurt/M.

Massey, Doreen 1992: "Politics and Space/Time", in: *New left Review Nr.* 196, 65-84.

____ 1993: "Raum, Ort und Geschlecht. Feministische Kritik geographischer Konzepte", in:
Elisabeth Bühler u. a. (Hg.): *Ortssuche. Zur Geographie der Geschlechterdifferenz.*
Zürich/Dortmund, 109-122.

Mauss, Marcel 1975a: "Definition der allgemeinen Tatsachen des sozialen Lebens", in:
Bruno W. Nikles/Johannes Weiß (Hg.): *Gesellschaft. Organismus—Totalität—*

System. Hamburg, 132-141.

____ 1975b: "Die Techniken des Körpers", in: ders.: *Soziologie und Anthropologie, Bd. 2*, München, 199-220.

McLuhan, Marshall 1995: *Die magischen Kanäle. Understanding media*. Dresden, Basel. (마셜 매클루언 지음, 김성기 · 이한우 옮김,《미디어의 이해》, 민음사, 2002.)

Meckel, Miriam 2001: *Die globale Agenda. Kommunikation und Globalisierung*. Opladen.

Meier, Christian 1980: *Die Entstehung des Politischen bei den Griechen*. Frankfurt/M.

Melbin, Murray 1978: "Night as Frontier", in: *American Sociological Review* 43, 3-22.

Menzel, Ulrich 1998: *Globalisierung versus Fragmentierung*. Frankfurt/M.

Meurer, Bernd 1994: "Die Zukunft des Raums", in: ders. (Hg.): *Die Zukunft des Raums*. Frankfurt/M., New York, 13-36.

Meyrowitz, Joshua 1998: "Das generalisierte Anderswo", in: Ulrich Beck (Hg.): *Perspektiven der Weltgesellschaft*. Frankfurt/M., 176-191.

Mitchell, William J. 1996: *City of Bits. Leben in der Stadt des 21. Jahrhunderts*. Basel.

Mönninger, Michael 1999: *Stadtgesellschaft*. Frankfurt/M.

Moravec, Hans 1990: *Mind children. Der Wettlauf zwischen menschlicher und künstlicher Intelligenz*. Hamburg.

Morley, David 1999: "Wo das Globale auf das Lokale trifft. Zur Politik des Alltags", in: Karl H. Hörning/Rainer Winter (Hg.): *Widerspenstige Kulturen. Cultural Studies als Herausforderung*. Frankfurt/M., 442-475.

Morris, Merrill/Christine Ogan 1996: "The Internet as Mass Medium", in: *Journal of Communication* 46, 39-50.

Müller, Hans-Peter 1992: *Sozialstruktur und Lebensstile. Der neuere theoretische Diskurs über soziale Ungleichheit*. Frankfurt/M.

Münch, Richard 1993: *Das Projekt Europa. Zwischen Nationalstaat, regionaler Autonomie und Weltgesellschaft*. Frankfurt/M.

____ 1998: *Globale Dynamik, lokale Lebenswelten. Der schwierige Weg in die Weltgesellschaft*. Frankfurt/M.

Münker, Stefan 1997: "Was heißt eigentlich 'virtuelle Realität'? Ein philosophischer Kommentar zum neuesten Versuch der Verdoppelung der Welt", in: ders./ Alexander Roesler (Hg.): *Mythos Internet*. Frankfurt/M., 108-207.

Münkler, Herfried 2002: *Die neuen Kriege*. Reinbek bei Hamburg.

Mumford, Lewis ³1984: *Die Stadt. Geschichte und Ausblick*. 2 Bde. München (zuerst 1961).

Narr, Wolf-Dieter/Alexander Schubert 1994: *Weltökonomie. Die Misere der Politik*. Frankfurt/M.

Nassehi, Armin/Markus Schroer 1999: "Integration durch Staatsbürgerschaft? Einige gesellschaftstheoretische Zweifel", in: *Leviathan* 27, H. 1, 95-112.

Neckel, Sighard 1991: *Status und Scham*. Frankfurt/M., New York.

____ 1999: "Blanker Neid, blinde Wut? Sozialstruktur und kollektive Gefühle", in: *Leviathan* 27, H. 2, 145-165.

____ 1997: "Zwischen Robert E. Park und Pierre Bourdieu: Eine dritte 'Chicago-School'? Soziologische Perspektiven einer amerikanischen Forschungstradition", in: *Soziale Welt* 48, 71-84.

Newton, Isaac 1963: *Mathematische Prinzipien der Naturlehre*. Darmstadt. Nachdruck der Ausgabe Berlin 1972.

Nietzsche, Friedrich 1931: *Die Unschuld des Werdens*, 2 Bde. Leipzig.

Noller, Peter, Walter Prigge, Klaus Ronneberger 1994: "Zur Theorie der Globalisierung", in: dies. (Hg.): *Stadt-Welt. Über die Globalisierung städtischer Milieus*. Frankfurt/M. New York, 14-21.

O'Brien, R. 1992: *Global Financial Intergration. The End Of Geography*. London.

Offe, Claus 1999: "Stadtgesellschaft. Kolloquium über Stadttheorie und Planungspraxis im Wissenschaftskolleg Berlin am 13. Dezember 1995", in: Michael Mönninger (Hg.): *Stadtgesellschaft*. Frankfurt/M., 29-71.

Ohmae, Kenichi 1994: *The Borderless World. Power and Strategy in the Global Market Place*. London. (오마에 겐이치 지음, 김용국 옮김, 《세계경제는 국경이 없다》, 시사영어사, 1991.)

O'Neill, John 1990: *Die fünf Körper. Medikalisierte Gesellschaft und Vergesellschaftung des Leibes*. München.

Otto, Stephan 1984 (Hg.): *Geschichte der Philosophie in Text und Darstellung: Renaissance und frühe Neuzeit*. Stuttgart.

Paetau, Michael 1997: "Sozialität in virtuellen Räumen?", in: Barbara Becker/Michael

Peatau (Hg.): *Virtualisierung des Sozialen? Die Informationsgesellschaft zwischen Fragmentierung und Globalisierung.* Frankfurt/M., New York, 103-134.

Park, Robert E. 1983: "Die Stadt als räumliche Struktur und als sittliche Ordnung", in: Klaus M. Schmals (Hg.): *Stadt und Gesellschaft: Ein Arbeits- und Grundlagenwerk*, München, 309-318.

Parsons, Talcott 1967: "Some Reflections on the Place of Force in Social Process", in: ders.: *Sociological Theory und Modern Society.* New York, 264-296.

_____ 1975: *Gesellschaften. Evolutionäre und komparative Perspektiven.* Frankfurt/M.

Pascal, Blaise 1997: *Gedanken über die Religion und einige andere Themen.* Stuttgart.

Paugam, Serge 2004: "Armut und soziale Exklusion; Eine soziologische Perspektive", in: Hartmut Häußermann/Walter Siebel (Hg.): *An den Rändern der Städte.* Frankfurt/M., 71-96.

Pateau, Michael 1999: "Computernetzwerke und die Konstitution des Sozialen", in: Claudia Honegger, Stefan Hradil, Franz Traxler (Hg.): *Grenzenlose Gesellschaft?* Verhandlungen des 29. Kongresses der deutschen Gesellschaft für Soziologie, des 16. Kongresses der Österreichischen Gesellschaft für Soziologie, des 11. Kongresses der Schweizerischen Gesellschaft für Soziologie in Freiburg i. Br. 1998. Opladen, 270-284.

Perec, George 1990: *Träume von Räumen.* Bremen (Originalausgabe Paris 1974).

Perraton, Jonathan, David Goldblatt, David Held 1998: "Die Globalisierung der Wirtschaft", in: Ulich Beck (Hg.): *Politik der Globalisierung.* Frankfurt/M., 134-168.

Pters, Bernhard 1993: *Die Intergration moderner Gesellschaften.* Frankfurt/M.

Platon 1991: *Pilebos, Timaios, Kritias*, in: ders.: *Sämtliche Werke in zehn Bänden.* Griechisch und deutsch, nach der Übersetzung von Friedrich Schleiermacher, ergänzt durch Übersetzungen von Franz Susemihl und anderen. Hg. von Karlheinz Hülser, Bd. VIII. Frankfurt/M.

Plessner, Helmuth 1961: *Lachen und Weinen. Eine Untersuchung nach den Grenzen menschlichen Verhaltens.* Bern.

Posener, J. 1966: "Das Lebensgefühl des Städters", in: *Stadtbauwelt* Heft 10, 766-774.

Pries, Ludger 1997: "Neue Migration im transnationalen Raum", in: ders. (Hg.): *Transnationale Migration, Soziale Welt* Sonderband 12. Baden-Baden, 15-44.

_____ 1998: "Transnationale Räume. Theoretisch-empirische Skizze am Beispiel der Arbeitswanderungen Mexico-USA", in: Ulrich Beck (Hg.): *Perspektiven der Weltgesellschaft*. Frankfurt/M., 55-85.

Prigge, Walter (Hg.) 1998: *Peripherie ist überall*. Frankfurt/M.

_____ 2000: "Raumdebatten in Deutschland seit 1945", in: Tom Fecht/Dietmar Kamper (Hg.) 2000: *Umzug ins Offene. Vier Versuche über den Raum*. Wien, New York, 23-29.

Rademacher, Claudia, Markus Schroer, Peter Wiechens (Hg.) 1999: *Spiel ohne Grenzen. Ambivalenzen der Globalisierung*. Opladen.

Rammert, Werner 1998: "Giddens und die Gesellschaft der Heinzelmännchen. Zur Soziologie technischer Agenten und Systeme Verteilter Künstlicher Intelligenz", in: Thomas Malsch (Hg.): *Sozionik. Soziologische Ansichten über künstliche Sozialität*. Berlin, 91-128.

Ratzel, Friedrich 1923: *Politische Geographie*. München, Berlin.

_____ 1941: *Erdenmacht und Völkerschicksal*. Hg. von Karl Haushofer. Stuttgart.

Reudenbach, Bruno 1992: "Die Gemeinschaft als Körper und Gebäude. Francesco di Giorgios Stadttheorie und die Visualisierung von Sozialmetaphern im Mittelalter", in: Klaus Schreiner/Norbert Schnitzler (Hg.): *Gepeinigt, begehrt, vergessen: Symbolik und Sozialbezug des Körpers im späten Mittelalter und in der frühen Neuzeit*. München, 171-198.

Riesman, David 1973: "Flucht und Suche in den neuen Vorstädten" (1959), in: ders.: *Wohlstand wofür? Essays*. Frankfurt/M., 264-276.

Robertson, Roland 1998: "Globalisierung: Homogenität und Heterogenität in Raum und Zeit", in: Ulrich Beck (Hg.): *Perspektiven der Weltgesellschaft*. Frankfurt/M., 192-220.

Roesler, Alexander 1997: "Bequeme Einmischung. Internet und Öffentlichkeit", in: Stefan Münker/Alexander Roesler (Hg.): *Mythos Internet*. Frankfurt/M., 171-192.

Ronneberger, Klaus 1998: "Urban Sprawl und Ghetto", in: Walter Prigge (Hg.): *Peripherie ist überall*. Frankfurt/M., New York, 84-90.

Rössler, Beate 2001: *Der Wert des Privaten*. Frankfurt/M.

Rötzer, Florian 1995: *Telepolis. Urbanität im digitalen Zeitalter*. Mannheim.

___ 1997: *Megamaschine Wissen. Vision: Überleben im Netz.* Frankfurt/M., New York.

___ 1999: "Gated Communities im Cyberspace", in: *Telepolis* vom 20. 10. 1999, http://www01.ix.de/tp/deutsch/inhalte/co/5400/1.html.

Rushdie, Salman 2002: *Wut.* Reinbeck bei Hamburg.

Said, Edward W. 1994: *Kultur und Imperialismus.* Frankfurt/M.

Salin, Edgar 1960: "Urbanität", in: *Erneuerung unserer Städte.* 11. Hauptversammlung des Deutschen Städtetages. Stuttgart, Köln, 9-34.

Sarasin, Philipp 2001: *Reizbare Maschinen. Eine Geschichte des Körpers 1765-1914.* Frankfurt/M.

Sassen, Saskia 1994: "Wirtschaft und Kultur in der globalisierten Stadt", in: Bernd Meurer (Hg.): *Die Zukunft des Raums.* Frankfurt/M., New York, 71-89.

___ 1996: *Metropolen des Weltmarkts. Die neue Rolle der Global Cities.* Frankfurt/M., New York.

___ 1997: "Cyber-Segmentierungen. Elektronischer Raum und Macht", in: Stefan Münker/Alexander Roesler(Hg.): *Mythos Internet.* Frankfurt/M., 215-235.

___ 1998: "Zur Einbettung des Globalisierungsprozesses: Der Nationalstaat vor neuen Aufgaben", in: *Berliner Journal für Soziologie*, H. 3, 345-357.

Schäfers, Bernhard/Bettina Bauer 1994: "Georg Simmels Beitrag zur Raumbezogenheit sozialer Wechselwirkungen", in: Sibylle Meyer/Eva Schulze (Hg.) 1994: *Ein Puzzle, das nie aufgeht. Stadt, Region und Individuum in der Moderne.* Berlin, 44-56.

Scheiner, Joachim 2002: "Verkehr(ter) Raum. Does space matter? Ein Disput", in: *Geographische Revue* 1, 19-44.

Schiller, Friedrich [6]1980: *über die ästhetische Erziehung des Menschen in einer Reihe von Briefen*, 6. Brief, in: *Sämtliche Werke.* Hg. von Gerhard Fricke und Herbert G. Göpfert. München.

Schivelbusch, Wolfgang 2000: *Geschichte der Eisenbahnreise. Zur Industrialisierung von Raum und Zeit im 19. Jahrhundert.* Frankfurt/M.

Schlögel, Karl 2002: "Kartenlesen, Raumdenken", in: *Merkur* 56, H. 4, 308-318.

Schmitt, Carl 1940: *Völkerrechtliche Großraumordnung. Mit Interventionsverbot für raumfremde Nächte. Ein Beitrag zum Reichsbegriff im Völkerrecht.* Berlin,

Leipzig, Wien, 2. Ausgabe.

_____ 1981: *Land und Meer. Eine weltgeschichtliche Betrachtung.* Köln-Lövenich. (zuerst Leipzig 1942).

Schmitz, Stefan 2001: *Revolutionen der Erreichbarkeit. Gesellschaft, Raum und Verkehr im Wandel.* Opladen.

Schneider, Ulrike 1992: *Neues Wohnen—Alte Rollen?* Pfaffenweiler.

Schreiner, Klaus/Nobert Schnitzler (Hg.) 1992: *Gepeinigt, begehrt, vergessen: Symbolik und Sozialbezug des Körpers im späten Mittelalter und in der frühen Neuzeit.* München.

Schroer, Markus 1994: "Soziologie und Zeitdiagnose: Moderne oder Postmoderne?", in: Georg Kneer, Klaus Kraemer und Armin Nassehi (Hg.): *Soziologie. Zugänge zur Gesellschaft, Bd. 1.* Münster, Hamburg, 225-246.

_____ 1997: "Fremde, wenn wir uns begegnen. Von der Univeralisierung der Fremdheit und der Sehnsucht nach Gemeinschaft", in: Amin Nassehi (Hg.): *Nation, Ethnie, Minderheit. Beiträge zur Aktualität ethnischer Konflikte.* Köln, Weimar, Wien, 15-39.

_____ 1998: "Grenzkontrollen", in: *Soziale Welt* 49, H. 4, 399-406.

_____ 2000: "Urbanität in Netz. Der Cyberspace als gute Gesellschaft?", in: Jutta Allmendinger (Hg.): *Gute Gesellschaft?* Verhandlungen des 30. Kongresses der DGS in Köln 2000. Opladen, 353-363.

_____ 2001: *Das Individuum der Gesellschaft. Synchrone und diachrone Theorieperspektiven.* Frankfurt/M.

_____ 2003: "Sehen und gesehen werden. Von der Angst vor Überwachung zur Lust an der Beobachtung", In: *Merkur* 57, H. 2. 169-173.

_____ 2004: "Zwischen Engagement und Distanzierung. Zeitdiagnose und Kritik bei Pierre Bourdieu und Niklas Luhmann", in: Armin Nassehi/Gerd Nollmann (Hg.): *Bourdieu und Luhmann. Ein Theorienvergleich.* Frankfurt/M., 233-270.

_____ 2005a: "Zur Soziologie des Körpers", in: ders.: *Soziologie des Körpers.* Frankfurt/M.

_____ 2005b: "Richard Sennett", in: Dirk Kaesler (Hg.): *Aktuelle Theorien der soziologie.* München.

_____ 2005c: "Stadt im Wandel. Zur soziologischen Diskussion städtischer Leitbilder".

in: Helmuth Berking/Martina Löw (Hg.): *Die Wirklichkeit der Städte, Soziale Welt Sonderband*. Baden-Baden (im Erscheinen).

____ 2005d: "Verstehen und Erklären bei Pierre Bourdieu", in: Rainer Greshoff, Georg Kneer, Wolfgang Ludwig Schneider (Hg.): *Verstehen und Erklären*. Eine Einführung in methodische Zugänge zum Sozialen. München.

____ 2005e: "Sehen, Beobachten, Überwachen. Beitrag zu einer Soziologie der Aufmerksamkeit", in: Leon Hempel/Jörg Metelmann (Hg.): *Bild, Raum, Kontrolle*. Frankfurt/M., 325-341.

Schubert, Venanz 1987: "Erlebnis, Anschauung und Begriff des Raumes", in: ders. (Hg.): *Der Raum des Menschen—Raum der Wissenschaft*. St. Ottilien, 15-44.

Schütz, Alfred 2003: *Strukturen der Lebenswelt*. Konstanz.

Schütz, Alfred/Thomas Luckmann 1975: *Strukturen der Lebenswelt*. Darmstadt.

Schulze, Gerhard 1993: "Milieu und Raum", in: Peter Noller u. a. (Hg.): *Stadt-Welt*. Frankfurt/M., 41-53.

Schwengel, Hermann 1999: *Die Globalisierung mit europäischem Gesicht. Der Kampf um die politische Form der Zukunft*. Berlin.

Selle, Klaus 1993: *Die eigenen vier Wände. Zur verborgenen Geschichte des Wohnens*. Frankfurt/M., New York.

Sennett, Richard 1970: *The Uses of Disorder. Personal Identity & City Life*. New York, London.

____ 1983: *Verfall und Ende des öffentlichen Lebens. Die Tyrannei der Intimität*. Frankfurt/M.

____ 1991: *Civitas. Die Großstadt und die Kultur des Unterschieds*. Frankfurt/M.

____ 1997: *Fleisch und Stein. Der Körper und die Stadt in der westlichen Zivilisation*. Frankfurt/M. (리처드 세네트 지음, 임동근·박대영·노권형 옮김, 《살과 돌》, 문화과학사, 1999.)

____ 1998: "Der neue Kapitalismus", in: *Berliner Journal für Soziologie*, H. 3, 305-316. (리처드 세네트 지음, 유병선 옮김, 《뉴캐피털리즘》, 위즈덤하우스, 2009.)

Siebel, Walter 2000: "Urbanität", in: Hartmut Häußermann (Hg.): *Großstadt. Soziologische Stichworte*. Opladen, 264-272.

____ 2004 (Hg.): *Die europäische Stadt*. Frankfurt/M.

Sieverts, Thomas 2000: "Mythos der alten Stadt", in: Martin Wentz (Hg.): *Die kompakte Stadt*. Frankfurt/M., New York, 170-176.

_____ 2004: "Die Kultivierung von Suburbia", in: Walter Siebel (Hg.): *Die europäische Stadt*. Frankfurt/M., 85-91.

Simmel, Georg 1989: *Philosophie des Geldes. Gesamtausgabe Bd. 6*. Hg. von David P. Frisby und Klaus Christian Köhnke. Frankfurt/M.

_____ 1992a: *Soziologie. Untersuchungen über die Formen der Vergesellschaftung. Gesamtausgabe Bd. 11*. Hg. von Otthein Rammstedt. Frankfurt/M.

_____ 1992b: "Über eine Beziehung der Selectionslehre zur Erkenntnislehre", in: ders.: *Aufsätze und Abhandlungen 1894-1900. Gesamtausgabe Bd. 5*. Hg. von Hans-Jürgen Dahme und David P. Frisby. Frankfurt/M., 62-74.

_____ 1992c: "Was ist uns Kant?", in ders.: *Aufsätze und Abhandlungen 1894-1900. Gesamtausgabe Bd. 5*. Hg. von Hans-Jürgen Dahme und David P. Frisby. Frankfurt/M., 145-177.

_____ 1995a: "Soziologie des Raumes" in: ders.: *Aufsätze und Abhandlungen 1901-1908*, Band 1. Hg. von Rüdiger Kramme, Angela Rammstedt und Otthein Rammstedt. Frankfurt/M., 132-183.

_____ 1995b: "Über räumliche Projectionen socialer Forman", in: ders.: *Aufsätze und Abhandlungen, 1901-1908*, Band 1. Hg. von Rüdiger Kramme, Angela Rammstedt und Otthein Rammstedt. Frankfurt/M., 201-220.

_____ 1995c: "Die Großstädte und das Geistesleben" in: ders.: *Aufsätze und Abhandlungen, 1901-1908*, Band 1. Hg. von Rüdiger Kramme, Angela Rammstedt und Otthein Rammstedt. Frankfurt/M., 116-131.

_____ 1996: *Hauptprobleme der Philosophie. Philosophische Kultur. Gesamtausgabe Bd. 14*. Hg. von Rüdiger Kramme und Otthein Rammstedt. Frankfurt/M.

_____ 1997: Kant. *Die Probleme der Geschichtsphilosophie (1905/1907). Gesamtausgabe Bd. 9*. Hg. von Guy Oakes und Kurt Röttgers. Frankfurt/M.

Simonyi, Károly ²1995: *Kulturgeschichte der Physik. Von den Anfängen bis 1990*. Thun, Frankfurt/M., Budapest.

Sloterdijk, Peter 1998: *Sphären I: Blasen*. Frankfurt/M.

_____ 1999: *Sphären II: Globen*. Frankfurt/M.

_____ 2004: *Sphären III: Schäume*. Frankfurt/M.

Smith, Anthony D. 1979: *Nationalism in the Twentieth Century*. Oxford.

Sofsky, Wolfgang 1993: *Die Ordnung des Terrors: Das Konzentrationslager*. Frankfurt/M.

Soja, Edward W. 1991: "Geschichte, Geographie, Modernität", in: Martin Wentz (Hg.): *Stadt-Räume. Die Zukunft des Städtioschen*. Frankfurter Beiträge, Bd 2. Frankfurt/M., New York, 74-90.

Sorokin, P. A. 1957: *Social Mobility*. New York. (Originalausgabe 1927).

Spiegel, Erika 2000: "Dichte", in; Hartmann Häußermann (Hg.): *Großstadt. Soziologische Stichworte*. Opladen, 39-47.

Stegbauer, Christian 1999: "Die Struktur internetbasierter Sozialräume", in: Claudia Honegger, Stefan Hradil, Franz Traxler (Hg.): *Grenzenlose Gesellschaft?* Verhandlungen des 29. Kongresses der deutschen Gesellschaft für Soziologie, des 16. Kongresses der Österreichischen Gesellschaft für Soziologie, des 11. Kongresses der Schweizerischen Gesellschaft für Soziologie in Freiburg i. Br. 1998. Opladen, 675-691.

Stichweh, Rudolf 1997: "Inklusion/Exklusion, funktionale Differenzierung" in: *Soziale Systeme* 3, H. 1, 123-136.

_____ 2000: *Die Weltgesellschaft, Soziologische Analysen*. Frankfurt/M.

_____ 2003: "Raum und moderne Gesellschaft. Aspekte der Sozialen Kontrolle des Raums", in: Thomas Krämer-Badoni/Klaus Kuhm (Hg.): *Die Gesellschaft und ihr Raum. Raum als Gegenstand der Soziologie*. Frankfurt/M., 93-102.

Ströker, Elisabeth 1977: *Philosophische Untersuchungen zum Raum*. Frankfurt/M.

Sturm Gabriele 2000: *Wege Zum Raum. Methodologische Annäherungen an ein Basiskonzept raumbezogener Wissenschaften*. Opladen.

Tillich, Paul ²1963: "Der Widerstreit von Zeit und Raum", in: ders.: *Gesammelte Werke, Bd. 6*. Stuttgart, 140-148.

Tönnies, Ferdinand ³1991: *Gemeinschaft und Gesellschaft. Grundbegriffe der reinen Soziologie*. Darmstadt.

Touraine, Alain 1996: "Das Ende der Städte?", in: *Die Zeit*, 31. 5. 1996, 24.

Trotha, Trutz von 1997: "Zur Soziologie der Gewalt" in: ders. (Hg.): *Soziologie der Gewalt*. Sonderheft 37 der *Kölner Zeitschrift für Soziologie und Sozialpsychologie*.

Opladen, 9-56.

___ 2000: "Die Zukunft liegt in Afrika. Vom Zerfall des Staates", in: *Leviathan* 28, H. 2, 253-279.

Tuathail, Gearóid 2001: "Rahmenbedingungen der Geopolitik in der Postmoderne: Globalisierung Infromationalisierung und die globale Risikogesellschaft", in: Geopolitik. *Zur Ideologiekritik politischer Raumkonzepte.* Wien 120-142.

Turkle, Sherry 1999: *Leben im Netz, Identitäten in Zeiten des Internet.* Reinbek bei Hamburg. (셰리 터클 지음, 최유식 옮김,《스크린 위의 삶》, 민음사, 2003.)

Turner, Bryan 1996: *The Body and Society.* London. (브라이언 터너 지음, 임인숙 옮김,《몸과 사회》, 몸과 마음, 2002.)

Urry, John 1985: "Social Relations, Space and Time" in: Derek Gregory/John Urry (Hg.): *Social Relations and Spatial Structures.* Houndsmills, Basingstoke, Hampshire, London. 20-48.

___ 2000: *Sociology Beyond Societies. Mobilities for the Twenty-First Century.* London.

Vico, Giambattista 1924: *Die neue Wissenschaft über die gemeinschaftliche Natur der Völker.* München.

Virilio, Paul 1978: *fahren, fahren, fahren...* Berlin.

___ 1980: *Geschwindigkeit und Politik.* Berlin. (폴 비릴리오 지음, 이재원 옮김,《속도와 정치》, 그린비, 2004.)

___ 1996: "Warum fürchten Sie einen Cyber-Faschismus, Monsieur Virilio? Ein Interview von Jürg Altwegg mit Paul Virilio", in: *Frankfurter Allgemeine Magazin*, H. 842, vom 19. 4. 1996. pp. 58f.

___ 2000: "Paul Virilio im Gespräch: Der Körper—die Arche", in: Tom Fecht/Dietmar Kamper (Hg.): *Umzug ins Offene. Vier Versuche über den Raum.* Wien, New York, 109-123.

Virilio, Paul/Sylvère Lotringer 1984: *Der reine Krieg.* Berlin.

Vobruba, Georg 1998: "Grenz-Beobachtungen", in: *Ästhetik und Kommunikation* 29, Heft 102, 47-51.

Waldenfels, Bernhard 1999: *Sinnesschwellen. Studien zur Phänomenologie des Fremden 3.* Frankfurt/M.

___ 2001: "Leibliches Wohnen im Raum", in: Gerhart Schröder/Helga Breuninger

(Hg.): *Kulturtheorien der Gegenwart. Ansätze und Positionen.* Frankfurt/M., New York. 179-201.

Waldmann, Peter 1971: "Zeit und Wandel als Grundbestandteil sozialer Systeme", in: *Kölner Zeitschrift für Soziologie und Sozialpsychologie* 23, 686-703.

Wallerstein, Immanuel 2000: "Der ZeitRaum der Weltsystemanalyse", in: Dieter Bögenhold (Hg.): *Moderne amerikanische Soziologie.* Stuttgart, 93-117.

Wacquant, Loïc J. D. 1997: "Drei irreführende Prämissen bei der Untersuchung der amerikanischen Ghettos", in: Wilhelm Heitmeyer, Rainer Dollase, Otto Backes (Hg.): *Die Krise der Städte. Analysen zu den Folgen desintegrativer Stadtentwicklung für das ethnisch-kulturelle Zusammenleben.* Frankfurt/M., 194-210.

____ 1998: "Über Amerika als verkehrte Utopie", in: Pierre Bourdieu u. a. (Hg.): *Das Elend der Welt. Zeugnisse und Diagnosen alltäglichen Leidens an der Gesellschaft.* Konstanz. 169-178. 〔피에르 부르디외 지음, 김주경 옮김, 《세계의 비참 I, II, III》, 동문선, I(2000), II, III(2002).〕

Weber, Max 1972: *Wirtschaft und Gesellschaft. Grundriss der verstehenden Soziologie.* Tübingen. (막스 베버 지음, 박성환 옮김, 《경제와 사회》, 나남, 2009.)

Wehrheim, Jan 2002: *Die überwachte Stadt. Sicherheit, Segregation und Ausgrenzung.* Opladen.

Weigel, Sigrid 2002: "Zum 'topographical turn'. Kartographie, Topographie und Raum in den Kulturwissenschaften", in: *Kultur Poetik. Zeitschrift für Kulturgeschichtliche Literaturwissenschaften.* H. 2, 151-165.

Weiß, Anja 2002: "Raumrelationen als zentraler Aspekt weltweiter Ungleichheiten", in: *Mittelweg 36*, Jg. 11, H. 2, 76-92.

Weizsäcker, Carl Friedrich von 1990: *Zum Weltbild der Physik.* Stuttgart.

Wenzel, Harald 2001: *Die Abenteuer der Kommunikation. Echtzeitmassenmedien und der Handlungsraum der Hochmoderne.* Weilerswist.

Werckmeister, Otto 1989: *Zitadellenkultur. Die schöne Kunst des Untergangs in der Kultur der achtziger Jahre.* München, Wien.

Werlen, Benno ³1997: *Gesellschaft, Handlung und Raum.* Stuttgart.

____ ²1999: *Zur Ontologie von Gesellschaft und Raum. Sozialgeographie alltäglicher Regionalisierungen, Bd. 1.* Stuttgart. (베노 베를렌 지음, 안영진 옮김, 《사회공간

론》, 한울, 2003.)

Wertheim, Margaret 2000: *Die Himmelstür zum Cyberspace. Von Dante zum Internet.* Zürich.

Wiese, Leopold von 1933: *System der Allgemeinen Soziologie als Lehre von den sozialen Gebilden der Menschen (Beziehungslehre).* 2. Auflage München, Leipzig 1993.

Willke, Helmut ⁵1996: *Systemtheorie I: Grundlagen.* Stuttgart.

____ 2001: *Atopia, Studien zur atopischen Gesellschaft.* Frankfurt/M.

Zahn, Manfred 1987: "Einführung in Kants Theorie des Raumes", in: Venanz Schubert (Hg.): *Der Raum. Raum des Menschen—Raum der Wissenschaft.* St. Ottilien, 45-100.

Zekl, H. G. 1989: "'Raum'. Griechische Antike", in: Joachim Ritter u. a. (Hg.): *Historisches Wörterbuch der Philosophie, Bd. 7.* Basel, 67-82.

찾아보기